Null Bock auf Schule

Waxmann Verlag GmbH
Steinfurter Straße 555, 48159 Münster
info@waxmann.com

Cortina Gentner,
Martin Mertens (Hg.)

Null Bock auf Schule?

Schulmüdigkeit und Schulverweigerung aus Sicht der
Wissenschaft und Praxis

Waxmann Münster / New York
München / Berlin

Bibliografische Informationen Der Deutschen Bibliothek
Die Deutsche Bibliothek verzeichnet diese Publikation in
der Deutschen Nationalbibliografie; detaillierte bibliografische
Daten sind im Internet über http://dnb.ddb.de abrufbar.

Umschlaggestaltung: Alexander Damm, Mediengestaltung BuntStift e.V., Kassel
Titelfoto: Gundhild Fischer; Foto s/w: Privat; Fotos Rückseite: Alexander Damm
Gesamtlayout: Mediengestaltung BuntStift e.V., Kassel
mit folgenden Auszubildenden:
Alexander Damm, Oxana Gasanova, Thanh-Ngoc Nguyen, Tatjana Nold,
Oksana Reisen.
Produktionsschülerin: Jennifer Markus

Diese Publikation wurde finanziell unterstützt durch das Projekt „Auf Kurs", ein
Bildungsangebot im Rahmen der Kasseler Produktionsschule BuntStift für
Schulpflichtige, die sich dem schulförmigen Lernen entzogen haben. Das Projekt
„Auf Kurs" wird gefördert vom BMBF-Programm „Kompetenzen fördern –
Berufliche Qualifizierung für Zielgruppen mit besonderem Förderbedarf (BQF-
Programm)".

EUROPÄISCHE UNION
Europäischer Sozialfonds

Bundesministerium
für Bildung
und Forschung

Kompetenzen
fördern
Berufliche Qualifizierung für Zielgruppen mit
besonderem Förderbedarf (BQF-Programm)

ISBN 3-8309-1649-3

© Waxmann Verlag GmbH, 2006
Postfach 8603, 48046 Münster

www.waxmann.com
info@waxmann.com

Druck: Thiebes GmbH, Hagen
Gedruckt auf alterungsbeständigem Papier, DIN 6738

Inhaltsverzeichnis

Martin Mertens / Cortina Gentner

Einleitung

Der vorliegende Sammelband widmet sich dem Phänomen „Schulverweigerung" – ein Phänomen, das in Deutschland längst keine Ausnahmeerscheinung mehr ist. Die Debatten um Schulversäumnisse und Schulpflichtverletzungen haben in Deutschland in den letzten Jahren einen bemerkenswerten Auftrieb bekommen – neu ist das Problem aber nicht.

„Neu" in Deutschland ist die öffentliche Diskussion und Thematisierung von Schulverweigerung – dies gilt sowohl für die teilweise skandalisierende und stigmatisierende Berichterstattung in den Medien („Elektronische Fußfesseln für Schulschwänzer", Kriminalisierung von Schulschwänzern) als auch für die bildungspolitischen Debatten und schul-, sonder- und sozialpädagogischen Fachdiskussionen.

Die schulpflichtigen Kinder und Jugendlichen, die sich von der Schule abwenden und sich ihr verweigern, die „Null Bock" auf schulförmiges Lernen haben, werden in der öffentlichen Debatte nicht mehr nur als Randgruppe wahrgenommen. Vielmehr werden seit Anfang der 1990er Jahre entsprechende Angebote für diese spezielle Zielgruppe am Lernort Schule bzw. auch außerhalb der Schule entwickelt. Ein alternatives Beschulungsangebot für schulpflichtige Hauptschüler[1] am „außerschulischen Lernort" stellt das Modellprojekt „Auf Kurs" an der Kasseler Produktionsschule bei BuntStift e.V. dar, das aus Mitteln des Bundesministeriums für Bildung und Forschung sowie des Europäischen Sozialfonds finanziert wurde.

Im Sommer 2005 fand die Abschlusstagung dieses Modellprojektes in Kassel statt, die nicht nur Anlass zu einer „Ergebnisschau" der Ansätze und Handlungsmöglichkeiten für schulmüde und schulverweigernde Jugendliche bei BuntStift bot, sondern auch die Möglichkeit zum Erfahrungs- und Wissensaustausch zwischen Lehrkräften, Sozialpädagogen und anderen Fachkräften von Regelschulen sowie außerschulischen Einrichtungen und Institutionen. Im Vordergrund standen präventive sowie intervenierende Strategien und Handlungsmöglichkeiten gegen Schulmüdigkeit und

---

1 In dem vorliegenden Sammelband wird die maskuline Form auch dort verwendet, wo die Bezeichnung beide Geschlechter einschließt. Dies stellt keine Bewertung oder Diskriminierung dar, sondern diese vereinfachende Schreibweise wurde aus Gründen der besseren Lesbarkeit gewählt.

Schulverweigerung am Lernort Schule sowie an außerschulischen Lernorten – mit besonderem Blick auf das Land Hessen.

Aufgrund des regen Gedankenaustausches während dieser Kasseler Tagung sowie des mehrfach artikulierten Bedarfs an Anregungen und funktionierenden Beispielen aus der Praxis mit schulmüden und schulverweigernden Jugendlichen entschlossen wir uns, das brisante Thema der „Schulverweigerung" aufzunehmen und – mehr noch: die geplante Tagungsdokumentation zu erweitern und Fachkollegen aus den Arbeitsbereichen Sonderpädagogik, Psychologie und Psychotherapie, Sozialpädagogik und Soziologie zu bitten, unseren Sammelband mit ihren Erfahrungen und Forschungsergebnissen zu ergänzen.

Der vorliegende Sammelband nähert sich dem komplexen und facettenreichen Thema der Schulmüdigkeit und Schulverweigerung in drei Schritten: 1. aus der Sicht der Wissenschaft, 2. aus der Perspektive der Kasseler Produktionsschule BuntStift als alternatives Bildungsangebot für diese Zielgruppe und 3. aus dem Erfahrungshorizont der schulischen und außerschulischen Praxis.

I. Das Phänomen Schulmüdigkeit, Schulverweigerung und Schulabsentismus aus Sicht der Wissenschaft

Im ersten Kapitel setzt sich *Hermann Rademacker* in seinem Beitrag „Verweigerung oder Ausgrenzung? Schulversäumnisse, öffentliche Schule und das Recht auf Bildung für alle" kritisch mit dem Begriff der „Schulverweigerung" auseinander und warnt vor undifferenzierter, unreflektierter und etikettierender Bezeichnung der betroffenen Kinder und Jugendlichen. Er bemängelt die uneinheitliche Datenlage, die höchst unterschiedlichen Reaktionen auf Schulversäumnisse in den einzelnen Bundesländern sowie die derzeitig uneinheitlichen bildungspolitischen und bildungsadministrativen Handlungsstrategien in Deutschland. Am Beispiel der Bundesländer Niedersachsen und Bremen wird verdeutlicht, wie die entsprechenden Kultusverwaltungen ihrer Verantwortung im Umgang mit Schulversäumnissen, der Einlösung des staatlichen Bildungsauftrages sowie der Aufgabe der öffentlichen Schule, Integrationsrisiken zu vermeiden, gerecht werden können.

Frank Braun nimmt die PISA-Ergebnisse, die in einer Expertise von Holtappels und Schnetzer (2003) benannten veränderten Anforderungen an Schule und Unterricht sowie die Befragung des Deutschen Jugendinstituts

(DJI) zu möglichen Ursachen für den Ausstieg von Jugendlichen aus der Schule zum Anlass, um in seinem Aufsatz „Kooperation von Jugendsozialarbeit und Schulen bei Schulmüdigkeit und Schulverweigerung" für eine intensive und dauerhafte Zusammenarbeit von Lehr- und Fachkräften der Schule und der Jugendsozialarbeit zu plädieren. Dabei verweist er auf die langjährige Tradition im Land Nordrhein-Westfalen, wo seit 1994 Handlungsstrategien zur Vermeidung von Schulmüdigkeit und Schulverweigerung entwickelt und unterschiedliche Formen der Kooperation von Schule und Jugendsozialarbeit gestaltet wurden, um so die Potenziale unterschiedlicher Lernorte und Ansätze verschiedener Professionen für die Förderung von Jugendlichen zu nutzen.

Thomas von Freyberg und *Angelika Wolff* zeigen anhand von Forschungsergebnissen eines interdisziplinären Forschungsprojektes des Instituts für Sozialforschung an der Universität Frankfurt/M. und des Instituts für analytische Kinder- und Jugendlichen-Psychotherapie in Frankfurt/M., dass sich die Zusammenarbeit von Schulen und Jugendhilfe nicht immer erfolgreich und konfliktfrei gestaltet. Anhand von exemplarischen Konfliktgeschichten nicht-beschulbarer Jugendlicher identifizierte das Forscherteam gravierende Defizitebereiche im Beziehungsgeflecht Jugendlicher – Schule – Jugendhilfe und zeigt abschließend Gestaltungs- und Handlungsoptionen in der Arbeit mit schwierigen Kindern und Jugendlichen auf.

Im Beitrag „Keine Lust auf Schule? Präventive Arbeit mit schulmüden Kindern und Jugendlichen in der Schule" stellt *Andrea Michel* vom „Netzwerk Prävention zur Schulmüdigkeit und Schulverweigerung" des Deutschen Jugendinstituts erste Ergebnisse und Praxisbeispiele im Handlungsfeld der frühen Prävention an den Schulen vor. Erste Anzeichen beginnender Abwendung von der Schule können in einigen Fällen bereits im Grundschulalter nachgewiesen werden, sind jedoch verdeckt und schwer festzustellen. Gemeinsam mit den Projekten im Netzwerk wurden Methoden und Strategien zur Früherkennung (anhand welcher Kriterien können „gefährdete" Kinder früh erkannt werden?) und Vorbeugung manifester Schulverweigerung und somit zur Prävention von Schulmüdigkeit in der Schule dokumentiert und entwickelt. Die Regelschule muss – auch in Kooperation mit externen Partnern – vielfältige Möglichkeiten (beispielsweise: die Entwicklung eines positiven Lernklimas in der Klasse bzw. der Schule; ein begleitender Übergang von der Grundschule zur weiterführenden Schule, Veränderungen von Schulstrukturen und Unterricht, Öffnung der Schule) entwickeln und etablieren, um einer zunehmenden Schulverdrossenheit von Kindern und Jugendlichen entgegenzusteuern.

Mit einem exemplarischen Beispiel verdeutlichen *Nicole Kastirke* und *Sven Jennessen*, dass Schuldistanzierung und Schulverweigerung nicht nur auf Seiten der Schüler zu verzeichnen sind. In ihrem Aufsatz „Frau Bösen-Sell kommt bis zu den Sommerferien nicht mehr – krank, lustlos, überfordert? Schuldistanzierte Lehrkräfte, ein Phänomen in der Schulabsentismusforschung" werden Schuldistanziertheit von Schülern sowie von Lehrern vergleichend gegenübergestellt und zeigen verblüffende Parallelen zwischen beiden Untersuchungsgruppen auf.

Heinrich Ricking, Nicole Kastirke und *Karlheinz Thimm* stellen „Schulische Bedingungsfaktoren für Schulabsentismus und Möglichkeiten der Beeinflussung" vor. Die in einem wissenschaftlichen Arbeitskreis entwickelten pädagogischen Standards – entlang aller relevanten Ebenen der Schule (organisatorische Grundlagen, Schulleitung, Professionalisierung, methodisch-didaktisch, Lern- und Schulkultur, neben- und außerunterrichtliche Aktivitäten, Kooperation mit Eltern bzw. Erziehungsberechtigten und andere Kooperationspartner) – zeigen Handlungsoptionen und -strategien zur Vermeidung von Schulabsentismus und Schulverweigerung auf.

Für schulalternative Lernangebote schlagen *Kirsten Puhr* und *Andrea G. Müller*, basierend auf theoretischen und empirischen Forschungsarbeiten im Rahmen der Evaluation von Schulverweigererprojekten im Land Sachsen-Anhalt, Qualitätsstandards, Rahmenbedingungen und entsprechende Indikatoren vor, die als Mindeststandards für sozialpädagogisch orientierte schulalternative Lernprojekte formuliert werden können. Abschließend verweisen die Autorinnen auf die ersten Erfahrungen schulalternativer Lernangebote unter den veränderten gesetzlichen Rahmenbedingungen (Einführung des Zweiten Sozialgesetzbuches zum 01.01.2005, der so genannten „Hartz-IV-Gesetzgebung").

Kerstin Popp gibt einen Überblick über „Schulverweigerung aus Sicht unterschiedlicher Professionen" und über die unterschiedlichen Blickwinkel sowie Begrifflichkeiten auf das Phänomen „Schulverweigerung" der jeweiligen Wissenschaftsdisziplinen und der daraus resultierenden Präventions- bzw. Interventionsstrategien. Im Fokus der Betrachtungen stehen die Positionen der Klinischen Psychologie und der Kinder- und Jugendpsychiatrie (auf Grundlage des DSM-IV und der ICD-10), der (Sozial-)Pädagogik/Jugendarbeit sowie der Rechtswissenschaften.

II. Die Kasseler Produktionsschule BuntStift als alternatives Angebot für Schulverweigerer

Im zweiten Kapitel stellen *Martin Mertens* und *Marion Gümpel* die Kasseler Produktionsschule BuntStift vor. Der Verein BuntStift e.V. entwickelt seit über 20 Jahren unterschiedliche berufliche und berufsvorbereitende Angebote im Feld der Benachteiligtenförderung. Die Kasseler Produktionsschule wurde 1992 gegründet und versteht sich als Lern- und Arbeitsort für Jugendliche zwischen 14 und 27 Jahren. Die Produktionsschule verzichtet zugunsten der Entwicklung praktischer, arbeitsweltbezogener Fähigkeiten auf die Verschulung von Lernprozessen und die Dominanz kognitiven Lernens.

Cortina Gentner beschreibt das Schulverweigerer-Projekt „Auf Kurs" an der Kasseler Produktionsschule und diskutiert Chancen und Grenzen der betrieblichen und produktionsorientierten Formen und Methoden einer Produktionsschule bezüglich ihrer Tauglichkeit als Angebot für schulmüde und schulverweigernde Jugendliche.

Ein wichtiges Strukturelement der Kasseler Produktionsschule BuntStift (auch in der Arbeit mit den Schulverweigerern) ist die Arbeitsberatung Soziales (AB:S) – eine Form von arbeitsweltbezogener Supervision zur Reflexion und Gestaltung der sozialen Beziehungen im unmittelbaren Arbeitsprozess der Berufsausbildung, Weiterbildung und der vorberuflichen Qualifizierung, die vom externen Supervisor und Arbeitsberater *Henner Stang* dargestellt wird.

III. Das Phänomen Schulmüdigkeit, Schulverweigerung und Schulabsentismus aus Sicht der Praxis

Im dritten Kapitel richtet sich der Blick auf verschiedene Praxisbeispiele und Konzepte für die Arbeit mit schulmüden und schulverweigernden Kindern und Jugendlichen; Vertreter der unterschiedlichsten Professionen kommen zu Wort und berichten aus ihrem reichen Wissens- und Erfahrungsfundus.

Margret Kaun, langjährige Mitarbeiterin der Jugendgerichtshilfe der Stadt Kassel, stellt anhand eines Fallbeispiels aus ihrer Berufspraxis den Zusammenhang zwischen manifester Schulverweigerung und Delinquenz dar.

14

Das Staatliche Schulamt der Stadt Frankfurt am Main hat auf Grund von Befragungen an Frankfurter Schulen zum Umfang von Schulversäumnissen eine „Handreichung zur Prävention von Schulverweigerung" entwickelt, welche von der Schulpsychologin *Cordelia Fertsch-Röver-Berger* in ihren wichtigsten Punkten vorgestellt wird.

Ute Steinmetz-Brand, Leiterin einer Schule für Erziehungshilfe und Kranke mit integrierter sozialpädagogischer Tagesgruppe, geht auf das schwierige Kooperationsverhältnis von Schule und Jugendhilfe ein und fordert – gerade mit dem Blick auf die präventive und intervenierende Arbeit mit schulmüden und schulverweigernden Kindern und Jugendlichen – eine „Synergie at Cooperation".

Das Praxisforschungsprojekt „Coole Schule", das zwischen 2002 und 2004 bundesweit an fünf Standorten in Deutschland durchgeführt wurde, sollte Schüler innerhalb von zwei Schuljahren soweit persönlich und schulisch fördern und stabilisieren, dass sie schließlich in das schulische Regelsystem re-integriert werden konnten. *Jürgen Ruopp*, Sozialpädagoge im Projekt am Standort Freiburg im Breisgau, berichtet über die Ergebnisse und Erfahrungen auf struktureller, inhaltlicher und persönlicher Ebene.

Marianne Heiser stellt das Modellprojekt „Schulvermeider im Lahn-Dill-Kreis", das am 1. März 2004 durch eine Projektgruppe aus Vertretern der Polizei, Vertretern des zuständigen Staatlichen Schulamtes und der örtlichen Jugendhilfe, des schulärztlichen Dienstes und aus Pädagogen von insgesamt acht Schulen unterschiedlicher Schulformen ins Leben gerufen wurde, mit seinen verschiedenen Maßnahmen und Teilprojekten vor.

Der Fokus der vorgestellten Good-practise-Beispiele und Konzepte liegt auf denjenigen, die theoretisches und praktisches Lernen unmittelbar verknüpfen und somit besonders für Schüler, die mit der traditionellen Regelschule nicht zurechtkommen und sich ihr verweigern, eine adäquate Alternative darstellen: Produktives Lernen an Schulen in Hessen, Schülerfirmen, Produktionsschule und Werk-statt-Schule. Das Konzept des „Produktiven Lernens", ein Bildungsangebot an hessischen Schulen für Schüler des 9. und 10. Schuljahres, wird von *Gerhard Schaub* und *Stephan Warlich* beschrieben. Produktives Lernen verbindet eine personen- und praxisbezogene Form von Allgemeinbildung im 9. und 10. Schuljahr mit intensiver individueller Berufsorientierung. Produktives Lernen ist Bildung auf der Basis von Tätigkeitserfahrungen Jugendlicher in gesellschaftlichen Ernstsituationen.

„Schülerfirmen als Möglichkeit des Lernens und Arbeitens an der Schule"
werden von *Ulrike Henze* und *Roland Geier* vorgestellt. Schülerfirmen,
deren Idee aus dem angelsächsischen Raum stammt, sind Schulprojekte mit
pädagogischen Zielsetzungen. Im Kern geht es um ganzheitliches, praxisnahes Lernen und um die Förderung von Schlüsselkompetenzen, die für den
erfolgreichen Übergang von Schule in Ausbildung und Beruf von zentraler
Bedeutung sind.

Produktionsschulen, Jugendwerkstätten und Werk-statt-Schulen sind
produktionsorientierte Ansätze zur Qualifizierung von Jugendlichen und
Erwachsenen. Sie sind Einrichtungen u.a. der arbeitsorientierten und (vor-)be-
ruflichen Bildung, in denen Arbeiten und Lernen kombiniert werden. Die
Teilnehmer erwerben – auf unterschiedlichem Niveau – berufliche Qualifikation sowie personelle und soziale Kompetenzen (Stabilisierung und
Entwicklung der Persönlichkeit, Teamfähigkeit, Schlüsselqualifikationen)
mit dem Ziel der beruflichen und sozialen Integration. *Rolf Daniel* stellt die
„Marburger Produktionsschule – ein Praxisangebot für Schulverweigerer"
vor; die „Werk-statt-Schule Hannover als alternatives Bildungsangebot"
wird von Bernd Reschke präsentiert.

Als eine Strategie der Arbeit mit schulverweigernden Jugendlichen werden
die Konzepte der Berufsorientierung bzw. -vorbereitung mit flexiblen Übergängen in die (vor-)betriebliche Ausbildung gesehen. Gerade im Land Hessen
existiert eine Vielzahl von Projekten und Maßnahmen. *Werner Dörbaum*
und *Gabriele Polzin* geben einen kurzen Einblick in Projekte und Vorhaben
der Berufs(früh)orientierung, wie Kurs 21 (**K**ooperationsnetz von **U**nternehmen der **R**egion und **S**chulen), SchuB (Leben und Arbeiten in Schule
und Beruf), LaborA (dem Laboratorium für Arbeit) sowie RegNets (ein
Bildungsnetzwerk zur Förderung der beruflichen Orientierung Jugendlicher).

Den Abschluss bildet der Erfahrungsbericht von *York Ehrlich* und *Horst
Böhme*, die an ihren Schulen in Rüsselsheim bzw. Kassel jeweils als besondere Bildungsgänge zur Berufsvorbereitung in Vollzeitform die Programme
EIBE (Eingliederung in die Berufs- und Arbeitswelt), KONEKT (Kompetenzen in Netzwerken aktivieren) und das BVJ (Berufsvorbereitungsjahr)
anbieten.

Entstanden ist ein Sammelband mit Aufsätzen, die die unterschiedlichen
Erscheinungsformen, die vielschichtigen Gründe, mannigfaltigen Motiva-
tionen und Einflussfaktoren für die schulverweigernden Verhaltens- und
Handlungsstrategien von Kindern und Jugendlichen (aber auch Lehrkräften)

aufzeigen, theoretisch fundieren, mit exemplarischen Beispielen signifikant illustrieren und aus Sicht der unterschiedlichen Professionen verschiedenste Handlungsspielräume und Strategien vorstellen.

Wir danken allen Autorinnen und Autoren, ohne deren Unterstützung und hilfreiche Ratschläge dieses Buch nicht möglich gewesen wäre.

Wir möchten die Gelegenheit ebenfalls nutzen, um Gundhild Fischer und den Auszubildenden und den Produktionsschülern der Medienabteilung von BuntStift e.V. für die Erstellung der Druckformatvorlagen sowie die Gestaltung des Titels zu danken. Dank gilt auch Kristina Hecht, die uns in der teilweise doch anstrengenden redaktionellen Arbeit so tatkräftig und gelingend unterstützt hat.

Die Herausgeber

Kapitel I

Das Phänomen Schulmüdigkeit, Schulverweigerung und Schulabsentismus aus Sicht der Wissenschaft

Hermann Rademacker

Verweigerung oder Ausgrenzung?
Schulversäumnisse, öffentliche Schule
und das Recht auf Bildung für alle

1.   „Schulverweigerung" –
Anmerkungen zu einer fragwürdigen Begrifflichkeit

Die Bezeichnung „Schulverweigerer" scheint nahezu allgemein durchgesetzt. Auch die Kollegen am Deutschen Jugendinstitut (DJI) bedienen sich ihrer, verzichten aber auf die wünschenswerte Klärung dieses Begriffs (Schreiber-Kittl 2000, S. 8-11; Michel, 2005, S. 12), der dem nicht in der Schule erscheinenden jungen Menschen eine bewusste Entscheidung gegen den Schulbesuch zuschreibt – denn das meint „Verweigerung". Allerdings nimmt die Benutzung dieser Bezeichnung in den Arbeiten des DJI mit den Jahren erfreulicherweise ab und wird zunehmend ersetzt durch „Schulmüdigkeit", auch dies eine empirisch nicht belegte Ursachenzuschreibung, die aber die betreffenden jungen Menschen weniger für ihr Verhalten haftbar macht als die „Verweigerung", denn für Ursachen der Müdigkeit müssen sie ja nicht unbedingt selbst verantwortlich sein. Erfreulicherweise aber nimmt die Verwendung deskriptiver Begrifflichkeiten wie „Schulversäumnisse" und „Schulausstieg" (Michel 2005, S. 11ff.), Schuldistanz und Schulabsentismus nicht nur im DJI zu.

Aber immer noch gibt es Anlass, vor der Verwendung des Begriffs **„Schulverweigerer" als Sammelbegriff** für die Gruppe junger Menschen, die aus unterschiedlichen Gründen und in unterschiedlichem Umfang die Schule meiden, zu warnen. Denn er kennzeichnet weder die unterschiedlichen Beweggründe für Schulvermeidung zutreffend und umfassend, noch ist er geeignet, ein besonders hohes Ausmaß von Schulversäumnissen gegenüber weniger häufigen Abwesenheiten von der Schule zu bezeichnen. Die im englischen verbreiteten Begriffe „non-attendance" oder „absenteism" als Oberbegriffe zur Kennzeichnung des Phänomens sowie „excessive" oder „persistent absenteism" für Schulversäumnisse großen Ausmaßes erscheinen demgegenüber sehr viel geeigneter. Denn „Verweigerung" ist ein qualitativer, kein quantitativer Begriff: Es kann auch eine einzelne Unterrichtsstunde durchaus bewusst verweigert werden, etwa wenn jemand befürchten muss, wegen einer vorhandenen individuellen Beeinträchtigung angesichts einer speziellen sportlichen Anforderung vor der Klasse bloßge-stellt zu werden. Aber Jugendlichen, die die Schulpflicht verletzen, grund-sätzlich und undifferenziert eine „Verweigerungshaltung" zuzuschreiben, wie es etwa bei Reißig in der Auswertung einer Befragung von „346 Schulverweigerern in 36 Projekten" (Reißig 2001, S. 15) geschieht, ist sicher illegitim und auch durch Reißigs eigene Empirie keineswegs gedeckt. Vielmehr wird hier offensichtlich eine vorausgegangene Annahme der Interpretation der Daten unterlegt. Die Befragten sind „Schulverweigerer", weil sie in Projekten angetroffen wurden, die sie als „Verweigerer" definierten, nicht weil ihre Antworten Verweigerung als Motiv für ihr Fernbleiben von der Schule erkennen lassen. Und selbst wenn die befragten jungen Menschen Ursachen für ihre Schulvermeidung überwiegend in der Schule sehen, so ist dies nicht Ausdruck einer Verweigerung, sondern Kritik an der von ihnen konkret erfahrenen Schule. Wer nicht zum Wehrdienst erscheint, weil er sich im Grundwehrdienst mit unangenehmen Anforderungen konfrontiert sieht oder dieses fürchtet, wird kaum als Wehrdienstverweigerer gelten kön-nen. Reißig selbst verortet die Faktoren, die zur Schulvermeidung führen, zutreffend sowohl in der sozialen Umwelt, in der Persönlichkeit der betrof-fenen Jugendlichen wie auch in der Schule (ebenda, S. 10). Der Begriff der „Schulverweigerung" umfasst jedoch kaum andere als in der Persönlichkeit liegende Faktoren und ist zudem mit einem emanzipatorischen Anspruch konnotiert. Die Subsumtion von schulvermeidendem Verhalten unter den Begriff der „Schulverweigerung" ist somit vielleicht geeignet, eine verbrei-tete sozialpädagogische Schulkritik zu stützen und hier liegt möglicherweise auch ein Teil der Erklärung für seine Verbreitung. Aber genau darin liegt ein erhebliches Risiko nicht nur hinsichtlich der Einschätzung der Motivation der betroffenen Jugendlichen, sondern auch hinsichtlich der Einschätzung des Unterstützungsbedarfs, den sie haben.

Auch andere empirische Untersuchungen tragen kaum zur Aufklärung über die jungen Menschen und ihre Motive bei. Die DJI-Befragung von Experten, *„Vertreterinnen und Vertreter verschiedener Institutionen, die auf Grund ihres Arbeitsauftrags (auch) mit Schulverweigerung und Schulverweigerern zu tun haben"* (Schreiber-Kittl 2001, S. 9), erhebt Deutungen des Phänomens, ohne diese Erkenntnissen über die betroffenen Jugendlichen gegenüberzustellen. Sie erklären damit eher das professionelle Handeln der in unterschiedlichen Rollen und Funktionen mit diesen jungen Menschen Befassten, die selbstverständlich auch Anlass haben, den von ihnen selbst mitverantworteten Umgang mit diesen Jugendlichen zu legitimieren – insofern aber dann auch dem Verdacht der Befangenheit ausgesetzt sind. Die Mehr-heit der Projekte, die das Feld bilden, in dem die Experten gefunden wurden, sind Projekte außerhalb der Schule. Reeintegration ist nur ausnahmsweise das Ziel. Insofern passt auch das Angebot zur Deutung eines durch Verweigerung motivierten Fernbleibens von der Schule.

Beispiele für **Verweigerung als Motiv** für das Fernbleiben von der Schule gibt es jedoch durchaus auch. Jüngst fand die Auseinandersetzung zwischen den „Zwölf Stämmen", einer pietistischen christlichen Gruppe in der Nähe von Donauwörth und dem Bayerischen Kultusministerium die Aufmerksamkeit der Presse. Auch im Siegerland gibt es solche Gruppierungen und wir müssen wohl damit rechnen, dass die gegenwärtige Welle des Kreationismus zu einer Zunahme von Konflikten um die Schulpflicht führen wird. Diese Christen lehnen den Besuch öffentlicher Schulen wegen des aufklärerischen Gehalts schulischer Bildung für ihre Kinder ab. Da spielt es keine Rolle, ob es die Eltern oder allein die Kinder sind, die sich gegen den Schulbesuch wehren – es handelt sich um eine Verweigerung aus Überzeugungsgründen. Harald Achilles, Jurist im Hessischen Kultusministerium, erklärte jüngst auf einer Fachtagung in Frankfurt, dass er angesichts anwachsender fundamentalistischer Strömungen „eine Welle von Gerichtsverfahren" wegen so oder ähnlich motivierter Schulverweigerung auf die Schulverwaltungen zurollen sehe.

Es ist eine offene Frage, wie weit eine der Aufklärung verpflichtete Gesellschaft der Forderung nach einer besonderen Beschulung für die Kinder solcher Gruppierungen nachgeben darf und welches Maß an staatlicher Aufsicht gerade auch im Hinblick auf die in solchen Schulen vermittelten Unterrichtsinhalte gewährleistet bleiben soll. Aber sind solche Fälle von Verweigerung gegenüber dem Besuch einer öffentlichen Schule auch nur annähernd vergleichbar mit der Situation der jungen Menschen, die sich heute in den Projekten für so genannte „Schulverweigerer" finden?

Thimm, der sympathischerweise bekennt, dass auch er am Beginn seiner Arbeit mit solchen Jugendlichen meinte, solche Deutungen kraft professioneller Kompetenz vornehmen zu können, beschreibt seinen diesbezüglichen Lernprozess mit folgenden Worten:

„Die Schulverweigerer, die ich im Land Brandenburg kennenlernte, waren keine schillernden Metropolensubjekte, die auch ‚auf Hochglanz' gute Figur machen. Es waren nicht selten sich vergessen, verloren und verraten erlebende Jugendliche, die sich innerlich eine erfolgreiche Schullaufbahn wünschten. Sie waren i.d.R. hoch demoralisiert und in ihrem Selbstwert gebrochen." (Thimm 2000, S. 15)

Während Verweigerer aus Überzeugungsgründen nur gegen ihren Willen in eine öffentliche Schule gezwungen werden können, sollten wir also für möglich halten, dass unter den jungen Menschen in den Projekten nicht wenige gern wieder in eine Schule gingen, gern dasselbe täten, wie ihre Altersgenossen, weil sie – vermutlich im Unterschied zu den Kindern der „Zwölf Stämme" – ihr Fernbleiben von der Schule nicht nur als Vermeidung von mit dem Schulbesuch verbundenen Risiken etwa des Scheiterns und des Ausbleibens von Anerkennung erleben, sondern zugleich auch als Ausgrenzung, unter der sie leiden.

Es geht also mit der Deutung des Phänomens des unterlassenen Schulbesuchs durchaus auch um die Frage, welche **Ziele** mit den Angeboten für diese Jugendlichen erreicht werden sollen: eine Reintegration in die Regelschule oder die Vermittlung schulischer und sozialpädagogischer Leistungen in Abgrenzung von der Schule. Gerade am Ort einer der wichtigsten und anerkanntesten Produktionsschulen in Deutschland und angesichts des Anlasses der Tagung, mit der der erfolgreiche Abschluss des BQF-Projektes „Auf Kurs"[1] gewürdigt wurde – und sowohl „BuntStift" wie „Auf Kurs" sind überzeugende Beispiele für angemessene Angebote zumindest für einen großen Teil der Jugendlichen, um die es hier geht –, sollten wir Wert darauf legen, dass diesen jungen Menschen mit Offenheit hinsichtlich ihrer Beweggründe und der Sachverhalte, die sie am Schulbesuch hindern, begegnet wird. Offenheit gebietet zunächst einmal, sich für diese Beweggründe und Hindernisse ernsthaft zu interessieren, sie in Erfahrung zu bringen und die Betroffenen gegen voreilige und leichtfertige Etikettierungen in Schutz zu nehmen.

Die Zweifel hinsichtlich der Legitimität solcher Zuschreibungen sind vor allem durch empirische Untersuchungen in anderen Ländern begründet, in denen Schulversäumnisse schon wesentlich länger ein bildungspolitisches Thema sind, als in Deutschland. Dies gilt insbesondere für die **angelsächsischen Länder**. Untersuchungen, die in Großbritannien durchgeführt wurden, sehen viele der jungen Leute, die nicht mehr in der Schule erscheinen, als in einer Armutsfalle gefangen:

„Like so many truants, Jane is trapped within a cycle based on poverty, deprivation unfulfilled need and ignorance. By truanting, Jane in compounding her own limitations and destroying any possibility for her own upward social mobility." (Reid 1999, S. 3)

---

1 Ein vom Bundesministerium für Bildung und Forschung, im Programm zur „Beruflichen Qualifizierung für Jugendliche mit besonderem Förderbedarf" (BQF-Programm, Innovationsbereich III: Initiativen im Bereich Prävention/Übergang von der Schule in den Beruf) gefördertes Projekt. Zu Details zu dem Modellprojekt „Auf Kurs" siehe die Beiträge von Henner Stang und Cortina Gentner in diesem Band.

Junge Menschen, wie Jane, sehen aber ihre Beziehung zur Schule oft so weit ruiniert, dass sie sich nicht mehr hintrauen. Sie fürchten Gesichtsverlust und die Häme von Mitschülern und Lehrern, die Fortsetzung ohnehin schon im Übermaß erlebten Scheiterns oder auch die Rolle als Außenseiter in der Schulklasse, in die sie aus welchen Gründen auch immer geraten sind.

Es gibt also zwei Gründe, mit dem Begriff der „Schulverweigerung" kritisch umzugehen:

1) Das weitgehende Fehlen empirischer Belege für die mit dem Begriff der Verweigerung verknüpften Ursachen und Motive schulvermeidenden Verhaltens und

2) die wünschenswerte Angemessenheit der Angebote für diese jungen Menschen, die hinsichtlich Zielsetzung und pädagogischen Mitteln die Ursachen und Motive dieses Verhaltens reflektieren sollten.

2. Das Phänomen ist alt, die Aufgeregtheit neu

Schulversäumnisse waren in der Vergangenheit in Deutschland nur **selten Gegenstand der bildungspolitischen Debatte** wie auch der Schulforschung. Zunächst waren es so gut wie ausschließlich Sonderpädagogen, die sich des Themas annahmen (vgl. Hildeschmidt u.a. 1979; Klauer 1963; Ricking/Neukäter 1997; Sander 1979; Schulze/Wittrock 2001; Warzecha 2001). Erst in jüngerer Zeit griffen es auch andere Disziplinen auf: Im Rahmen der Devianzforschung wurde es zum Gegenstand der kriminologischen Forschung; hier geht es vor allem um Zusammenhänge zwischen Schulpflichtverletzungen und Formen kriminellen Verhaltens in der Biographie junger Menschen. Für Deutschland sind in diesem Zusammenhang insbesondere die Untersuchungen des Kriminologischen Forschungsinstituts Niedersachsen (KFN) zu Gewaltbereitschaft und Gewalterfahrung von Schuljugendlichen zu nennen (vgl. besonders Wilmers/Enzmann/Schäfer 2002). In der Jugendhilfe schließlich wurden Schulversäumnisse zum Thema, nachdem insbesondere im Kontext der überwiegend auf der Grundlage des Arbeitsförderungsgesetzes von der Arbeitsverwaltung finanzierten Maßnahmen des Benachteiligtenprogramms Jugendliche mit massiven Schulversäumnissen zu einer rasch anwachsenden Zielgruppe von Angeboten der Jugendhilfe wurden (vgl. Thimm 1998 und 2000; Schreiber-Kittl 2001; Schreiber-Kittl/Schröpfer 2002). Mit der wissenschaftlichen Begleitung der

Projekte fanden dann auch sozialpädagogische Fragestellungen in die Erforschung von Schulversäumnissen Eingang – mit der Einschränkung allerdings, dass sich die Untersuchungen auf die Zielgruppe derjenigen beschränken, die in Einrichtungen und Projekten der Jugendhilfe „aufgefangen" werden (Hofmann-Lun 2005; Michel, 2005; Schreiber 2005).

In der allgemeinen Schulforschung wurden Schulversäumnisse immerhin in die PISA-Studie einbezogen, was aber wohl eher als ein Import dieser Fragestellung aus dem internationalen Kontext der Studie denn als Ausdruck eines genuinen Interesses deutscher Schulforschung an diesem Thema gedeutet werden darf (vgl. Schümer/Tillmann/Weiß 2002). Aber auch die Kultusministerien der Länder zeigen ein gesteigertes Interesse am Thema. Nach Mecklenburg-Vorpommern haben inzwischen Berlin, Bremen (hier allerdings begrenzt auf die unentschuldigten Versäumnisse) jüngst auch Sachsen und Schleswig-Holstein (hier allerdings initiiert vom Innenministerium im Rahmen der Entwicklung und landesweiten Umsetzung kriminalpräventiver Konzepte) Schulversäumnisse landesweit erfasst und die Erkenntnisse zur Grundlage von Handreichungen und Maßnahmen zu ihrer Reduzierung gemacht oder bereiten dies vor. Auch Brandenburg, Hamburg, Hessen, Niedersachsen und Sachsen-Anhalt haben zum Umgang der Schulen mit Schulversäumnissen Erlasse und Handreichungen oder auch Modellprojekte eingeleitet. Kennzeichen dieser Initiativen ist, dass sie zunächst die Schule für den regelmäßigen Schulbesuch in der Verantwortung sehen, dann aber nach unterschiedlichen Kriterien die Zusammenarbeit mit außerschulischen Partnern wie der Jugendhilfe, den kommunalen Ordnungsbehörden oder auch der Polizei vorsehen.

Wenn damit Schulversäumnisse heute auch in Deutschland zum bildungspolitischen Thema geworden sind und es gestern – insbesondere im Unterschied zur Diskussion in den angelsächsischen Ländern – nicht waren, so bedeutet dies jedoch keineswegs, dass sie gegenüber früheren Jahrzehnten zugenommen hätten. Angesichts des in der Vergangenheit geringen Interesses sowohl der Bildungspolitik wie auch der Schulpädagogik an diesem Thema darf es nicht überraschen, dass empirische Untersuchungen, die einen Vergleich des Ausmaßes von Schulversäumnissen über einen längeren Zeitraum ermöglichen, kaum vorliegen.

Das Wenige, das vorliegt, liefert jedoch keinerlei Hinweise darauf, dass Schulversäumnisse über den Zeitraum der vergangenen Jahrzehnte zugenommen hätten. Zu den vorliegenden älteren Untersuchungen gehört die von Klauer, der die Schulversäumnisse in fünfzig Klassen von Haupt- und

Sonderschulen in drei westdeutschen Städten im Schuljahr 1959/60 auf der Grundlage von Klassenbucheintragungen erhoben hat (Klauer 1963). Für einen Vergleich mit den Ergebnissen von Klauer besonders geeignet ist die Berliner Gesamterhebung für das zweite Halbjahr des Schuljahres 2001/02, weil sie sich ebenso wie Klauer auf die Gesamtzahl der Schulversäumnisse ohne Unterscheidung zwischen entschuldigtem und unentschuldigtem Fehlen bezieht und zudem auch eine Ergebnisdarstellung gewählt hat, die einen Vergleich erleichtert.

Aus diesem Vergleich allerdings ergeben sich **keinerlei Hinweise auf eine Zunahme der Schulversäumnisse** im Zeitraum von mehr als vierzig Jahren (vgl. Ehmann/Rademacker 2003, S. 57f.). Eine skandalisierende Berichterstattung über Schulversäumnisse, wie sie in den Medien in den letzten Jahren zunehmend zu beobachten war, kann sich also nicht auf eine dramatische Veränderung des Verhaltens schulpflichtiger junger Menschen und ihrer Familien berufen. Das Ausmaß von Schulversäumnissen allerdings und vor allem ihre Verteilung auf Schularten und Klassenstufen verdient schon seit langem die gesteigerte Aufmerksamkeit sowohl der Bildungspolitik wie auch der Öffentlichkeit.

Tabelle: Vergleich der Schulversäumnisse aus den Erhebungen von Klauer 1959/60[2] und der Senatsverwaltung für Bildung, Jugend und Sport, Berlin 2002[3]

Berlin 2001/02			Klauer 1959/60		
Versäumte Tage pro Schul**halb**jahr	Alle Schularten ohne Sonderschulen und Gymnasien	Sonderschulen	Volksschulen	Hilfsschulen	Versäumte Tage pro **Schuljahr**
Keine	19,1%	16,4%	6,5%	3,8%	Keine
1-10	65,1%	50,8%	66,7%	46,0%	1-20
11-20	11,5%	18,8%	19,9%	23,5%	21-40
>20	4,4%	14,1%	6,9%	26,7%	>40

---

2 Auswertung der Versäumnislisten des Schuljahres 1959/60 von 50 Schulklassen aus den Städten Brühl, Duisburg und Köln. Eigene Berechnungen auf Grund der bei Sander zitierten Ergebnisse.

3 Ergebnisse der landesweiten Auswertung der Zeugnisse für das zweite Schulhalbjahr des Schuljahres 2001/02 durch die Senatsverwaltung für Bildung, Jugend und Sport, Berlin.

3.　Die Fiktion von der Übereinstimmung von Vorgabe und Ergebnis im Bildungswesen

Alle Erhebungen[4], die in den letzten Jahren zu Schulversäumnissen bekannt wurden, decken zumindest für die Schularten des allgemeinbildenden Schulwesens, die den Bildungsgang der Hauptschule einschließen (also neben den Hauptschulen vor allem die Gesamtschulen und die in den Ländern unter unterschiedlichen Bezeichnungen zusammengefassten Verbindungen von Haupt- und Realschulbildungsgängen), für die Bereiche des Sonderschulenwesens, in denen sich unterschiedliche Formen von Behinderungen und Beeinträchtigungen mit sozialer Benachteiligung verbinden, besonders also in den Schulen für Lernbehinderte, sowie für diejenigen beruflichen Bildungsgänge, die vor allem der Berufsvorbereitung dienen (BVJ, eingeschränkt auch das BGJ und die einjährigen Bildungsgänge der Berufsfachschulen), ein Ausmaß an Schulversäumnissen auf, das für nennenswerte Teile der davon betroffenen Schüler das Erreichen der Bildungsziele dieser Einrichtungen erheblich beeinträchtigt oder ausschließt und damit auch die Legitimation dieser Angebote im Rahmen des öffentlichen Bildungswesens grundlegend in Frage stellt. Dabei gilt jedoch, und dies gilt insbesondere für die Hauptschule, dass Schulversäumnisse bedenklichen Umfangs keineswegs für die genannten Schularten und Bildungsangebote allgemein kennzeichnend sind, sondern dass vielmehr die Unterschiede von Einrichtung zu Einrichtung erheblich sind. Siegfried Arnz, in der Berliner Senatsverwaltung für Bildung, Jugend und Sport für die Hauptschule zuständig, berichtete auf der Abschlusstagung des Projekts am Deutschen Jugendinstitut: „Netzwerk Prävention von Schulmüdigkeit und Schulverweigerung" im September 2005 in Leipzig, dass sich nach seiner Beobachtung zwischen Hauptschulen, die unter gleichen Bedingungen etwa bezüglich ihres sozialräumlichen Umfelds und der Zusammensetzung ihrer Schülerschaft etwa im Hinblick auf den Anteil von Schülern mit Migrationshintergrund arbeiten, erhebliche Unterschiede hinsichtlich des regelmäßigen Schulbesuchs zeigen. Besonders auffällig sei, dass es durchaus, aber leider viel zu wenige, Hauptschulen auch in sozialen Brennpunkten

---

4　Zu nennen sind hier insbesondere die auf kommunaler Ebene repräsentativen Schülerbefragungen des kriminologischen Forschungsinstituts Niedersachsen, die Städte in Schleswig-Holstein, Niedersachsen, Mecklenburg-Vorpommern, Sachsen und Bayern sowie Hamburg und den Landkreis Friesland einbeziehen, die von Hans-Joachim Boettge im Schuljahr 1998/99 im Schulamtsbezirk Magdeburg durchgeführte flächendeckende Schulbefragung (vgl. Ehmann/Rademacker 2003, S. 50-52) und die auf Landesebene repräsentative Erhebung schulaversiven Verhaltens von Schulze und Wittrock in Mecklenburg (Schulze/Wittrock 2001). Ergänzt und bestätigt werden die Ergebnisse dieser Erhebungen in ihrer Tendenz durch eine wachsende Zahl von Erhebungen auf der Ebene einzelner Schulen, wie sie etwa im Saarland, in Hessen und Rheinland-Pfalz stattgefunden haben.

gebe, die sich hinsichtlich ihrer Absenzquoten nicht von guten weiterführenden Schulen unterscheiden. Daneben aber gibt es Schulen, die berichten, dass sie den Unterricht in der ersten Stunde oft mit drei Schülern beginnen, zwischen 10 und 11 Uhr dann eine Anwesenheit von zehn bis fünfzehn von zwanzig Schülern erreichen, die Anwesenheit dann aber wieder schrumpfe (Rademacker 2005).

Es kann also keinem Zweifel unterliegen, dass, unabhängig von der Zuverlässigkeit und der Gewissenhaftigkeit, mit der Schulversäumnisse in den einzelnen Schulen erfasst werden, die in den Schulen registrierten Daten allemal hinreichen, die seit Jahren, wahrscheinlich seit Jahrzehnten, bestehende erhebliche Diskrepanz zwischen der Vorgabe der Schulpflicht und dem Ergebnis ihrer Verletzung in erheblichem Umfang sichtbar zu machen. Kaum eine Dimension schulischer Wirklichkeit scheint geeigneter als der Schulbesuch, die These von der **„Grundfiktion der Verwaltung des Bildungswesens"**, die nach Jürgen Baumert in der „für selbstverständlich gehaltene(n) Übereinstimmung von Vorgabe und Ergebnis und deren scheinbare(r) Sicherung durch die Schulaufsicht bei Abweichungen im Einzelfall" besteht (Baumert 2001, S. 14), zu belegen. Denn kaum ein anderer Bereich schulischer Wirklichkeit – denken wir etwa an die Einhaltung von Lehrplänen, die Bemühungen um die Erfüllung des neben dem Bildungsauftrag bestehenden Erziehungsauftrags der Schule oder auch nur das pünktliche Erscheinen von Lehrern bei Unterrichtbeginn im Klassenraum – wird, wenn überhaupt, so umfassend dokumentiert wie der Schulbesuch von Schülern. Das zeigen die in Bremen vorliegenden Auswertungen zum unentschuldigten Fehlen ebenso wie die Berliner Statistiken zu Schulversäumnissen insgesamt, die ja genau auf solchen in den Schulen alltäglich erhobenen Daten beruhen. Mögen an der Zuverlässigkeit der Erfassung auch von Fall zu Fall Zweifel angebracht sein, so liegen in den Schulen entsprechende Daten (nötige Informationen für ein Tätigwerden sowohl der einzelnen Schulen wie auch der Schulaufsicht) durchaus hinreichend vor. Aber offensichtlich viel zu selten lösen diese eine pädagogische Reaktion oder eine administrative Intervention aus.

Aber nicht nur die Schulaufsicht, auch die kommunalen Ordnungsbehörden, die für die Ahndung von Schulpflichtverletzungen zuständig sind, handeln höchst uneinheitlich oder auch gar nicht. So gab es im früheren Berliner Bezirk Wedding im Schuljahr 1999/2000 nicht eine einzige **Anzeige wegen Schulpflichtverletzungen**, im Bezirk Neukölln dagegen 938. Eine Erhebung des Sächsischen Staatsministeriums für Kultus bei allen Landkreisen und kreisfreien Städten des Landes ergab Quoten zwischen 28,3 Ordnungswidrigkeitsverfahren je 1.000 Schüler allgemeinbildender Schulen für den Kreis Löbau-Zittau und 0,5 für den Mittleren Erzgebirgskreis und den Weißeritzkreis. Das bedeutet, dass, wenn man einen einigermaßen ähnlichen Umfang von Schulversäumnissen in den Kommunen und eine einigermaßen gleichmäßige Erfassung in den Schulen unterstellt, die Einleitung eines Ordnungswidrigkeitsverfahrens im Falle einer erfassten Schulpflichtverletzung im Landkreis Löbau-Zittau mehr als 56 mal so hoch ist, wie im Mittleren Erzgebirgskreis. Die Städte Chemnitz und Leipzig erreichen mit 26,7 bzw. 25,8 Spitzenwerte, während Zwickau mit 5,0, Dresden mit 3,9 und Görlitz mit 0,6 deutlich unter dem Landesdurchschnitt für den Freistaat Sachsen von 9,7 liegen. Derartige Unterschiede dürften kaum durch unterschiedliches Verhalten von Schülern und ihren Familien zu erklären sein, sondern deuten vielmehr auf ein in seiner Unterschiedlichkeit erklärungsbedürftiges Verwaltungshandeln hin. Die Größenordnung dieser Unterschiede erreicht dabei ein Maß, das zumindest die Frage aufwirft, ob hier nicht die Grenze zur Verwaltungswillkür erreicht oder gar überschritten ist. Man stelle sich einmal vor, welcher Aufruhr entstünde, wenn Polizei und Ordnungsbehörden mit erfassten, und nur um diese geht es, Verstößen gegen die Straßenverkehrsordnung, etwa Geschwindigkeitsüberschreitungen, ähnlich uneinheitlich verführen.

4.   Schulversäumnisse –
ein Bewertungsproblem im Schulsystem

Nun wird gegen Ordnungsmaßnahmen als Reaktion auf Schulversäumnisse zu Recht immer wieder eingewandt, sie seien pädagogisch fragwürdig und zudem von zweifelhafter Wirkung. Dieses Argument lässt sich gegen Ordnungsmaßnahmen zur Durchsetzung der Straßenverkehrsordnung in gleicher Weise ins Feld führen, und dennoch ist es auf diese Art von Ordnungswidrigkeiten bezogen kaum zu hören. Wenn hier dafür plädiert wird, Ordnungsmaßnahmen als ein mögliches Mittel in das Repertoire schulischer und staatlicher Handlungsmöglichkeiten zur Durchsetzung der Schulpflicht einzubeziehen, so bedeutet dies keineswegs, dass sie als der pädagogischen Weisheit letzter Schluss gesehen würden – und dies gilt hier wie da. Beobachtungen in Nürnberg immerhin deuten daraufhin, dass die in enger Abstimmung mit der Jugendhilfe (!) und der Schule praktizierten Kontrollen der Polizei, die dort – wie übrigens auch in anderen Städten – offensichtlich Schulpflichtige an Treffpunkten delinquenzgeneigter Jugendlicher während üblicher Schulzeiten anspricht und deren Erklärungen für ihren Aufenthalt außerhalb der Schule durch Rückruf bei der Schule überprüft, zu einer spürbaren Verbesserung der allgemeinen Schulbesuchsdisziplin geführt haben. Dies betrifft jedoch bemerkenswerterweise nicht in erster Linie die Kinder und Jugendlichen, die es mit der Polizei zu tun bekommen haben, sondern die anderen, die mit überwiegend geringen Schulversäumnissen nicht besonders auffällig geworden waren. Ordnungsmaßnahmen und ihre glaubwürdige Androhung scheinen in Bezug auf das allgemeine Schulbesuchsverhalten also eine ähnlich disziplinierende Wirkung zu haben, wie sie bei der Durchsetzung der Verkehrsdisziplin auf unseren Straßen angenommen werden darf. Sie sind nicht zuletzt Ausdruck der Ernsthaftigkeit, mit der der Staat von seinen Bürgern die Einhaltung gesetzlicher Regelungen einfordert. Bei einer solchen Sichtweise stellt sich dann im Hinblick auf die Bewertung von Ordnungsmaßnahmen zur Durchsetzung der Schulpflicht nicht in erster Linie die Frage, ob sie pädagogisch sinnvoll sind, sondern warum dem Staat die Einhaltung der Schulpflicht anscheinend weniger wichtig ist als die anderer Gesetze wie etwa der Straßenverkehrsordnung.

Die Auswertungen amtlicher Verlautbarungen aus den Bildungsverwaltungen der Länder (Erlasse und Verordnungen, Antworten auf parlamentarische Anfragen u.ä.) sowie von Interviews in den 16 für Schule zuständigen Kultusministerien der Länder (vgl. Ehmann/Rademacker 2003) zeigen, dass der uneinheitliche und widersprüchliche Umgang mit Ordnungsmaßnahmen zur Durchsetzung der Schulpflicht Teil eines umfassenderen Bewertungsproblems von Schulversäumnissen ist, das sich in allen Bereichen des Bildungswesens und seiner Verwaltung zu finden scheint.

Dieses Bewertungsproblem betrifft zunächst die Einschätzung der Zweckmäßigkeit und Notwendigkeit der Sammlung von Informationen. So teilt das Ministerium für Bildung, Wissenschaft, Forschung und Kultur des Landes **Schleswig-Holstein** in einem Schreiben auf eine entsprechende Anfrage vom Januar 2001 mit:

„Wir haben das Thema Schulversäumnisse wiederholt mit den Schulräten und Schulrätinnen diskutiert. Die gewonnenen Erkenntnisse haben uns bewogen, keine Erhebungen durchzuführen, sondern die Schulen auch künftig für das Problemfeld zu sensibilisieren und aufzufordern, Handlungsmuster zu entwickeln."

Dabei hatten sich im Zusammenhang mit den ersten Untersuchungen des Kriminologischen Forschungsinstituts Niedersachsen zu Gewalterfahrung und Gewaltbereitschaft Schuljugendlicher für Kiel besonders hohe Werte von Schulversäumnissen gezeigt. Dennoch wird ein über Diskussion, Sensibilisierung und die Aufforderung zur Entwicklung von Handlungsmustern hinausgehender Handlungsbedarf verneint: *„Die Rückmeldungen zeigen uns, dass es im Augenblick keinen Anlass gibt, etwas über einen Erlass zu regeln."* In Schleswig-Holstein allerdings hat sich das Innenministerium mit der Selbstgewissheit des Kultusministeriums nicht zufrieden gegeben und 2005 eine Erhebung der Schulversäumnisse in allen Schulen des Landes durchgesetzt. Die Auswertung ist noch nicht abgeschlossen.

Auch das Kultusministerium **Baden-Württembergs** hat lange darauf vertraut, dass die Schulen die Schulpflicht durchzusetzen wissen. Die in der Landtagsdrucksache vom April 1997 gegebene Auskunft kennzeichnet die Haltung des Ministeriums bis in die jüngste Zeit:

„Weiter liegt es in der Verantwortung der einzelnen Schule, den Erziehungs- und Bildungsauftrag der jeweiligen Schulart umzusetzen. Das bedingt, dass Schülerinnen und Schüler den Unterricht besuchen."

Hier glaubt man zu wissen:

„Schulen reagieren auf ein Fernbleiben ... sofort, indem ..." und ist sich sicher: *„auf grund der o.g. Ausführungen kann von einer Dunkelziffer im Bereich des so genannten ‚Schulschwänzens' nicht ausgegangen werden."* (Landtagsdrucksache 12/1353)

Allerdings sind auch hier inzwischen andere Akteure auf den Plan getreten, die sich dieses blinde Vertrauen in die Übereinstimmung zwischen Vorgabe und Ergebnis hinsichtlich der Einhaltung der Schulpflicht nicht mehr meinen leisten zu dürfen. Der zum 1. Januar 2005 gleichzeitig mit der Auflösung der Landeswohlfahrtsverbände ins Leben gerufene Kommunalverband Jugend und Soziales Baden-Württemberg veranstaltete am 14. November 2005 seine erste Arbeitstagung zur Kooperation Jugendhilfe und Schule und wählte dafür Schulversäumnisse als Thema. Bei dieser Gelegenheit wurde auch der Entwurf einer Handreichung, die derzeit unter Federführung des Kultusministeriums erarbeitet wird, vorgestellt.

Das **hessische Kultusministerium** dagegen versucht in Beantwortung einer großen Anfrage vom Februar 2002 nicht, die eigene Uninformiertheit zu kaschieren, wenn es erklärt: *„... ist davon auszugehen, dass sich die Zahl der erfassten Fälle in Hessen im Durchschnitt der bundesweit bekannten Gesamtproblematik bewegt."* Hier wird ein Handlungsbedarf anerkannt, auf den hinzuweisen man immerhin für notwendig hält: *„Unabhängig davon ist jedoch darauf hinzuweisen, dass jeder einzelne Fall für sich als ein Problem für Schule und Elternhaus anzusehen ist, der ein Handeln der Beteiligten dringend gebietet."* (Landtagsdrucksache 15/3631) Damit sieht man hier auch die Schule in der Pflicht, zur Aufklärung der Hintergründe von Schulpflichtverletzungen wie auch ihrer Überwindung beizutragen.

Detaillierter und deutlicher wird das Ministerium für Bildung, Jugend und Sport des Landes **Brandenburg** in einem Rundschreiben vom November 2001:

„Danach hat Schule zunächst die Schulpflichterfüllung zu überwachen sowie alle geeigneten und rechtlich möglichen Mittel zu ergreifen um

1.   präventiv der Schulverweigerung entgegenzuwirken

2.   auf unentschuldigtes Fehlen oder nur passive oder dauerhaft erheblich störende Teilnahme am Unterricht nachdrücklich und im Einzelfall angemessen zu reagieren

3.   ... festzustellen, ob Auffälligkeiten, Gefährdungen oder Fälle von Schulverweigerung bestehen

4.   von der Schule nicht mehr erreichbare Schülerinnen und Schüler wieder in das Regelangebot der Schule zurückzuführen."
(Rundschreiben Nr. 31/01)

Indem die Schule explizit in die Zuständigkeit für die Durchsetzung der Schulpflicht einbezogen wird, unterscheiden sich die amtlichen Äußerungen aus Hessen und Brandenburg deutlich von der von der Regierung des **Saarlandes** in Beantwortung einer parlamentarischen Anfrage vom September 2000 vertretenen Position:

„Entsprechend einer selbstbestimmten Bürgergesellschaft liegt die Verantwortung, die Einhaltung der Schulpflicht sicherzustellen, bei den Eltern bzw. den Personen, denen an Stelle der Eltern die Erziehung der Schulpflichtigen ganz oder teilweise obliegt, sowie bei den Ausbildungsbetrieben." (Landtagsdrucksache 12/234)

Von einer Verpflichtung der Schule, bei Verstößen gegen die Schulpflicht tätig zu werden und mit ihren Mitteln zur Durchsetzung der Schulpflicht beizutragen, ist in dieser Verlautbarung nirgends die Rede.

Niedersachsen dagegen stellt in seinen „Eckpunkte(n) für ein Programm der niedersächsischen Landesregierung zur Vermeidung unentschuldigter Abwesenheit vom Unterricht" vom Juni 2002 der Schulpflicht einen staatlichen Bildungsauftrag gegenüber:

„Es ist zunächst Aufgabe von Schule, für die Einlösung des staatlichen Bildungsauftrags Sorge zu tragen und den Kindern und Jugendlichen Bildungs-, Berufs- und Lebensperspektiven zu eröffnen." Bemerkenswert ist, dass in diesem Papier mit dem staatlichen Bildungsauftrag auch eine soziale Verantwortung der Schule für junge Menschen betont wird, wenn es weiter heißt: *„Damit verbunden ist die Aufgabe, soziale Ausgrenzung bei Heranwachsenden zu vermeiden und ihre Verantwortung für sich und die Gemeinschaft zu entwickeln."*

Hier wird das gesellschaftspolitische Motiv der Vermeidung von Integrationsrisiken klar benannt, das die Diskussion um Schulversäumnisse und Maßnahmen zu ihrer Vermeidung in den angelsächsischen Ländern seit Jahrzehnten wesentlich bestimmt, was sich etwa darin zeigt, dass die beim ersten Amtsantritt Blairs beim Amt des Premierministers eingerichtete „Social Exclusion Unit" die Reduzierung von Schulversäumnissen zu einem ihrer vorrangigen Ziele erklärt hat.

Eine ähnliche Sichtweise dokumentiert die Richtlinie der **Hamburger** Behörde für Schule, Jugend und Berufsbildung vom Dezember 2000. Hier wird gleichrangig neben dem die allgemeine Schulpflicht legitimierenden staatlichen Bildungsauftrag das Recht auf Bildung aller Kinder und Jugendlichen hervorgehoben, das die öffentliche Schule einzulösen habe:

„Schule und Schulverwaltung haben die Pflicht, Fällen von Schulpflichtverletzungen rasch nachzugehen, da Teilhabe am Unterricht nicht nur Pflicht, sondern auch Recht der Kinder und Jugendlichen ist, auf das sie und ihre Erziehungsberechtigten nicht eigenverantwortlich verzichten können."

und leitet daraus weiter ab:

„Schulen sind aufgefordert, in ihrer pädagogischen und programmatischen Arbeit die Präsenz von Schülerinnen und Schülern als ein Qualitätsmerkmal zu beobachten." (Behörde für Schule. Jugend und Berufsbildung, 2001)

Die derzeit in der Behörde für Bildung und Sport vorbereitete Neufassung dieser Richtlinie wird solche grundsätzlichen Aussagen allerdings nicht mehr enthalten, sondern zielt darauf ab, unter dem Eindruck mehrerer Fälle von schwersten Gefährdungen des Kindeswohls in Hamburg – bekannt wurde insbesondere der Fall des in der elterlichen Wohnung verhungerten schulpflichtigen Mädchens Jessica – klare Handlungsanweisungen für die Schulen und andere zuständige Stellen wie die „Regionalen Beratungs- und Unterstützungsstellen (REBUS)" der Schulbehörde, die Jugendhilfe und die Polizei zu formulieren.

Bremen hat unter der Überschrift „Schulvermeidung spürbar senken" ein Programm zur Reduzierung von Schulpflichtverletzungen eingeleitet. Der Bremer Schulsenator erklärt dazu in einem Handlungsleitfaden für Klassenlehrer vom Mai 2002:

„Zu viele Schülerinnen und Schüler entziehen sich der Schule und verbauen sich damit ihren Lebensweg. Wir dürfen nicht darüber hinwegsehen, sondern müssen sofort eingreifen."

Auch hier wird also der Zusammenhang zwischen Schulversäumnissen und erhöhten Risiken sozialer Ausgrenzung zum Leitmotiv bildungspolitischen Handelns.

Der Umgang von Schulen und Bildungsverwaltungen mit Schulversäumnissen darf angesichts dieser unterschiedlichen Bewertungen durchaus als ein paradigmatisches Beispiel für **soziale Verantwortung von Schule** in der Wissensgesellschaft gesehen werden. Denn – und hier liegt tatsächlich ein wesentlicher Unterschied zu den Verhältnissen, wie sie in der alten Bundesrepublik vielleicht bis Ende der 1960er Jahre bestanden, in der DDR vielleicht gar bis zu deren Ende – die Risiken für eine erfolgversprechende Eingliederung in das Beschäftigungssystem und damit für eine soziale Integration in die Erwachsenengesellschaft auf der Grundlage von Erwerbsarbeit sind mit dem Wandel der Arbeit in den vergangenen Jahrzehnten dramatisch angestiegen. War es seinerzeit noch durchaus möglich und verbreitet, dass zumindest junge Männer auch ohne Schulabschluss über Anlern- und Hilfsarbeitertätigkeiten den Einstieg in Erwerbsarbeit in einer Massenproduktion mit Massenbeschäftigung verbindenden Industriegesellschaft realisieren konnten, so sind die Chancen dafür heute trotz eines milliardenschweren Benachteiligtenprogramms für Jugendliche mit schwachen oder fehlenden Schulabschlüssen dramatisch gesunken. So hat auch die soziale Frage im Kontext öffentlicher Bildung und Erziehung einen neuen Stellenwert bekommen. Die Folgen schulischen Scheiterns werden im Beschäftigungssystem immer weniger aufgefangen. Die Mittel der

Arbeitsförderung und der berufsbezogenen Jugendhilfe zur Nachbesserung schulischer Leistungen bleiben im Hinblick auf eine Verbesserung der Chancen des Berufseinstiegs immer häufiger wirkungslos.

Die im §13 SGB VIII (Kinder- und Jugendhilfe) gegenüber dem bis 1990 geltenden Jugendwohlfahrtsgesetz (JWG) eingeführte **Ausweitung des Auftrags der Jugendsozialarbeit** auf schulbezogene Unterstützungsleistungen für sozial benachteiligte und individuell beeinträchtigte junge Menschen muss endlich ernst genommen werden. Das bedeutet einerseits, dass auch aus der Perspektive der Jugendhilfe Schulerfolge immer wichtiger und nicht zuletzt auch zu einem der wichtigsten Erfolgsmaßstäbe ihrer Arbeit werden, andererseits muss auch die Schule sehr viel stärker an den sozialen Folgen der Ergebnisse ihrer Arbeit gemessen werden. Die in der PISA-Studie aufgedeckte enge Kopplung zwischen sozialer Herkunft und schulischer Leistungsentwicklung, die in Deutschland im internationalen Vergleich am deutlichsten ausgeprägt ist, stellt damit nicht nur die demokratische Qualität unseres Bildungswesens grundsätzlich in Frage, sondern macht auch einen erheblichen bildungspolitischen Handlungsbedarf im Hinblick auf den Beitrag öffentlicher Bildung und Erziehung zur Modernisierung des Sozialstaates deutlich.

Um auf die gegenwärtige gesellschaftliche Situation für die Jugendlichen angemessen antworten zu können, muss sich die Schule gemeinsam mit der Jugendhilfe der Herausforderung stellen, schulischem Scheitern nachhaltig entgegen zu wirken. Gehäufte und ungerechtfertigte Schulversäumnisse sind in jedem Fall ein Hinweis auf deutlich erhöhte Risiken schulischen Scheiterns. Als solches sollten sie ernst genommen werden und entschiedenes wie fachlich kompetentes Handeln in beiden Bereichen öffentlicher Bildung und Erziehung auslösen. **Kompetenzgerangel und Sparen am falschen Ort** – was keineswegs bedeutet, dass die Durchsetzung der Schulpflicht und damit des Rechts auf Bildung für alle in jedem Fall teuer sein müssen – sind dabei Hemmnisse, die sich eine nicht zuletzt auch an Maßstäben demokratischer Qualität zu messende Gesellschaft nicht leisten kann. All diese Hindernisse müssen endlich auch als eine Herausforderung für entschiedenes und auf Nachhaltigkeit orientiertes politisches Handeln in Schule und Jugendhilfe anerkannt werden. Denn in beiden Bereichen sind bei aller Misere zum einen eine Reihe von Ressourcen schlecht genutzt, zum anderen bedeuten Erfolge gerade bei der Zielgruppe der aus welchen Gründen auch immer schuldistanzierten und deshalb im Hinblick auf ihre soziale Integration gefährdeten Jugendlichen nicht nur die Vermeidung von sozialen Folgelasten, sondern auch die Chance, „Begabungsreserven" und damit Potenziale für das Gelingen des Lebens des Einzelnen wie auch für die Gesellschaft insgesamt zu erschließen.

Literatur

Baumert, J. (2001): Vergleichende Leistungsmessung im Bildungsbereich. In: Zeitschrift für Pädagogik, 43. Beiheft, S. 13-36.

Behörde für Schule. Jugend und Berufsbildung (2001): Richtlinie für den Umgang mit Schulpflichtverletzungen. In: Mitteilungsblatt der Behörde für Schule. Jugend und Berufsbildung 46/1, Januar 2001, S. 1-5.

Ehmann, Ch. / Rademacker, H. (2003): Schulversäumnisse und sozialer Ausschluss. Vom leichtfertigen Umgang mit der Schulpflicht in Deutschland. Bielefeld.

Hildeschmidt, A. u.a. (1979): Unregelmäßiger Schulbesuch. Verbreitung, Bedingungen, Interventionsmöglichkeiten. Weinheim/Basel.

Hofmann-Lun, I. u.a. (2005): Schule – und dann? Förderangebote zur Prävention von Schulabbruch und Ausbildungslosigkeit. München/Halle.

Klauer, K-J. (1963): Das Schulbesuchsverhalten von Volks- und Hilfsschulkindern. Eine vergleichende Untersuchung. Ratingen.

Michel, A. (2005): Den Schulausstieg verhindern. DJI, München.

Rademacker, H. (2005): Flexibilisierungsbausteine und Berufswahlpass. Zwischenbericht der wissenschaftlichen Begleitung für die Senatsverwaltung für Bildung, Jugend und Sport, Berlin. Unveröffentlichtes Manuskript. München.

Reißig, B. (2001): Schulverweigerung – ein Phänomen macht Karriere. Ergebnisse einer bundesweiten Erhebung bei Schulverweigerern. DJI-Arbeitspapier 5/2001, München.

Ricking, H. / Neukäter, H. (1997): Schulabsentismus als Forschungsgegenstand. In: Heilpädagogische Forschung, H.2, S. 50-70.

Sander, A. (1979): Das Problem der Schulversäumnisse, in: Hildeschmidt, A. u.a. (1979): Unregelmäßiger Schulbesuch. Verbreitung, Bedingungen, Interventionsmöglichkeiten. Weinheim/Basel, S. 13-67.

Schreiber, E. (Hg.) (2005): Nicht beschulbar? Gute Beispiele für den Wiedereinstieg in systematisches Lernen. DJI-Dokumentation 5/2005.

Schreiber-Kittl, M. (2001): Alles Versager? Schulverweigerung im Urteil von Experten. DJI-Arbeitspapier 1/2001. München/Leipzig.

Schreiber-Kittl, M. / Schröpfer, H. (2002): Abgeschrieben? Ergebnisse einer empirischen Untersuchung über Schulverweigerer. München.

Schreiber-Kittl, M. / Schröpfer, H. (2000): Bibliographie Schulverweigerung. DJI-Arbeitspapier 2/2000, München.

Schümer, G. / Tillmann, K.-J. / Weiß, M. (2002): Institutionelle und soziale Bedingungen schulischen Lernens. In: PISA-Konsortium (Hg.) PISA 2000 – Die Länder der Bundesrepublik im Vergleich, Opladen. S. 203-218.

Schulze, G. / Wittrock, M. (2001): Schulaversives Verhalten. Abschlussbericht zum Landesforschungsprojekt. Rostock.

Thimm, K. (2000): Schulverweigerung. Zur Begründung eines neuen Verhältnisses von Sozialpädagogik und Schule. Münster.

Thimm, K. (1998): Schulverdrossenheit und Schulverweigerung. Phänomene, Hintergründe und Ursachen – Alternativen in der Kooperation von Schule und Jugendhilfe. Berlin.

Warzecha, B. (Hg.) (2001): Institutionelle und soziale Desintegrationsprozesse bei schulpflichtigen Heranwachsenden. Münster/Hamburg/London.

Wilmers, N. / Enzmann, D. / Schäfer, D. (2002): Jugendliche in Deutschland zur Jahrtausendwende: Gefährlich oder gefährdet? Ergebnisse der KFN-Schülerbefragung, Baden-Baden.

Frank Braun

Kooperation von Jugendsozialarbeit und Schulen bei Schulmüdigkeit und Schulverweigerung

1.   Einleitung

Die Veröffentlichungen erster Ergebnisse der internationalen Vergleichsstudie „Programme on International Student Achievement (PISA)" im Jahr 2005 haben Bildungspolitiker und Öffentlichkeit in Deutschland beruhigt. Im Vergleich zu den Ergebnissen der Studie des Jahres 2000 hatten sich die deutschen Schulen verbessert. Im internationalen Vergleich immer noch auffallend war der für Deutschland extrem hohe Zusammenhang zwischen der sozialen Herkunft der Schüler und den von ihnen erreichten Kompetenzniveaus. Unverändert groß blieb auch die von den PISA-Forschern identifizierte *„Risikogruppe"*, deren erworbene Kompetenzen für den erfolgreichen Einstieg in Ausbildung und Arbeit kaum ausreichen würden (Prenzel u.a. 2005).

Dabei hat die PISA-Untersuchung wahrscheinlich die Gruppe von Schülern nicht angetroffen, für die das Risiko der späteren beruflichen Ausgrenzung besonders hoch ist: Die Jugendlichen, die trotz Schulpflicht die Schule am Tag der Untersuchung nicht besucht haben.

Holtappels und Schnetzer haben 2003 in einer Expertise eine Reihe von sich verändernden gesellschaftlichen Rahmenbedingungen benannt, aus denen sie neue Anforderungen an Schule und Unterricht ableiten, um diese Schüler besser auf Arbeit und Leben vorzubereiten: Aus hohen Schulversagerquoten, der anhaltenden Bildungsbenachteiligung von Arbeiter- und Ausländerkindern sowie der unzureichenden Integration von Kindern, die der sonderpädagogischen Förderung bedürfen, schließen Holtappels und Schnetzer auf die *„Erfordernis einer verstärkten Lernförderung, aber auch auf sozialpädagogische Hilfen in einem aktiven Schulleben"* (Holtappels/Schnetzer 2003, S. 2-4). Sie gehen von sich weiter erhöhenden formalen und veränderten inhaltlichen Voraussetzungen für den Berufseinstieg aus, von einem Bedeutungsgewinn von selbsttätigem und erfahrungsbezogenem Lernen ebenso wie aufklärender Bildung und Lernen in Zusammenhängen und der Fähigkeit zur Auseinandersetzung mit zentralen Lebensfragen und *„epochaltypischen Schlüsselproblemen"* (ebenda).

Schließlich wiesen veränderte Sozialisationsbedingungen von Kindern und Jugendlichen auf einen *„stark angestiegenen Bedarf an sozialerzieherischer Betreuung als Teil der Bildungs- und Erziehungsversorgung, andererseits den Bedarf nach sozialen Kontakten und sozialer Integration"* (ebd.) hin.

Die Autoren verlangen, sozialpädagogische Kompetenz in die Ausgestaltung von Schule und Unterricht einzubeziehen. Von einer Verwirklichung dieses Anspruchs sind Schulen in Deutschland jedoch noch weit entfernt.

Allerdings, insbesondere vor dem Hintergrund einer öffentlichen Skandalisierung von Schulabbrüchen und Schulpflichtverletzungen („Elektronische Fußfesseln für Schulschwänzer"; vgl. Hofmann-Lun u.a. 2004) haben sich Bundes- und Länderministerien in Modellprogrammen, Stiftungen in Modellversuchen und schließlich auch Kommunen in den letzten fünf bis zehn Jahren zunehmend der Frage zugewandt, wie Schulmüdigkeit und Schulverweigerung und daraus resultierende Schulabbrüche und misslingende Übergänge in Ausbildung und Erwerbsarbeit verhindert werden können. Lösungen wurden dabei fast immer in – sehr unterschiedlich ausgestalteten – Formen der Kooperation zwischen Jugendsozialarbeit und Schulen gesucht bzw. gefunden.

Die Ausgestaltung dieser Kooperationen bei Anstrengungen, Problemen von Schulmüdigkeit und Schulverweigerung wirksam zu begegnen, soll Gegenstand dieses Beitrags sein. Dabei will ich wie folgt vorgehen:

- In einem ersten Schritt werde ich eine Reihe von Befunden zu den Rahmenbedingungen zusammen tragen, unter denen sich Prozesse der Abkehr Jugendlicher von Schule vollziehen; Rahmenbedingungen, aus denen sich Anforderungen an Problemlösungen und damit auch an die dazu eingerichteten Formen der Kooperation zwischen Jugendsozialarbeit und Schulen ableiten lassen.

- Gegenstand eines zweiten Schrittes sind Formen der Kooperation und Strategien, die auf Lösungen für die folgenden drei Problembereiche ausgerichtet sind: a) die außerschulische „Beschulung" von Jugendlichen, die von der Schule nicht mehr erreicht werden; b) die Förderung abschlussgefährdeter Schüler an der „ersten Schwelle" (also am Übergang von der Schule zur Berufsausbildung) und c) die frühe Intervention, die Anfängen der Abkehr von Schule präventiv zu begegnen sucht.

- In einem abschließenden dritten Schritt wird ein knappes Fazit im Hinblick auf die Merkmale und die Zukunft der Kooperation von Jugendsozialarbeit und Schulen bei der Bearbeitung von Schulmüdigkeit und Schulverweigerung gezogen.

2. Rahmenbedingungen der Abkehr von Schule

Eine vom Deutschen Jugendinstitut (DJI) durchgeführte Befragung von Experten zu den möglichen Ursachen für den Ausstieg von Jugendlichen aus der Schule ergab Hinweise auf Brüche und Instabilitäten, die diese Jugendlichen häufig sowohl in ihrer Bildungsbiographie als auch in ihrem persönlichen Umfeld erlebt haben:

„Mehrfacher Schulwechsel („Wanderpokal') oder Klassenwechsel („Hauptschultourismus') aus disziplinarischen oder familiären Gründen sind nicht selten. Ferner sind negative Begleitumstände, die sich aus dem häuslichen und familiären Milieu ergeben, häufig auslösend (wenn nicht gar ursächlich) für die Unfähigkeit des Schülers, den Schulalltag zu organisieren und durchzustehen." (Schreiber-Kittl/Schröpfer 2002, S. 139)

Die im Rahmen derselben Studie durchgeführte Befragung der Jugendlichen ergab andere – wenn nicht Ursachen, so doch – Auslöser für die Abkehr von der Schule: 59 Prozent der Befragten nannten Probleme mit Lehrern, 31 Prozent schlechte Leistungen, 30 Prozent andere schulische Probleme, 29 Prozent Probleme mit Mitschülern. Tatsächlich ist von einer relativ großen Vielfalt möglicher Ursachen auszugehen. So weist in der eben genannten Studie jede/jeder fünfte Befragte auf gesundheitliche Probleme hin, die Schulpflichtverletzungen ausgelöst hätten (vgl. Reißig 2001, S. 22).

Nach den Ergebnissen der Befragung des DJI fängt der Prozess der Verweigerung häufig mit Stundenschwänzen oder gelegentlichem Schwänzen sowie entschuldigten Unterrichtsversäumnissen (Krankheiten) an. Diese Krankheiten sind meist nicht einmal vorgeschoben, sondern psychosomatische Reaktionen auf Anforderungen, denen der Schüler sich nicht gewachsen fühlt. Es handelt sich um Beschwerden, wie Kopfschmerzen, Schwindelgefühle, Bauchschmerzen, Übelkeit und Magenprobleme (vgl. Schreiber-Kittl/Schröpfer 2002, S. 136).

Auf die Frage, zu welchem Zeitpunkt die Schulverweigerung massive Formen annahm (also in der Wahrnehmung der Jugendlichen das Fernbleiben

von der Schule und vom Unterricht nicht nur selten bzw. gelegentlich statt-
fand), nennt die größte Gruppe die Altersspanne zwischen dem 12. und 14.
Lebensjahr. Fast die Hälfte hat gleich ganze Tage geschwänzt (vgl. Reißig
2001, S. 19).

Je länger die schulischen Fehlzeiten dauern, desto mehr isoliert sich der
Jugendliche von den Peers (Gruppe der Gleichaltrigen) innerhalb der Schule.
Wenn überhaupt, finden soziale Kontakte mit Gleichaltrigen außerhalb der
Schule statt. Die Beziehungen zu den Mitschülern nehmen ab, weil der
gemeinsame Erfahrungshintergrund schwindet. Insgesamt führen lange
Fehlzeiten (oder auch ein aggressives und destruktives Verhalten im Unter-
richt) häufig zu einer Isolierung, die eine Reintegration zunehmend schwierig
macht. Je länger der Schüler in der Schule gefehlt hat, desto schwerer fällt
es, wieder dorthin zurückzukehren. Der tatsächliche oder vermeintliche
Spott der Mitschüler oder auch der Lehrkräfte sowie das Bewusstsein,
Unterrichtsstoff versäumt zu haben, hemmen die Bereitschaft, wieder zur
Schule zu gehen (vgl. Schreiber-Kittl/Schröpfer 2002, S. 221-238).

Thimm spricht von einer *„kreisläufigen Verschränkung und Verstärkung"*
von Faktoren, *„einem Zirkel von Gefühlen, Gedanken und Handlungen auf
der Subjektseite"*, in dem ein Schritt den anderen bedingt, wobei die folgenden
Bedingungsgeflechte als zentral angenommen werden:

*„Leistungsmisserfolge in der Schule, soziale Probleme im Herkunftsmilieu
und Konflikte in der Schule mit Bedrohung oder Missachtung von Bedürfnissen wie Anerkennung, Sicherheit und Sinn. Ernst wird es, wenn die Spannungen nicht mehr in der Schule reguliert werden, sondern dieser Ort
gemieden oder bekämpft wird und Alternativen als lohnend erlebt werden.
Es entsteht ein Gefühl der Erleichterung, Angst und Unsicherheit, Langeweile und Überforderung, Sinnverlust und Selbstwerteinbußen hinter sich
zu lassen. Ausgewählte Gleichaltrige bilden ein verstärkendes Milieu, neue
Erfahrungen entfalten bestätigende oder verfestigende Wirkung. Folge-
probleme werden in Kauf genommen."* (Thimm 2000, S. 99)

Thimm verweist denn auch darauf, dass

*„dauerhaftes Schwänzen ... nicht über Nacht (entsteht, Anm. d. A.), sondern
... das Ergebnis eines Prozesses zunehmender Entfremdung und Desintegration, ein Driften mit vielen Zwischenstationen (ist, Anm. d. A.).
Warnsignale im Schülerverhalten, die früh und konsequent beobachtet werden
müssen, liegen in:*

- *häufigem Zu-Spät-Kommen;*
- *Schulversagen;*
- *der Mitgliedschaft in einer schuldistanzierten Clique;*
- *beeinträchtigten Schüler-Lehrer-Beziehungen;*
- *unangemessen langen Fehlzeiten auf Grund von Bagatellkrankheiten;*
- *auffälliger Passivität und Rückzug."* (ebenda, S. 118)

Welche Zusammenhänge bestehen zwischen den Herkunftsfamilien der Jugendlichen und den Prozessen der Abkehr von Schule? Die Befunde sind auf den ersten Blick widersprüchlich: Einerseits gibt es Hinweise auf ein fehlendes Unterstützungspotenzial der Eltern von Jugendlichen, deren Schulkarrieren negativ verlaufen (vgl. Förster/Skrobanek 2004). Andererseits ergibt die Schulverweigerer-Studie des DJI, dass auch bei hartnäckigen Schulverweigerern Eltern eine wichtige Rolle spielen, wenn es darum geht, diese Jugendlichen wieder für systematisches Lernen zu gewinnen.

Wie die Jugendlichen in der Befragung berichteten, haben die Eltern ein breit gefächertes Spektrum von Reaktionen angewandt, um ihre Kinder vom Schulschwänzen abzuhalten: Fast alle Eltern versuchten, sich (zunächst) verbal mit den Jugendlichen auseinander zu setzen, um hinter die Ursachen für sein Verhalten zu kommen und eine Lösung zu erreichen. Zu einem großen Teil setzten sie sich mit der Schule in Verbindung, um gemeinsam mit Lehrkräften und eventuell Schulsozialarbeitern oder Schulpsychologen nach Lösungen zu suchen. Versuche, durch autoritäre und Strafreaktionen Verhaltensänderungen zu bewirken, schlugen nach den Berichten der Jugendlichen eher in das Gegenteil um und trugen insgesamt zur Verschärfung der Situation bei. Dagegen deuteten die befragten Jugendlichen familiären Zusammenhalt und soziale Unterstützung durch die Herkunftsfamilie als positiven Einfluss für die eigene Schullaufbahn (vgl. Schreiber-Kittl/Schröpfer 2002, S. 196).

42 Prozent der befragten Jugendlichen berichteten, dass die Initiative für einen Wiedereinstieg in systematisches Lernen nach einer längeren Phase der massiven Schulverweigerung von ihren Eltern ausgegangen sei. Einerseits vermochten also die Eltern über einen längeren Zeitraum hinweg die Abkehr ihrer Kinder von der Schule nicht aufzuhalten. Andererseits konnten sie die eigenen Unterstützungsmöglichkeiten dann einsetzen, als sich Lösungsmöglichkeiten (in Form der Förderangebote) abzeichneten. Dies ist ein Hinweis darauf, dass Elternarbeit erfolgreich sein kann, wenn sie begehbare Wege der Problemlösung aufzeigt.

3. Beispiele der Kooperation

Die Landesregierung Nordrhein-Westfalen hatte deutlich früher, als dies in anderen Bundesländern der Fall war, Handlungsstrategien zur Vermeidung von Schulmüdigkeit und Schulverweigerung entwickelt und erprobt, um einer dauerhaften Ausgrenzung junger Menschen frühzeitig zu begegnen. In den Jahren 1994 bis 1996 hat das Jugendministerium des Landes einen zweijährigen Modellversuch zur Reintegration schulmüder Jugendlicher über die Teilnahme an werkpraktischen Angeboten in Jugendwerkstätten durchgeführt. An sechs Modellstandorten wurde schulmüden Schülern ab dem 8. Schulbesuchsjahr die Möglichkeit eröffnet, maximal ein Jahr ihrer Schulpflicht in einer Jugendwerkstatt zu absolvieren. Ein Ergebnis des o.g. Modellversuchs war die Einsicht, dass die Arbeit mit schulmüden und/oder den Schulbesuch verweigernden Jugendlichen sich nicht auf den Angebotsrahmen der Jugendwerkstätten beschränken darf, wenn diese Jugendlichen in die Lern- und Bildungsprozesse des Bildungs- und Ausbildungssystems reintegriert werden sollen. Als notwendig erkannt wurde die Entwicklung von Angeboten in den Schulen selbst, die dazu geeignet sind, eine beginnende Schulverweigerung zu erkennen, zu thematisieren, aufzufangen und präventiv zu bearbeiten. Die 34 „Schulmüden-Projekte", die das Ministerium für Schule, Jugend und Kinder des Landes Nordrhein-Westfalen im Rahmen des Aktionsprogramms „Zukunft der Jugend: Bildung und Ausbildung" seit 1999 förderte, knüpften an diese Einsichten an. In diesen Projekten führte das Deutsche Jugendinstitut im Jahr 2002 ausführliche qualitative leitfadengestützte Interviews mit den Projektverantwortlichen. Die aus diesen Interviews kondensierten Protokolle und Projektbeschreibungen bilden die zentrale Basis der folgenden Auswertung (vgl. Hofmann-Lun/Kraheck 2004).

Unter den „Schulmüden-Projekten" des NRW-Programms lassen sich grundsätzlich drei Angebotsformen unterscheiden:

1. Die erste Angebotsform knüpfte unmittelbar an das Vorläuferprogramm (Absolvierung der Schulpflicht in Jugendwerkstätten) an, wurde aber in den Zielsetzungen erweitert. Der Ansatz lässt sich als außerschulische „Beschulung" schulferner Jugendlicher charakterisieren. Adressaten blieben Jugendliche im letzten Schulpflichtjahr. Die Förderung fand weiterhin außerhalb von Schulen statt. Verstärkt wurde die Kooperation mit den Allgemeinbildenden Schulen. Werkstätten waren weiterhin wichtige Lernorte. Aber es wurde zusätzlich der Anspruch der Vorbereitung auf den Erwerb des Hauptschulabschlusses und die Reintegration in die Regelschulen erhoben.

2. Die zweite Angebotsform setzte ebenfalls im letzten Jahr des Schulpflichtbesuches (zum Teil auch in den letzten beiden Jahren vor Beendigung der Schulpflicht) ein und versuchte den Risiken einer späteren Ausbildungslosigkeit dadurch zu begegnen, dass in der Schule selbst intensiv am Erwerb von Schulabschlüssen und einer verbesserten Vorbereitung auf die Berufswahl gearbeitet wurde. Kennzeichnend ist der Einsatz von „Förderklassen oder -gruppen".

3. Die dritte Angebotsform schließlich beruhte auf Forschungsergebnissen und Beobachtungen, nach denen bei vielen Jugendlichen der Ausstieg aus dem systematischen Lernen zu einem relativ frühen Zeitpunkt einsetzt (ein kritischer Abschnitt ist dabei das 12. Lebensjahr) In dieser Angebotsform wird daher versucht, „Risikoschüler" frühzeitig zu identifizieren, der Schulmüdigkeit präventiv zu begegnen und nach einer Phase der gezielten Förderung ihre Reintegration in den schulischen Regelbetrieb zu erreichen.

Die Gemeinsamkeit aller drei Ansätze besteht darin, dass Schulen und Fachkräfte der Schulsozialarbeit bzw. der Jugendsozialarbeit in unterschiedlichen Formen kooperieren und die Potenziale unterschiedlicher Lernorte für die Förderung der Jugendlichen genutzt werden. Die folgende Analyse folgt den drei skizzierten Angebotsformen in der genannten Reihenfolge und hat zum Ziel, die für die unterschiedlichen Angebotsformen kennzeichnenden Zielsetzungen, Adressatengruppen und Formen der Kooperation unterschiedlicher Fachkräfte heraus zu arbeiten.

1. Die „Beschulung" schulferner Jugendlicher außerhalb von Schulen

Eine durchgängige Zielsetzung der „Beschulung" schulferner Jugendlicher außerhalb von Schulen besteht darin, Jugendliche, die zum Teil über Monate und länger der Schulpflicht nicht nachgekommen waren, wieder an einen geregelten, strukturierten Alltag zu gewöhnen. Ihre Ausdauer bei der Erfüllung von Aufgaben soll erhöht werden. Sie sollen:

- lernen, sich auch schwierigen Anforderungen zu stellen, statt diesen auszuweichen;

- sich auf die Anforderungen der bevorstehenden Berufsvorbereitung, Berufsausbildung oder der Erwerbsarbeit vorbereiten;

- soweit möglich in die Regelschulen reintegriert werden;

- sich handwerkliche Fähigkeiten, Fertigkeiten und Kenntnisse aneignen;

- in zentralen Unterrichtsfächern Lücken füllen;

- die Voraussetzungen für den Erwerb des Hauptschulabschlusses schaffen.

Wo sich die „Beschulung" schulferner Jugendlicher außerhalb von Schulen etabliert hat und einigermaßen geräuschlos geleistet wird, muss sie sich um eine Nachfrage nach ihrem Angebot keine Sorgen machen. Nur in Anfangsphasen müssen Projekte ihr Angebot in den Schulen werbend bekannt machen. An vielen Standorten gibt es inzwischen Wartelisten.

Formal bleiben in den meisten Fällen die Jugendlichen während der Teilnahme bei der abgebenden Schule eingeschrieben, in deren Zuständigkeit sie auch zurückkehren, wenn sie vor Vollendung der Schulpflicht das Projekt verlassen. Seltener ist ein Verfahren, nach dem die Jugendlichen auf Antrag ihrer Eltern für die Dauer der außerschulischen „Beschulung" aus der Schulpflicht entlassen werden. Auch in diesen Fällen geht dies mit der Verpflichtung der Schulen einher, die Jugendlichen wieder aufzunehmen, solange die Schulpflicht besteht.

Die Dauer dieser Angebotsform beträgt in der Regel ein Jahr, in einigen Projekten kann die Teilnahme um ein zweites Jahr verlängert werden, insbesondere dann, wenn die Schulpflicht noch nicht beendet ist. Überwiegend ist die außerschulische „Beschulung", wie bisher normale Schule auch, als *Halbtagsangebot* konzipiert, das allerdings zum Teil mit einem Mittagessen abgeschlossen wird.

Alle Projekte weisen der *Elternarbeit* eine große Bedeutung zu. Es lassen sich vielfältige Formen einer aktiven bis hin zu aktivierenden Elternarbeit konstatieren: regelmäßige Telefonate, Briefe, Hausbesuche, gesellige Veranstaltungen („Mütter-Cafe"). Durchgängiges Prinzip ist es, die Eltern nicht aus ihrer Verantwortung zu entlassen.

Relativ durchgängig wird bei dieser Angebotsform ein Ansatz praktiziert, der herkömmlichen Unterricht mit Werkstattarbeit kombiniert. Ein drittes Element bildet dann die *„sozialpädagogische Betreuung oder Förderung"*. Die Anteile der einzelnen Elemente sind dabei höchst unterschiedlich gewichtet und auch bei Inhalten und Zielsetzungen gibt es eine große Variationsbreite. Der Umfang des Unterrichts in den schulischen Unterrichtsfächern variiert von acht bis 28 Wochenstunden. 20 Unterrichtsstunden und mehr pro Woche finden wir vorrangig in Projekten, die den Erwerb des Hauptschulabschlusses zum vorrangigen Ziel haben.

Der Unterricht findet in der Regel in kleinen Lerngruppen (eher fünf bis sieben Jugendliche, manchmal bis zu zehn) statt. Auch Einzelunterricht ist ein häufig praktiziertes Verfahren, insbesondere dann, wenn die Jugendlichen kurz vor Ende der Schulpflicht nur den Lernstand des 5. oder 6. Schuljahres erreicht haben oder Analphabeten sind.

Bei der außerschulischen „Beschulung" handelt es sich in der Regel schwerpunktmäßig um eine Veranstaltung eines freien Trägers. Daran ändert auch wenig, dass es zu Schulen und Lehrkräften, häufig auch zu Fachkräften der Schulsozialarbeit, vielfältige Kooperationsbezüge gibt: In einer Reihe von Fällen haben Lehrkräfte bei der Entwicklung der Konzeption mitgewirkt. Schulen, Lehrkräfte und Schulsozialarbeit machen Vorschläge bei der Auswahl der Teilnehmer. Lehrkräfte werden von ihren Schulen für den Fachunterricht in die Projekte delegiert.

Die Projekte orientieren sich in der Regel am Prinzip, dass jede Fachkraft das tut, wofür sie ausgebildet wurde: Das Anleitungspersonal gestaltet die Werkstattarbeit, die Lehrkräfte den Fachunterricht, die Sozialarbeiter die ganzheitlichen Förderungen personaler und sozialer Kompetenzen. Im Regelfall begreifen alle beteiligten Fachkräfte das Förderangebot als ein gemeinsames Projekt, zu dem die einzelnen Disziplinen jeweils ihren fachlichen Beitrag leisten. Die aus anderen Angeboten der Jugendsozialarbeit bekannten Spannungen zwischen den verschiedenen Fachkräftegruppen, die auf unterschiedliche Aufgabenverständnisse zurück zu führen sind (vgl. Schulewski 2002), wurden von den Interviewten hier nicht thematisiert. Als wichtig für die Qualität der Arbeit benannten sie den fachlichen Austausch zwischen den verschiedenen Fachkräftegruppen, als notwendig für das Gelingen der Zusammenarbeit die gemeinsame Teilnahme an Fortbildungen und die Durchführung von Supervisionen.

2. „Förderklassen und -gruppen" – Die Förderung abschlussgefährdeter Jugendlicher in der Schule

In Förderklassen für abschlussgefährdete Jugendliche werden diejenigen zusammengefasst, die noch der Schulpflicht unterliegen, aber wegen mehrmaliger Klassenwiederholungen und/oder massiven Schulpflichtverletzungen kaum eine Aussicht haben, auf normalem Wege einen Schulabschluss zu erwerben oder den Übergang in Berufsvorbereitung oder -ausbildung zu bewältigen. Unter der Überschrift Förderklassen werden hier auch Ansätze subsummiert, die – um Stigmatisierungen zu vermeiden – die speziell zu fördernden Jugendlichen organisatorisch in ihrem ursprünglichen Klassenverband belassen, sie daneben aber speziellen Fördergruppen zuordnen, in denen eine ergänzende Förderung erfolgt. Grundsätzliches Ziel der Förderklassen ist es, den endgültigen Ausstieg der Jugendlichen aus der Schule zu verhindern, den Schulbesuch bis zum Ende der Schulpflicht sicher zu stellen, nach Möglichkeit zumindest den Hauptschulabschluss zu vermitteln und nach Ende des Schulbesuchs einen bruchlosen Übergang in entweder Berufsvorbereitung oder Berufsausbildung zu bewerkstelligen.

Der zentrale Unterschied zwischen den Förderklassen und den im vorigen Abschnitt behandelten Varianten einer außerschulischen Förderung besteht darin, dass im Förderklassenmodell die *zentrale Verantwortung der Schulen* fortbesteht und von diesen wahrgenommen wird. Demgegenüber beansprucht bei den zuvor beschriebenen Formen der außerschulischen Förderung Schule zwar formal die Verantwortung für die Erfüllung der Schulpflicht, die Entwicklung der Förderkonzeption und deren Umsetzung liegt aber letztendlich bei einem freien Träger.

Bei den Förderklassen können *drei Angebotsformen* unterschieden werden:

1.   Bei der ersten Variante werden in den Allgemeinbildenden Schulen selbst aus der Population der überalterten oder der abschlussgefährdeten Schüler Förderklassen mit einer Größe von ca. zwölf Personen gebildet. Die Gestaltung des Förderangebotes liegt schwerpunktmäßig bei der Schule; Schulsozialarbeit oder Jugendsozialarbeit steuern flankierende Angebote bei. Lernerfahrungen an anderen Orten sind Teil eines Programms, das letztendlich in derVerantwortung der Schule liegt.

2.   Bei der zweiten Variante bleiben die als förderbedürftig identifizierten Jugendlichen ebenfalls in ihrer Schule. Die Förderung erfolgt allerdings hier in einem Verbund von Lernorten, bestehend aus Schule, Betrieben, Bildungsträgern oder Trägern der Jugendsozialarbeit oder auch berufsbildenden Schulen. Die Gesamtverantwortung verbleibt auch hier bei der Allgemeinbildenden Schule. Das Modell räumt allerdings den beteiligten Trägern der

anderen Lernorte weit reichende Gestaltungsmöglichkeiten für die von ihnen verantworteten Förderteile ein und erfordert entsprechend systematische Abstimmungen zwischen den beteiligten Akteuren und Lernorten.

3.　　Bei der dritten Variante schließlich wird die Schulpflicht auf Antrag in einer berufsbildenden Schule absolviert. Die Curricula orientieren sich an deren Lehrplänen, die Verantwortung für Konzeption und Umsetzung liegt bei der berufsbildenden Schule. Die Förderung wird durch Berufsschulsozialarbeit bzw. Jugendsozialarbeit flankierend begleitet.

Voraussetzung für den Zugang in eine solche Fördermaßnahme ist eine entsprechende Einwilligung von Eltern und Jugendlichen. Das Prinzip der Freiwilligkeit und der Bereitschaft der Mitwirkung (insbesondere auch der Eltern) wird regelmäßig betont. Förderklassen sind ein Lernangebot, von dem Jugendliche nicht ausgeschlossen werden können, soweit Bedarf besteht und die Kapazitäten ausreichen.

Elternarbeit wird im Vergleich zu dem, was normalerweise in Allgemeinbildenden Schulen praktiziert wird, intensiv eingesetzt. In der Arbeitsteilung zwischen Lehrkräften und sozialpädagogischen Fachkräften ist diese Aufgabe schwerpunktmäßig bei letzteren angesiedelt. Dabei werden auch aufsuchende Verfahren praktiziert, systematische Aktivierungsstrategien dagegen eher selten.

Standard ist die Arbeit mit Förderplanverfahren: Förderziele werden gemeinsam mit den Jugendlichen (und häufig auch ihren Eltern) festgelegt. In regelmäßigen Abständen werden Gespräche geführt, in denen das Erreichen der Ziele überprüft wird und die nächsten notwendigen Schritte festgelegt werden.

Die Dauer des Besuchs der Förderklasse beträgt in der Regel zwei Jahre, zum Teil werden ein- und zweijährige Varianten angeboten. Bis zum Ende der Förderung muss die Schulpflicht (für die Allgemeinbildende Schule) abgeleistet sein. Auffallend ist, dass bei den von uns untersuchten Fällen Schulen mit einer langjährigen Reformtradition stark vertreten sind. In mehreren Fällen handelt es sich um Schulen, die seit längerer Zeit als Ganztagsschulen organisiert sind.

In allen drei Angebotsvarianten wird *praktischen Arbeitserfahrungen* – sei es in Betrieben, sei es in außerbetrieblichen Werkstätten – eine große Bedeutung zugemessen. Für alle Fördervarianten wird der Anspruch formuliert, die Praxiserfahrungen der Jugendlichen auch im fachtheoretischen Unterricht zu nutzen. Die Dimension des sozialen Lernens ist im Gesamtförderablauf weniger prominent herausgehoben und systematisch integriert, als dies bei den außerschulischen Förderangeboten der Fall ist. Meist handelt es sich um ergänzende Kurs- und Seminarangebote, weiterhin werden Ferienfreizeiten und erlebnispädagogische Angebote außerhalb der Schule eingesetzt.

Die Aufteilung von Aufgaben zwischen Lehrkräften, sozialpädagogischen Fachkräften und Anleitungspersonal ist relativ konventionell: Die Lehrkräfte sind für den Unterricht zuständig, die Sozialpädagogen für Einzelfallhilfen, Freizeitangebote, Elternarbeit, Betreuung von Betriebspraktika, Organisation der Arbeit in den Schülerfirmen (Schüler gründen eine eigene Firma, z.B. ein Schülercafé an ihrer Schule) und die Organisation und Durchführung von Lerneinheiten, die der Entwicklung der sozialen Kompetenz dienen. Das Anleitungspersonal leitet die Werkstattarbeit an. Die Bedeutung von Supervision und gemeinsamer Fortbildung der Fachkräfte unterschiedlicher Disziplinen wird deutlich weniger betont (und sicher auch praktiziert), als dies bei den oben beschriebenen Angeboten einer außerschulischen Förderung der Fall ist, obwohl gerade die Verteilung der Förderung auf verschiedene Lernorte und die Größe der beteiligten Organisationseinheiten auf einen relativ großen Koordinations- und Fortbildungsbedarf schließen lassen.

3.   Frühe Prävention

Während nun die beiden eben beschriebenen Angebotsvarianten am Ende des Schulpflichtbesuches ansetzen, intendiert die frühe Prävention, Schulmüdigkeit oder Schulverdrossenheit in ihrer Entstehungsphase zu identifizieren und durch pädagogische Interventionen so gegenzusteuern, dass längerfristige negative Effekte vermieden werden können. Entsprechend sind Adressaten solcher Angebote Schüler *in den unteren Jahrgangsstufen* der Sekundarstufe I (ab Klasse 5) an Haupt- und Sonder- bzw. Förderschulen.

Dabei lassen sich die folgenden *drei Varianten* unterscheiden:

1. Bei einer ersten Variante wird der reguläre schulische Unterricht im 5. oder 6. Schuljahr im Klassenverband für eine Stunde pro Woche ergänzt, die die Entwicklung sozialer Kompetenzen, das Erlernen von Arbeitstechniken und die Bewältigung des Alltags zum Gegenstand hat. Die Vorbereitung und Durchführung dieser ergänzenden Unterrichtsstunde ist Aufgabe der Schul- bzw. Jugendsozialarbeit. Inhalte und Umsetzung werden allerdings mit den Lehrkräften abgesprochen. Darüber hinaus werden in Absprache zwischen Lehrkräften und sozialpädagogischen Fachkräften die Kinder bzw. Jugendlichen identifiziert, die gezielter Einzelfallhilfen bedürfen, um Risiken des Scheiterns oder der Selbstausgrenzung zu minimieren.

2. In einer zweiten Variante wird in Verantwortung der Lehrkräfte selbst der schulische Unterricht in den genannten Schuljahren so ausdifferenziert, dass Spielraum für eine ergänzende Förderung entsteht: sei es durch Stützunterricht in schulischen Unterrichtsfächern, durch die Vermittlung von Lerntechniken usw. Aufgabe der Schul- bzw. Jugendsozialarbeit in dieser Arbeitsteilung ist es, nach eben beschriebenem Muster für Einzelfallhilfen zu sorgen und zusätzlich Arbeitsgemeinschaften und Freizeitangebote zu organisieren.

3. In einer dritten Variante werden von Schulsozialarbeit und Lehrkräften gemeinsam Risikoschüler identifiziert, die im Rahmen eines „pädagogischen Mittagstisches" versorgt, beraten und bei der Erledigung von Hausaufgaben unterstützt werden. Soweit hier ein Bedarf an zusätzlichen Einzelfallhilfen erkennbar wird, werden diese geleistet.

Da für alle hier beschriebenen Varianten die Klassenverbände grundsätzlich erhalten bleiben, gibt es meist keine in besonderer Weise formalisierten Verfahren zur Identifizierung derjenigen, die eine zusätzliche Förderung in der Kleingruppe bzw. per Einzelfallhilfe erfahren (zu stärker formalisierten Ansätzen vgl. Michel 2005). Hier liegt die Initiative entweder bei den Klassenlehrern oder bei den sozialpädagogischen Fachkräften. Da die Förderung in der Regel im normalen zeitlichen und organisatorischen Rahmen des regulären Unterrichts stattfindet, werden auch keine besonderen Verfahren zur Herstellung der Bereitschaft der Mitwirkung der Kinder und

Jugendlichen benötigt. So wird gleichzeitig vermieden, dass mangels Bereitschaft die Schüler von der Förderung ausgeschlossen werden (bzw. sich selbst ausschließen), die diese Förderung in besonderer Weise benötigen.

Die Bereitschaft der Eltern zur Mitwirkung ist weniger Voraussetzung als Gegenstand der pädagogischen Intervention. Insbesondere im Rahmen der Einzelfallhilfen wird angestrebt, auf Seiten der Herkunftsfamilien bestehende Hindernisse für den Erfolg des Schulbesuchs aus dem Weg zu räumen. In Zusammenarbeit verschiedener Gruppen von Fachkräften (Lehrkräfte, sozialpädagogische und psychologische Fachkräfte) wird versucht, Hindernisse zu beseitigen, die dem erfolgreichen Schulbesuch entgegen stehen, bzw. die Voraussetzungen für einen erfolgreichen Schulbesuch zu schaffen: Durch das Lernen von Arbeitstechniken, durch die Verbesserung der sozialen Kompetenz, durch die Lösung von Konflikten in anderen Bereichen der Lebensführung der Kinder bzw. Jugendlichen. Die Förderungsdauer orientiert sich grundsätzlich an vollständigen Schuljahren und beruht auf der Annahme, dass das Förderziel innerhalb eines Schuljahres erreicht werden kann (mit Ausnahme der Sonderschulen, bei denen die Zusatzförderung bis zum Ende des Schulbesuches erfolgt).

Die präventiv intendierten ergänzenden Lernangebote werden zusätzlich zum Fachunterricht angeboten, allerdings in der Regel nur eine Unterrichtsstunde in der Woche. Inhalt und Methoden werden zwischen Lehrkräften und sozialpädagogischen Fachkräften abgestimmt. Die Zusatzförderung wird teils von den sozialpädagogischen Fachkräften, teils von den Lehrkräften umgesetzt.

Einerseits scheint – allein quantitativ – die Einflussmöglichkeit der sozialpädagogischen Fachkräfte auf das Schulgeschehen bei dieser Angebotsform begrenzt. Andererseits ist dies die Angebotsform, bei der die sozialpädagogischen Fachkräfte am engsten in den Schulbetrieb integriert sind: Sie sind in der Schule dauerhaft präsent, sie nehmen an Schulkonferenzen teil, sie erarbeiten gemeinsam mit den Lehrkräften Methoden und Inhalte des Unterrichts, sie entwickeln und realisieren Zusatzangebote, die von den Schulen als wichtige Ergänzungen des lehrplanorientierten Unterrichtens geschätzt werden.

Konzepte und Methoden der Sozialarbeit werden dabei zum normalen Bestandteil des Unterrichtsalltags. Inhalte wie das Erlernen von Lerntechniken, der Erwerb sozialer Kompetenzen (z.B. Streitschlichten), Verfahren zur Verbesserung des Lernklimas und zur Stärkung des Gruppenzusammen-

halts wurden zu festen Bestandteilen des Regelunterrichts. Schulische Elternarbeit wird um aufsuchende Verfahren erweitert.

Die bei diesen Ansätzen stattfindende intensive Kooperation von Lehrkräften
und Fachkräften der Schul- bzw. Jugendsozialarbeit geht häufig mit Prozessen der Schulentwicklung einher, die zu einer Schule führen, *die Förderung und Integration* stärker betont als Bewertung und Selektion. Unsere
Daten deuten allerdings auch darauf hin, dass Verfahren der frühen Prävention
insbesondere von solchen Schulen erprobt bzw. praktiziert werden, die auf
eine längere Tradition an experimentierfreudiger Reformorientierung zurückblicken. Insofern trifft hier wahrscheinlich ein auf ganzheitliche Förderung
gerichteter Anspruch der Jugendsozialarbeit auf offene Türen und Ohren
und möglicherweise auf eine Praxis, die dieses Prinzip seit längerem auch
in der Schulpädagogik zu realisieren sucht.

## 4.	Fazit

Die längste Tradition der Befassung der Jugendsozialarbeit mit der Förderung sozial benachteiligter Schüler hat die außerschulische „Beschulung"
von Jugendlichen, die ihrer Schulpflicht über lange Zeiträume nicht nachgekommen sind, die z.T. als „nicht beschulbar" gelten. Jugendsozialarbeit
hat dabei gezeigt, dass diese Jugendlichen für systematisches Lernen wieder
gewonnen werden können, wenn stabile Beziehungen zwischen Fachkräften
und Jugendlichen hergestellt, Hindernisse in anderen Bereichen der
Lebensführung beseitigt und eine „neue Lernkultur" geschaffen wird. Die
außerschulische „Beschulung" ist ein Angebot, das durch die Anwendung
von Handlungsstrategien der Jugendsozialarbeit gekennzeichnet wird: Die
Jugendlichen werden nicht nur als Empfänger von Unterricht sondern als
Personen mit einer z.T. schwierigen Vorgeschichte, mit weiter bestehenden
Problemen und Belastungen, emotionalen Bedürfnissen usw. in den Blick
genommen. Dazu gehört ein Mix von „Pädagogiken", durch die eine umfassende Förderung der Personen angestrebt wird: Erlebnispädagogik, Arbeits-
pädagogik, Medienpädagogik, Sozialpädagogik usw. Der Begriff der
„Ganzheitlichkeit" ist ein wenig abgenutzt, aber er umschreibt das Besondere
der Zugangsweise verglichen mit der „typisch schulischen" Perspektive auf
die Jugendlichen jenseits des Grundschulalters. Auch methodisch ist das
Handwerkszeug der Sozialarbeit kennzeichnend für diesen Ansatz: Förderplanung, der Abschluss von Zielvereinbarungen mit den Jugendlichen, Fall-
Management, das Heranziehen externer Dienstleistungen (Schuldnerbera-
tung, Allgemeine Soziale Dienste, Suchtmittelberatung), aufsuchende oder

aktivierende Elternarbeit, Fortbildung und Supervision als Verfahren des Qualitätsmanagements. Lehrkräfte und ihre Funktionen sind in sozialpädagogische Strategien integriert, z.T. sogar untergeordnet.

Ein Risiko der außerschulischen „Beschulung" liegt in einer Tendenz zur Geringschätzung der Bedeutung der Wissensaneignung. Indikatoren dafür sind die z.T. relativ geringen Zeitanteile für Fachunterricht, eine häufig sehr konventionelle Ausgestaltung des Fachunterrichts und manchmal eine Unterschätzung der motivierenden Funktion, die Schulabschlüsse für die Jugendlichen haben.

Einen Bedarf für die außerschulische „Beschulung" wird es geben, so lange wie und wo in Schulen keine Arrangements zu einer effektiven Förderung schulferner Jugendlicher getroffen werden. Umgekehrt bedeutet dies, dass für die Schulen diese Angebote auch Entlastungsfunktion haben. Der Druck zur Verbesserung der schulischen Arbeit für diese Zielgruppe entfällt. Die außerschulische „Beschulung" zum Zweck der „Erziehung der Schule" oder aus Kostengründen abzuschaffen, hätte für die Jugendlichen, die von dieser Angebotsform erkennbar profitieren, ein erhöhtes Risiko der beruflichen und sozialen Marginalisierung zur Folge. Wünschenswert sind Prozesse der Zusammenarbeit zwischen Jugendsozialarbeit und Schulen, in denen nicht nur die Zielgruppe für die außerschulische „Beschulung" aussortiert, sondern die Kompetenz zur Förderung dieser Jugendlichen den Schulen (zurück?) gegeben wird. Hierzu müssen Anreize geschaffen werden.

Förderklassen oder -gruppen sind die wichtigste Form, in der Schulen sich der innerschulischen Förderung schulferner oder abschlussgefährdeter Jugendlicher zuwenden. Förderklassen und -gruppen sind in der Regel nicht das Ergebnis einer Kooperation zwischen Schulen und Trägern der Jugendsozialarbeit sondern eher Resultat eines durch die Schule selbst initiierten Entwicklungsprozesses. Insofern ist die Einrichtung von Förderklassen Ausdruck der Bereitschaft von Schulen, das Problem nicht einfach zu externalisieren, indem die Jugendlichen an einen außerschulischen Träger abgegeben werden bzw. ihr Schwänzen toleriert wird.

Förderklassen sind primär ein schulisches Angebot, für das durch die Schule eine Zusammenarbeit mit anderen Partnern hergestellt wird: mit Betrieben, berufsbildenden Schulen sowie Trägern der Jugendsozialarbeit. Wie sich das Kooperationsverhältnis gestaltet, und welchen Part die Jugendsozialarbeit dabei spielt, hängt eng von den verfolgten Zielen ab. Ob Jugendsozialarbeit als Kooperationspartner der Schule eher eine nachgeordnete Unterstützungsfunktion oder eine eigenständige Aufgabe bei der Gestaltung integrierter Lernprozesse wahrnimmt, ist einmal davon abhängig, ob die beteiligte Schule eher eine organisatorische Problemlösung (wohin mit den Überalterten und Chancenlosen) oder ein Förderkonzept (eine zweite Chance für die Überalterten und Chancenlosen) zu realisieren sucht. Wo Schulen auf eine Tradition der reformorientierten Schulentwicklung zurückblicken, werden auch eher ehrgeizige Förderkonzepte verfolgt. Es wird hier die These gewagt, dass die Umsetzung dabei eher unter der Beteiligung einer organisatorisch in die Schule eingebundenen Sozialarbeit erfolgt. Das mag den Nachteil haben, dass das Know-how, das die in freier Trägerschaft organisierte Jugendsozialarbeit in diese Prozesse einbringen könnte, nicht genutzt werden kann. Um hier Abhilfe zu schaffen, müssten für eine schülerbezogene Jugendsozialarbeit in freier Trägerschaft Formen der Finanzierung gefunden werden, die Jugendsozialarbeit zu einem verlässlichen Partner von Schulen macht.

Die „frühe Prävention" wurde z.T. auf der Grundlage von Ergebnissen der Jugendsozialarbeitsforschung konzipiert und ist gleichwohl eine im engeren Sinne schulische Veranstaltung geworden. In der frühen Prävention werden Methoden und Kompetenzen der Sozialarbeit (zur Gestaltung von Prozessen des sozialen Lernens, zum Erwerb von Lerntechniken, zur Organisation von Gruppenprozessen) genutzt, um ergänzend zum Regelunterricht (z.T. auch ergänzend zu einem Förderunterricht in verkleinerten Lerngruppen) so genannte Risikoschüler (z.T. aber auch ganze Schulklassen) in dieser Phase des Schulbesuches gegen Risiken der Schulmüdigkeit usw. zu imunisieren. Der Beitrag der Sozialarbeit ist im zeitlichen Umfang meist gering (häufig nicht mehr als eine Unterrichtsstunde pro Woche), dafür ist sie in der Regel an der Erarbeitung einer integrierten Gesamtkonzeption umfassend beteiligt. Häufig wird das ursprünglich ergänzende Lernangebot nach einiger Zeit in den Regelunterricht integriert. Auch hier werden Kooperationsformen praktiziert, die einer organisatorisch in die Schule eingebundenen Sozialarbeit eher entsprechen als einer Zusammenarbeit mit einem externen freien Träger.

Wie frühe Prävention als schulische Veranstaltung leistungsfähiger werden könnte, wenn sie sich in Kooperation mit Jugendsozialarbeit für deren Arbeitsweisen und -prinzipien öffnet, soll hier abschließend am Thema Elternarbeit gezeigt werden. Gerade die Ansätze einer frühen Prävention sind auf eine konzeptionell integrierte Elternarbeit angewiesen, eine Elternarbeit, die die Herstellung von Schulerfolg als Ergebnis eines gemeinsamen Projektes von Eltern, Kindern und pädagogischen Fachkräften versteht. Elternarbeit, ein von der Jugendsozialarbeit lange vernachlässigter Gegenstand, ist in den letzten Jahren in dem Maße fortentwickelt worden, in dem sich Jugendsozialarbeit der Zielgruppe benachteiligter Schüler zugewandt hat. Jugendsozialarbeit hat dabei aufgehört, Eltern benachteiligter Jugendlicher nur als Störfaktor für das Gelingen der sozialen und beruflichen Integration zu behandeln. Sie hat insbesondere erkannt, dass für die Bildungsförderung von Jugendlichen mit Migrationshintergrund deren Eltern nicht als (potenzielle) Kontrahenten sondern als „Koproduzenten" des Erfolgs zu sehen sind. Es müssen Wege gefunden werden, die von der Jugendsozialarbeit in den letzten Jahren entwickelten Methoden und Konzepte für frühe Prävention von Schulmüdigkeit und Schulverweigerung wirksam werden zu lassen.

Literatur

Fischer, S. (2004): Schulmüdigkeit und Schulverweigerung. Eine annotierte Bibliographie. Deutsches Jugendinstitut München/Halle.

Förster, H. / Skrobanek, J. (2004): Leben am Rande? Dimensionen der Benachteiligung von Jugendlichen. In: Zeitschrift für Erziehungswissenschaft 8 (1), 2004.

Hofmann-Lun, I. / Kraheck, N. (2004): Förderung schulmüder Schüler. Neue Wege in der Kooperation von Jugendsozialarbeit und Schulen in den Schulmüdenprojekten in Nordrhein-Westfalen. Deutsches Jugendinstitut München/Halle.

Hofmann-Lun, I. u.a. (2004): Fußfesseln für Schulschwänzer. In: DJI Bulletin 65.

Holtappels, H.G. / Schnetzer, T. (2003): Analyse beispielhafter Schulkonzepte von Schulen in Ganztagsform. Institut für Schulentwicklungsforschung Dortmund.

Michel, A. (Hg.) (2005): Den Schulausstieg verhindern. Gute Beispiele einer frühen Prävention. Deutsches Jugendinstitut München/Halle.

Prenzel, M. u.a. (2005): Vorinformation zu PISA 2003: Zentrale Ergebnisse des zweiten Vergleichs der Länder in Deutschland. Leibniz-Institut für die Pädagogik der Naturwissenschaften Kiel.

Reißig, B. (2001): Schulverweigerung – ein Phänomen macht Karriere. Ergebnisse einer bundesweiten Erhebung bei Schulverweigerern. Werkstattbericht. Arbeitspapiere aus dem Forschungsschwerpunkt Übergänge in Arbeit. Deutsches Jugendinstitut München.

Richter, U. (Hg.) (2005): Den Übergang bewältigen. Gute Beispiele der Förderung an der ersten Schwelle. Deutsches Jugendinstitut München/Halle.

Schreiber, E. (Hg.) (2005): Nicht beschulbar? Gute Beispiele für den Wiedereinstieg in systematisches Lernen. Deutsches Jugendinstitut München/Halle.

Schreiber-Kittl, M. / Schröpfer, H.(2002): Abgeschrieben? Ergebnisse einer empirischen Untersuchung über Schulverweigerer. Deutsches Jugendinstitut München.

Schulewski, U. (2002): Doing Gender. Gender Effekte in Handlungsstrategien und Handlungskonstellationen von SozialpädagogInnen in der Jugendberufshilfe. Arbeitspapier 2/2002 aus dem Forschungsschwerpunkt Übergänge in Arbeit. Deutsches Jugendinstitut München/Leipzig.

Thimm, K. (2000): Schulverweigerung. Zur Begründung eines neuen Verhältnisses von Sozialpädagogik und Schule. Münster.

Thomas von Freyberg / Angelika Wolff

Verstrickung und Verweigerung
Konfliktgeschichten nicht-beschulbarer Jugendlicher

1.   Einleitung

Es gibt Jugendliche, die ihre Erzieher, Lehrer und Sozialarbeiter in schier endlose und eskalierende Konflikte verstricken – Konflikte, aus denen es schließlich nur noch einen Ausweg zu geben scheint: die Arbeit mit ihnen aufzugeben. Wie aber schaffen es diese Jugendlichen, die von Erwachsenen als „besonders schwierige", als „nicht schulfähige" oder „nicht beschulbare", als „verhaltensgestörte" oder „seelisch belastete" Jugendliche bezeichnet werden, so große und durchaus mächtige Institutionen wie Schule und Jugendhilfe „zum Tanzen" zu bringen, zum Tanzen nach ihren oft schrillen Melodien? Wie gelingt es ihnen, dass kompetente, erfahrene und nicht selten engagierte professionelle Helfer sich hilflos in Konflikte mit ihnen verwickeln lassen, dabei häufig ihre Professionalität einbüßen und schließlich keine andere „Lösung" mehr sehen, als diese Jugendlichen weiterzureichen oder auszustoßen? Wie kommt es zu jenen sich wiederholenden Macht-Ohnmacht-Spiralen, zu den erbitterten Kämpfen um Macht und Kontrolle, die sich über Jahre hinziehen können, in deren Verlauf sich Täter und Opfer, Störer und Gestörte immer ähnlicher werden und an deren Ende nur besiegte Sieger und siegreiche Verlierer stehen? Wie ist es möglich, dass Jugendliche so mächtig werden, dass ihre professionellen Helfer so ohnmächtig werden? Und wie ist es möglich, dass in diesen Konfliktgeschichten Störer und Gestörte fast traumwandlerisch einander „zuarbeiten", sich wechselseitig vorantreibend, als seien sie in geheimen Komplizenschaften miteinander verbunden?

Ein interdisziplinäres Forschungsprojekt des Instituts für Sozialforschung an der Universität Frankfurt/M. hat zusammen mit dem Institut für analytische Kinder- und Jugendlichen-Psychotherapie in Frankfurt/M. Konfliktgeschichten nicht-beschulbarer Jugendlicher untersucht und Antworten auf diese Fragen gesucht (von Freyberg/Wolff 2005).[1]

---

1 In der Forschungsgruppe der Psychoanalytiker arbeiteten mit: Rose Ahlheim, Frank Dammasch, Ulrike Jongbloed, Jochen Raue und Angelika Wolff; Sven Sauter vom Institut für Sonderpädagogik in der Universität Frankfurt/M. war Projektmitarbeiter am Institut für Sozialforschung.

Unsere zentrale Annahme war, dass die Beziehungen dieser Jugendlichen mit den Institutionen von Schule und Jugendhilfe deshalb regelmäßig zu Macht-Ohnmacht-Konflikten eskalieren, weil diese Jugendlichen sehr effektiv ihre inneren Beziehungsmuster reinszenieren und die Institutionen darauf ihrerseits so reagieren, dass die unbewussten Erwartungen und Strategien der Jugendlichen bestätigt und verstärkt werden. Unser Forschungsinteresse galt also den individuellen und institutionellen Bedingungen solcher Verstrickungen.

Unserer Untersuchung lagen vier Vorentscheidungen zu Grunde:

Wir entschieden uns *erstens* für die Analyse von Konfliktgeschichten; denn wir sind davon überzeugt, dass jene Macht-Ohnmacht-Spiralen als Sequenzen in einer mehrjährigen Konfliktgeschichte zu begreifen sind, in der beide Seiten agieren und reagieren, voneinander lernen, einander beeinflussen und miteinander in Auseinandersetzungen verwickelt sind.

Wir entschieden uns *zweitens* für eine Reihe von Einzelfalluntersuchungen, wie sie in der Tradition der Psychoanalyse, aber auch der empirischen Sozialforschung begründet sind; denn die Jugendlichen, ihre konflikthaften Karrieren im Förder- und Hilfesystem und ihre konkreten Konflikte mit ihren professionellen Helfern sollten im Mittelpunkt unserer Untersuchung stehen.

Wir entschieden uns *drittens* für die Untersuchung extremer Fälle, in denen Jugendliche an Schule und Jugendhilfe gescheitert sind und Schule und Jugendhilfe an Jugendlichen; denn im Scheitern manifestieren sich – so unsere Hypothese – auch allgemeine Defizite und Schwächen des Hilfe- und Fördersystems, die bei weniger schwierigen Jugendlichen irgendwie gemanagt, verdeckt oder übersehen werden können.

Und wir entschieden uns *viertens* für einen interdisziplinären Forschungsansatz, der die Konfliktdynamik und Konfliktmuster der einzelnen Jugendlichen ebenso wie die der jeweils beteiligten Institutionen untersuchen und die Zusammenhänge von individueller und institutioneller Konfliktgeschichte entziffern kann. Kritische Sozialforschung und Psychoanalyse schienen uns dazu die geeigneten Methoden bereitzustellen.

Unser Fallverständnis der Konfliktgeschichten entsteht, indem wir schrittweise aufzeigen, welche Kräfte und Interessen auf beiden Seiten die Konflikte vorantreiben, wie beide Seiten ihre Beziehungen zueinander

definieren und strukturieren und über welche Beziehungs- und Konfliktmuster sie dabei verfügen, und wie schließlich individuelle und institutionelle
Konfliktdynamik und Konfliktmuster sich aufeinander einspielen und einander „zuarbeiten". In unseren Einzelfalluntersuchungen gab es immer drei
Untersuchungsschritte, von denen die beiden ersten parallel und arbeitsteilig
getrennt verliefen, der dritte dagegen interdisziplinär gemeinsam durchgeführt wurde:

Zum einen erhob die Forschergruppe der Kinder- und Jugendlichen-Psychotherapeuten mit ihren psychoanalytischen Instrumenten die Psychodynamik
der Jugendlichen, erstellte ein Diagnoseprofil (vgl. Raue/Wolff 2003) und
fasste ihre Untersuchungen und Falldiskussionen in einem eigenen Fallbericht
zusammen.

Zum anderen rekonstruierte die soziologische Falluntersuchung die Konfliktgeschichte des Jugendlichen, die zur Feststellung der „Nichtbeschulbarkeit"
im Regelschulsystem führte. Dabei wurden mit allen wichtigen Professionellen
aus Schule und Jugendhilfe ausführliche Gespräche geführt und in einem
eigenen Fallbericht ausgewertet.

Lagen beide Fallberichte vor, wurden sie im *dritten* Schritt in einer interdisziplinären Falldiskussion vom gesamten Forschungsteam unter der zentralen
Fragestellung nach den Zusammenhängen von individuellem und institutio-
nellem Konfliktverhalten reflektiert.

Unser Forschungsprojekt verfügte also über einen recht dezidierten Begriff
von interdisziplinärem Fallverstehen. In dieses fließt zum einen psychoanaly-
tisches Fallverstehen ein, das auf der Analyse der jugendlichen Psychodynamik beruht, also der bewussten und unbewussten Konfliktstrategien
der Jugendlichen, der Muster, mit denen sie Beziehungen eingehen, zulassen,
abwehren und strukturieren. In dieses fließt zum anderen soziologisches
Fallverstehen ein, das auf der Analyse der institutionellen Soziodynamik
beruht, also der bewussten und latenten Konfliktstrategien der Institutionen,
der Muster, mit denen sie auf den schwierigen Jugendlichen reagieren, einwirken, ihre Beziehung zu ihm strukturieren, seine Ansprüche aufgreifen,
abwehren, übersehen oder verleugnen. Interdisziplinäres Fallverstehen schließlich beruht auf der Analyse der Beziehungsgeschichte und der Beziehungsdynamik der schwierigen Jugendlichen mit Schule und Jugendhilfe und
zugleich auf der Analyse der konfliktreichen eskalierenden sozialen Beziehungen von Professionellen in ihren Institutionen mit diesen Jugendlichen.

So unterschiedlich die von uns untersuchten Konfliktgeschichten auch sind
– es lassen sich doch drei komplexe Dimensionen identifizieren, die hier
stets zusammenkamen:

2.   Individuelle Konfliktdynamik und Konfliktmuster

Bei allen Jugendlichen unseres Forschungsprojektes ließen sich schwere
und frühe Traumatisierungen und Bindungsstörungen nachweisen. Durchgängig haben sie gravierende frühe emotionale Mangelerfahrungen machen
müssen, die ihre – soziale – Lernfähigkeit entscheidend verletzte, genauer:
prägte. Denn derart erworbene Lernstörungen müssen als subjektiv „sinnvolle"
Lösungs- und Schutzstrategien verstanden werden, die unbewusst bleiben,
überaus zwanghaft sind und die soziale Lern- und Anpassungsfähigkeit
extrem einengen. Während diese Kinder und Jugendlichen durchaus „lern-
fähig" sein können, solange Lernen sich weitgehend auf das kumulative
Dazulernen von Wissen und Fertigkeiten – also den schulischen Bildungs-
stoff – beschränkt, müssen sie als geradezu „lernbehindert" angesehen werden,
dort, wo geforderte Lernprozesse notwendig verbunden sind mit der Re-
organisation von Wissen und Können, mit dem Verzicht auf frühere Gewiss-
heiten, mit Irritation und Verunsicherung. Die emotionalen und sozialen
Probleme solcher korrigierenden und neu strukturierenden Lernprozesse
verlangen ein Mindestmaß an Neugierde, Differenzierung und Anstren-
gungsbereitschaft und die Fähigkeit, Angst, Hilflosigkeit und Unsicherheit
auszuhalten. Und genau dazu sind diese „verhaltensgestörten" Kinder kaum
in der Lage, genau dagegen haben sie ihre Strategien der Abwehr und der
Vermeidung entwickelt. Die mit jedem komplexen Lernen verbundene
Erregung von Angst und Hilflosigkeit kann von diesen Kindern und
Jugendlichen nicht kontrolliert und in einen Zustand erhöhter Aufmerksamkeit und Neugier transformiert werden. Die unkontrollierbaren Situationen
solchen *strukturellen Lernens* (vgl. Katzenbach 2004) reaktivieren bei diesen
Jugendlichen frühe Ohnmachterlebnisse; darauf reagieren sie mit panischen
Ängsten vor Entwertung oder Vernichtung – und dagegen mobilisieren sie
mit existenzieller Entschlossenheit ihre Strategien der Angstabwehr. Nur
die aber werden wahrgenommen. Das macht diese Kinder und Jugendlichen
so unangreifbar und unberührbar: sie scheinen „autonom", unabhängig von
der Zustimmung oder Kritik ihrer Erwachsenen, unabhängig aber auch von
allen Angeboten der Hilfe oder Förderung. Die Jugendlichen unseres For-
schungsprojekts mussten die auf ihrer psychischen Konfliktgeschichte mit
ihren Eltern basierende innere Beziehungsdynamik anhaltend und derart
zerstörerisch an der Schule fest machen, dass sie am Ende einer langen

institutionellen Konfliktgeschichte schließlich als nicht-beschulbar vom Besuch der Regelschule ausgeschlossen wurden – zumeist mit entsprechend schlechter sozialer Prognose. Die Psychodynamik dieser Jugendlichen verweist in allen untersuchten Konfliktgeschichten auf extreme frühe Entwicklungsstörungen; dennoch ist es symptomatisch, dass die Verhaltensauffälligkeiten der Jugendlichen von den Professionellen nicht als Ausdruck schwerer psychischer Störungen gesehen und ernst genommen wurden. Diese Jugendlichen, so könnte man sagen, haben im Verlauf der Inszenierungen ihrer psychisch unerträglichen Affekte, Objekterfahrungen und z.T. Traumatisierungen aus der Vergangenheit auch in der Schule und im Bereich der Jugendhilfe kein hinreichend gutes, und das heißt: um ihr seelisches Wohl besorgtes, Objekt auf den Plan rufen und finden können. Ein wichtiger Grund dafür lag vor allem darin, dass diese Jugendlichen auf der manifesten Ebene keine Angst, geschweige denn Hilfsbedürftigkeit zeigten, sondern sich weitgehend unberührbar und scheinbar autonom gaben und allenfalls Angst machten.

3. Institutionelle Konfliktdynamik und Konfliktmuster

Vor dem Hintergrund der von uns untersuchten Konfliktgeschichten nicht-beschulbarer Jugendlicher mit Schule und Jugendhilfe lassen sich vier gravierende Defizitbereiche identifizieren, die wesentlich mitverantwortlich sind für die bekannten Macht-Ohnmacht-Spiralen in den Konfliktgeschichten schwieriger Jugendlicher.

A) Keine professionelle Orientierung am Jugendlichen und seiner Geschichte

Unsere Untersuchung konzentrierte sich auf nicht-beschulbare Jugendliche mit einer langen Konfliktgeschichte im Regelschulsystem. Wir hatten es also mit ausgesucht schwierigen und auffälligen Jugendlichen zu tun. Um so irritierender war für uns die durchgängige Erfahrung, dass die verantwortlichen Lehrer die schweren Störungen dieser Jugendlichen weder wirklich ernst genommen, noch auch nur ansatzweise zu verstehen versucht hatten. Alle untersuchten Jugendlichen hatten eine mehrjährige Karriere im örtlichen Bildungs- und Hilfesystem hinter sich, ehe ihre Nichtbeschulbarkeit im Regelschulsystem festgestellt wurde. Dennoch fanden wir bei Lehrern in der Regel kein Bewusstsein davon, in eine langjährige institutionelle Konfliktgeschichte verwickelt zu sein. Die jeweiligen Erfahrungen der Professionellen mit diesen Jugendlichen blieben quasi ihre individuellen

Erfahrungen, isoliert von denen der Kollegen. Es gibt keine institutionellen Vorgaben, die es den Professionellen nahe legen und ermöglichen, ihre individuellen Erfahrungen mit diesen Jugendlichen in den Kontext einer Konfliktgeschichte einzutragen und die Schulkarrieren dieser Jugendlichen überhaupt als krisenhafte und riskante Entwicklungsprozesse zu erfassen und zu begreifen. Regelmäßig sind in den Konfliktgeschichten nicht-beschulbarer Jugendlicher die Übergänge im Schulsystem (Grundschule – Förderstufe – Gesamtschule – Realschule – Gymnasium – Hauptschule) mit institutionellen und personellen Brüchen im Hilfeprozess verbunden. In keinem unserer Fälle gab es hinreichende institutionalisierte Formen der Übergabe und der Übernahme: Erfahrungen der Professionellen mit diesen schwierigen Jugendlichen können also in der aufnehmenden Schule nicht genutzt werden. Ohnehin fehlen der Regelschule wichtige Instrumente eines integrierten Hilfeprozesses: Beratung, Diagnose, Hilfeplanung, Case Management, Falldokumentation und vor allem die Fallverantwortung in einer Hand. Aber auch die Hilfen zur Erziehung des Allgemeinen Sozialdienstes (ASD) haben in unseren Fällen durchweg den Charakter parzellierter Interventionen. Reagiert wird auf Antrag, und meist fehlt dem Hilfeprozess jegliche Kontinuität. Es reihen sich nicht selten Maßnahme an Maßnahme. Die Brüche im System Schule haben hier eine Parallele in den Brüchen zwischen den unterschiedlichen Maßnahmeträgern, die vom ASD beauftragt werden. Auch hier gab es in allen unseren Fällen keine wirklich fallverantwortliche und hinreichend ausgestattete Instanz, die die Übergänge und Zwischenräume zwischen den einzelnen Maßnahmen verantwortlich integrierte, und es gab keine institutionellen oder organisatorischen Vorkehrungen für die krisenhaften Folgen von Abbrüchen und Trennungen.

B)   **Keine professionelle Koordination der fördernden
und helfenden Interventionen**

Die Zusammenarbeit von Schule und Jugendhilfe ist – seit gut dreißig Jahren – Thema von Tagungen, Konferenzen, Arbeitsgemeinschaften, Kommissionsberichten und Fachgesetzen. Und ohne Zweifel fanden hier wichtige Entwicklungen statt: Sozialarbeit ist (als Schulsozialarbeit) in den schulischen Raum eingezogen; und die Jugend- und Familienhilfe hat sich (als Hilfen der Erziehung) systematisch auch schulischer Probleme und Schwierigkeiten angenommen. Dabei sind wichtige örtliche Brückeninstanzen zwischen diesen beiden Hilfe- und Fördersystemen entstanden. Um so irritierender war, dass in keiner der von uns untersuchten Konfliktgeschichten von einer verläßlichen fachlichen Zusammenarbeit zwischen Schule und Jugendhilfe die Rede sein konnte. Offensichtlich verlangen diese schwierigen Jugendlichen eine langfristige, verbindliche und interdisziplinäre Zusammenarbeit im Einzelfall. Und dafür sind beide Seiten wenig gut ausgerüstet. Wo Schule und Jugendhilfe im schwierigen Einzelfall miteinander kooperieren müssten, hilft beiderseitiger guter Wille nur wenig. In keinem unserer Fälle gab es so etwas wie geregelte Verfahren der fallspezifischen Kooperation, die tiefen Gräben und gewichtigen Differenzen zwischen den beiden Professionen zu überwinden. Lehrer und Sozialarbeiter arbeiten unter höchst unterschiedlichen materiellen Bedingungen, in sehr unterschiedlichen Organisationen mit höchst differenten Organisationskulturen: Ihre beruflichen Aufträge sind so verschieden wie ihre beruflichen Orientierungen, und entsprechend „anders" und „fremd" sind ihre professionellen Perspektiven „auf den Fall". Wie hier – fallorientiert – produktiv kooperiert werden kann, wie hier gegenseitige Fremdheit kreativ für die Fallarbeit genutzt werden kann, wie hier interdisziplinär gearbeitet werden kann – liegt alles andere als auf der Hand, muss eingeübt und professionell angeeignet werden, muss kontinuierlich reflektiert und regelmäßig und regelhaft praktiziert werden. Diese besonders schwierigen Jugendlichen jedoch erschweren geradezu reflektierendes und lernendes Verhalten ihrer Gegenüber. Sie verstricken ihre Erwachsenen in Handlungszwänge, evozieren bei ihnen unerträgliche Gefühle, die streng abgewehrt werden müssen, und nutzen – unbewusst – ihre Unsicherheiten und Ambivalenzen aus. In ihrer Professionalität bedroht und ohne die notwendigen Ressourcen und Kompetenzen für verantwortliche Arbeit mit diesen schwierigen Jugendlichen, ziehen sich Professionelle allzu gern und fast zwangsläufig auf ihr „sicheres Terrain" zurück. Strikte Arbeitsteilung, wechselseitige Instrumentalisierung, gegenseitige Schuldzuweisung oder gemeinsame Entsorgung der Störer und ihrer Eltern sind – in unseren Fällen – die Erscheinungsformen der Arbeitsbeziehungen zwischen Schule und Jugendhilfe.

C) Keine Arbeitsbündnisse
mit den Jugendlichen und ihren Eltern

Die von uns untersuchten mehrjährigen Konfliktgeschichten sind in allen Fällen auch Geschichten mangelhafter oder gescheiterter Versuche, Arbeitsbündnisse mit den Familien dieser schwierigen Kinder und Jugendlichen aufzubauen. Nirgends wohl ist die Elternarbeit so schwierig und mühselig wie bei jenen Kindern und Jugendlichen, bei denen sie am allernötigsten wäre. Nirgends ist der Erfolg pädagogischer oder sozialpädagogischer Interventionen so sehr von belastbaren Arbeitsbündnissen mit den Eltern abhängig als ausgerechnet hier, wo derartige Arbeitsbündnisse nur mit Einsatz von viel Mühe, höchster Geduld und spezifischer professioneller

Kompetenz zustande kommen können. In unseren Untersuchungsfällen fehlten der Regelschule und den Lehrern die notwendigen Ressourcen und Kompetenzen für eine derartige Elternarbeit. Diese haben sie nicht gelernt und dafür steht ihnen auch nicht die nötige Zeit zur Verfügung. So reduziert sich – insbesondere dann, wenn es zu schweren Konflikten kommt – die Beziehung zwischen Schule und Eltern recht schnell auf gegenseitige Schuldzuschreibungen, Delegation von Verantwortung und Vorwürfe. Elternarbeit, wie sie hier nötig wäre, liegt außerhalb des beruflichen Auftrags und Selbstverständnisses von Lehrern. Stets erwartet Schule von der Familie „Zuarbeit" – eine extrem einseitige Beziehung, die Arbeitsbündnisse mit den Familien schwieriger Schüler eher verunmöglicht. Wo die Regelschule an den „Störungen" ihrer schwierigsten Kinder und Jugendlichen zu scheitern droht, sind immer auch die Beziehungen zwischen Schule und Familie, zwischen Lehrern und Eltern schwer gestört. So verweisen unsere besonders schwierigen Jugendlichen auf ein Problemfeld, das zunehmend an Bedeutung gewinnt und ganz neue, intensivere Formen interdisziplinärer Kooperation von Schule und Jugendhilfe erfordert: Eine immer größere Anzahl von Familien ist nicht mehr bereit oder in der Lage, die bisher von der Schule verlangte „Zuarbeit" zu erbringen: Sechsjährige sind nicht schulreif, Schulpflichtige nicht schulfähig und Schulabgänger nicht vorbereitet für den Übergang in das Berufsleben. Damit wird der Schule nachhaltig ihre Arbeitsgrundlage entzogen: sie ist mit der Anforderung konfrontiert, das, was sie bislang von der Familie erwartet hat, selber zu leisten. Mit ihrer eingeübten Praxis der Delegation und Selektion von Problemen, für die sie nicht gerüstet ist, kann Schule sich zwar der Störer und Störungen entledigen, die sozialen Kosten jedoch für dieses „Schulversagen" werden so nur verlagert.

D)   Kein Fallverstehen, keine geregelten Verfahren interdisziplinärer Fallberatung

So wenig wir in unseren Untersuchungsfällen auch nur Ansätze eines integrierten Hilfe- und Förderprozesses entdecken konnten, so wenig sichtbar waren kontinuierliche Bemühungen der Professionellen um ein qualifiziertes Fallverständnis. Das Fehlen einer pädagogischen oder sozialpädagogischen schulischen Diagnostik macht die dominante Perspektive der Regelschule auf Störer und Störungen deutlich: Sie geht von der Schulpflicht der Schüler aus, nicht vom Recht der Schüler auf Schule. Sie verlangt, dass die Regeln angemessenen schulischen Verhaltens eingehalten werden. Die erzieherischen Voraussetzungen sind von den Eltern zu schaffen. Genau genommen, braucht die Regelschule mit diesem Blick auf Störer und Störungen kein Fallverständnis, dem es um die Frage nach dem „Sinn" der Störungen geht. Sie macht Angebote an ihre Schüler und verbindet diese mit Anforderungen – und erwartet, dass die Kinder und Jugendlichen bereit und in der Lage sind, die Angebote zu nutzen, um den Anforderungen halbwegs nachzukommen. Das differenzierte System der Regelschule erlaubt es, die Bemühungen um ein Fallverständnis weitgehend durch eine eingespielte selektive Praxis zu ersetzen. Wo jedoch in den mehrjährigen Konfliktgeschichten unserer ausgewählten Fälle Verfahren professioneller Diagnostik eingesetzt wurden – stets punktuell und im Kontext von sonderpädagogischer Überprüfung – wurde eine recht einseitige „diagnostische Perspektive" eingenommen: der geradezu fixierte Blick auf die familiäre Situation der schwierigen Jugendlichen, die als Ursache und anhaltende Quelle aller Probleme und Störungen ins Visier genommen wird. Diese Justierung der Perspektive kann sich auf gewichtige fachliche Argumente berufen – hat aber zur Folge, dass relevante Dimensionen der Konfliktgeschichte ausgeblendet werden. So wichtig es ist – gerade bei den besonders schwierigen Kindern und Jugendlichen – die frühkindlichen und die fortwirkenden familiären Entstehungszusammenhänge der Schwierigkeiten und Störungen ernst zu nehmen, so wichtig ist es, dass diese Perspektive nicht den Blick auf die institutionellen Anteile an den Konfliktgeschichten verstellt. Für das Regelschulsystem ist der fixierte Blick auf die „Ursache Familie" naheliegend, weil selbstverständlich unterstellt wird, dass die Familie für jene Erziehungsleistungen zuständig ist, die Schule voraussetzt. Gewisse Defizite der „Beschulbarkeit" können innerhalb der Schule ausgeglichen und kompensiert werden. Die institutionell dafür bereitgestellten Spielräume an erzieherischen Ressourcen und Kompetenzen sind innerhalb des Regelschulsystems durchaus unterschiedlich groß – für die besonders schwierigen Schüler aber sind sie nicht hinreichend. Unweigerlich werden Lehrer durch diese Kinder und Jugendlichen mit den Grenzen ihrer Handlungsmöglichkeit konfrontiert – und ebenso unweigerlich folgt der drohende schulische Appell an die Eltern, ihren erzieherischen Pflichten nachzukommen und ihr schwieriges Kind „schulfähig" zu machen. Wo diese Appelle scheitern, setzt die selektive Politik der Schule ein: Über Notengebung, Nichtversetzung und die Eskalation von Ordnungsmaßnahmen „entsorgt" sich das Regelschulsystem jener Jugendlichen. Der fixierte Blick auf das versagende und sich verweigernde Elternhaus entlastet die Professionellen und ihre Institution von der Verantwortung für das Scheitern. Es scheitern immer die schwierigen Jugendlichen und ihre Eltern, nie die Professionellen und ihre Institutionen.

Ähnliches lässt sich auch für die Jugendhilfe sagen. Sie ist zwar – neben der Familie – der andere Adressat schulischer Appelle, wenn Lehrer am Ende ihres Lateins sind; aber auch hier legen institutionelle Rahmenbedingungen den fixierten Blick auf die Zuständigkeit der Familie nahe: Zum einen wenden sich *Hilfen zur Erziehung* an die Eltern schwieriger Kinder; sie sind Angebote, die von Eltern gewünscht und beantragt werden müssen, die also gegen den Willen der Eltern überhaupt nicht zustande kommen; zum anderen zielen sie in der Regel auf das System Familie und versuchen durch therapeutische, beratende oder pädagogische Interventionen die familiären Bedingungen zu verändern. Die Ressourcen und Kompetenzen der Jugendhilfe für diese Aufgaben sind begrenzt; hinreichende Bereitschaft und Fähigkeit zu belastbaren Arbeitsbündnissen gerade bei den besonders schwierigen Kindern und Jugendlichen und ihren Familien sind selten gegeben. So gilt auch hier, dass regelmäßig die sozialpädagogischen Professionellen und ihre Institutionen durch diese Klientel mit den Grenzen ihrer Handlungsmöglichkeiten konfrontiert werden. Häufig mündet die Arbeit in hilflose Appelle an die Eltern oder die Jugendlichen. Ohne eine verläßliche und belastbare „Koproduktion" von Jugendhilfe und Familie muss *Hilfe zur Erziehung* scheitern. Und das Fatale ist nur, dass die mangelhafte Kooperationsfähigkeit oder -bereitschaft der Familie ein konstitutiver Teil des Problems ist, der die Hilfe überhaupt nötig macht. Scheitern die Appelle, dann bietet diese diagnostische Perspektive der Jugendhilfe ebenso wie der Schule Entlastung an. Letztlich gilt auch hier: Es scheitern immer die schwierigen Jugendlichen und ihre Eltern, nie die Professionellen und ihre Institutionen.

Unsere Falluntersuchungen machen deutlich: Kindergarten, Hort, Schule, Beratungsstelle und Jugendamt, Jugendzentrum und Erziehungshilfe haben beträchtlichen Anteil an den problematischen Lernerfahrungen schwieriger Kinder und Jugendlicher. In ihren Auseinandersetzungen mit schwierigen Hilfe- und Förderstrukturen und überforderten Professionellen lernen Kinder einen wesentlichen Teil des Verhaltens und der Orientierungen, die ihren Status als schwierige Kinder befestigen. Genau diese Dimension der Konfliktgeschichten wurde aber in der diagnostischen Perspektive der Professionellen auf die Jugendlichen und ihre Familien ausgeblendet. Doch dies ist beides: Entlastung und Belastung. Entlastet werden die Professionellen von einer Aufgabe, zu der sie professionell wenig gerüstet sind, zu der sie kaum über Kompetenzen und Ressourcen verfügen: die praktische, auf Veränderung drängende und Veränderung bewirkende Kritik der institutionellen Bedingungen ihrer Arbeit unter dem Gesichtspunkt, verantwortungsvoll und wirkungsvoll auch diesen besonders schwierigen Kindern und Jugendlichen helfen zu können. Belastet aber werden sie insofern, als sie immer wieder genötigt werden, institutionelle Defizite durch Engagement und Selbstüberforderung auszugleichen; als sie mit ihren Erfahrungen des professionellen Scheiterns alleingelassen werden und deshalb auch diese

Erfahrungen nicht in professionellen Zusammenhängen reflektieren und nutzen können. In allen unseren Fällen stießen besonders schwierige Kinder mit ihren Eltern auf besonders schwierige Hilfe- und Förderstrukturen. Und erst beides zusammen macht, dass die Hilfe- und Förderprozesse konflikthaft eskalierten und in die „ruhende Schulpflicht" mündeten.

4. Verstrickungen in den Konfliktbeziehungen zwischen den Jugendlichen und ihren Professionellen

Das wichtige Vermittlungsglied zwischen der Psychodynamik und der Soziodynamik in den Konfliktgeschichten ist der unbewusste Mechanismus von Übertragung und Gegenübertragung. Die Macht der Verstrickung zwischen Professionellen und unseren Jugendlichen lebt von diesem Mechanismus – wie umgekehrt die Chance des Verstehens und des Durchbrechens von Wiederholungszwang und Eskalation in dieser Verstrickung liegt, wenn sie reflexiv genutzt werden kann. Für unser interdisziplinäres Projekt hat deshalb die Gegenübertragung eine wichtige Brückenfunktion zwischen Individuum und Institution. Das gilt um so mehr, als erstens Prozesse von Übertragung und Gegenübertragung durchaus von beiden Seiten initiiert werden und in verschiedenen Phasen oder Sequenzen sich vollziehen können und weil zweitens nicht nur Affekte und Gefühle bzw. Bilder und Fantasien auf der individuellen Ebene *übertragen und gegenübertragen* werden, sondern auch Strukturen, Muster sozialer Beziehungen, die sich individuell rigide verfestigen und institutionell rigide zu Regeln und Verfahren gerinnen können.

Übertragungs- und Gegenübertragungsprozesse sind basale Voraussetzungen sozialer Beziehungen. Auf ihnen beruht jegliche pädagogische Intuition, von ihnen leben Erziehungs- und Lernprozesse. Indem Kinder ihre familiären Beziehungserfahrungen und die an sie gebundenen Emotionen auf andere, für sie wichtige Erwachsene übertragen; und indem nun ihrerseits diese Erwachsenen auf diese Übertragung mehr oder weniger einfühlsam, akzeptierend oder zurückweisend – stets aber „auf ihre Weise" – reagieren, werden durch die Gegenübertragung die Übertragungsprozesse des Kindes modifiziert, lernen Kinder differenzierte Beziehungen zu verstehen, zu akzeptieren und ihrerseits „vorzuschlagen" oder anzubieten. Übertragung und Gegenübertragung sind – unter normalen Bedingungen – elastische und flexible Prozesse wechselseitiger Einfühlung, Anpassung und Entwicklung. Wenn Kinder in die Schule kommen, haben sie in der Regel gelernt, halbwegs flexibel, experimentierend und unter Vorbehalt ihre Übertragung zu gestalten. Und sie stoßen auf pädagogisch erfahrene Grundschullehrer, die bereit und in der Lage sind, diese Übertragungsvorgänge anzunehmen, sie professionell kontrolliert zu beantworten und sie so für die schulische Bildungsarbeit zu nutzen. Die extrem schwierigen Kinder und Jugendlichen unserer Untersuchung aber sind genau an diesem Punkt nie wirklich „schulreif" gewesen. Ihre Übertragungsgestaltung ist rigide, inflexibel, zwanghaft, häufig durch Spaltung und projektive Identifikation gekennzeichnet; und sie sind unfähig, eigenständige, differenzierte Gegenübertragungsreaktionen ihrer erwachsenen zu akzeptieren. Vor allem in krisenhaften Phasen individueller Entwicklungen – wie beim Übergang in die Pubertät und schulischer Entwicklungen, wie beim Übergang in eine weiterführende Schule – sind diese Jugendlichen von den sozialen Anforderungen an sie überfordert. Mit ungeheurer Macht und suggestiver Kraft übertragen sie ihre gestörten, traumatisierten Beziehungserfahrungen und die mit ihnen zusammenhängenden archaischen Affekte von Angst vor Mißachtung oder Vernichtung.

Dieses Übertragungsgeschehen ist deshalb so gewaltförmig, weil es für diese Jugendlichen die einzige Weise ist, ihre für sie unerträglichen Gefühle von Angst und Hilflosigkeit abzuwehren: sie „zwingen" ihren Erwachsenen geradezu jene Objektbeziehung auf, die sie gelernt haben – und übertragen so ihre gestörten Bindungs- und Beziehungserfahrungen auf die sozialen Beziehungen zu Mitschülern und Lehrern. Sie verstricken so ihr soziales Umfeld in die eigene Psychodynamik – und sind ausgerechnet bei jenen Professionellen damit besonders erfolgreich, die bereit sind, sich auf diese Jugendlichen einzulassen, sich verantwortlich um sie zu kümmern, sie „an sich heranzulassen". Ohne ein Verständnis des Beziehungsmusters, in das diese Schüler ihre Lehrer verwickeln wollen, bleibt zum Selbstschutz nur die Abwehr der affektiven Zumutungen: Die Gegenübertragung „bedient" – komplementär oder konkordant – die Übertragung und verstärkt so die gestörten Beziehungserfahrungen des Jugendlichen. In den nicht durchschauten Konfliktbeziehungen provoziert und strukturiert das unbewusste Abwehrsystem der Jugendlichen die latente abwehrende Haltung der Professionellen.

In der Verstrickung von Jugendlichen und Professionellen erhalten die *Macht-Ohnmacht-Spiralen* ihre fallspezifische Gestalt. In allen von uns untersuchten eskalierenden Konfliktgeschichten nicht-beschulbarer Jugendlicher mit Schule und Jugendhilfe ließen sich – fallspezifisch differenzierte – Formen eines „Kampfes um Kontrolle und Autonomie" identifizieren, die ganz wesentlich durch die individuelle Psychodynamik der Jugendlichen „geprägt" waren; und stets waren diese Konflikte zugleich als – ebenfalls fallspezifisch figurierte – unbewusste Komplizenschaften zwischen diesen Jugendlichen und ihren Professionellen zu entziffern.

Die folgenden Beispiele von Alberto, Barat, Cassimo und Dalina sollen diese „Komplizenschaft" mit einem jeweils anderen Schwerpunkt verdeutlichen:

Alberto:
Durch die zehnjährige Konfliktgeschichte *Albertos* mit Schule und Jugendhilfe zieht sich – wie ein breiter roter Faden – das zentrale Thema einer permanent scheiternden *fachlichen und interdisziplinären Kooperation* hindurch. Der mangelnden Fähigkeit zur fachlichen Zusammenarbeit auf der Seite der Professionellen entspricht auf der Seite dieses Schülers eine *ungeheuere* Fähigkeit, die Erwachsenen, die mit ihm zu tun haben, zu spalten und in gegnerische Lager zu sortieren. Da gab es auf der einen Seite jene, die immer viel Verständnis für Alberto aufbrachten, ihn stets als Opfer wahrnahmen, als Opfer eines gewalttätigen Vaters, einer übergriffigen Mutter und wenig sensibler Lehrer; als Opfer auch früherer, traumatisierender Verletzungen und Trennungen. Hinter dem tobenden, um sich schlagenden, ausrastenden Jungen sahen sie immer nur das verzweifelte, verängstigte und verwundete Kind, das sie mit Zuwendung und Hilfeangeboten geradezu „überfütterten". Und auf der anderen Seite gab es jene, die vor allem Alberto als Täter wahrnahmen, die fast nur Albertos destruktive, hinterhältige und verlogene Seite sahen, für die dieser Junge kaum etwas anderes war als ein unerträglicher Störer und Provokateur, ein Quälgeist mit offenkundig sadistischen Zügen gegenüber Schwächeren und vor allem Mädchen, ein hinterhältiger und gemeiner Junge, der zu Hause die ganze Familie tyrannisiert und der die Schule für seine mafiosen Aktivitäten nutzt. Symptomatisch an diesem Fall war die Stabilität der jeweiligen Perspektive auf Alberto: Bei aller Ambivalenz wechselten die Professionellen kaum von einem Lager ins andere – so als würde Alberto es sein, der *seine* Erwachsenen sortiert; so als würde schon der erste Kontakt mit Alberto darüber entscheiden, wer ins Lager der Guten, der Freunde, der Beschützer oder in das der Bösen, der Feinde, der Angreifer gehört. Die Macht Albertos, seine Unabhängigkeit, seine Autonomie beruhten geradezu auf dieser Fähigkeit, die Großen seiner Welt in Lager zu spalten, gegeneinander aufzubringen und auszuspielen und so ihre bedrohliche Macht zu neutralisieren.

Barat:
In der Konfliktgeschichte *Barats* hatte *strukturelle Verantwortungslosigkeit* in ganz besonderer Weise scharfe Konturen – weil die Professionellen in ihrer Auseinandersetzung mit Barat sich ihrer geradezu bedienten, sie sich gleichsam subjektiv aneigneten: Auf höchst irritierende Weise schaffte es dieser Schüler, dass die für ihn zuständigen Professionellen sich in kürzester Zeit einig waren in ihrem Blick auf diesen unerträglichen Störer. Vor allem

jene Lehrer, die sich um Barat bemühten, wurden bevorzugte Objekte seiner destruktiv-aggressiven Drohungen. Er tat einfach alles, um alle gegen sich aufzubringen – und verbreitete eine permanente Atmosphäre von sexistischer, rassistischer und gewalttätiger Bedrohung – übrigens ohne, dass wirklich Ernsthaftes und Gefährliches vorfiel. Sie alle fanden „keinen Zugang" zu diesem Jungen, der unberührbar und unberührt die härtesten Konflikte durchzustehen schien, monströs in seiner Autonomie und Unabhängigkeit von den Großen, ihrer Wut, ihrem Haß und ihrer Macht, ein kleiner „Terrorist". Er ließ sie alle scheitern; und früher oder später (meist früher) fanden sie alle sich im gleichen Lager derjenigen, die nur noch einen Weg sahen: ihre Professionalität dadurch zurückzugewinnen, dass sie diesen Schüler ausstießen, abwehrten, sich seiner „entsorgten". Da kam ihnen die *strukturelle Verantwortungslosigkeit* geradezu entgegen.

Cassimo:
Als zentrales Thema des Falles **Cassimo** schob sich das der *Komplizenschaft durch Konfliktvermeidung* in den Vordergrund. Die Konfliktgeschichte Cassimos mit Schule und Jugendhilfe eskalierte nämlich nicht – wie üblicherweise bei nicht-beschulbaren Jugendlichen – in den bekannten *Macht-Ohnmacht-Spiralen*; Cassimo wird zum *perfekten Verweigerer*, und *perfekt* meint im abschließenden Verständnis seiner Erzieher beides: Cassimo weist „erfolgreich und konsequent" jegliche schulische Anforderung, die ihm nicht passt, zurück *und* er respektiert dabei die Regeln des Settings und des respektvollen Umgangs mit den Erziehern soweit, als es nötig ist, um eskalierende Auseinandersetzungen zu verhindern. Die Konfliktgeschichte Cassimos mit Schule und Jugendhilfe ist eine beiderseitige – negative – *Lerngeschichte*. Der Junge lernt – mit Hilfe seiner Lehrer und Erzieher – seine unbewussten Abwehrstrategien so zu perfektionieren, dass seine traumatischen Erfahrungen frühester Trennungen und die damit verbundenen archaischen Gefühle von innerer Heimatlosigkeit geschützt, das heißt aber auch unerkannt und unberührt bleiben. Und die Schule lernt – nachdem sie Cassimo „nach unten" durchgereicht hat –, dass sie am besten fährt, wenn sie diesen Schüler mit ihren Leistungsanforderungen verschont. So entsteht eine Komplizenschaft „wechselseitiger Anerkennung": Die Lehrer dürfen Lehrer bleiben, sie werden von diesem Jungen in Ruhe gelassen, nicht gestört und nicht in Frage gestellt. Und Cassimo darf Cassimo bleiben: ein perfekter Verweigerer, und in dieser Freiheit und Autonomie fast bewundert von seinen Lehrern. In allen unseren Fällen fehlte den Professionellen ein angemessenes Fallverständnis – doch im Fall des Schülers Cassimo ist dieses Defizit das Band, das die Komplizenschaft von Schülern und Lehrern

zusammenhält: Ein perfekter Verweigerer verhindert erfolgreich, dass irgendein Professioneller sich von ihm „ein Bild" machen kann.

Dalina:
Blickt man auf die mehr als zehnjährige Schulgeschichte *Dalinas* zurück, fällt vor allem auf: Diese Schülerin wird einfach übersehen. So konsequent wie Dalina in ihren letzten Jahren in der Regelschule die Schule und den Unterricht verweigert, so konsequent verweigert die Regelschule – vom ersten Tag an – dieser Schülerin das Maß an Aufmerksamkeit, das sie mit ihren Schwierigkeiten und Problemen benötigt hätte. Dalina wird übersehen – und macht sich unsichtbar. Später, in der Gesamtschule, perfektioniert Dalina diese „Kompetenz". Nun ist sie zur chronischen Schulverweigerin geworden, doch keiner merkt auf. Eine irritierende Parallelität: Die Schule schaut nicht auf diese Schülerin und ihre Probleme *und* Dalina verschwindet aus der Schule und macht sich vollends unsichtbar; die Schule verweigert sich den Anforderungen dieser schwierigen Schülerin, *und* Dalina verweigert sich den Anforderungen der Schule. Und hier treffen sich beide Seiten, Dalina und ihre Professionellen, im komplementären Bemühen, den Ernst der Gefährdung und Störung zu verleugnen. Das – allen Beteiligten gemeinsame – Thema der Konfliktgeschichte zwischen Dalina und ihren Professionellen ist *die Wahrung von Autonomie durch Verleugnung und Vermeidung*: An Dalinas bodenloser Bedürftigkeit können Lehrer nur scheitern. Und Scheitern darf in der Schule nicht sein – nicht bei Schülern und erst recht nicht bei Lehrern. In der Leugnung und Abwehr der eigenen Bedürftigkeit besteht der Zusammenhang jenes *institutionellen Aufmerksamkeits-Defizit-Syndroms* mit der *Psychodynamik Dalinas*. So „retten" beide Seiten sich und ihre Autonomie – die eine, indem sie sich unsichtbar macht, die andere, in dem sie nicht hinschaut.

Diese fallspezifischen Ausprägungen können hinreichend nur verstanden werden als Gestaltungen der machtvollen Beziehungsdynamik von *Übertragung und Gegenübertragung* in den Konflikten zwischen den Jugendlichen und ihren Professionellen.

5. Keine Lösungen – aber eine andere Perspektive

Qualifizierte professionelle Arbeit mit schwierigen, nicht-beschulbaren Jugendlichen wird – das haben unsere Falluntersuchungen wohl gezeigt – von zwei Seiten erschwert, behindert, im Extremfall verunmöglicht:

Auf der *einen* Seite stehen die Jugendlichen mit ihren häufig sehr destruktiven Konfliktstrategien gegenüber Schule und Jugendhilfe, mit ihren mehr oder weniger aggressiven Verweigerungshaltungen gegenüber den Regeln und Anforderungen dieser Institutionen, mit ihren rigiden und pseudoautonomen Formen der Abwehr archaischer und unerträglicher Affekte der Angst, Hilflosigkeit und Bedrohung. Sie inszenieren immer wieder frühe Beziehungs- und Konflikterfahrungen und sind unfähig, ihre starren Muster der Abwehr und des Selbstschutzes aufzugeben. Die Forschergruppe der analytischen Kinder- und Jugendlichen-Psychotherapeuten identifizierte in beträchtlichem Ausmaß bei allen unseren Untersuchungsfällen derartige destruktive Kräfte in der individuellen Psychodynamik.

Auf der *anderen* Seite stehen Schule und Jugendhilfe mit ihren qualifikatorischen und organisatorischen Voraussetzungen und Bedingungen professioneller Arbeit, mit ihren Defiziten und Schwächen und den in vieler Hinsicht mangelnden und mangelhaften Kompetenzen und Ressourcen (unter dem Begriff der *strukturellen Verantwortungslosigkeit* wurden diese Rahmenbedingungen beruflicher Arbeit analysiert). Die Professionellen in Schule und Jugendhilfe sind regelmäßig überfordert, wollen sie sich verantwortlich dieser Jugendlichen annehmen; und am Ende bleibt meist nur der Rückgriff auf die Instrumente und Regeln, die die Institution bereitstellt, um sich und ihre Mitarbeiter vor der Erfahrung des Scheiterns zu schützen: Sanktion und Selektion. Genau dieser destruktive „Rückgriff" wird institutionell angeboten, nahegelegt, im Extremfall aufgenötigt. Die soziologische Analyse der Konfliktgeschichten nicht-beschulbarer Jugendlicher ist immer wieder auf die institutionelle Macht des Destruktiven gestoßen, auf die machtvolle Abwehr der Erfahrung von Scheitern und Versagen, auf die institutionelle Absicherung und Befestigung struktureller Verantwortungslosigkeit.

Auf die Frage, was aus unseren Analysen der Konfliktgeschichten nicht-beschulbarer Jugendlicher mit Schule und Jugendhilfe zu lernen wäre, bieten sich Antworten auf zwei Ebenen an, zum einen auf der Ebene der Veränderung und Entwicklung des Regelschulsystems und zum anderen auf der Ebene der Gestaltung vorhandener Spielräume und Reformmöglichkeiten im Regelschulsystem:[2]

---

2 Diese Fragen auszuformulieren oder gar Antworten auf sie zu suchen, war nicht die Aufgabe dieses Forschungsprojektes. Dazu hätten uns auch alle notwendigen Ressourcen und Kompetenzen gefehlt, einmal davon abgesehen, dass ungebetene Ratschläge, mögen sie noch so gut – oder gut gemeint – sein, in der Regel nur Abwehr hervorrufen. Es bleibt also dabei: verantwortlich und zuständig für diese Fragen und ihre Bearbeitung sind die Professionellen selbst. Und das gerade auch dann, wenn sie von Politik und Verwaltung keine allzu große Unterstützung erwarten können.

1.

Das deutsche Regelschulsystem ist wesentlich geprägt durch seine Funktion der Auslese und Selektion. Das dreigliedrige – nimmt man die Sonderschulen hinzu: viergliedrige – differenzierte deutsche Schulsystem orientiert sich zentral an der Frage der angemessenen Platzierung von Kindern und Jugendlichen *im* vorhandenen Schulsystem. Scheitern Schüler in und an ihrer Schule, so gibt es stets nur eine Ursache dafür: Sie haben versagt, sie waren also falsch platziert. Schul- und Lernverweigerung sind immer nur Indizien für Defizite auf Seiten der Schüler – und nötigen immer nur zu Überlegungen, welcher Schultyp der in diesem Fall angemessene sein dürfte.

Das gegliederte deutsche Regelschulsystem entwickelte sich nicht, indem es sich an den besonderen Problemen und Defiziten oder an den spezifischen Kompetenzen und Ressourcen der einzelnen Schüler orientierte. Seine Strukturen verdankt es dem vordemokratischen Auftrag, unterschiedlichen sozialen Schichten unterschiedliche Bildungsangebote – als Voraussetzung unterschiedlicher sozialer Positionen – zu machen. Deshalb hat die Familie bei der Bereitstellung von Schulreife, Schulfähigkeit und Beschulbarkeit in Deutschland noch immer eine derart hegemoniale Bedeutung und deshalb ist in Deutschland – wie in kaum einem anderen hochentwickelten Land – der Zusammenhang von sozialer Herkunft und Bildungserfolg derart eng. Die von uns untersuchten nicht-beschulbaren Jugendlichen werden nun deshalb zur Krise der Regelschule, weil das hochdifferenzierte und selektive deutsche Schulsystem für diese Gruppe von Schüler kein „Fach" hat, in das sie sortiert werden könnten. Das offenbart sich häufig beim Übergang von der Grundschule zur weiterführenden Schule – ein Übergang, der für beide Seiten krisenhaft ist. Die quälenden eskalierenden Konfliktgeschichten dieser Jugendlichen mit und in der Regelschule „zerren" – einem Katalysator vergleichbar – die strukturellen Defizite dieses Schulsystems ans Licht. Denn im Normalfall kommt die Regelschule – wie schlecht auch immer – aus, ohne sich um die einzelnen Schüler und ihre Probleme zu kümmern. Wer nicht „passt", wird aussortiert und umplatziert.

Bei unseren nicht-beschulbaren Jugendlichen dagegen führt dieses Regelverfahren jeweils in Sackgassen – und offenkundig wird, dass weder die Schule noch die in ihr arbeitenden Professionellen über die notwendigen Kompetenzen und Ressourcen für verantwortliches Handeln verfügen. Die strukturelle Schattenseite des gegliederten Schulsystems wird in unseren Fallanalysen überdeutlich sichtbar: Dieses Schulsystem kennt keine dominante Orientierung an den einzelnen Schülern – und die institutionellen und organisatorischen Bedingungen professioneller Arbeit stehen einer solchen Einzelfallorientierung systematisch im Weg. Nur sehr begrenzt – d.h. weder professionell eingeübt noch institutionell abgesichert – können einzelne Lehrer oder auch Kollegien dieses strukturelle Defizit ausgleichen.

Die Konsequenz wird in unseren Fallanalysen ebenfalls eklatant sichtbar: Dieses Schulsystem ist in hohem Maß lernresistent und „schüleraversiv", wenn es mit Kindern und Jugendlichen konfrontiert wird, die „nicht passen", also „stören". In den analysierten Konfliktgeschichten gibt es immer nur eine Seite, die sich verändern und entwickeln, also etwas lernen muss; wie es schließlich auch immer nur eine Seite gibt, die scheitert, wenn nichts mehr hilft: die nicht-beschulbaren Jugendlichen und ihre Familien. Die Schule dagegen fordert Schulfähigkeit und Beschulbarkeit ein, sortiert und selektiert – und reicht Jugendliche, die diesen gegebenen schulischen Anforderungen nicht genügen, „nach unten" durch. Die Hauptschule wird zur „Restschule" – und die Erklärung der ruhenden Schulpflicht zu der „Weisheit letztem Schluss". Die Alternative wäre ein Schulsystem, in dem Schulen sich für alle ihre Schüler verantwortlich wissen, weil sie – ganztags und auf lange Sicht – zuständig sind und keine Chance haben, „unpassende" Schüler abzuschieben; ein Schulsystem, dessen Professionelle hinreichend qualifiziert sind und über die notwendigen Kompetenzen und Ressourcen verfügen, um an ihren „Störern" zu lernen, wie Schule sich entwickeln und verändern muss.

2.

Im Rahmen des gegliederten Regelschulsystems sind die Spielräume für Alternativen recht eng. In diesem Rahmen aber arbeiten Lehrer und Sozialarbeiter mit schwierigen Jugendlichen und erfahren dabei, dass individuelle Lösungsstrategien – noch mehr Engagement, noch mehr Aktivitäten und Maßnahmen, noch mehr Zuwendung und Sich-Kümmern – nur wenig und bestenfalls kurzfristig helfen. Vielleicht wäre Einiges schon gewonnen, würde der Anteil von Schule und Jugendhilfe an den eskalierenden Konflikten systematisch reflektiert und immer wieder deutlich benannt werden. Möglicherweise wäre das Scheitern an den Problemen dieser Jugendlichen weniger destruktiv und entmutigend, wäre es eingebettet in gesicherte Formen kollegialen und interdisziplinären Arbeitens. Und es mag sein, dass andere Konfliktgeschichten geschrieben werden können, wenn Schulen oder Einrichtungen der Jugendhilfe den Bedingungen *struktureller Verantwortunglosigkeit* mehr Widerstand entgegensetzen: Konfliktgeschichten als Lernprozesse engagierter Kollegien oder Teams – in der Arbeit mit schwierigen Jugendlichen und in der Auseinandersetzung mit Politik und Verwaltung.

Auch wenn wir im Rahmen unserer Untersuchung in zahlreichen Gesprächen und Diskussionen mit Lehrern und Sozialarbeitern erfahren haben, dass unser „Blick von außen" auf die Konfliktgeschichten mit ihren Jugendlichen durchaus erhellend sein konnte; deutlich wurde, dass es in diesem Arbeitsfeld nicht in erster Linie an Aufklärung und gutem Wissen mangelt: Es gibt viele überzeugende Reformkonzepte und zahlreiche gute Modelle. Und überall trifft man auf engagierte Professionelle, die wissen, was nötig wäre und es nur zu gern erproben würden. Diese Gesellschaft leidet nicht Mangel an besserem Wissen, lohnenden Konzepten und moralischen Ressourcen, beides auch einzusetzen. Diese Gesellschaft hat vor allem ein Umsetzungsproblem, ihr fehlt der politische Wille zu Reformen, die diesen Namen verdienen. So bleibt zur Zeit nur, die Spielräume zu sehen und zu nutzen, die es noch gibt. In unserem Band II von „*Störer und Gestörte*" wird davon die Rede sein (Freyberg/von Wolff 2006). Mag sein, dass in dem einen oder anderen Fall auch *Scheitern* vermieden werden kann, doch vor allem käme es darauf an, gemeinsam lernend mit *Störern und Störungen* umzugehen.

Wir haben also keine Rezepte anzubieten und keine Lösungen. Unsere Konfliktgeschichten sind aber ein starkes Plädoyer:

- für sorgfältige frühe pädagogische und therapeutische Interventionen,

- für die Integration von Hilfe- und Förderprozessen,

- für interdisziplinäre Fallberatung und

- für den kontinuierlichen Einsatz professioneller Instrumente des kollegialen und interdisziplinären Fallverstehens.

Dabei gibt es keine Gewissheit, dass Scheitern vermieden werden kann. Zu lernen wäre also etwas über die eigenen Grenzen, über die unverzichtbare fachliche, durch Dritte unterstützte, kontinuierliche Reflexion eigenen Handelns und etwas über die notwendige Bescheidenheit in den Ansprüchen an die eigenen professionellen Künste.

Und dann ist eine neue, andere Perspektive auf diese bedrohlichen und bedrohten Jugendlichen geboten:

- Ihre Störungen sind häufig unverzichtbare Überlebensstrategien, unglückliche, destruktive, kranke und krankmachende Strategien, die Entwicklung und Lernen, zunehmende Reife und wachsende

Autonomie sabotieren – aber es sind Überlebensstrategien mit Sinn. Diese Störungen können also nur aufgegeben werden, wenn verlässliche, bessere Alternativen annehmbar erscheinen.

- Und diese Störungen sind entwickelte, ausformulierte, pointierte Störungen mit erheblichem Krankheitsgewinn geworden – auch in Reaktion auf die machtvoll destruktiven Erfahrungen mit Schule und Jugendhilfe. Zu lernen wäre also etwas über den professionellen und institutionellen Anteil an diesen Störungen, an der negativen Lerngeschichte dieser Jugendlichen, an deren deformierter Bildungsgeschichte.

Verantwortliche Arbeit mit schwierigen Kindern und Jugendlichen erfordert zwei grundsätzliche Voraussetzungen:

Erstens müssten Räume zur Verfügung stehen und institutionell gesichert sein für ein professionelles Beiseitetreten, Innehalten, Nachdenken. Räume also für die kollegiale und interdisziplinäre Fallberatung, für gemeinsame Reflexion und nicht zuletzt für Supervision. *Äußere* Räume also, in denen die *inneren* Räume der Professionellen gepflegt, geschützt und bewahrt werden können. Denn genau der *innere* Raum ist es, an dem es den schwierigen Kindern und Jugendlichen mangelt – und der *innere* Raum als Raum des Probehandelns ist es, der in den agierten Konflikten permanent weiter angegriffen wird, während Handlungsdruck die Vorherrschaft gewinnt. Es geht also nicht vor allem darum, noch aktiver, noch engagierter, noch einfallsreicher zu sein bei der Suche nach weiteren Maßnahmen oder Angeboten für diese Jugendlichen; sondern eher und zunächst darum, die Affekte auszuhalten, die in den Auseinandersetzungen mit ihnen hervorgerufen werden: Angst vor Versagen und Scheitern, Hilflosigkeit und Ratlosigkeit auf der einen Seite und Wut, Enttäuschung und Kränkung auf der anderen Seite.

Zweitens müsste das heimliche Erste Gebot von Schule sein: Seine Macht verlieren (das da heißt: *Du darfst nicht versagen! Du darfst keine Fehler machen!*). Die Arbeit mit schwierigen Kindern und Jugendlichen würde um einiges leichter und kreativer – und das heißt nicht unbedingt: in jedem Fall erfolgreich! – Wenn sich an diesem Punkt ein grundsätzlicher Wandel der beruflichen Haltung durchsetzte: Fehler und Versagen sind wichtige Anreize zum Lernen und zur Weiterentwicklung – vorausgesetzt, sie werden nicht sofort sanktioniert, immer gleich vertuscht oder panisch vermieden. Dies gilt für Lehrer wie für Schüler.

Störende und unerträgliche Verhaltensweisen von Schülern, die unweigerlich spontane Reaktionen herausfordern, könnten dann als wichtige Hinweise für die Notwendigkeit gesehen werden, die eigene Arbeit und ihre Rahmenbedingungen kritisch zu reflektieren und eventuell zu verändern. Und niemand gibt solche Hinweise derart aufdringlich und deutlich wie eben jene Kinder und Jugendliche, die als „nichtbeschulbar" gelten.

Eine Schule, die lernt, auch ihren nicht angepassten und nur schwer beschulbaren Kindern und Jugendlichen ein guter Ort zu sein, ist sicher auch ein besserer Ort für alle anderen Schüler und wahrscheinlich auch für die Lehrer.

Literatur

Freyberg von, T. / Wolff, A. (Hg.) (2005): Störer und Gestörte – Band I: Konfliktgeschichten nicht beschulbarer Jugendlicher. Frankfurt/M.

Freyberg von, T. / Wolff, A. (Hg.): Störer und Gestörte – Band II: Konfliktgeschichten als Lernprozesse. Frankfurt/M. (voraussichtlich Frühjahr 2006).

Katzenbach, D. (2004): Wenn das Lernen zu riskant wird. In: Dammasch, F./ Katzenbach, D. (Hg.): Lernen und Lernstörungen bei Kindern und Jugendlichen. Frankfurt/M., S. 83-95.

Raue, J. / Wolff, A. (2003): Das Diagnoseprofil des Instituts für analytische Kinder- und Jugendlichen-Psychotherapie. In: Vereinigung analytischer Kinder- und Jugendlichen-Psychotherapeuten (Hg.): Therapeutischer Prozess und Behandlungstechnik bei Kindern und Jugendlichen. Frankfurt/M., S. 312-332.

Andrea Michel

Keine Lust auf Schule?
Präventive Arbeit mit schulmüden Kindern
und Jugendlichen in der Schule

1.   Einleitung

Häufig ist schon in der Grundschule zu erkennen, welche Kinder Probleme mit der Schule haben werden. Darin sind sich Experten aus Theorie und Praxis weitgehend einig. Neben Misserfolgserlebnissen in den ersten Schuljahren verstärkt der Wechsel von der Grundschule in weiterführende Schulen bereits vorhandene Unsicherheiten. Hilfestellungen und feste Bezüge werden daher besonders dringend gebraucht, um sich an die neuen Anforderungen zu gewöhnen. Fehlt hier die Sicherheit, ist es bei Kindern mit bestimmten Bedingungskonstellationen gut möglich, dass sie beginnen, sich von der Schule und dem Lernen abzuwenden.

Anzeichen beginnender Abwendung von Schule sind oft versteckt und schwer festzustellen. Die ersten Anzeichen für Schulmüdigkeit können sich aktiv durch Störung des Unterrichts oder durch Fernbleiben zeigen. Auch offiziell entschuldigte Fehltage können Schulprobleme überdecken, beispielsweise das Fehlen auf Grund von (psychosomatischen) Krankheiten. Daneben gibt es auch passive Erscheinungsformen, wie etwa Träumen oder geistige „Abwesenheit", was aber auch auf Schwierigkeiten des Kindes hindeuten kann.

Um frühzeitig handeln zu können, ist es nötig, klare Definitionen und Kriterien für eine Abkehr von Schule zu formulieren. Retrospektiv äußern die Lehrkräfte oftmals, sie hätten „etwas gemerkt" und „geahnt", dass der Jugendliche (Schul-)Probleme hat. Was häufig fehlt, sind systematische Verfahren, die frühzeitiges Erkennen von Anzeichen regeln und damit den Beteiligten Orientierungen geben.

Der vorliegende Beitrag soll diesem Zweck der Förderung von Früherkennung und Vorbeugung manifester Schulverweigerung dienen: Prävention von Schulmüdigkeit im hier verwendeten Sinne meint das frühzeitige Erkennen mit dem Ziel einer rechtzeitigen und wirkungsvollen Bearbeitung der Probleme mit Schule. Die Prävention ist hier „sekundär", denn es liegen bereits Anzeichen von Schulmüdigkeit vor und müssen bewältigt werden, um eine Verfestigung der Verhaltensweisen zu verhindern.

Gemeinsam mit einem Netzwerk von Hauptschulen und Praxisprojekten der Jugendsozialarbeit wurden vom Deutschen Jugendinstitut Methoden und Strategien zur Prävention von Schulmüdigkeit dokumentiert und weiterentwickelt.[1]

Der Fokus der Netzwerkarbeit lag auf den unteren Jahrgangsstufen der Sekundarstufe I an Haupt- und Sonder- bzw. Förderschulen. Schulformen also, in denen Schulmüdigkeit und Schulabbrüche quantitativ besonders bedeutsam sind und für deren Abgänger die Risiken für das Misslingen der anschließenden beruflichen Integration besonders hoch sind.

Ziel der präventiven Arbeit an Schulen und in Projekten ist, die Kinder und Jugendlichen individuell zu fördern. Einer Verfestigung schulmeidender Verhaltensformen kann häufig zu diesem Zeitpunkt (noch) vorgebeugt werden.

Die Entwicklung der Abkehr von der Schule folgt keinen einheitlichen Mustern und Verläufen. Den vielfältigen Prozessen und Erscheinungsformen beginnender Schulmüdigkeit kann aber durch ein aufgeschlossenes, lebensnahes und an den Bedürfnissen der Kinder orientiertes Schulkonzept entgegengewirkt werden. Die Regelschule hat, sowohl alleine als auch in Kooperation mit externen Partnern, vielfältige Möglichkeiten einer zunehmenden Schulverdrossenheit von Kindern und Jugendlichen entgegenzusteuern:

Die Entwicklung eines positiven Lernklimas in der Klasse bzw. der Schule wird gefördert und die Integration der Kinder in den Klassenverband gestärkt. Die Kinder und Jugendlichen werden bei der Bewältigung persönlicher Probleme unterstützt, Handlungsalternativen werden gemeinsam erarbeitet und Stärken bewusst gemacht. Die Kooperation von Schule und Jugendhilfe spielt hierbei eine wichtige Rolle.

2.   Den Schulausstieg verhindern: Zwei Möglichkeiten

Die Abkehr von Schule hat selten mit kognitiven Lernbehinderungen oder -defiziten zu tun. Diese Einschätzung gründet sich sowohl auf Aussagen der

---

1 Beispiele guter Praxis siehe Publikation des Netzwerks „Den Schulausstieg verhindern" bzw. die Datenbank der Projekte zur Prävention von Schulmüdigkeit unter: www.dji.de/schulmuedigkeit/

Fachliteratur als auch auf Erfahrungen der Praxis. Als Hintergründe werden krisenhafte Entwicklungen in der Herkunftsfamilie oder Schwierigkeiten des Kindes vermutet, mit den schulischen Verhaltensanforderungen zurechtzukommen. Eine Klassengemeinschaft ist in der Zusammensetzung der persönlichen und sozialen Problemlagen häufig sehr heterogen. Nicht alle Jugendlichen haben – so zeigt es die Praxis – gleich gute Bedingungen. Manche Jugendliche haben auf Grund bestimmter Merkmale (Migrationshintergrund, Geschlecht, Lebenslage etc.) schlechtere Ausgangsbedingungen, wachsen aber in einer Gesellschaft auf, die ihnen spiegelt, sie „könnten alles erreichen, wenn sie sich nur genügend anstrengen". Gezielte Strategien der Förderung setzen an individuellen Problemlagen der Kinder an und arbeiten mit flexiblen Konzepten auf diversen Ebenen. Die Arbeit im Rahmen des Themenfeldes der Prävention von Schulmüdigkeit ergab im Netzwerk des Deutschen Jugendinstitutes (DJI) Hinweise auf (mindestens) zwei mögliche Blickwinkel:

Zum einen richtet sich der Blick auf das einzelne **Kind** und die damit zusammenhängenden Lösungen. Prävention von Schulmüdigkeit zielt hier auf die individuelle Förderung gefährdeter Kinder. Fragen, die sich in diesem Zusammenhang stellen: Wie können „gefährdete" Kinder zuverlässig und frühzeitig identifiziert werden? Wie wird die Zusammenarbeit mit den Eltern gesichert? Welche Instanzen innerhalb und außerhalb der Schule sind zu beteiligen? Wie können Ursachenkonstellationen geklärt und Probleme bearbeitet werden?

Der zweite Fokus zielt auf den **Einfluss des Schulsystems** und die möglichen Veränderungen desselben. Was kann sich an Schule und Schulstrukturen verändern, damit auch schulmüde Kinder wieder Spaß am Lernen gewinnen? Wie kann ein sinnvolles Übergangsmanagement von der Grundschule in die weiterführende Schule eingerichtet werden? Wie können Schul- und Klassenklima so verbessert werden, dass die Kinder sich wohlfühlen und nicht auf Grund von Konflikten der Schule fernbleiben?

A)   Das Kind

Der ersten Perspektive liegt die Annahme zugrunde, dass die Situation und Lebenslage mancher Kinder so ungünstig ist, dass sie zu einer Abkehr von Schule führen kann. Schulmüdigkeit wird hier als Konsequenz schwieriger bis krisenhafter Bedingungen in unterschiedlichen Bereichen der Lebensführung der Kinder betrachtet. Die Lebensumstände erfordern daher eine frühe Identifizierung von Kindern mit (Schul-) Problemen und deren individuelle Förderung. In einem weiteren Schritt ist die auf den Einzelfall bezogene Zusammenarbeit verschiedener Akteure zu klären. Diese sind oder können sein: schulische und sozialpädagogische Fachkräfte, Eltern, Kind bzw. Jugendliche sowie sonstige Beteiligte.

Konkret mit den Maßnahmen zur Einzelfall-bezogenen Prävention wird sich das nächste Kapitel befassen. Beispiele sind hier: die Benennung systematischer Kriterien der Früherkennung, die Förderung der problembewussten Aufmerksamkeit der Lehrkräfte, Case Management auch im präventiven Bereich sowie die koordinierte Nutzung unterschiedlicher Kompetenzen für die Förderung des einzelnen Kindes. Die Bedingungen im Umfeld des Kindes sollen durch diese Maßnahmen gefördert und unterstützt werden.

B) Die Schule

Die zweite Annahme, welche sich auf die Rolle des Systems Schule bezieht, lautet, dass Schulmüdigkeit (zumindest teilweise) eine Folge innerschulischer Prozesse und Strukturen ist. Ein großer Teil der Kinder wird vom Schulsystem nicht erreicht. Schule und Unterricht sind weder attraktiv noch kompatibel mit den Lebensbedingungen. Kinder mit bestimmter Bedingungskonstellation vermeiden Schule daher.

Prävention von Schulmüdigkeit umfasst hier die generelle Veränderung der (Schul-) Strukturen zur Förderung der Kinder. Maßnahmen können hier sein: die Integration sozialpädagogischer Elemente in den Unterricht, Veränderung von Unterricht und Lernmethoden, Verbesserung des Klassen- und Schulklimas oder die Öffnung von Schule nach innen und außen. Das Schulsystem muss sich dementsprechend weiterentwickeln und sich wandelnden Bedingungen anpassen. Welche Möglichkeiten die Regelschule hat und wie sie diese zur Motivation von Schülern und auch Lehrkräften einsetzen kann, wird im übernächsten Kapitel beschrieben.

3. „Gefährdete" Kinder erkennen und gemeinsam helfen

Welche Probleme sind es jeweils, die es den Kindern erschweren, sich auf das Lernen zu konzentrieren? Welche Faktoren begünstigen die Abkehr von Schule und erschweren den Wiedereinstieg? Mittels welcher Bedingungen und der Zusammenarbeit welcher Beteiligten kann das „gefährdete" Kind wieder in Schule eingebunden werden? Die Abkehr von Schule kann vielschichtige Gründe haben. Es ist kein Verhalten, das vom Umfeld und Kontext gelöst werden kann, sondern verweist auf eine (Lebens-)Situation, in der sich das Kind nicht wohl fühlt. Die „gefährdeten" Schüler der 4. bis 7. Klassen haben in verschiedener Hinsicht Schwierigkeiten in ihrer Schulbiografie, wie z.B.:

Leistungsschwierigkeiten, Wechsel von Schule und Schulform, Konflikte mit den Eltern und die beginnende Pubertät und damit verbundene Verunsicherungen und Ängste, welche oftmals durch Erziehungsunsicherheiten von Eltern noch verstärkt werden.

Die (Schul-)Probleme der Kinder zeigen sich häufig zu Beginn der Sekundarstufe I (ab Klasse 5). Schulmüdigkeit kann zu diesem Zeitpunkt anhand erster Anzeichen bereits zu erkennen sein. Hat sich die Abkehr von Schule erst in manifestem Verhalten niedergeschlagen, was häufig zwischen dem 12.-14. Lebensjahr geschieht, wird eine Umkehr der Verhaltensweisen bereits schwierig.

Um frühzeitig auf Probleme des Kindes reagieren zu können, sind Aufmerksamkeit und Einfühlungsvermögen der Lehrkräfte zu schulen. Die Lehrer können Unterstützung darin erhalten, auf die Problemsituationen reagieren zu können, die im Leben eines Kindes oder Jugendlichen auftreten können. Die Prozesse einer zunehmenden Schulmüdigkeit werden selten auf Grund von Lernbehinderungen verursacht, sondern durch krisenhafte Entwicklungen und die Kumulation verschiedener Probleme. Gespräche darüber, was angemessene Reaktionen oder Hilfestellungen wären, geben den Beteiligten Orientierung und ermöglichen einen sicheren Umgang mit schulmüden Kindern.

Ein offener, wohlwollender und transparenter Umgang der unterschiedlichen Beteiligten ist zu fördern. Dieser Austausch kann auf den unterschiedlichsten Ebenen verbessert werden:

- ein fall- oder klassenbezogener Austausch innerhalb des Kollegiums;

- eine institutionalisierte Kooperation von abgebender und aufnehmender Schule;

- die Herstellung einer gleichberechtigten Zusammenarbeit mit den Erziehungsberechtigten sowie

- eine systematische Zusammenarbeit mit anderen Akteuren, weiteren Stellen, Beratungsangeboten, therapeutischen Einrichtungen etc.

Bedeutsam für den kontinuierlichen Erfolg der Maßnahmen ist es, wenn die Abläufe vom persönlichen Engagement einzelner Beteiligter abgehoben werden. Die Institutionalisierung von Austausch, Kooperation und Transparenz ist daher zu fördern. Daneben hilft die Ausarbeitung klarer Kriterien der Früherkennung, damit „gefährdete" Kinder so früh wie möglich identifiziert werden können. Wie kann eine geeignete, sekundär präventive Förderung im Einzelfall aussehen? Häufig gibt es Hinweise darauf, dass die Ursachen von Schulmüdigkeit im familiären Bereich zu vermuten sind. Wie kann gute und gleichberechtigte Elternarbeit gelingen? Welche Strategien werden in der Praxis eingesetzt, um den Kindern und Eltern zu helfen?

3.1 Anhand welcher Kriterien können „gefährdete" Kinder früh erkannt werden?

Im Rahmen der präventiven Maßnahmen bleibt der Klassenverband erhalten, aber es werden durch Verfahren der Früherkennung Kinder identifiziert, die einer zusätzlichen Förderung per Einzelfallhilfe bedürfen. Die „gefährdeten" Schüler der unteren Jahrgangsstufen der (hauptsächlich) Haupt- und Sonderschulen haben in verschiedener Hinsicht Schwierigkeiten in ihrer Schulbiografie. Um diese Hintergründe herausfinden zu können und die Hilfen anzupassen, gibt es verschiedene Instrumente.

In der Praxis der Früherkennung lassen sich verschiedene Methoden beschreiben. So gibt es Konzepte für systematische Verfahren, wie Kriterienkataloge und Checklisten, anhand derer Lehrkräfte sich orientieren können. Daneben existieren Ansätze der Unterstützung der Ressourcen von Schulen zur Fortbildung, Beratung und Sensibilisierung der Lehrkräfte für diese Fragen. Gerade diese Sensibilisierung für Indikatoren von Schulmüdigkeit ist ein Schwerpunkt der präventiven Arbeit, damit bereits bei erstmaligen Anzeichen von Rückzug oder aktiver Schulverweigerung gehandelt werden kann. Es wird möglich, bereits bei gelegentlichem Fernbleiben aus der wöchentlichen Förderstunde das Problem mit beteiligten Lehrkräften, Kindern und Eltern zu besprechen.

Fehlzeiten
Einer der relativ gut feststellbaren Indikatoren für beginnende Schulmüdigkeit sind Fehlzeiten. Sowohl unentschuldigte als auch entschuldigte Fehltage

müssen genau zur Kenntnis genommen werden, auch z.B. gehäufte Verspätungen, Fehlen in einzelnen Fächern bzw. der ersten Stunde oder entschuldigtes Fehlen mit Attesten wechselnder Ärzte. Als Gründe für entschuldigtes Fehlen, das trotzdem aber auf Probleme des Kindes hindeutet, sind auch das willentliche „Zurückhalten" durch Eltern, das Fehlen auf Grund gesundheitlicher Probleme und das Fehlen auf Grund schulangstbedingter psychosomatischer Krankheiten zu nennen. Auch krankheitsbedingte Fehltage können Ausdruck problematischer Lebensbedingungen (in der Schulklasse wie im Elternhaus) sein, die erst dann behoben werden können, wenn sie erkannt sind.

Die Fehlzeiten als Indikator für Schulmüdigkeit heranzuziehen, mag relativ selbstverständlich klingen. In Gesprächen mit Experten aus der Praxis fällt aber auf, dass die Fehlzeiten oftmals wenig beachtet oder hinterfragt werden. Auch im Interesse der Jugendlichen ist es für die Bindung zur und das Interesse an der Schule bedeutsam, wenn sie erleben, dass es den Lehrkräften etwas ausmacht, ob sie kommen oder nicht.

Leistungsveränderungen

Ein weiteres relativ „hartes" Kriterium können Leistungsveränderungen sein, die sich die Lehrkraft nicht erklären kann. Anhand eines klar definierten Leistungsindikators (z.B. Abfall um eine Schulnote pro Halbjahr) kann nachgefragt werden, ob das Kind Probleme hat.

Verändertes (Sozial-)Verhalten

Bedeutsam ist nicht nur das „Nicht-mehr-in-die-Schule-Kommen", sondern auch erste Anzeichen als Vorläufer dieses Prozesses. Es ist daher wichtig, auf auffällige Verhaltensweisen wie Störungen des Unterrichts oder interesseloses, zurückgezogenes Verhalten zu achten. Ist das Verhalten des Kindes eher passiv, so ist die Beobachtungsgabe der Lehrkraft umso mehr gefordert: Wie ist das Kind in die Klassengemeinschaft eingebunden? Wie ist das Verhältnis zu den Lehrkräften? Können die Lehrer gut mit dem Kind reden? Auch Änderungen im Sozialverhalten (Umgang mit Lehrkräften, Mitschülern, Verhalten im Unterricht oder auch nach Schulende) oder Arbeitsverhalten (sinkende Mitarbeit im Unterricht, Unregelmäßigkeiten und häufiges Fehlen von Hausaufgaben, Zustand der Arbeitsmaterialien) können auf schwierige Situationen und fehlende Strukturen im Elternhaus hindeuten.

Mangelnde Integration

Es kann auch beobachtet werden, dass mangelnde Integration in das Klassengefüge und Probleme mit (oder Angst vor) Mitschülern ein Grund für das Fernbleiben vom Unterricht ist. Besonders gefährdet können hier Quereinsteiger sowie Klassenwiederholer sein. Diese Zielgruppen sollten im Hinblick auf Integration und Eingewöhnung in eine neue Situation, in eine neue Schule und Klasse im Blick behalten werden.

Unterschiedliche Ausprägungen geschlechtspezifischer Verhaltensweisen

Vergleicht man das Verhalten von Mädchen und Jungen, sind es tatsächlich – wie gängig vermutet – die Mädchen, die eher passiv, träumend vom Unterricht abdriften oder auf Grund von psychosomatischen Krankheiten (wie Migräne, Kopfschmerzen, Bauchschmerzen) über längere Zeiträume entschuldigt fehlen. Die Jungen scheinen oftmals eher aktiv zu stören und werden von den Lehrkräften eher wahrgenommen und an entsprechende Hilfsdienste weitervermittelt. Es wird aber auch zunehmend die Tendenz beobachtet, dass gelegentlich Mädchen zu den Lauteren und aktiv Störenden in der Gruppe gehören.

3.2   Gemeinsam an Problemlösungen arbeiten

Der Austausch zwischen Lehrkräften schafft eine breite Informationsbasis, was die Früherkennung „gefährdeter" Kinder begünstigt. Durch Gespräche können die Lehrkräfte klären, ob Schwierigkeiten fachbezogen auftreten oder bei bestimmten Lehrkräften bzw. wie sich diese Schwierigkeiten darstellen. Die Lehrkräfte kennen die Schüler gut und können Veränderungen feststellen. Kommunikation, Transparenz und eine offene Atmosphäre beim kollegialen Austausch unterstützen die einzelne Lehrkraft dabei, aus der „Vereinzelung des Lehrers" zu entkommen und in eine kollegiale Unterstützung hineinzugehen. Eine ressourcenorientierte Herangehensweise ohne Schuldzuschreibungen hilft allen Beteiligten.

Öffnet sich Schule nach innen, können Probleme schneller erkannt und effektiver bearbeitet werden. Die *Förderung schulinterner Kooperation* kann geschehen durch institutionalisierten Austausch im Kollegium, regelmäßige Gesprächskreise mit Fallbesprechungen, ein festes Steuerungsgremium und Teamberatungen. Weitere Möglichkeiten ergeben sich durch gemeinsame Reflexionen im Team, die Klärung von Zuständigkeiten und Abläufen sowie die Festlegung formaler Maßnahmen. Teambildung ist nicht nur ein Teil pädagogischen Handelns, sondern beeinflusst positiv auch

Als eine Methode der Früherkennung von „Gefährdeten" Jugendlichen sei hier die Arbeit mit Systematisierungsfragen zur Orientierung für Lehrkräfte des Projektes KOMM – Beratung in Schule und Stadtteil aufgeführt:

Schwänzen erfassen und systematisieren:
    wie viele Eckstunden?
    wie viele ganze Tage?
    längere Phasen fehlend (z.B. vor und nach Feiertagen/Ferien)
    unentschuldigt
    entschuldigt durch Eltern
    entschuldigt mit Attest
    an bestimmten Tagen fehlend („blauer Montag")
    nach Konflikten

Verlauf der letzten/aller Schuljahre:
    Entwicklung der Fehltage
    Entwicklung des Sozialverhaltens
    Entwicklung der Eingebundenheit in die Klasse
    Leistungsentwicklung
    Schulwechsel

Familiäre Entwicklung:
    traumatische Ereignisse (Krankheiten, Tod, Gewalt etc.)
    Familienkonstellation (Trennungen, Geschwister, Patchworkfamilien)
    sonst. Faktoren (wirtschaftlicher Hintergrund, Umzüge, Wohnsituation)

Psychische und physische Besonderheiten des Kindes:
    Psychische Störungen/Krankheitsbilder (keine Syndrome)
    Körperliche Besonderheiten (frühpubertär/sehr groß/sehr klein)
    Tests und Gutachten

Bisherige Lösungs- und Hilfsversuche:
    früherer Schulen
    früherer Lehrer
    der Eltern
    von Nachhilfeorganisationen
    anderen Institutionen (Jugendamt, Hort, Beratungsstellen)

Einschätzung durch Klassenleitung/Fachlehrkräfte:
    „Ich mache mir um das Kind Sorgen, weil ..."
    „Kompetenzen des Kindes sind ..."
    „Der Kontakt zwischen mir und dem Kind ist geprägt von ..."
    „Im Klassenverband spielt das Kind folgende Rolle ..."
    „Was glaube ich (Lehrkraft), dass das Kind über seine Situation sagen würde, bezüglich: der persönlichen Problemlage? der eigenen Stärken? der Haltung, die ich ihm gegenüber habe? der Einbindung in die Klasse?"

Eltern-/Lehrkraftkontakte:
    Form der Kontaktaufnahme: telephonisch, persönlich, schriftlich;
    Form der Rückmeldung
    Gescheiterte Kommunikation: Anzahl, Ursachen
    Besprochene Inhalte: Leistung, Hausaufgaben, Verhalten, familiäre Besonderheiten, Gruppensituation in der Schule, Freizeitgestaltung, Stärken

Ziele und Handlungsstrategien aus Sicht:
    der Lehrkraft – des Kindes – der Eltern – sonstiger Hilfssituationen

© KOMM – Beratung in Schule und Stadtteil, Darmstadt/Frankfurt, Praxisbeispiel siehe die Datenbank der Projekte Prävention von Schulmüdigkeit unter www.dji.de/schulmuedigkeit/

die Beziehungen zwischen Schülern und Fachlehrern. Letztere haben ansonsten nur einen punktuellen Blick auf die Jugendlichen und können sich durch die Reflexionen mit (Klassen-) Lehrern ein erweitertes Verständnis für die Situation des Kindes aufbauen.

Soweit die Kinder außerhalb der Schule durch beispielsweise familiäre Krisen belastet sind, sind in der Regel auch außerschulische Fachkräfte (des Allgemeinen Sozialen Dienstes, des Jugendamtes, der Familienhilfe) mit der Bearbeitung der Probleme befasst. Integrierte Problemlösungen beruhen auf einer *Kooperation dieser Fachkräfte mit Lehrkräften und Fachkräften der Jugend- und Schulsozialarbeit.* Denn für das Fallverstehen ist auch die Perspektive der Sozialarbeiter bedeutsam, die einen Blick auf die Kinder haben. So werden beispielsweise im Rahmen von Bildungshilfekonferenzen die Sichtweisen aller Beteiligter zusammengebracht. Multiprofessionelle Arbeitskreise können in der Region gemeinsam an Themen arbeiten und Lösungen institutionalisieren.

Als Beispiel für die Öffnung von Schule nach außen sei hier kurz auf die Friedensschule in Lüdenscheid eingegangen:

Die Friedensschule in Lüdenscheid ist eine Schule für Lernbehinderte. An drei Tagen pro Woche ist dort Ganztagsbetrieb und an zwei Tagen Halbtagsbetrieb. Zur Bearbeitung des Problems der Schulverweigerung gründete das Kollegium einen Arbeitskreis mit Vertretern der Institutionen: Amtsgericht, Jugendamt, Kinder- und Jugendpsychiatrie, Ordnungsamt, Polizei, schulpsychologische Beratungsstelle. Es entwickelten sich wirkungsvolle Klärungs-, Entwicklungs- und Vernetzungsprozesse in dem Arbeitskreis und an der Schule. Durch diese Veränderungen und durch klare Regelungen, wie mit Schulverweigerung umgegangen wird, konnte die Anzahl der Verweigerung deutlich um ein Drittel gesenkt werden. Zu den Rege-lungen gehören die Klärung der Ursachen und Hintergründe mittels Diagnosefragebogen sowie transparente schulinterne Handlungsabläufe. Hinzu kommt die deutlich verstärkte Kooperation von Schule und Jugendhilfe, unter anderem durch Klärung der Aufgaben und Zuständigkeiten. Umfangreiche Veränderungen und Projektideen wurden im Rahmen des regulären Schulprogramms umgesetzt.

© Friedensschule Lüdenscheid, Praxisbeispiel siehe die Datenbank der Projekte Prävention von Schulmüdigkeit unter www.dji.de/schulmuedigkeit/

Die Entstehungsbedingungen und Hintergründe für Schulprobleme liegen häufig im familiären Bereich, weshalb die Schulen und Projekte der Jugendhilfe auf verstärkte *Elternarbeit* setzen. Gerade in den präventiven Bereichen kann durch eine gute Kooperation und einen hohen Stellenwert von gleichberechtigter Elternarbeit den Kindern geholfen werden. Der *schulische Kontakt zu den Erziehungsberechtigten* gelingt, wenn sich die Akteure auf Augenhöhe treffen. Meldet sich die Schule nur dann, wenn es Probleme gibt oder wenn die Eltern zu (ehrenamtlichem) Engagement bei

Schulfesten aufgefordert werden, kann keine gleichrangige Beziehung entstehen. Als bessere Lösung der Praxis erweisen sich Anerkennung und Wertschätzung durch Anrufe, Besuche und Interesse. Für alle Beteiligten hilfreich ist eine **intensive, aktive und aktivierende Elternarbeit**.

Unterstützende Strategien dieser Praxis reichen von Beratungsangeboten für die Eltern, Elternseminaren mit familienrelevanten Fragestellungen in Schulen bis hin zu verstärkter Zusammenarbeit durch Gemeinwesenarbeit und Sozialraumbezug.

Übernehmen Schule und Jugendhilfe gemeinsam die Verantwortung für die Bildungschancen, gerade was die Sensibilisierung für die individuelle Lebenswelt der Kinder anbelangt, kann die Kooperation mit den Erziehungsberechtigten gut funktionieren. Die *Elternarbeit* kann in *Zusammenarbeit von Schule und Jugendhilfe* um aufsuchende Verfahren erweitert werden. Die sozialpädagogischen Fachkräfte haben eine andere, weniger autoritätsbesetzte Rolle und können mittels geeigneter Verfahren zwischen den Parteien vermitteln.

3.3   Der Weg der Kinder durch Förderung im Einzelfall

Bei der Erkennung „gefährdeter" Kinder liegt die Initiative entweder bei den Klassenlehrern, bei den sozialpädagogischen Fachkräften oder bei der Eigeninitiative von Kindern oder Eltern. Die Förderung findet in der Regel im zeitlichen und organisatorischen Rahmen des normalen Unterrichts statt. So wird auch vermieden, dass mangels Bereitschaft Schüler von der Förderung ausgeschlossen werden (bzw. sich selbst ausschließen), die Hilfen in besonderer Weise benötigen. In seltenen Fällen kommen die Kinder auch auf eigene Initiative auf die schul- oder sozialpädagogischen Mitarbeiter zu und bitten (mehr oder weniger direkt) um Hilfe. Die Angebote finden seitens der Kinder oder Jugendlichen sowie der Eltern Akzeptanz und werden selten stigmatisierend aufgenommen. Im Rahmen der Unterstützung durch die sozialpädagogischen Fachkräfte findet auch eine Krisenintervention im Konfliktfall oder die Vermittlung zu anderen Maßnahmen oder Beratungsstellen statt.

Die präventiv arbeitenden Projekte setzen teilweise Förderpläne ein. Diese Pläne werden zusammen mit allen Beteiligten entwickelt, es werden Vereinbarungen und Ziele festgelegt. Der Jugendliche gibt an, was er selbst zur Erreichung der Ziele beitragen kann, und es wird festgelegt, welche

Unterstützung er sowohl von den Lehrkräften als auch von den Eltern erhält. In konkreten kleinen Schritten werden diese Ziele aufgeschlüsselt, und anhand von Kriterien kann der Jugendliche erkennen, wann er sein Etappenziel erreicht und wer ihm dabei hilft. Die Förderpläne werden von allen Beteiligten unterzeichnet und die Entwicklung regelmäßig besprochen.

4. Veränderungen von (Schul-)Strukturen und Unterricht

Im vorausgegangenen Kapitel wurde beschrieben, was Schulen und Projekte der Jugendhilfe dazu beitragen, dass schulmüde Kinder identifiziert und individuell gefördert werden. Von der Ebene des einzelnen Kindes abgesehen gibt es in der Praxis innovativer Schulen auch Ansätze, um Kinder zu erreichen, die sich von Schule abwenden. Was kann die Schule selbst tun, um Kindern, die Schwierigkeiten mit der Schule und dem Lernen haben, zu helfen und sie zu integrieren?

Die Schule kann sich verändern und gerade schulmüden Kindern den Übergang von der Grundschule in die weiterführende Schule erleichtern. Sie kann durch das Schaffen sozialer Erleichterungen, z.B. durch personelle und soziale Kontinuität, besseres Schulklima, Klassenlehrerteams oder Teamteaching[2], den verunsicherten Kindern Hilfestellungen und Stabilität bieten. Eine bessere Passung von Unterricht und Schule kann schulmüden Kindern auch durch veränderte pädagogische Unterrichtsmethoden und eine Öffnung zum Stadtteil geboten werden. Letzteres kann als Gemeinwesen- und Sozialraumbezug den Kindern helfen, da so die Lebensverhältnisse und Lebenslagen thematisiert werden.

4.1 Begleiteter Übergang an der Schwelle Grundschule – weiterführende Schule

Schwierige Schulverläufe zeichnen sich in Ansätzen bereits in der Grundschule ab. Im Rahmen einer qualitativen Befragung am DJI zu „Bildungsverläufen, Misserfolgen und Belastungen während der Grundschulzeit" stellen Hössl und Vossler (2004) fest, dass die ersten Grundschuljahre von großer Bedeutung für den weiteren Bildungsweg sind, dass aber die tatsächliche

---

2 Das Teamteaching ist eine Unterrichtsform, bei der zwei oder mehrere Lehrer eine Unterrichtsstunde gemeinsam vorbereiten und durchführen.

Leistungsentwicklung im Bewusstsein der Kinder und Eltern oft im Unklaren bleibt. Dadurch entsteht das Risiko, dass mögliche Misserfolge in ihrer Tragweite erst zu spät erkannt werden.

Neben Misserfolgserlebnissen in den ersten Schuljahren verstärkt der Wechsel von Grundschule in weiterführende Schulen bereits vorhandene Schwierigkeiten. Dieser Übergang ist die erste markante Schwelle in der Schulkarriere der Kinder. Hier können sich bereits abzeichnende (Schul-) Probleme verstärken, da die Kinder bei diesem Übergang große Veränderungen bewältigen müssen. Sie kommen in einen neuen Klassenkontext und oft auch in eine andere, größere Schule mit zahlreichen noch fremden Lehrkräften. Der Übergang wird häufig schlecht begleitet, die abgebende und aufnehmende Schule kooperieren in den seltensten Fällen miteinander. Für die Kinder bedeutet es, dass sie plötzlich vor veränderte Bedingungen gestellt werden und sich neu orientieren müssen. Veränderungen betreffen beispielsweise die Beziehungen zu Klassenkameraden und Lehrkräften, die Unterrichtsformen, die Fächer und Schulgebäude sowie die Schulwege. Sie müssen den Abschied von vertrauten Personen und jahrelangen Beziehungen bewältigen und sich neu orientieren. Die Kinder verhalten sich in diesem Alter den Erwartungen der Lehrkräfte und Eltern nach konform und besuchen die Schule. Die schulmeidenden Verhaltensweisen sind aber häufig hier bereits zu erkennen und manifestieren sich erst später in deutlichen Schulproblemen oder Schuldistanz.

In den meisten Fällen liegen bereits in der Grundschule Informationen über belastende Lebensumstände der Kinder vor. Da dieses Wissen meist nicht in die Sekundarstufe transferiert wird, wird neu angefangen, die Probleme herauszufinden. Ein Austausch zwischen den beiden Schularten könnte hier helfen, wobei hier allerdings von den Experten der Praxis die Gefahr von Stigmatisierungseffekten gesehen wird.

Projekte der Jugendhilfe und Schulen begleiten teilweise diesen Übergang durch stärkere Zusammenarbeit und *Verzahnung der beiden Schulen.* Dadurch können Defizite der Kinder besser aufgefangen und Ressourcen besser genutzt werden. Die Schaffung institutioneller sowie konzeptionell-inhaltlicher Rahmenbedingungen zur Regelung dieser Zusammenarbeit erleichtert Absprachen und Zuständigkeiten, denn individuelles Engagement oder persönliche Kontakte der Lehrkräfte beider Schulen untereinander reichen langfristig nicht aus. An dieser Stelle helfen Kooperationsverträge und Vereinbarungen (vgl. Leonhardt 2002).

Neben der Begleitung der Bildungskarrieren der Kinder in schulischer Hinsicht stabilisiert es die Kinder am Übergang auch, wenn darauf geachtet wird, dass Bezugspersonen verfügbar bleiben. Dies wird durch einen hohen Anteil an Stunden gefördert, die vom Klassenlehrer oder von der Klassenlehrerin abgehalten werden. Auch fest institutionalisierte Gespräche zwischen Lehrkraft und Klasse fördern das Klassenklima, denn somit wird auch der Konfliktklärung ein fester Platz eingeräumt. Bei der *Klassenzusammensetzung* kann auf bestehende Freundschaften bzw. Probleme zwischen den Kindern geachtet, kann den Kindern die Wiederholung negativer Erfahrungen erspart bleiben. Die Wünsche von Kindern und Eltern können bei der Auswahl berücksichtigt werden. Auch *die Gestaltung der ersten Unterrichtswoche* erfüllt eine wichtige Funktion für den Einstieg in die neue Schule und Klasse. Gruppenpädagogische Angebote in der Anfangsphase unterstützen den Aufbau eines Gefühls der Zusammengehörigkeit und des Vertrauens.

4.2   Soziale Verunsicherungen erschweren das Lernen

Kinder, die auf Grund persönlicher oder sozialer Probleme Kontaktschwierigkeiten oder Ängste haben, reagieren möglicherweise mit Schuldistanz auf Veränderungen im schulischen und sozialen Beziehungsgeflecht. Soziale Verunsicherungen können auf unterschiedlichen Ebenen entstehen und somit auch mittels unterschiedlicher Methoden bearbeitet werden. Eine Strategie ist es, auf konstante Betreuung durch Klassenlehrer, auf eine erhöhte Präsenz von der Klassenlehrerin oder des Klassenlehrers in der Klasse und feste Stellvertretung zu achten. Das Klassenlehrerprinzip ist ein wichtiges Element, um den Schülern eine feste Bezugsperson innerhalb der Schule zu geben. Auch eine möglichst *geringe Anzahl von Stundenverschiebungen* und Vertretungsstunden stabilisiert die Kinder und ermöglicht Kontinuität.

Die Schule soll ein Lebensraum sein und den Jugendlichen die Erfahrung positiver sozialer Unterstützung bieten, sowohl durch die Lehrkräfte als auch durch die Peer-Group (Gruppe der Gleichaltrigen). Konstante Beziehungen in der Peer werden als wichtig erachtet, weshalb Klassen als *stabile Lerngruppen über Jahre* hinweg sinnvoll sind. Gibt es Brüche und Instabilitäten in der Gruppe und ständig wechselnde Klassenzusammenhänge, so kann das eine große Belastung für die Kinder darstellen. Gerade für „gefährdete" Kinder und Jugendliche ist es häufig wichtig, dass auf große zeitliche Kontinuität geachtet wird. Da das Lehrer-Schüler-Verhältnis eine große

Bedeutung für die Kinder hat, kann Beständigkeit z.B. durch schulkonzeptionelle Verankerung von Jahrgangsteams oder von festen Klassenlehrern für mehrere Jahre erreicht werden.

Die Sensibilisierung und Förderung der Empathie für gefährdete Kinder bei Eltern und Lehrkräften ist ein wichtiges Element der präventiven Maßnahmen. Gestützt durch Fachkräfte der Sozialarbeit kann das Gespür für die besondere Lebenssituation „gefährdeter" Kinder geweckt werden. Mittels aufmerksamer Beobachtung, fallen Kinder möglicherweise besser auf, die aus dem Klassen- oder Gruppenzusammenhang ausgegrenzt sind. Mangelnde Integration oder gar Ausgrenzung kann zu Schulmüdigkeit führen, wenn der oder die Jugendliche zum Beispiel aus Angst nicht mehr in die Schule kommt. Wird ein positives *Sozialklima innerhalb* der Klasse gefördert, mildert das die Ausgrenzungen einzelner Jugendlicher. Den ersten Wochen des Schuljahres mit den dazugehörigen gruppendynamischen Prozessen wird eine große Bedeutung beigemessen. Die Kinder lernen im Rahmen solcher Maßnahmen Umgangsformen untereinander; die Ausgrenzung Einzelner kann auf diese Weise verhindert werden. „Schwierige" Jugendliche können mittels gruppenpädagogischer Maßnahmen integriert werden, möglicherweise wird dadurch ein späteres Weiterreichen an eine andere Schule oder Klasse verhindert.

An dieser Stelle sei auch auf einige lerngruppenbezogene Projekte des bsj Marburg e.V. (Verein zur Förderung bewegungs- und sportorientierter Jugendsozialarbeit) hingewiesen:

Die Projekte im Kontext einer engen Zusammenarbeit zwischen Jugendhilfe und Schule verfolgen das Ziel, einer Ausgrenzung verhaltensauffälliger Jungen und Mädchen entgegenzuwirken, ihren Verbleib an Regelschulen zu sichern sowie einen Beitrag zur Integration und Herstellung lebensweltlicher Bezüge von Kindern und Jugendlichen in den Alltag von Schulen zu leisten. Dies soll insbesondere durch die Umsetzung abenteuer- und erfahrungsorientierter sowie gewaltpräventiver Praxisprojekte (Deeskalation, Mediation, Konfliktschlichtung, Coolness-Training) an den Schulen und in Kooperation mit den Lehrkräften erfolgen.

Beispiele:

Klassendynamik: Bereits bei der Konsolidierung einer Klasse wird das soziale Klima im Rahmen von Klassenfindungstagen gefördert. Auch im weiteren Verlauf gibt es verschiedene Aktionen und Kurse für die ganze Klasse (z.B. Konfliktbewältigung etc.). Es werden gruppendynamische Aspekte beleuchtet und mit der Klasse besprochen und reflektiert. Besprochen werden beispielsweise Umgangsformen untereinander, um Ausgrenzung Einzelner zu verhindern und Prozesse zu stoppen, die weit vor Mobbing einsetzen. Bei der Arbeit mit der gesamten Lerngruppe liegt der Fokus auf einzelnen Kindern und Jugendlichen, die Probleme haben. Durch die Arbeit mit allen entwickelt sich im Allgemeinen das Klassenklima und die Atmosphäre in der ganzen Klasse und damit die (generelle) Bereitschaft lernen zu wollen/zu können.

Integration schwieriger Jugendlicher: Die Ausgrenzung schwieriger Jugendlicher und die möglicherweise daraus folgende Zuweisung in Sonderschulen soll reduziert werden. Dies geschieht durch spezielle Interventionen im Rahmen eines niedrigschwelligen Angebots der Sozialen Gruppenarbeit an Schulen: Mit den „lauten" und störenden Kindern und Jugendlichen wird im Rahmen einer kleinen Gruppe von 5 bis 6 Jugendlichen am Nachmittag speziell gearbeitet. Hier werden spezielle erlebnis- und abenteuerpädagogische Inhalte angeboten, in denen es darum geht, Beziehungen zu und auch zwischen den Jugendlichen aufzubauen. Die Teilnahme wird den Jugendlichen der unterschiedlichen Klassen nahe gelegt, und nach anfänglicher Skepsis kommen die Jungen und Mädchen sehr gerne. Durch andere Angebote im Ganztagsbereich fällt die Gruppe nicht auf und bietet daher auch wenig Ansatzpunkte für Stigmatisierungen.

© bsj Marburg: Projekte Kooperation Jugendhilfe – Schule, Praxisbeispiel siehe die Datenbank der Projekte Prävention von Schulmüdigkeit unter www.dji.de/schulmuedigkeit/

4.3 Unterricht ist lebensfern

Das schulische Lernen, große Klassenstärken sowie bestimmte, traditionelle Unterrichtsformen beschränken den Anwendungsbezug und machen Schule wenig attraktiv. Bei manchen Kindern und Jugendlichen hat das große, hemmende Auswirkungen, und es findet eine zunehmende Distanzierung von Schule statt. Den Kindern wird nicht deutlich, was abstraktes Wissen mit ihrem Leben zu tun haben soll, die Motivation zum Lernen sinkt. Lösungsmöglichkeiten der Praxis bestehen aus veränderten Unterrichtsformen, einer Gestaltung von Schule mit mehr Bezug zum Leben, in der Integration sozialpädagogischer Elemente bzw. der Verortung von Sozialpädagogen in der Schule oder einer frühen Berufsorientierung, damit der Sinn des Lernens greifbarer wird.

Durch mangelnden Anwendungsbezug und fehlende Attraktivität des Unterrichts wenden sich Schüler ab. Daraus ziehen die Schulen den Schluss, dass Unterricht praxisnäher und schülerorientierter gestaltet werden kann und muss, um die Schüler besser zu erreichen. *Veränderte Unterrichtsformen* lassen sich in der Umstellung von Stundenplänen realisieren. Dies dient dazu, ein ausgewogenes und rhythmisiertes Verhältnis von Unterricht und Bewegung herzustellen und die Jugendlichen zum Lernen zu motivieren.

Die Schulen, mit denen das DJI-Netzwerk zusammengearbeitet hat, achten allesamt auf lebensnahen, schülerorientierten und praxisbezogenen Unterricht. Dieser Praxisbezug findet sich beispielsweise in der Durchführung von Projekttagen mit projektorientiertem Unterricht, um „lebensnäher" zu arbeiten. Die Annahme, die diesen Schulkonzepten zu Grunde liegt ist: Sind die Rahmenbedingungen für die Schüler attraktiv, fördern sie die Identifikation mit der Schule. Dafür gilt es zu fragen: Fühlen sich die Schüler in der Schule wohl? Kommen sie, beteiligen sie sich am Unterrichtsgeschehen und Lernen? Das Lernen an sich ist praxisnah mit realen Nahzielen versehen, und die praktischen Verwendungsmöglichkeiten der Lerninhalte werden verdeutlicht.

Durch Verkürzung der Unterrichtsstunden auf 40 Minuten können zusätzliche Angebote offeriert werden bzw. die Klassen können fächerspezifisch aufgeteilt werden. Teamteaching wird an verschiedenen Schulen durchgeführt. Bei großen Klassenstärken oder speziell in Hauptfächern wird im Tandem unterrichtet, und die Stunden werden mit zwei Lehrkräften besetzt. Die individuellen Fähigkeiten der Schüler werden von den innovativen Schulen mittels *umfangreicher Wahlpflichtangebote* gefördert. Ebenso will ein breites Spektrum an Freizeit-, Erlebnis- und umweltpädagogischen Aktivitäten die Lernmotivation der Schüler stärken. In den Schulen wird auf umfassende musische und sportliche Förderung geachtet.

Von zentraler Bedeutung ist die Umgestaltung schulischen Unterrichts durch die Schulen selbst. Ein zentrales Element ist die *Integration sozialpädagogischer Methoden und sozialpädagogischer Fachkräfte in die Schule*. Schule gelingt es (häufig) nicht alleine und ohne Hilfe, alle Kinder in den relevanten Bereichen zu fördern. Das Aufgabenspektrum der Schule ist groß. Die Schule will und muss den vielfältigen gesellschaftlichen Aufträgen gerecht werden. Sie soll Wissen vermitteln, die Kinder qualifizieren und diese fördern. Ein weiterer Auftrag besteht in der Einübung von Kultur und Gesellschaft in Ergänzung zur Familienerziehung, gleichzeitig hat sie auch eine Selektionsfunktion und soll soziale Plätze mittels Beurteilung zuweisen. In zunehmendem Maße werden aber auch lebensweltliche Probleme der Jugendlichen an die Schulen herangetragen, wie der steigende gesellschaftliche Leistungsdruck oder die sinkende Verwertbarkeit von Haupt- und Sonderschulabschlüssen. Im Rahmen dieser breiten Palette von Anforderungen an die Schule werden nicht alle Kinder erreicht, einige fallen durch die Maschen des schulischen Netzes. Eine Lösungsmöglichkeit für diese Probleme kann die Integration von sowohl sozialpädagogischen Methoden in den Schulalltag als auch die Verortung eines Jugendhilfeträgers in der Schule oder in enger Kooperation sein.

Zur Integration sozialpädagogischer Methoden in den Schulalltag gehören *Fortbildungen* der Lehrkräfte in den unterschiedlichsten Bereichen. Solche Schulungen können sich sowohl auf neue Unterrichtsmethoden und pädagogische Konzepte als auch auf bestimmte Themen beziehen (geschlechtsspezifische Zugänge, Partizipationsformen, arbeitsweltbezogene Schlüsselqualifikationen, Umgang mit Konflikten und Gewalt etc.). In Kooperation mit Fachkräften der Jugendhilfe kann daran gearbeitet werden, dass Ängste aller Beteiligten abgebaut werden. Die wechselseitige Verstärkung unterschiedlicher Problembereiche bei „gefährdeten" Kindern kann dadurch verhindert werden.

Ausgehend von der These, dass Jugendliche sich der Relevanz eines Schulabschlusses nicht bewusst sind, weil es ihnen an Berufsvorstellung und einer sinnvollen Aussicht auf das Berufsleben mangelt, müsste das „Leben nach der Schule" greifbarer und beeinflussbarer gemacht werden. Bedeutsam ist daher die Unterstützung einer *frühen Berufsorientierung*, auch um die Verwertbarkeit des (schulisch erlernten) Wissens deutlich zu machen. Die Schulen und Projekte setzten daher durchaus schon im präventiven Bereich auf Orientierungen am Arbeitsmarkt mit seinen sich schnell wandelnden Anforderungen. Dies betrifft Fortbildungen der Lehrkräfte, um sie auf dem aktuellen Stand zu halten, was veränderte Begriffe oder sich wandelnde Qualifikationen und Tätigkeitsfelder der Ausbildungsberufe anbelangt. Daneben ist natürlich die Integration von arbeitsweltlichen Elementen in den Schulalltag ein wichtiger Bestandteil zur Förderung und späteren Vermittlung der Schüler ins Erwerbsleben.

4.4 Schule – eine Insel mitten im wirklichen Leben

Das abstrakte Lernen in der Schule erschwert es den Kindern und Jugendlichen, die Bezüge zu ihrer Lebenswelt herzustellen. Einem Teil der Jugendlichen fällt es schwer, sich zum Schulbesuch zu motivieren und sich vorzustellen, dass das schulische Lernen ihnen auf dem weiteren Lebensweg etwas nutzt. Oftmals mangelt es an Bezügen zwischen Lebenswelt/Lebensverhältnissen und der Schule, die gleichsam unverbunden wie eine Insel im Tagesablauf und Alltag der Kinder und Jugendlichen besteht. Viele Schulen arbeiten zusammen mit Projekten der Jugendhilfe an einer Lösung dieses Problems. *Eine Öffnung zum Stadtteil und zum Gemeinwesen* sowie die Integration von Angeboten der Kinder- und Jugendhilfe in die Schule erleichtert den Kindern die Integration, bietet aber auch für die Schulen Chancen der Nutzung neuer Ressourcen. Die Grundlage dieser Ideen ist das Ziel, die Schule ins „wirkliche Leben" zu integrieren und den Kindern zu helfen, selbstständige Mitglieder der Gesellschaft zu werden. Das gelingt nach Auffassung häufig nicht, wenn sich die Schule nicht in die Lebenswelt der Kinder integrieren lässt.

Eine Öffnung von Schule kann durch die Einrichtung von Angeboten der Jugendhilfe am Lernort Schule erreicht werden. Die (Kommunikations-) Wege sind dadurch verkürzt, Absprachen können leichter gelingen. Verschiebungen eines „schwierigen" Jugendlichen bzw. eines Jugendlichen „mit Schwierigkeiten" finden nicht statt, schulische und sozialpädagogische Fachkräfte arbeiten mit dem Betreffenden zusammen. Eine Möglichkeit der präventiven Förderung „gefährdeter" Kinder ist die Präsenz an der Schule. Durch die räumliche Nähe und die beständige Präsenz der Sozialpädagogen gelingen Absprachen und Fallberatungen zeitnah und flexibel.

5.   Herausforderungen und Chancen

5.1. Systematisierung der Früherkennung und Förderung einzelner „gefährdeter" Kinder

Im Rahmen dieses Beitrags wurde aufgezeigt, dass es vielfältige Möglichkeiten gibt, erste Anzeichen einer beginnenden Schulmüdigkeit zu erkennen und sinnvoll zu bearbeiten. Es stellt sich als bedeutsam heraus, an handhabbaren und systematischen Strategien der Früherkennung zu arbeiten. Dennoch birgt die Früherkennung gewisse Gefahren der Stigmatisierung. Die genannten Handlungsansätze machen auf „gefährdete Kinder" aufmerksam. Die schulischen und sozialpädagogischen Fachkräfte sind aufgefordert, auf diese Kinder ein besonderes Augenmerk zu haben und Veränderungen besonders sensibel zu beachten. Keinesfalls sollten ihnen vorschnell und übereifrig Präventionsstrategien zuteil werden, da dadurch kontraproduktive Selbst- und Fremdzuschreibungsprozesse in Gang gesetzt werden könnten. Begriffe wie „Screening" oder „Diagnose" implizieren Krankheit oder Abweichung, weshalb es sich empfiehlt eher von der Förderung einer *„Identifizierungskompetenz"* der Fachkräfte zu sprechen.

5.2. Begleitung des Übergangs von der Grundschule in die weiterführende Schule

Neben der systematischen Früherkennung ist ein koordiniertes *Übergangsmanagement* von der Grundschule in die weiterführende Schule ein zentraler Bestandteil der frühen Prävention von Schulmüdigkeit. Übergangsprozesse sind entscheidend für die Pädagogik und für die Bildungsbiografien der Kinder (vgl. Freyberg, von/Wolff 2005). Trotz dieser theoretischen Einsichten ist die Zusammenarbeit von abgebender und aufnehmender Schule häufig noch verbesserungsbedürftig. Auch bei engagierten und innovativen Schulen ist die Gestaltung dieses Übergangs und die Kooperation der Schulen häufig nur ein randständiger Punkt. Hier können durchaus noch Gestaltungsmöglichkeiten und Verbesserungspotenziale gesehen werden.

Neben dem bereits erwähnten Mangel an Ressourcen und Kooperationsbereitschaft der Schulen wird oftmals auch die Äußerung der angestrebten Unvoreingenommenheit genannt. Die Lehrkräfte äußern, dass sie den Kindern unvoreingenommen und unbelastet entgegentreten wollen. Handelt es sich hierbei um einen Mythos oder die Wahrheit? Tatsächlich entstehen durch solche Prozesse der Informationsweitergabe möglicherweise Stigmatisierungseffekte („Vorsicht, da kommt ein Kind aus asozialen Verhältnissen"). Das kann zur Folge haben, dass das Kind über die gesamte Bildungsbiografie Informationen mitschleppt, die irgendwann veraltet sind. Dem ist entgegenzuhalten, dass das Kind ansonsten schlechte Erfahrungen immer wiederholen muss und keine Rücksicht auf Erfahrungen genommen wird, die sich durch Kommunikation und Kooperation vermeiden ließen.

5.3. Förderung von Schulentwicklung durch integrierte Strategien und eine Öffnung von Schule

Eine aufgeschlossene Veränderung von Schule ist gerade für schulmüde Jugendliche von großer Bedeutung. Im Bereich der Haupt- und Sonderschulen sind erfreuliche Entwicklungen und Veränderungen festzustellen. Bedeutsam ist es, dass die Schulentwicklung nicht auf Basis einzelner, engagierter Lehr- und Fachkräfte stehen bleibt, sondern dass die Prozesse institutionalisiert und von der Schulleitung mitgetragen werden. Schulprogramme müssen konsequent und kontinuierlich durchgesetzt werden.

Bedeutsame Momente der Schulentwicklung sind die Erstellung pädagogischer Konzepte und die Formulierung von Zielen, mittelfristigen Arbeitsschwerpunkten und Umsetzungsstrategien in einem übergreifenden Schulprogramm. Eine „lernende" Schule fördert die Motivation und die Leistungsfähigkeit der Schüler ebenso wie die des Kollegiums und verfügt über Strategien der Personalentwicklung. Sie beteiligt Schüler, Eltern und andere Interessierte an der schulischen Arbeit, sie kooperiert mit der Schulverwaltung und anderen externen Partnern, und sie evaluiert und dokumentiert ihre Entwicklungen (vgl. Czerwanski 2002).

Schule kann gesellschaftliche Probleme (wie z.B. den Mangel an Ausbildungsplätzen und den damit verbundenen Mangel an Zukunftschancen) nicht lösen. Aber sie kann, beispielsweise durch Kooperation mit Betrieben und eine Öffnung nach außen, den Blick darauf richten, welchen Beitrag sie zur Verbesserung der Situation der Bildungsinstitutionen leisten. Schulentwicklung betrifft auch die Verortung im Stadtteil, um den Lebenswelten der Kinder näher zu sein. Sozialraum- und Gemeinwesenbezug können neue Zugänge zu schulmüden Kindern und Jugendlichen schaffen und diese für Lern- und Qualifizierungsprozesse remotivieren.

5.4. Verbesserung von Zusammenarbeit und Kooperation von Schule und Jugendhilfe

Die Praxis zeigt, dass viele Schulen auf Grund mangelnder finanzieller Mittel von der Umsetzung umfangreicherer Angebote zur Prävention von Schulmüdigkeit absehen. Folglich ist es wichtig, die Kooperation von Schule und Jugendsozialarbeit voranzutreiben und den Schulen entsprechende finanzielle Möglichkeiten zur Verfügung zu stellen. Die Zusammenarbeit von Schule und Jugendhilfe ist von großer Bedeutung für eine Zielerreichung durch die präventiven Förderstrategien. Diese Zusammenarbeit wird häufig auf harte Proben gestellt, da sich im Falle des Misslingens einer Maßnahme die jeweiligen Blickwinkel auf die Jugendlichen stark unterscheiden: Aus der eigenen Sicht wurde alles versucht, um das Scheitern zu verhindern und es liegt nahe, den „Fehler" bei der jeweils anderen Institution oder der Familie zu sehen. Hier sind klar geregelte Kommunikationsstrukturen wichtig, um Fragen zu klären und spätere Probleme zu vermeiden.

Durch integrierte Arbeitsansätze von schulischer Pädagogik und Arbeitsformen der Jugendsozialarbeit in der Schule können sich die beiden Fachgebiete ergänzen, ohne dass es dabei zu einer Verwischung von Fachlichkeiten und Zuständigkeiten der Kooperationspartner kommt. Eine gelungene Kooperation von Lehrkräften und Fachkräften der Sozialarbeit geht mit Prozessen der Schulentwicklung einher, die zu einer Schule führen, die Förderung und Integration stärker betont als Bewertung und Selektion.

Literatur

Czerwanski, A. (2002): Innovative Schulen: Wohin geht der Trend, welche Schwerpunkte zeichnen sich ab? In: Preiß, C. / Wahler, P. (Hg.): Schule zwischen Lehrplan und Lebenswelt. Opladen, S. 83-102.

Ehmann, C. / Rademacker, H. (2003): Schulversäumnisse und sozialer Ausschluss. Bielefeld.

Freyberg, T. von / Wolff, A. (2005): Störer und Gestörte. Konfliktgeschichten nicht beschulbarer Jugendlicher. Bd 1. Frankfurt/M.

Hofmann-Lun, I. / Michel, A. (2004): Handlungsansätze im Praxisfeld Schulmüdigkeit und Schulverweigerung. In: Herz, B. / Puhr, K. / Ricking, H.: Problem Schulabsentismus. Bad Heilbrunn, S. 227-240.

Hössl, A. / Vossler, A. (2004): „... manchmal bin ich fix und fertig ..." Belastungen bei Bildungsprozessen in der Grundschule. In: Diskurs, Heft 1, S. 18-27.

Leonhardt, U. (2002): Die Kinder des Tantalus. Anspach.

Michel, A. (Hg.) (2005): Den Schulausstieg verhindern. Gute Beispiele einer frühen Prävention. München/Halle. Michel, A.: Angst und Lernbarrieren verhindern. Frühe Prävention von Schulmüdigkeit. In: Barth, G. / Henseler, J. (Hg.) (2005): Jugendliche in Krisen. Über den pädagogischen Umgang mit dem Phänomen Schulverweigerung. Baltmannsweiler, S. 41-54.

Schulze, G. (2003): Unterrichtsmeidende Verhaltensmuster. Hamburg.

Nicole Kastirke / Sven Jennessen

Frau Bösen-Sell kommt bis zu den Sommerferien nicht mehr – krank, lustlos, überfordert? Schuldistanzierte Lehrkräfte, ein Phänomen in der Schulabsentismusforschung.

1.   Einleitung

Frau Bösen-Sell ist keine Ausnahme. Viele Lehrer zeigen durch ihre Abwesenheit aber auch durch symptomatische, immer wieder zu beobachtende Verhaltensphänomene innerhalb der Schule, dass sie sich von ihrer Arbeit distanziert haben und sich den Anforderungen des Berufs auf unterschiedliche Art und Weise verweigern. Dies zeigt sich auf systemischer Ebene beispielsweise darin, dass in vielen Schulen eine lustlose, wenig gastfreundliche und desinteressierte Atmosphäre und Kommunikationskultur herrscht. Aus unterschiedlichen Arbeitsbezügen, wie zum Beispiel in Fortbildungen für Fachberater, Schulleitungen, Referendare oder im Rahmen von Studierendenpraktika, die wir begleiten, sowie ehemals eigenen Schulerfahrungen sehen wir uns immer wieder mit der Tatsache konfrontiert, dass in Kollegien einzelne Personen oder Gruppen von Lehrkräften demonstrativ oder eher verdeckt die Arbeit verweigern, sich aus Schulentwicklungsprozessen herausziehen oder lediglich den eigenen Klassenraum als Handlungsort ihres Lehrerdaseins begreifen.

Im Rahmen dieses Beitrages möchten wir aufzeigen, wie sehr das Verhalten von Lehrkräften häufig dem vieler Schüler ähnelt und dass es interessante Parallelen in den Verhaltensweisen und den diese begründenden Ursachen beider Personengruppen gibt. Natürlich ergibt sich hieraus die Frage, auf welche Weise sich diese Verhaltensmuster gegenseitig bedingen oder aber auch provozieren. Während im Bereich der Schulabsentismusforschung von Kindern und Jugendlichen eine Vielzahl von Publikationen und Studien zur Erklärung und Intervention schulabsenten Verhaltens existieren, liegen in der Analyse der Situation von Lehrkräften lediglich umfangreiche Forschungsergebnisse zur Arbeitsbelastung vor, ohne dass diese in einen Zusammenhang mit Schuldistanziertheit gestellt werden.

In diesem Beitrag möchten wir Schuldistanziertheit von Schülern und von Lehrkräften vergleichend gegenüberstellen, Erklärungsansätze herausarbeiten und mögliche Handlungsstrategien für eine Veränderung dieser Situation vorschlagen.

Folgende Situationsbeschreibung soll die skizzierte desinteressierte, verweigernde Haltung aus der Beobachterperspektive illustrieren:

Im Lehrerzimmer ist es kühl und ungemütlich. Durch den Linoleumboden entsteht ein hoher Geräuschpegel. Hier wird noch schnell etwas kopiert, dort wird sich in Jacke und Schal an den Tisch gesetzt und da unterhalten sich zwei Kolleginnen über das gestrige Elterngespräch.

Wir sind an diesem Tag zu einer Fortbildungsveranstaltung eingeladen und warten darauf, dass uns jemand bemerkt. Die Schulleiterin ist noch nicht im Raum, alle anderen Personen sind beschäftigt. Nach ca. zehn Minuten begrüßt uns hektisch eine Frau, die „nur noch schnell ein Telefonat führen muss“. Wir richten uns auf dem zugewiesenen Platz ein und sprechen eine Lehrerin an, da wir noch einen Overheadprojektor benötigen. Etwas gereizt sagt sie, sie wisse nicht wo dieser sei. Die anderen Kollegen versorgen sich einzeln mit Kaffee aus der anliegenden Küche. Als die Schulleiterin wiederkommt, fordert sie eine weitere Kollegin auf, den Projektor aus dem Musikraum zu holen und schlägt uns vor, doch nun zu beginnen. Einleitend sagt sie dem Kollegium, dass wir sie am heutigen Tage „zum Thema Teamentwicklung fortbilden“ werden. Unsere Namen hat sie leider vergessen und nennt uns nur „die Fortbildner“. Nach einer Begrüßungs- und Vorstellungsrunde treffen zwei Kolleginnen ein, die sich schweigend setzen. Sie konnten noch mitbekommen, dass es eine Vorstellung gab, sagen aber nichts. Auf unsere Frage, ob sie so nett seien, sich ebenfalls vorzustellen, entgegnen sie mürrisch „Muss das sein? Wir kennen uns hier doch alle.“ Eine Kollegin stößt erst mit fünfzehn Minuten Verspätung hinzu. Wir beginnen mit dem Fortbildungsprogramm und stellen fest, dass sich die Kollegen bei Diskussionen immer wieder ins Wort fallen, permanent Seitengespräche geführt werden und einige durch ihre Körpersprache ganz deutlich machen, was sie von bestimmten Kollegen halten. Auf unsere Nachfrage, ob das Kollegium es für sinnvoll hielte, dass wir gemeinsame Gesprächsregeln einführen, wird uns entgegnet: „Also, das geht ja nun wirklich zu weit – wir sind doch schließlich keine Kinder!“ Nach der ersten Pause dauert es fast zehn Minuten, bis alle Kollegen wieder zurück sind und in der gleichen Weise spielt es sich auch nach der Mittagspause und am Nachmittag ab.

2.   Schuldistanziertes Verhalten von Lehrkräften

Der einleitende Erfahrungsbericht aus unserer Schulberatungspraxis ist kein Einzelfall oder ein Extrembeispiel. Vielmehr sind ähnlich pessimistisch-motivationsarme Grundstimmungen von Lehrkräften in vielen Schulkollegien anzutreffen, wenn auch auf äußerst unterschiedlichen phänomenologischen Ebenen. Zum Teil betreffen sie lediglich das Verhalten von Einzelpersonen, nicht selten betrifft diese Form der Berufsdistanzierung und -aversion jedoch ganze Gruppen eines Kollegiums und stellt somit ein aus systemischer Perspektive relevantes Problem dar.

Das offensichtlichste Anzeichen für Schuldistanzierung von Lehrkräften stellt die Anzahl der vorzeitig dienstunfähigen Lehrer dar, die in der Bundesrepublik Deutschland derzeit bei 48-52% liegt. Von diesen wird bei über 50% eine seelische Gesundheitsstörung als Leitdiagnose festgestellt.

„Mehr als zwei Drittel dieser wegen seelischer Gesundheitsstörungen zur Ruhe gesetzten Lehrkräfte hatten als primäre Diagnose eine depressive und/oder psychosomatische Erkrankung." (Bauer 2003, S. 9)

Hierbei liegt das mittlere Alter der Dienstunfähigkeit zwischen 51 und 56 Jahren und demnach 10-15 Jahre vor dem gesetzlich geregelten Pensions-alter. Auch wenn die Zahlen der Frühpensionierungen bundeslandspezifisch und im Laufe der Jahre schwanken, liegt der Anteil der frühpensionierten Lehrkräfte deutlich über dem anderer Beamtengruppen (vgl. Kretschmann 2000, S. 585). Die hohe Anzahl der psychosomatisch erkrankten Lehrkräfte belegt auch eine Studie von Hillert u.a. (2003), die von der Patientengruppe einer medizinisch-psychosomatischen Klinik Lehrkräfte als die größte Berufsgruppe mit einem Anteil von 10% aller Patienten ausmachen. Folgende Abbildung stellt die zur *Frühpensionierung* führenden Erkrankungen dar:

Tabelle 1:   „Frühpensionierungsleiden" im Lehrerberuf
                  (Lederer 2003, S. 29)

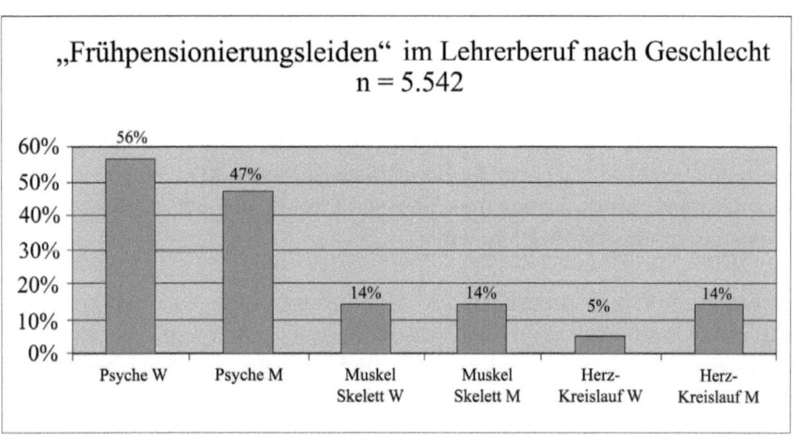

Es ist davon auszugehen, dass einer Dienstunfähigkeit längere dauerhafte oder immer wieder auftretende Krankheitsphasen vorausgehen. Nach Lederer (2003) verläuft der Krankheitsverlauf der später als vorzeitig dienstunfähig erfassten Lehrkräfte im Median über 24 Monate, ohne dass eine betriebsärztliche Betreuung erfolgt. Auf Grund der Signifikanz der psychischen Ursachen von Frühpensionierungen kann vermutet werden, dass das Burnout-Syndrom in vielen Fällen innerhalb dieser Krankheitsgruppe wiederzufinden ist. Auf Ursachen für diese Situation wird unter Punkt 4 dezidierter eingegangen.

Auf der phänomenologischen Ebene ist jedoch von Interesse, wie sich die im späteren Verlauf manifestierenden Krankheitssymptome in früheren Phasen im Schulalltag erkennen lassen. Folgende Einstellungen und Verhaltensweisen lassen sich bei Lehrkräften in frühen bis mittleren *Stadien der Schuldistanziertheit* beobachten:

- Die Lehrkräfte haben krankheitsbedingt häufige Fehlzeiten.

- Sie verlassen die Schule unmittelbar nach Unterrichtsschluss.

- Sie kommen morgens häufig in der letzten Minute oder aber verspätet zum Unterricht.

- Sie beenden ihre Pausen meist/immer verspätet, d.h. nach regulärem Unterrichtsbeginn oder verbringen auch die Pausen alleine in ihrer Klasse.

- Sie begreifen ihre Arbeitszeit als Unterrichtszeit.

- Sie engagieren sich lediglich eingeschränkt oder gar nicht für Belange, die über ihre Unterrichtstätigkeiten und originären Klassenführungsaufgaben hinausgehen.

- Sie zeigen kein Interesse an Schulentwicklungsprojekten.

- Sie vermeiden intensivere professionelle sowie private Kontakte zu Kollegen.

- Sie engagieren sich nicht oder vorrangig mit äußerst rigiden, unveränderlichen Standpunkten im Rahmen pädagogischer Diskussionen.

Diese Auflistung stellt eine Beschreibung einzelner Verhaltensweisen dar, hinter denen eine zunehmende Distanzierung von schulischen Belangen stehen kann. Kombinationen verschiedener Symptome oder auch hiervon abweichende Verhaltensweisen sind ebenso denkbar und in der Realität zu beobachten wie die Möglichkeit, dass andere persönliche und/oder berufliche Gründe ein bestimmtes Verhalten bedingen. Auch lässt die Beobachtung eines isolierten Verhaltens noch keine linearen Rückschlüsse auf eine schuldistanzierte Haltung zu. Im Belastungserleben einer Person wird nach Salzberg-Ludwig/Siepmann/Heier (2004) ein interaktionales Zusammenspiel subjektiver Beanspruchung und objektiv-äußerer Belastung deutlich und somit von den individuellen Voraussetzungen und Copingstrategien dieser Person bestimmt.

Zur vertieften Auseinandersetzung mit Parallelen und Unterschieden schulaversiven Verhaltens von Lehrenden und Lernenden bedarf es der genaueren Betrachtung von Ursachen und Hintergründen der Phänomenebene.

3.   Schuldistanzierte und schulabsente Schüler und Lehrkräfte: Die Suche nach den Ursachen

Schulabsentismus und Schuldistanzierung werden als Ausdruck eines vielschichtigen Bedingungsgeflechtes interpretiert. Dennoch gibt es bestimmte Faktoren, die dieses Verhalten beeinflussen.

Zunächst kann im Bezug auf die individuellen Hintergründe festgestellt werden, dass sich sowohl hinsichtlich des Geschlechts als auch des Alters der Schüler keine eindeutigen Aussagen treffen lassen und hier in den entsprechenden Studien keine klaren Signifikanzen zu finden sind (vgl. Ricking 2003). Auf unterschiedliche Teilaspekte individueller und schulischer Variablen wird im folgenden eingegangen. Einleitend sei auf die enge Verbindung von Schulversagen mit Schulunzufriedenheit und eine damit einhergehende geringere Motivation, große Schulunlust und Schulmüdigkeit bei Kindern und Jugendlichen verwiesen. Interessant ist, dass Lehrkräfte die Ursachen für die Schuldistanzierung ihrer Schüler fast ausschließlich mit außerschulischen Bedingungsfaktoren wie Eltern, sonstigen Sozialisationsinstanzen oder den Schüler selbst begründen. Das Wirkungsgefüge der Schule als Organisation oder Einflüsse der Lehrkraft auf das schuldistanzierte Verhalten ihrer Schüler werden nur selten in Betracht gezogen (vgl. Neukäter/Ricking 1999). Wir werden im folgenden einige empirische Ergebnisse der schülerbezogenen Absentismusforschung zu möglichen Hintergründen schuldistanzierten Verhaltens von Lehrkräften in Beziehung setzen, um Parallelen und Überschneidungen von Problemlagen zu verdeutlichen.

3.1   Personbezogene Aspekte

Schüler, die auf Grund *„unlustvoller Erfahrungen größere innere Abwehr gegen die Schule (Schulunlust), höhere Prüfungsangst und mehr allgemeine Angstsymptome zeigen"* (Kaiser 1983, S. 189), weisen höhere Schulversäumnisse als andere Schüler auf.

Es kann davon ausgegangen werden, dass kontinuierliche gesellschaftliche Veränderungen auch die Rahmenbedingungen von Schule beeinflussen, was wiederum unmittelbare Auswirkungen auf das Verhalten der Lehrkräfte hat. Mit einem vermeintlichen Anstieg von Lern-, Leistungs-, Verhaltens- und Motivationsproblemen ihrer Schüler fühlen sich Lehrkräfte häufig konfrontiert, durch diese überfordert und hierfür nicht ausreichend qualifiziert. Die Angst, den Anforderungen nicht gerecht werden zu können, ein permanentes Gefühl der übermäßigen Arbeitsbelastung und das Gefühl mit sich teilweise widersprechenden Erwartungen nicht adäquat umgehen zu können – wie zum Beispiel die Frage nach der Schwerpunktsetzung „Erziehen?" und/oder „Unterrichten?" –, führen auch bei Lehrkräften zu meidenden oder aversiven Verhaltensmustern. Als weitere leistungsbezogene Faktoren werden in der Selbsteinschätzung von Lehrkräften die Daueranspannung, der hohe Verantwortungsdruck, Vorgaben von Lehrplänen und Lernzielen, ständiges im Mittelpunkt stehen und Vorbild sein und die Steuerung des Unterrichtsablaufes besonders bei Verhaltens- und Motivationsproblemen benannt (vgl. Schmid-Oumard/Nahler 1993). Diese Einschätzung belegt auch die Studie von Schaarschmidt/Fischer (2001), nach der sich jede dritte Lehrkraft ausgebrannt und ein weiteres Drittel beruflich überfordert fühlt.

Im Kontext von Schul- und Leistungsangst bedarf auch der Aspekt des Schulversagens der besonderen Beachtung. Während Schüler das gesellschaftlich verbriefte Monopolrecht der Bewertung unmittelbar und im extremsten Fall durch das Prinzip des „Sitzenbleibens" oder der Überweisung auf eine andere Schule zu spüren bekommen, erleben Lehrkräfte ihr Versagen eher mittelbar und diffus. So geben in einer bereits elf Jahre zurück liegenden Umfrage des Verbandes deutscher Sonderpädagogik 84% der befragten Lehrkräfte Erwartungen von außen und ein ebenso hoher Prozentsatz die eigenen Erwartungen als dominierende Arbeitsbelastungen an (vgl. Straßmeier 1994, S. 613). Dannhäuser gibt die Empfindung vieler Lehrkräfte wieder, dass „die Fülle und Vielfalt der Erwartungen an die Schule (...) inzwischen ins Unermessliche (steige)" (Dannhäuser 2003, S. 6). Das subjektive Gefühl, diesen *extrinsischen und intrinsischen Erwartungen* nicht entsprechen zu können und die hiermit konnotierte Versagensangst von Lehrkräften, kann als mitentscheidend für schuldistanziertes Verhalten angenommen werden.

Aus diesen Befunden wird unter Berücksichtigung der Variable des Selbstkonzeptes eine weitere Parallele zwischen lehrkraft- und schülerspezifischer Schuldistanzierung offensichtlich. So schätzen sich schulabsente Schüler *„persönlich und in ihrem schulischen Leistungsvermögen negativer ein als regelmäßige Schulbesucher"* (Ricking 2003, S. 129). Es ist zum einen davon auszugehen, dass auch Lehrkräfte, die befürchten, den beruflichen Anforderungen nicht gewachsen zu sein und sich aus diesem Grund von Schule distanzieren, über ein eher geringes Selbstbewusstsein und ein unzureichendes Vertrauen in ihre eigenen professionellen Kompetenzen verfügen.

Zum anderen konnte jedoch auch festgestellt werden, dass Lehrkräfte mit *„hohem Ehrgeiz und einer Tendenz zum Perfektionismus"* (Bauer 2003, S. 10) ein erhöhtes Risiko für Depression und Burnout haben. Insofern kann die subjektive Wahrnehmung, den eigenen beruflichen Ansprüchen nicht gerecht werden zu können auch aus der Perspektive eines überhöhten Selbstanspruches interpretiert werden.

Eine zusätzliche Verunsicherung der eigenen beruflichen und persönlichen Identität ist durch die zumindest subjektiv wahrgenommene kontinuierliche Veränderung des Berufsbildes mitbedingt. So kann eine mit gesellschaftlichen und schulischen Entwicklungen einhergehende Modifikation der Lehrerrolle auch zu Rollenkonflikten und Identitätsstörungen im Bezug auf die Profession der Lehrkraft führen. Als Beispiel sei genannt, dass sich das Bild einer Lehrkraft aus ihrer Sicht aus so unterschiedlichen Rollen wie der einer Wissensvermittlerin, Dompteurin, Sozialpädagogin, Mutterersatz, Beraterin, Helferin, Vorbild, Organisatorin etc. zusammensetzen kann (vgl. Hagemann/Rottmann 1999). Diese Rollen- und Identitätsdiffusionen werden von Lehrkräften meist mit Kausalattributierungen erklärt. Die Ursachen für die eigenen beruflichen Schwierigkeiten und das Gefühl mit den veränderten Anforderungen nicht zurecht zu kommen, werden in der Regel mit schulischen oder gesellschaftlichen Rahmenbedingungen begründet. Deutlich ist hier, dass die absentismusbezogene Ursachenzuschreibung in Bezug auf die Schüler von den Lehrern ebenfalls auf Belange außerhalb der Schule konzentriert ist. Die zugespitzte Formulierung, dass sich Lehrkräfte für *„hilflose Opfer von Vorgängen außerhalb ihrer Einflusssphäre"* (Ricking 2003, S. 130) halten, trifft somit sowohl für die Einschätzung schulabsenten Verhaltens von Schülern als auch bezüglich ihrer eigenen beruflichen Situation zu.

Der Aspekt der Prüfungsangst von Kindern und Jugendlichen scheint ebenfalls vergleichbar zu sein mit den häufig massiven Ängsten von Lehrkräften bei Revisionen, Unterrichtsbesuchen oder Hospitationen. Auch hier ist anzunehmen, dass die Angst vor dem Versagen und der „nicht-perfekten" Unterrichtsstunde Lehrkräfte gleichermaßen belastet wie Prüfungsangst von Schülern.

3.2 Schulische Aspekte

Es lassen sich ebenfalls Schulabsentismus bedingende Faktoren benennen, die auf der Ebene des Systems Schule angesiedelt sind. Zu diesen schulorganisatorischen Merkmalen gehören sowohl der jeweilige schulische Umgang mit Regeln, Lehrplänen und Verhalten, der Anpassungsdruck an Schüler und der Grad des Involvements der Kinder und Jugendlichen in Schulaktivitäten außerhalb des Unterrichts als auch die Schul- und Klassengröße (vgl. Kastirke/Ricking 2004; Ricking 2003).

Als entscheidenden beruflichen Wert nennen Lehrkräfte die Selbstentfaltung und die Selbstverwirklichung, deren Umsetzung jedoch unter den (derzeitigen) Bedingungen in Schule für sie häufig nicht möglich sind (vgl. Barth 1992). Frustrationen hierüber können zu körperlicher und emotionaler Erschöpfung, negativer Bewertung der eigenen Arbeit und einer zynischen und negativen Einstellung gegenüber Schülern und Kollegen führen und äußern sich nicht selten in einem innerlichen oder äußerlichen Rückzug. So gelten große Klassen und hohe Unterrichtspflichtzeiten zusammen mit der Einschätzung einer kontinuierlich schwieriger werdenden Schülerschaft zu den signifikanten Belastungsfaktoren im Beruf einer Lehrkraft (vgl. Dannhäuser 2003, S. 6). Als ungünstig erlebte Rahmenbedingungen stellen somit für Schüler wie für Lehrkräfte ein Risiko für schuldistanziertes Verhalten dar.

Die Bedeutung des Schulklimas für Schuldistanzierung von Schülern und Lehrkräften bedarf der besonderen Betonung. So ist in Schulen, deren Klima von Konkurrenz, einem hohen Grad an Lehrerkontrolle und wenig Unterstützung durch die Lehrkräfte geprägt ist, ein erhöhtes Maß an schulabsentem Verhalten von Schülern festzustellen (vgl. Ricking 2003, S. 135). Nahezu die gleichen Aspekte konnten auch als Risikofaktoren für Burnout und Depression von Lehrkräften und somit für eine weiter wachsende Schuldistanzierung beobachtet werden: Geringer kollegialer Zusammenhalt, Konkurrenzklima und der an einer Schule praktizierte Führungsstil der Schulleitung gelten hier als die entscheidenden Variablen (vgl. Bauer 2003, S. 11). Das Fehlen von effektiver Teamarbeit und gelungenen Beziehungsstrukturen innerhalb eines Kollegiums prägt maßgeblich Haltungen und Verhaltensweisen, die eine distanzierende Orientierung fördern, anstatt entlastend zu wirken.

Als weitere Bedingungsfaktoren für Schuldistanzierung von Lehrkräften können folgende Aspekte skizzenhaft ergänzt werden:

- der Druck durch administrativ angeordnete Innovationen (Evaluation, Vergleichsarbeiten, Schulprogramm, flexible Schuleingangsphase, Englisch in der Grundschule etc.) (vgl. Kastirke 2005);

- das so genannte „Baustellenphänomen" an Schule („Nie ist etwas mal so richtig fertig ...");

- die grundsätzliche Angst vor Veränderung bestehender Strukturen;

- die subjektive Wahrnehmung der Überlastung durch ein auf die reine Unterrichtszeit beschränktes Verständnis der zeitlichen Arbeitsbelastung.

Schulze/Ricking/Wittrock (2000) unterscheiden unter dem Oberbegriff der „Unterrichtsmeidung" drei Formen von Verhaltensmustern. Hierzu gehören der *Schulabsentismus*, der *Unterrichtsabsentismus* und die *Unterrichtsverweigerung*. Bei der Unterrichtsverweigerung sind die Schüler zwar physisch anwesend, durch aktives ausagierendes Stören, Nichtbeteiligung und innere Emigration demonstrieren sie allerdings deutlich ihre Verweigerung. Auch dieses Verhalten ist in Lehrerkollegien zu beobachten, wenn beispielsweise schulinterne Lehrerfortbildungen durchgeführt werden, auf die schuldistanzierte Lehrkräfte mit offener oder verdeckter Abwehr und Desinteresse reagieren. Sie erfüllen in diesen Fällen ihre Anwesenheitspflicht und sind somit für den Rest des Kollegiums und die Schulleitung unangreifbar.

Hier zeigt sich in vielen Fällen ein fließender Übergang von Aktivität und Passivität der Distanzierung. Mit Unterrichtsabsentismus und Schulabsentismus ist das Fernbleiben von einzelnen Stunden, Tagen oder Zuspätkommen zum Unterricht gemeint. Nach Schulze/Wittrock (2004) sind unterrichtsmeidende Verhaltensmuster multifaktoriell bedingt und können sich gegen den Unterricht, Mitschüler oder Lehrkräfte richten und manchmal auch nur einzelne Elemente des Schulumfeldes betreffen. Diese Verhaltensmuster weichen negativ von gesellschaftlichen und schulischen Erwartungen ab, indem sie sich durch Unpünktlichkeit, Respektlosigkeit, ausagierendes oder ignorierendes Verhalten ausdrücken. Diese Verhaltensmuster werden andererseits aus der subjektiven Sicht der Schüler häufig als problemlösend und sinnvoll bewertet bzw. erfüllen auch unbewusst bestimmte zielorientierte Funktionen.

Die multifaktorielle Bedingtheit schuldistanzierten Verhaltens von Lehrkräften konnte an einigen ursächlichen Beispielen entfaltet werden und soll veranschaulichen, wie ähnlich bestimmte bedingende Faktoren für Schuldistanziertheit von Lehrern und Schülern sind.

Gerade für die letztgenannten Aspekte lassen sich jedoch auf der sanktionalen Ebene deutliche Unterschiede feststellen: Während es sich bei schuldistanziertem Verhalten von Schülern um eindeutig gesellschaftlich unerwünschte Verhaltensweisen mit entsprechenden Konsequenzen handelt, wird Schuldistanziertheit von Lehrkräften in der Regel sanktionslos ertragen oder mitgetragen – egal ob von bestimmten Verhaltensmustern in erster Linie Kollegen oder Schüler betroffen sind.

4. Möglichkeiten der (pädagogischen) Einflussnahme

In den bisherigen Ausführungen konnte festgestellt werden, dass Lehrer auf Grund vielfältiger Stressoren schuldistanzierte Verhaltensweisen und Haltungen entwickeln können. Auf dem Hintergrund dieses differenziert zu betrachtenden Bedingungs- und Begründungsgeflechtes wird deutlich, dass Lehrkräfte häufig nicht über adäquate personale und institutionelle Copingstrategien zur Bewältigung beruflicher Belastungen verfügen und somit dringend der Unterstützung zur Aufrechterhaltung und Förderung der physischen und psychischen Gesundheit bedürfen (vgl. Jennessen 2005). In der folgenden Tabelle stellen wir eine Auswahl von Maßnahmen vor, die als Präventions- und Interventionsstrategien bei Schuldistanzierung oder Unterrichtsdistanzierung von Schülern gelten und stellen diesen entsprechende Strategien und Maßnahmen in Bezug auf vergleichbare Verhaltensmuster bei Lehrkräften gegenüber. Bei einigen Strategien kann Gleiches gegenübergestellt werden, andere haben wir der Lehrerproblematik entsprechend modifiziert:

Tabelle 2:   Beispiele für Interventionen bei schuldistanziertem Verhalten

Beispiele für Interventionen bei schuldistanziertem Verhalten von Schülern	*Beispiele für Interventionen bei schuldistanziertem Verhalten von Lehrkräften*
Aufklärung und Beratung für alle Schüler	Regelmäßige Personalgespräche für alle Kollegen
Schnelle Kontaktaufnahme bei drohender Distanzierung	Thematisierung von Distanzierungsstrategien
Fehlzeitenerfassung und Veröffentlichung	Fehlzeitenerfassung und Transparentmachung

Beispiele für Interventionen bei schuldistanziertem Verhalten von Schülern	*Beispiele für Interventionen bei schuldistanziertem Verhalten von Lehrkräften*
Leistungsanforderungen entsprechend des individuellen Förderbedarfs	Tätigkeitseinsatz möglichst entsprechend der individuellen Qualifikation
Schaffung von Erfolgserlebnissen	Schaffung von Erfolgserlebnissen
Soziale Kompetenztrainings	Trainings in den Bereichen Kommunikation und Gesprächsführung
Vermittlung von Stategien zur intrinsischen Unterrichtsmotivation	Vermittlung von Strategien zur intrinsischen Unterrichts- und Schulmotivation
Erstellung schulinterner Regeln und Maßnahmen	Klare, verlässliche und auf einem pädagogischen Grundkonsens beruhende Vereinbarungen und Maßnahmen
Kooperation durch gemeinsames Handeln im Kollegium	Kooperation durch Teamarbeit im Kollegium
Klare und transparente Rollen und Zuständigkeiten	Klare und transparente Rollen und Zuständigkeiten
Förderung sozialer Bindungen in der Schule	Förderung sozialer Bindungen in der Schule
Unterrichtseinheiten zum Thema	Fortbildungen zu Stressmanagement, Coping, Burnout und Rollendefinition
Atmosphäre und Schulethos als Motivationsbausteine für den Schulbesuch	Atmosphäre und Schulethos als Motivationsbausteine für das berufliche Engagement

Die Maßnahmen zur Prävention von und Intervention bei schuldistanzierten Lehrkräften sind genau wie die Ursachen individuumsbezogen, aber auch schulsystemisch zu betrachten. So können bestimmte Strategien und Kompetenzen, wie zum Beispiel die spezifischen Teamkompetenzen, am effektivsten gemeinsam mit dem Kollegium erlernt, erweitert und professionalisiert werden. Erst in der Transparentmachung von beruflichen Rollen und Erwartungen an die eigene pädagogische Tätigkeit findet eine Auseinandersetzung mit der eigenen Professionalität und den damit verbundenen Stärken und Schwächen statt, was als Grundlage für zufriedenes und effektives Arbeiten fungieren kann. Nur auf dem Weg der Auseinandersetzung mit dem eigenen Stress- und Belastungsempfinden kann eine realistische Einschätzung von Druck und Überforderung und der angemessene Umgang hiermit möglich werden. Indem das Thema schuldistanzierter Lehrer nicht tabuisiert, sondern sowohl offen als auch kooperativ und konstruktiv damit umgegangen wird, wächst an Schulen die Chance, Frühpensionierungen durch Burnout sowie Gesundheitsschädigungen zu reduzieren und vorhandenes qualifiziertes, pädagogisches Potenzial der Lehrkräfte sinnvoll einzusetzen.

5. Ausblick

Schulabsente Kinder und Jugendliche stellen eine besondere Herausforderung für Schulen dar – diese Feststellung kann ebenso im Hinblick auf schuldistanzierte Lehrer getroffen werden. So ist es in Schulen durchaus üblich, vermeintliche schuldistanzierte Lehrkräfte nicht voll in die Unterrichtsplanung und Schulentwicklungsarbeit mit einzubeziehen, meist ohne dieses Vorgehen zu thematisieren. Schulleitungen versuchen hier häufig, oft im stillen Einverständnis mit dem Kollegium, Wege des geringsten „Übels" zu finden. In der Erwartung, dass bestimmte Kollegen sicherlich „krank" werden, wenn sie einer bestimmten Klasse, einem bestimmten Team oder einer Kollegin zugeordnet werden, erfolgt die Erstellung von Stundenplänen häufig so, dass mit reduziertem Engagement oder sogar einem Ausfall „gelebt" werden kann.

Es erscheint bemerkenswert, dass viele der oben beschriebenen Verhaltensweisen von Lehrkräften mit denen von schulabsenten Schülern vergleichbar sind. In ihrer Untersuchung zum Belastungserleben von Schulkindern stellen Salzberg-Ludwig/Siepmann/Heier (2004) fest, dass dieses häufig durch fremd- und selbsterzeugten Leistungsdruck und Stresssituationen im sozialen Bereich (Interaktion mit Eltern und/oder Peers) bedingt ist. Es ist anzunehmen, dass auch bei Lehrkräften dieses Belastungserleben zur Schuldistanzierung führen kann. Besonders der fremderzeugte Druck – zum Beispiel durch angeordnete Innovationen und Erlasse in Verbindung mit fehlender Teamarbeit und Kooperation im Kollegium – kann Distanzierung und Rückzug aus professioneller Sicht unangemessene Verhaltensstrategien nach sich ziehen.

Beschäftigen sich Wissenschaft und Praxis zunehmend mit der Frage nach Wegen, die schulabsente Verhaltensweisen von Schülern bedingenden Faktoren positiv zu beeinflussen und inklusive Schulen zu gestalten, in denen sich alle Kinder und Jugendlichen angenommen und adäquat gefördert fühlen, scheint es dringend notwendig, verstärkt Lehrkräfte in ihrer Belastung ernst zu nehmen und in ihren Copingstrategien zu unterstützen. Neben den bereits erwähnten möglichen Interventionsstrategien sei abschließend auf die nachhaltige Hilfe durch die „Einrichtung von Supervisionsgruppen durch externe Moderatoren mit Expertenwissen in Psychotherapie und Burnout-Fragestellungen" (Bauer 2003, S. 12) verwiesen. In diesem Kontext sollte möglicherweise auch das Tabu diskutiert werden, Supervision als Möglichkeit der angeleiteten Reflexion der beruflichen Tätigkeit – wie in anderen sozialen Berufen schon seit langem üblich – zu einem arbeitsvertraglich geregelten Bestandteil des Lehrerberufes zu machen.

Literatur

Barth, A. (1992): Burnout bei Lehrern. Göttingen.

Bauer, J. (2003): Persönliche und institutionelle Risikofaktoren für Depression und Burnout bei Lehrkräften. In: Bayrischer Lehrer- und Lehrerinnenverband (Hg.): Arbeitsbelastung in Schulen. München, S. 9-12.

Dannhäuser, A. (2003): Lebensaufgabe Unterrichten und Erziehen: Der schwierige Weg zwischen Erfüllung und Überlastung. In: Bayrischer Lehrer- und Lehrerinnenverband (Hg.): Arbeitsbelastung in Schulen. München, S. 5-8.

Hagemann, M. / Rottmann, C. (1999): Selbst-Supervision für Lehrende. Weinheim.

Hillert, A. u.a. (2003): Psychosomatisch erkrankte Lehrerinnen und Lehrer: Aktuelle Situation, Behandlungsrealität und konzeptuelle Perspektiven. In: Bayrischer Lehrer- und Lehrerinnenverband (Hg.): Arbeitsbelastung in Schulen. München, S. 13-17.

Jennessen, S. (2005): Schule, Tod und Rituale. Systemische Perspektiven im sonderpädagogischen Umgang mit Sterben, Tod und Trauer. Oldenburg.

Kaiser, H. (1983): Schulversäumnisse. Frankfurt/M.

Kastirke, N. / Ricking; H. (2004): Involvement bei schulaversivem Verhalten – Aspekte bedürfnisorientierter Einbindung von Schülerinnen und Schülern auf dem Weg zur Partizipation. In: Schnoor, H. / Rohrmann, E. (Hg.): Sonderpädagogik: Rückblicke – Bestandsaufnahmen – Perspektiven. Bad Heilbrunn, S. 317-324.

Kastirke, N. (2005): Schulprogramm an Sonderschulen – Angeordnete Innovation als unauflösbarer Widerspruch in der Schulentwicklung? Oldenburg.

Kretschmann, F. (2000): Stressprävention für Lehrerinnen und Lehrer. In: Borchert, J. (Hg.): Handbuch der Sonderpädagogischen Psychologie. Göttingen, S. 584-591.

Lederer, P. (2003): Präventionsmaßnahmen für Lehrkräfte aus der Sicht des öffentlichen Gesundheitsamtes. In: Bayrischer Lehrer- und Lehrerinnenverband (Hg.): Arbeitsbelastung in Schulen. München, S. 28-30.

Neukäter, H. / Ricking, H. (1999): Sozial-kognitive Verhaltensanalyse bei Schulabsentismus. In: Schmetz, D. / Wachtel, P. (Hg.): Entwicklungen – Standorte – Perspektiven. Würzburg, S. 415-423.

Ricking, H. (2003): Schulabsentismus als Forschungsgegenstand. Oldenburg.

Salzberg-Ludwig, K. / Siepmann, G. / Heier, A. (2004): Belastungserleben von Schulkindern – Ergebnisse zum Angst- und Stresserleben. In: Zeitschrift für Heilpädagogik 2, S. 42-49.

Schaarschmidt, U. / Fischer, A.W. (2001): Bewältigungsmuster im Beruf. Persönlichkeitsunterschiede in der Auseinandersetzung mit der Arbeitsbelastung. Göttingen.

Schmid-Oumard, W. / Nahler, M. (1993): Lehren mit Leib und Seele. Neurolinguistisches Programmieren in der pädagogischen Praxis. Paderborn.

Schulze, G. / Wittrock, M. (2004): Unterrichtsmeidende Verhaltensmuster am Beispiel von Unterrichtsabsentismus. In: Wittrock, M. / Luetgenau, B. (Hg.): Wege zur Partizipation. Oldenburg, S. 217-227.

Schulze, G. / Ricking, H. / Wittrock; M. (2000): Gefährdung durch Schulabsentismus? Die Wechselwirkung von Schulschwänzen, Lernbeeinträchtigungen und Verhaltensstörungen – Problembeschreibung und schulbezogene Interventionsstrategien. In: Rolus-Borgward, S. / Tanzer, U. / Wittrock, M. (Hg.): Beeinträchtigung des Lernens und/oder Verhaltens. Oldenburg, S. 247-259.

Straßmeier (1994): Wo drückt der Schuh? Ergebnisse der Umfrage des vds vom Oktober 1993. In: Zeitschrift für Heilpädagogik 9/1994, S. 612-620.

Heinrich Ricking / Nicole Kastirke / Karlheinz Thimm

Schulische Bedingungsfaktoren für Schulabsentismus und Möglichkeiten der Beeinflussung

## 1.	Einleitung

Die Handlungsoptionen von Lehrkräften bei Fehlverhalten und Pflichtverletzungen von Schülern werden hierzulande durch das Doppelspiel von formal-rechtlichen Ordnungsmaßnahmen und pädagogischen Interventionen bzw. Erziehungsmitteln geformt. Dabei gilt die Devise, insbesondere bei weniger schwerwiegenden Vorfällen, zunächst durch erzieherisches Handeln, wie Ermahnungen, Umsetzen im Klassenraum oder Nachsitzen, eine Einsicht in das Fehlverhalten der Schülerin oder des Schülers zu erreichen, so dass sich dieses zukünftig nicht mehr zeigt. Reichen erzieherische Mittel nicht aus oder sind der Schwere der Pflichtverletzung nicht angemessen, greifen Lehrkräfte und Schulleitung auf die drastischeren Ordnungsmaßnahmen zurück, die hinsichtlich Verfahren und Form standardisiert sind und den Ansprüchen formeller Rechtmäßigkeit genügen müssen, da sie den Rechtsstatus des Schülers tangieren. Es ist stets auf Angemessenheit zwischen Fehlverhalten und Maßnahme zu achten, wobei es beispielsweise mehr als fraglich erscheint, ob es sinnvoll ist, manifeste Schulschwänzer vom Unterricht zu suspendieren.

Mit solchen Entscheidungen verlässt oft die pädagogische Vernunft die Einzelschule.

Neben den unspezifischen Erziehungs- und Ordnungsmaßnahmen fungiert der Schulzwang als häufig letzter Ansatz bei andauernden Schulpflichtverletzungen. Diese werden häufig als grobe Pflichtverletzung gewertet und weisen gleichwohl das Prinzip der ergänzenden Wirkung von pädagogischer Einflussnahme und rechtlichem Zwang auf. Nach den Durchführungsbestimmungen der Länder registriert und quantifiziert die Klassenlehrkraft die Fehlzeiten, die Eltern und die Schüler selbst werden informiert und zum regelmäßigen Schulbesuch aufgefordert; auch ein Gespräch über Hintergründe und Bedingungen ist hier gefordert. Dauert das unentschuldigte Fehlen an, erfolgen weitere Schritte, in denen das Schulamt/Ordnungsamt und nachrichtlich das Jugendamt davon in Kenntnis gesetzt werden, wobei unter der Maßgabe von Fahrlässigkeit oder Vorsatz eine Ordnungswidrigkeit festgestellt und den Erziehungsberechtigten als Verantwortliche, ab einem Alter von 14 Jahren auch dem Schüler, schriftlich eine Geldbuße angedroht wird. Helfen auch der finanzielle Druck des Bußgeldes oder alternativ Arbeitsauflagen nicht weiter, können Zwangsmaßnahmen eingeleitet werden, die je nach gängiger Praxis in den Kreisen und Städten in einer Zwangszuführung oder in der Verhängung von Jugendarrest Ausdruck finden können. Diese Praktiken sind in Schulen üblicherweise präsent, stecken den Handlungsrahmen deutlich ab und werden vielfach von den Kultusbehörden eingefordert. Die Lehrkräfte übergeben so die Aufgabe der Disziplinierung ihrer Schüler den Ordnungsbehörden und ggf. dem Jugendamt. Dabei ist nichts darüber bekannt, welche Wirkungen auf diese Weise erreicht werden, welche Wirkungshypothesen den einzelnen Maßnahmen unterliegen und ob sie überhaupt zu nennenswerten Erfolgen führen. Der unübersehbare Boom von alternativen Beschulungseinrichtungen für Schulverweiger, die als Kooperationsprojekte von Schule und Jugendhilfe entkoppelten Jugendlichen in zumeist separierenden Einrichtungen eine pädagogische Perspektive bieten, zeigt recht klar, dass das gesetzte Ziel des regelmäßigen Schulbesuchs durch Ordnungs- und Zwangsmaßnahmen in vielen Fällen unerreichbar bleibt (vgl. Ricking 2005; Herz u.a. 2004). Abgesehen von Angemessenheit und Effektivität liegt eine Gefahr im unreflektierten Einsatz dieser Handlungskonzeptionen. Das schnelle Hinübergleiten von einem pädagogisch geprägten in den formal-rechtlichen Modus des Agierens verstellt in der schulischen Praxis nicht selten den Blick für die Möglichkeiten des präventiven und früh-interventiven Handelns. Die Forschung benennt neben familiären, individuellen und peer-bezogenen eben auch relevante schulische Bedingungsfaktoren für Schulabsentismus, die beeinflussbar sind und von Schulen konstruktiv genutzt werden können (Thimm 2000; Ricking 2003).

Im Rahmen eines wissenschaftlichen Arbeitskreises haben die Autoren die einschlägige Forschungsliteratur diesbezüglich analysiert und vor dem Hintergrund von Zielperspektiven systematisch pädagogische Standards formuliert, die zur Minderung von Schulabsentismus beitragen, darüber hinaus positive Wirkungen in Schulen freisetzen und Ordnungsmaßnahmen obsolet machen können. Dabei werden die bedeutsamen Ebenen in Schule angesprochen, hinsichtlich ihrer Dimensionen als Handlungsbereiche unterteilt und schließlich in konkreten Kriterien ausdifferenziert.

2.   Organisation von Schule

Für die Entwicklung von Handlungsstrategien zur Prävention und Intervention bei Schulabsentismus und Schulaversion sollten auf allen schulischen Ebenen organisatorische Grundlagen geschaffen werden, die erst eine zielgruppenspezifische Auseinandersetzung mit der Thematik ermöglichen.

Es ist nötig, mehr Offenheit und Öffentlichkeit in die Handhabung von Schulabsentismus in die Schulen zu tragen. Wünschenswert wäre eine offizielle, in periodischen Abständen abfragbare statistische Erfassung von Absentismus an den unterschiedlichen Schulformen und -stufen. Nahezu ideal wäre es, wenn Schulen selbst, wie z.B. in den Vereinigten Staaten oder Großbritannien üblich, ihre mittleren Anwesenheitsfrequenzen der interessierten Öffentlichkeit zur Verfügung stellen würden.

Ein nicht zu unterschätzender Faktor zur Prävention und Intervention von und bei Schulabsentismus und Schulaversion ist die Schulatmosphäre oder auch der Ethos.

Eine Schule, in die alle an ihr Beteiligten (Schüler, Lehrkräfte, Schulleitung, Eltern, Hausmeister, Sekretariat etc.) gerne gehen, sich gerne aufhalten, sich angenommen, involviert und geschätzt fühlen, wirkt vor allem präventiv auf die Problematik ein. Folgende Kriterien sind dabei von zentraler Bedeutung:

Schulabsentismus wird als schulische Problemstellung verstanden, d.h. alle an Schule beteiligen, wie Erziehungsberechtigte, Lehrkräfte und Schüler sowie pädagogisches und nichtpädagogisches Personal der Schule sind über das Thema informiert und ggf. in Handlungsstrukturen involviert.

- Das Thema Schulabsentismus wird im Rahmen der Entwicklung von Handlungsplänen als eine gemeinsame schulische Herausforderung verstanden.

- An dieser Schule gibt es eindeutige und transparente Vorgehensweisen bei Konflikten.

- An dieser Schule gibt es ein gemeinsam entwickeltes und für alle transparentes und eindeutiges System zur Prävention von und Intervention bei „auffälligem Verhalten".

- An dieser Schule gibt es ein gemeinsam entwickeltes und für alle transparentes und eindeutiges System zur Verstärkung von positivem Verhalten.

- An dieser Schule gibt es Rituale auf verschiedenen Ebenen zur Prävention von Schulabsentismus mit dem Ziel der Vermittlung von Sicherheit und Struktur/Halt für alle am Schulleben Beteiligten.

Es existieren funktionierende Mechanismen zur Überprüfung der Anwesenheitszahlen.

- Daten werden mit geeigneten Methoden erhoben.

- Diese Daten werden dargestellt und analysiert.

- Aus den Analysen dieser Daten werden geeignete Handlungsweisen abgeleitet.

Die Anwesenheitsfrequenzen der Schüler und Lehrkräfte werden veröffentlicht.

- Zahlen und Fakten werden für die Verantwortlichen zugänglich gemacht.

- Eine Wochenstatistik zum Schulbesuchsverhalten hängt in der Schule frei zugänglich aus.

- Es gibt klare Rollen und Zuständigkeiten.

- An dieser Schule gibt es transparente und eindeutige Zuständigkeiten hinsichtlich des Schulabsentismus (z.B. Entwicklung von Handlungsplänen, Evaluation).

Es existiert eine präventive und für alle angenehme Atmosphäre.

- Gebäude und Räume der Schule werden regelmäßig in Stand gesetzt und ansprechend gestaltet.

- An dieser Schule herrscht ein wertschätzender und respektvoller Kommunikationsstil.

- Alle sich in der Schule aufhaltenden Personen begrüßen und verabschieden sich angemessen.

3. Schulleitung

Von der Schulleitung wird Schulabsentismus oftmals nur als geringfügige Störung schulischer Ordnung erlebt, die in der internen Diskussion allenfalls am Rande bedacht und in der Außendarstellung der Schule tabuisiert wird. Mit dieser Haltung ist ein effektives Management des Problems nicht zu leisten. Erforderlich ist eine problemorientierte Einstellung in der Schule, die einzelne Lehrkräfte ermutigt, ihre Schwierigkeiten mit der Abwesenheit von Schülern anzusprechen und konstruktiv anzugehen. Folgende Indikatoren helfen bei der Überprüfung:

Die Schulleitung verfügt über ein angemessenes Problembewusstsein.

- Das Thema Schulabsentismus wird von der Schulleitung offen angesprochen.

- Schulabsentismus ist regelmäßig Thema bei Dienstbesprechungen, in Konferenzen und dienstlichen Gesprächen.

- Die Schulleitung informiert sich über Schulabsentismus.

- Die Schulleitung verfügt über ein pädagogisches Verständnis von Schulabsentismus.

Es gibt eine klare Handlungserwartung der Schulleitung im Falle von Schulabsentismus.

- Die Schulleitung äußert regelmäßig Handlungserwartungen bei Schulversäumnissen gegenüber dem Kollegium.

- Die Schulleitung äußert regelmäßig Handlungserwartungen bei Schulversäumnissen gegenüber den Eltern.

- Die Schulleitung äußert regelmäßig Handlungserwartungen bei Schulversäumnissen gegenüber den Schülern.

Die Schulleitung bietet eine angemessene Unterstützung zur Qualifizierung von Handlungsstrategien.

- Die Schulleitung informiert über externe Fort- und Weiterbildungsangebote zur Thematik.

- Die Schulleitung unterstützt externe Fort- und Weiterbildungsangebote zur Thematik.

- Die Schulleitung bietet zeitliche und finanzielle Ressourcen für externe Fort- und Weiterbildungsangebote zur Thematik.

- Die Schulleitung initiiert/unterstützt schulinterne Prozesse zur Entwicklung von Präventions- und Interventionsprogrammen.

4.   Lehrer und Lehrerinnen

Ein Schlüssel der Prävention und Intervention von Schulabsentismus liegt bei den Pädagogen in der Schule selbst. Die Gesamtheit ihrer Motivationen, Selbstwahrnehmungen, Sensibilität und Empathie für das Verhalten von Schülern, ihrer grundlegenden Kenntnisse sowie Fähigkeiten und Strategien bestimmen den professionellen Umgang mit Lern- und Schulverweigerungen in der Schule.

Ein Schlüssel der Prävention und Intervention von Schulabsentismus liegt beim Verhalten der einzelnen Lehrkraft, das viele Einflussgrößen berührt.

Dass manche Lehrkräfte zu hilfreichen Handlungen kaum Bereitschaft zeigen, kann darin begründet sein, dass sie über keine spezifischen Kenntnisse (Absentismusformen, Interventionsstrategien, etc.) verfügen, sie Absentismusprävention nicht zu ihren Aufgaben zählen oder befürchten, damit gegen eigene Interessen zu verstoßen. Jede Lehrkraft weiß, dass abwesende Schüler den eigenen Schulalltag mitunter erleichtern, denn so können sie den anwesenden und lernwilligen Schülern ihre volle Aufmerksamkeit schenken. Da Schulschwänzen häufig vergesellschaftet mit weiteren Verhaltensproblemen auftritt, haben sie weniger Störpotenzial in der Klasse. Daher sollten diejenigen Lehrkräfte von der Schulleitung unterstützt und honoriert werden, die präventive Maßnahmen nutzen und sich für den Verbleib der Schüler in der Schule einsetzen. Darüber hinaus sind so genannte „Warnsignale" zu berücksichtigen.

Eine signifikante Anzahl von Kindern und Jugendlichen, die Schule und Lernen verweigern bzw. der Schule und dem Unterricht fern bleiben, haben auf der Beziehungsebene Schwierigkeiten: Es gibt entweder Probleme mit Mitschülern, mit Lehrkräften und/oder das gesamte Schulklima wird als so belastend erlebt, dass dieser Belastung aus dem Weg gegangen wird.

Die Lehrkräfte verfügen über ein angemessenes Problembewusstsein.

- Das Thema Schulabsentismus wird von den Lehrkräften offen angesprochen und nicht tabuisiert.

- Schulabsentismus ist regelmäßig Thema bei informellen und formellen Beratungen, wie Stufenkonferenzen, Teamkonferenzen.

- Die Lehrkräfte informieren sich über Schulabsentismus.

- Lehrkräfte besitzen ein pädagogisches Verständnis von Schulabsentismus.

Handlungsbereitschaft

- Die Lehrkraft entwickelt aus der Bedingungsanalyse angemessene Handlungsstrategien.

- Die Lehrkraft verfügt über Kenntnisse des Problems.

- Die Lehrkraft kennt Warnsignale (Mitgliedschaft in einer schulaversiven Clique, gestörte Beziehung zwischen Schüler und Lehrer, unangemessen lange Fehlzeiten auf Grund von Bagatellkrankheiten etc.).

- Die Lehrkraft hat Kenntnisse zu Bedingungsfaktoren des Verhaltens.

- Die Lehrkraft hat Kenntnisse über unterschiedliche Präventions- und Interventionsformen.

- Die Lehrkraft hat Kenntnisse über unterstützende Systeme außerhalb von Schule.

Handlungskompetenzen

- Die Lehrkraft hat Kompetenzen zur angemessenen Falldiagnose.

- Die Lehrkraft verfügt über ein differenziertes Repertoire von Handlungsstrategien.

- Die Lehrkraft nutzt außerschulische Unterstützungssysteme.

- Der Unterricht ist so angelegt, dass er emotionale Sicherheit durch Akzeptanz, Zuwendung, Wertschätzung und Annahme ermöglicht.

- Die Lehrkräfte verhalten sich freundlich zugewandt, authentisch, ermutigend, setzen auch deutlich Grenzen.

- Es gibt eine klare, pädagogisch reflektierte Vereinbarung zum Umgang mit Rückkehrern.

Die Lehrkraft entwickelt förderliche Beziehungsqualitäten.

- Es wird mit positivem Feedback gearbeitet, das angemessenem Verhalten und erfolgreichem Handeln folgt und dieses verstärkt.

- Integrativ wirkende Lehrkräfte achten auf emotionale Aufgeschlossenheit und ein freundliches, optimistisches Auftreten, um eine vertrauensvolle Beziehung zu den Schülern zu ermöglichen.

- Die Lehrkräfte sind Vorbilder in Sachen Zuverlässigkeit und Pünktlichkeit.

- Die Lehrkräfte äußern transparente und klare Erwartungen zum Verhalten (z.B. Fehlzeiten sind glaubhaft zu entschuldigen).

- Lehrkräfte begründen ihre Erwartungen und bieten insbesondere Risikoschülern Lernhilfe und regelmäßig Gespräche an, um die Hintergründe der Versäumnisse aufzuarbeiten.

5.   Unterricht

Die Didaktik und Methodik des schulischen Unterrichts stellt einen wichtigen Faktor in der Prävention und Intervention von Schulabsentismus dar, wenn auch die Prozesse, die zu Unterrichtsversäumnissen führen, mit den didaktisch-methodischen Entscheidungen oft nur in mittelbarem Zusammenhang zu sehen sind. Sie bilden sich bei den Schülern ab und sind erklärbar über Konstrukte wie Motivation(-slosigkeit), Langeweile, Entfremdung und (mangelnde) Einbindung und Teilhabe.

Die Interessen und der lebensweltliche Kontext bei der Unterrichtsplanung der Lernenden werden berücksichtigt.

- Der Unterricht setzt an der Erfahrungswelt der Schüler sowie Lehrkräfte an.

- Inhalte und Stoffe orientieren sich an den Voraussetzungen der Schüler.

- Anknüpfungspunkte werden genutzt, Bekanntes mit Unbekanntem in Verbindung gesetzt, Herausforderungen kreiert.

- Soziales und emotionales Lernen wird kognitivem Lernen gleichgestellt.

Die Schüler haben die Möglichkeit sich aktiv, handelnd und selbstbestimmt in den Unterricht einzubringen.

- Zentrale Aspekte des Unterrichts werden mit den Schülern geplant.

- Die Schüler entwickeln Ideen selbst und können sie in den Unterricht einbringen; sie können Planungen der Lehrkraft ablehnen und verändern, sie können unter mehreren Themenangeboten wählen und Lernziele verändern.

- Die Lehrkräfte lassen handeln und gewähren Selbstständigkeit.

- Der Lernprozess ist produktorientiert.

- Die Schüler können Beziehungen zu Dingen und Mitschülern handelnd erfahren und entwickeln, Schüler befassen sich konkret und aktiv handelnd mit den Lerngegenständen.

Unterrichtsqualität

- Unterrichtliche Prozesse sind klar, transparent und überschaubar gegliedert, aber flexibel.

- Schüler und Lehrkräfte treffen für ihre gemeinsame Arbeit eindeutige Zielsetzungen.

- Der Unterricht ist geprägt von einem kindangemessenen Wechsel in den Sozial- und Aktionsformen. Durch unterschiedliche Auseinandersetzungs- und Kooperationsformen bleibt der Unterricht lebhaft und interessant.

- Der Klassenraum ist in verschiedene Lernbereiche oder -zentren gegliedert (Arbeitstische, Ecke für Gruppenunterricht, für Projektarbeit, Stillarbeit, Bücher und Karten etc.).

- Den Schülern steht ein reichhaltiges Material- und Medienangebot offen.

- Fragestellungen der Schüler leiten den Unterricht bzw. beeinflussen ihn deutlich.

- Es existieren niveaudifferenzierte Anforderungen schulischer Lernangebote.

6.   Soziales Lernen

Schüler mit Schulabsentismus agieren externalisierend bzw. internalisierend. Nicht selten geht mit unregelmäßigem Schulbesuch allgemein ein selbstisolierendes soziales Verhalten einher. Hinsichtlich der Variablen „Aggression" und „Konflikt" können unregelmäßige Schulbesucher sowohl als „Täter", als „Opfer" und auch als „Täter-Opfer" erscheinen. Oft verfügen schulabsente Schüler nicht über die personalen Verkraftungs- und sozialen Bewältigungsstrategien zum Management des Schulalltags bzw. sie sind von Lebensproblemen besetzt, die ihre Lernbereitschaft blockieren. Schulen sollten Hilfen zur sozialen und emotionalen Entwicklung anbieten:

Eine reflektierte einzelfallangemessene Rückkehrgestaltung, die eine Konfliktklärung beinhaltet und Lehrkräfte, Eltern und Gleichaltrige aktiviert und einbindet.

- Die Lehrkräfte, ggf. Schulsozialarbeiter und schulexterne Professionelle klären fallgerecht, wer die Federführung für die Konfliktklärung und Rückkehrhilfe übernimmt. Die Erreichbarkeit des Schülers auf der Beziehungsebene spielt dabei die entscheidende Rolle.

- Die Schule soll in der Verantwortung bleiben bzw. möglichst schnell wieder in (Mit-)Verantwortung kommen.

- Die Lehrkräfte suchen die Schüler zeitnah zum Fernbleiben an den alternativen Aufenthaltsorten bzw. zu Hause auf. Sie drücken Sorge aus und erkundigen sich interessiert nach den Gründen für das Fehlen.

- Die Lehrkräfte beherrschen und verwenden zentrale Strategien der Kommunikation und Gesprächsführung und können die Kontakte zu den Schülern flexibel gemäß jeweils spezifischer Ziele gestalten.

- Die Lehrkräfte bieten den Schülern an, gemäß ihrer Fähigkeiten moderierend (aber auch verweisend usw.) tätig zu werden, um hinter dem Fehlen stehende Konflikte zu bearbeiten.

- Die Lehrkräfte antizipieren und üben ggf. mit dem Rückkehrwilligen Verhaltensmöglichkeiten für die schulische Rückkehrsituation. Sie lassen sich Befürchtungen und Wünsche schildern und sorgen in fallangemessen dosierter Teilverantwortungsübernahme dafür, dass der junge Mensch unterstützt wird.

- Die Lehrkräfte bereiten die Klasse auf die Rückkehr des Schülers vor und erarbeiten fallgerechte Empfangs- und Integrationsstrategien mit der Klasse.

- Vertrauens-, Beratungs- bzw. Klassenlehrer sprechen mit (weiteren) Fachkollegen über die Gründe des Fehlens und stimmen mit diesen Empfangs-, Kontakt- und Integrationsstrategien ab.

An der Schule besteht eine Konflikt-Kultur, die mehrere Ebenen umgreift.

- An der Schule wird kontinuierlich ein Problembewusstsein bei den Lehrkräften über die Notwendigkeit geschaffen, Konflikte aktiv zu klären.

- Die Aufgabe der Konfliktklärung in der Schulgemeinde ist Bestandteil des professionellen Selbstverständnisses der Lehrkräfte.

- Alle Lehrkräfte der Schule absolvieren einen zweitägigen Grundkurs in Konfliktschlichtung.

- Im Kollegium gibt es darüber hinaus einige qualifizierte Experten für das Konfliktthema.

- Schüler werden kontinuierlich zu Streitschlichtern qualifiziert.

- Es gibt ausgewiesene Orte und Zeiten für die Regelung von Konflikten.

- Die Schule verfügt über einen Pool von internen Moderatoren für schwierige Gespräche.

- Die Schule verfügt über einen Pool von externen Moderatoren für schwierige Gespräche.

- Themen wie „Opfer von Isolation", „Ausgrenzung", „Gewalt" und „Mobbing" werden zügig und vorrangig an der Schule bzw. in der Klasse aufgegriffen.

- Es bestehen organisierte Möglichkeiten der Mediation in Konfliktsituationen zwischen Schüler und Lehrkraft.

- Es bestehen organisierte Möglichkeiten der Peer-Mediation in Konfliktsituationen.

- Es bestehen organisierte Möglichkeiten von Runden Tischen für Eltern, Lehrkräfte und Schüler in Konfliktsituationen.

- Das Thema des Umgangs mit Konflikten wird in geeigneten Unterrichtsstunden/-fächern aufgegriffen und ist in ein Konzept von Selbst- und Sozialkompetenzstärkung eingebunden.

Das Klassenklima wird systematisch so gestaltet, dass prosoziale Halte- und Integrationskräfte gestärkt werden können.

- Die Schulgemeinde und die Klasse werden kontinuierlich motiviert, Regeln und ggf. Sanktionen für einen möglichst respektvollen und achtsamen Umgang zwischen Schülern zu entwickeln.

- Das Führen offener Gespräche im Rahmen sensibler psychosozialer Wahrnehmungsbereitschaft gehört zum Selbstverständnis der Klassenlehrkraft und wird im Kontext der gesamtschulischen Prioritätensetzung hoch gewichtet.

- Positive Klassenaktivitäten mit integrativen Ansprüchen werden von den verantwortlichen Lehrkräften angestoßen.

- Schulfahrten beinhalten auch inhaltlich und methodisch aktivierende Themen wie Klassenkohäsion und Mobbing.

- In Klassenlehrkraftstunden werden auch Themen wie „Ausgrenzung", „Isolation", „Gewalt unter Peers" sowohl kontinuierlich als auch anlassbezogen besprochen.

- Schüler erklären sich bereit, als Paten bzw. Unterstützer zu fungieren und z.B. absentismusgefährdete Peers abzuholen, nachmittags aufzusuchen und im Rahmen von Kontakten gegenzuwirken. An der Schule wird darauf hingearbeitet, dass diese unterstützenden Schüler nicht stigmatisiert werden. Sie erhalten Trainings für ihre Aufgabe, werden öffentlich anerkannt und können schriftliche Nachweise über ihr Engagement erhalten.

Die Schule unterstützt durch konzeptionelle Angebote den Aufbau von Haltungen und Bewältigungsstrategien, die eine Stärkung von Selbst-, Sozial- und Problemlösekompetenz im Allgemeinen und den konstruktiven Umgang mit Ablehnung, Frustration, Angst und Ärger im Besonderen ermöglichen.

- Die Schule bietet im Unterricht für alle Schüler (in Fächern wie Religion/Ethik, Deutsch; in der Klassenlehrkraftstunde; in Stunden des sozialen Lernens, etc.) Einheiten der Selbst- und Sozialkompetenzstärkung und der Lösung sozialer Probleme an. Sie greift dabei auf curricular aufbereitete Materialien zurück, entwickelt ein syste matisches, gestuftes Konzept über mehrere Jahrgänge und qualifiziert eine größere Zahl von Lehrkräften.

- Die Schule entwickelt und bietet (ggf. mit externer Unterstützung) Problemlöse- und Selbstmanagement-Trainings zum Umgang mit Dilemmata, Ärger, Frustration usw. für Schüler, die besondere Schwierigkeiten haben und Entwicklungsbedarf zeigen.

- Die Schule hält Orte, Zeiten und personelle Ressourcen für Krisenintervention vor, wodurch „Auszeiten" bei Überlastung qualifiziert nach einem verbindlichen Konzept mit einer pädagogischenRahmung als Unterstützung gestaltet werden können (als Erholung, als Selbstverantwortungsentwicklung, als Problembearbeitung etc.).

Die Schule hält annehmbare Beratungsangebote zur Bearbeitung inner- und außerschulischer Belastungen, Entwicklungsbegleitung und Persön- lichkeitsstärkung vor bzw. vermittelt bei Bedarf in schulexterne Unterstüt- zungsangebote.

- Die Schule pflegt ihr System von Vertrauens- und Beratungslehrkräften und schätzt die Arbeit erkennbar als wertvoll.

- Laufend werden Fortbildungen zu Beratungsmethoden u.ä. für interes- sierte Kollegen erschlossen und ermöglicht.

- Die Schule verfügt über gesicherte Kontakte zu psychosozialen Unterstützungsagenturen im Umfeld. Sie bildet die Unterstützungs- systeme auf einer Netzwerk-Karte ab und pflegt Kontakte und die Karte im Rahmen von verbindlicher Beauftragung. Regelmäßig wird über den Stand der Zusammenarbeit mit Jugendhilfe und anderen Partnern in Dienstberatungen Bericht erstattet.

- Die Schule investiert nach innen und außen erkennbar in strukturiert berechenbare Zusammenarbeit mit Kooperationspartnern aus dem psychosozialen Bereich. Dadurch werden Kooperationen mit Ein- richtungen, Helferkonferenzen, Jugendamtskontakte, Koordinierung von Förder- und Hilfeplanung usw. positiv beeinflusst. Es findet dabei auch fallübergreifende Arbeit jenseits von Anlässen und Krisen statt.

Schulen sorgen durch Verantwortungspositionen und ganzheitliche Entwicklungsangebote dafür, dass sich auch im Unterricht weniger leistungsstarke Schüler erwünscht, gebraucht und wirksam erleben.

- Schulen/Schulträger investieren Zeit und Geld in Jugendräume, Freizeitmöglichkeiten, Erlebnispädagogik etc. an der Schule. Schulen verfügen gemäß der Schülerwünsche über Schülerclubs, Schülerfirmen[1], Streitschlichtung, Bewegungsmöglichkeiten, Werkstätten, Reparaturgruppen und andere Angebote des Service Learnings (soziales, ehrenamtliches Engagement von Schülern und Studenten) für soziale und kulturelle Umfelder, u.a.m.

- Die Teilnahme ist mit Wertschätzung verbunden.

- Die Verantwortungsübernahme an außerunterrichtlichen Lernangeboten wird zertifiziert bzw. positiv vermerkt.

7. Neben- und außerunterrichtliche Aktivitäten

In nicht ausreichendem Maße wird bisher in Schulen darüber nachgedacht, wie Anreize für die vermeintlich selbstverständliche Anwesenheit des Schülers geschaffen werden können und wie es möglich ist, gezielt Bekräftigungen für regelmäßigen Schulbesuch zu vermitteln. Zusätzliche außerunterrichtliche Angebote, die einerseits auf die Bedürfnisse der Schüler ausgerichtet sind und andererseits „Beziehungsarbeit" ermöglichen, schaffen die Voraussetzungen auch für schulaversive Schüler in der Schule auf Interessantes zu stoßen und Bindungen einzugehen, die sie vor einer pädagogischen Abkopplung schützen.

Häufig können andere Lernorte in kommunaler, sozialer, betrieblicher Praxis, in der Natur u.ä. motivierend wirken und die Abkopplungskräfte schwächen. Einige auf Schüler bezogene Ziele von Praxislernen am anderen Ort sind:

- Erfolg und Selbstwertsteigerung durch realistische Herausforderungen ermöglichen.

---

1 Schüler gründen eine eigene Firma, z.B. ein Schülercafé an ihrer Schule.

- Selbsttätigkeit von jungen Menschen aktivieren.

- Basiskompetenzen/Schlüsselqualifikationen entwickeln.

- Berufswahlverhalten qualifizieren.

- Den Übergang in die Arbeitswelt fließender und effektiver gestalten.

Eine gefährliche Tendenz kann an Schulen dahingehend entstehen, Schüler abzuschieben, sich als Lehrkräfte nicht für das Lernen am anderen Ort zu interessieren und Gesamtverantwortung für die Bildungsbewegungen der „Draußen-Schüler" zu behalten.

Praxislernen für ausstiegsgefährdete Schüler ist im Schulprogramm verankert und wird systematisch angelegt, überprüft und fortgeschrieben.

- Anforderungen (Qualitätsstandards) an Praxislernplätze werden an der Schule diskutiert und schriftlich definiert.

- An der Schule gibt es klare verpflichtende Zuständigkeiten für Praxislernplätze und die dort beschäftigten Schüler.

- Die Kontakte zu Betrieben, anderen Praxislernplätzen und den zuständigen Mentoren werden gepflegt. Die Schule bietet bzw. organisiert Qualifizierungen für die schulexternen Lerncoaches (Lernbegleiter).

- Die Wirksamkeit des Praxislernens wird regelmäßig evaluiert.

- Die Teilnahme am Praxislernen ist freiwillig. Schüler können jederzeit auf eigenen bzw. elterlichen Wunsch in das schulische Programm zurückkehren.

Lehrkräfte entwickeln Bildungskonzepte und individuelle Lernpläne für das Lernen am anderen Ort.

- Die Pflichten der Lehrkräfte gegenüber den Schülern können teilweise an die Mentoren delegiert werden, wobei die Gesamtverantwortung bei der Schule verbleibt.

- Die Erkundungsaufgaben u.ä. werden dialogisch zwischen Schüler, Schule und Praxislernstätte entwickelt.

- Lehrkräfte erkundigen sich aktiv und berechenbar nach den Lernprozessen am anderen Ort.

- Eine Teilnahme am Praxislernen führt nicht dazu, vom Qualifikationserwerb abgekoppelt zu sein. Die Leistungen im „Draußen-Lernen" werden Fächern zugeordnet und sind zensierbar.

8.   Kooperation mit Eltern/Erziehungsberechtigten

Eine enge Kooperation zwischen den zentralen Bezugssystemen Schüler, der Familie (bzw. familienersetzenden Hilfen) und der Schule gilt als eines der effektivsten Mittel zur Absentismusprävention. Kooperation zwischen Schule und privatem Lebensumfeld eines jungen Menschen stellt einen wechselseitigen Kommunikations- und Interaktionsprozess dar. Sie kann als produktiv gewertet werden, wenn es gelingt, eine aktive Erziehungspartnerschaft zu etablieren, Informationen über die Heranwachsenden sowie das individuelle Lern- und Lebensumfeld auszutauschen, ein besseres Verständnis für den jungen Menschen zu entwickeln und eigene Perspektiven in Frage zu stellen.

Informationsfluss zwischen Eltern und Klassenlehrern/Rückmeldesysteme

- Lehrkräfte halten regelmäßige schriftliche Kontakte mit den Eltern/ Erziehungsberechtigten.

- Sie führen informelle Gespräche.

- Sie bieten Sprechstunden und Sprechtage an.

- Sie bieten regelmäßige Beratungen an.

An der Schule existieren spezielle gruppenorientierte Angebote für Eltern/ Erziehungsberechtigte.

- Die Schule bietet „Elternabende" an.

- Die Schule bietet „Elternseminare" an.

Beteiligungen von Eltern an Schul- und Unterrichtsgestaltung.

- Eltern/Erziehungsberechtigte können Arbeitsgemeinschaften anbieten.

- Eltern/Erziehungsberechtigte können sich vielfältig in der Schule engagieren.

- Eltern/Erziehungsberechtigte können sich aktiv und passiv am Unterricht beteiligen.

Schule und Eltern/Erziehungsberechtigte handeln kooperativ.

- Sanktionen und/oder Belohnungen werden im häuslichen Bereich durchgeführt.

- Es existieren kooperative Handlungsstrukturen.

9.   Kooperationspartner

Wenn die Schule an den Punkt gelangt ist, dass sie konkrete und für alle am Schulleben Beteiligten transparente Handlungs- und Dokumentationsstrategien für den Umgang mit der Thematik Schulabsentismus/Schulaversion entwickelt und implementiert hat, gibt es eine Basis zur „Öffnung nach Außen". Die Schule kann nun auch intensiver mit außerschulischen Institutionen und Einrichtungen kooperieren.

Wichtig sind auch hier regelmäßige und mit konkreten Zielen verbundene konkrete Kontakte und Foren zur Weiterentwicklung der Handlungsstrategien in Zusammenarbeit mit der interessierten und teilweise auch qua Zuständigkeit involvierten außerschulischen Öffentlichkeit.

Das Thema Transition/Übergänge ist gerade auch im Rahmen von Schulabsentismus bedeutsam, da in diesem Bereich viele Schüler „verloren gehen" und eine optimale Kooperation zwischen Grundschule und aufnehmender weiterführender Schule positive Effekte bei der Reduzierung von Schulabsentismus und Schulaversion zur Folge haben kann.

Beteiligung von außerschulischen Partnern (Polizei, Jugendamt, Betriebe, Organisationen, Vereine, Einrichtungen)

- Außerschulische Partner sind in das Schulleben involviert und kooperieren auf unterschiedlichsten Ebenen mit allen am Schulleben Beteiligten.

- Andere schulische Partner (andere Schulen, weiterführende Schulen, Sonderschulen etc.) kooperieren ebenfalls mit der Schule, und es gibt regelmäßige Auseinandersetzungen bezüglich der Thematik Schulabsentismus/Schulaversion.

- Die Schule erwirbt finanzielle Unterstützung von außen und hat ein starkes Sponsoringkonzept.

- Kooperationen mit außerschulischen Einrichtungen und Institutionen werden aktiv-zugehend initiiert.

Es existiert eine Kooperation mit weiterführenden Schulen.

- Es gibt regelmäßige Hospitationstermine für Schüler sowie für Lehrkräfte an den jeweiligen Schulen.

- Es existiert an den involvierten Schulen ein Schülerfolgesystem für Risikoschüler.

- Die jeweiligen Schulen haben Möglichkeiten zur Einsicht der Anwesenheits- und Absentismusdaten.

10. Schlussbetrachtung

Bereits zu Beginn dieses Beitrags haben wir gezeigt, dass die derzeitigen Handlungsspielräume bei Schulabsentismus sowohl auf administrativer Seite als auch bei den einzelnen Lehrkräften limitiert sind. Ein sinnvoller und effektiver Umgang mit der Thematik muss also allmählich und auf unterschiedlichen Ebenen stattfinden. Aus der intensiven und immer wieder die Schulrealität in den Blickpunkt stellenden Auseinandersetzung von Experten sind die aufgeführten Standards entwickelt worden. Bei einer genaueren Betrachtung lässt sich feststellen, dass die Beschäftigung mit den genannten Themenbereichen die Schule als Ganzes verändert und Potenzial für Schulentwicklung in sich birgt.

Mit den hier ausführlich dargestellten und erläuterten Qualitätsstandards werden nun Vorschläge für alle relevanten Ebenen des Schullebens gemacht, um vor allem präventiv aber auch intervenierend auf Schulabsentismus einzugehen. In der genaueren Betrachtung der einzelnen Indikatoren fällt auf, dass eine Schule, die intensiv und gemeinsam an den vorgeschlagenen Aspekten arbeitet, sinnvoll und effektiv mit schulaversiven Tendenzen umgeht, auch ihre Schulentwicklung allgemein vorantreibt.

In der Auseinandersetzung mit so genannten „angeordneten Innovationen", die die Schule häufig in Form von Erlassen erreichen, wurde festgestellt, dass eine bloße Anordnung zur Auseinandersetzung mit dem Thema nicht greifen kann. Ein gewisses dringliches Interesse der an Schule Beteiligten am Thema Schulabsentismus gilt als wichtiger erster Schritt.

Gerade die besondere Betonung des Sozialen Lernens und der Unterrichtsgestaltung auf der einen Seite und der Organisation von Schule unter Berücksichtigung aller beteiligten Ebenen (Administration, Schulleitung, Schüler, Lehrkräfte, Eltern/Erziehungsberechtigte und außerschulische Partner) erfordern Zeit und den Willen zur Weiterentwicklung. Die in diesen Qualitätsstandards implizierten Themen und Bereiche übersteigen an vielen Stellen die alltägliche Unterrichtstätigkeit der Lehrkräfte und erfordern kooperative Strategien und Teamarbeit sowie die kritische Auseinandersetzung mit der eigenen Rolle und Verantwortlichkeit bezüglich des Themas Schulabsentismus – sonst sind sie nicht umsetzbar.

Wir beanspruchen mit diesen Vorschlägen keine Vollständigkeit aller möglichen relevanten Bereiche, doch wir laden die interessierte Leserin und den interessierten Leser dazu ein, die genannten Indikatoren einmal auf die eigene Schule anzuwenden und ggf. zur Diskussion zu stellen. Das Autorenteam freut sich über Rückmeldungen, die diesen Prozess vorantreiben.

Literatur

Herz, B. (2004): Emotionale und soziale Entwicklung – Heranwachsende in einer zerrissenen Welt. In: Zeitschrift für Heilpädagogik, I/ 2004, S. 2-10.

Ricking, H. (2005): Wenn Schüler dem Unterricht fernbleiben (im Druck).

Ricking, H. (2003): Schulabsentismus als Forschungsgegenstand. Oldenburg.

Thimm, K. (2000): Schulverweigerung. Zur Begründung eines Verhältnisses von Sozialpädagogik und Schule. Münster.

Kirsten Puhr / Andrea G. Müller

Schulalternative Lernangebote und ihre Qualitätsansprüche

1. Zur Legitimation schulalternativer Lernangebote

Das Phänomen der Nicht-Teilnahme von Kindern und Jugendlichen am schulischen Unterricht schließt bekanntlich viele Formen ein (vgl. Thimm 2000; Puhr u.a. 2001). Im Blick sind Schüler, die im Unterricht anwesend sind, aber Lernangebote nicht annehmen können oder wollen, die einzelne Unterrichtsstunden versäumen; die immer wiederkehrend Fehlzeiten aufweisen, die sich dauerhaft dem schulischen Lernen verweigern und/oder denen das Lernen in der Schule verweigert wird.

Nicht-Teilnahme am schulischen Unterricht gilt insbesondere als Problem, wenn man davon ausgeht, dass ein ‚würdiges' Leben in unserer Gesellschaft ohne *„Schulbildung oder ein Bildungsadäquat"* (Oevermann 1997, S. 169f.) nicht möglich wäre. Aufgabe des Bildungssystems sollte es deshalb sein, individuelle Möglichkeiten des Lernens zu eröffnen und zugleich Chancengleichheit zu ermöglichen. Mit der gesetzlichen Schulpflicht soll allen Kindern und Jugendlichen die Möglichkeit gegeben werden, *„vom Bildungsangebot der Schule Gebrauch zu machen"* (ebenda).

Wenn das Schulsystem den Anspruch des Bildungsrechts für alle Heranwachsenden realisieren soll, ergibt sich daraus eine pädagogische Verpflichtung zur Förderung. So ist mit der Betrachtung von Schulabsentismus als pädagogisches Problem das Recht auf Bildung und damit die Förderungspflicht des Staates gegenüber allen Kindern und Jugendlichen zu diskutieren. Es geht einerseits um die Gestaltung von Schulen als Lern- und Lebensort für alle Schüler sowie um pädagogische Verantwortung in einem solchen Entwicklungsprozess. Andererseits geht es auch um die pädagogische Verantwortung gegenüber denjenigen Kindern und Jugendlichen, denen das Lernen in standardisierten Bildungsangeboten nicht möglich ist und die Chancen alternativer Beschulungsformen (vgl. Puhr 2004).

Der Sozialpädagogik wird allgemein eher eine Distanz zur Institution Schule zugeschrieben. Auch dort, wo es Kooperationsbestrebungen gab, wurde ihre Realisierung meist im Sinne eines additiven Verbundes, begleitet von kontroversen Diskussionen um Schulkritik und Vereinnahmungstendenzen wahrgenommen (vgl. u.a. Rademacker 1990; Thimm 2000). Ähnlich lässt sich das auch für schulalternative Lernprojekte beschreiben. Diese Projekte arbeiten in der Regel in administrativer, organisatorischer und methodischer Distanz zur Schule. Sie haben den Anspruch, jenen Kindern und Jugendlichen schulisches Lernen zu ermöglichen, die durch Schulen nicht mehr erreicht werden. Schulalternative, sozialpädagogisch orientierte Lernangebote richten sich zum einen an Kinder und Jugendliche, die ihre Abwesenheit von der Schule als Problem erleben, die sich meist eine Veränderung ihrer schulischen Situation wünschen und dann auch wieder in der Schule lernen würden, oder die an einem externen schulischen Abschluss interessiert sind.

Andererseits werden Jugendliche angesprochen, die ihre Vollzeitschulpflicht ohne Schulabschluss beendet haben oder denen für eine Rückkehr in die Schule die Motivation fehlt, die ihre Abwesenheit von Schule häufig nicht wirklich als Problem erleben oder denen ein schulischer Abschluss eher als Zwang gilt.

Thimm begründet die Hinwendung der Sozialpädagogik zum Thema Schulabsentismus (einschließlich Schulabbruch) damit, dass sie sich seit jeher mit den Folgen schulischen Scheiterns beschäftigt. Er thematisiert Anknüpfungspunkte der Sozialpädagogik in allgemeinen sozialpädagogischen Leitlinien. Versteht man die Nicht-Teilnahme von Kindern und Jugendlichen am schulischen Unterricht auch als deren aktive eigenverantwortliche Entscheidung in Auseinandersetzung mit ihrer Umwelt, legitimiert sich sozialpädagogische Hilfe nur mit der freiwilligen Inanspruchnahme durch die Heranwachsenden. Ist diese Annahme gegeben bzw. wird von einem Kind/Jugendlichen infolge intensiver Beziehungsangebote "Problemdruck" geäußert, wie Thimm es beschreibt, lassen sich vielfältige Möglichkeiten sozialpädagogischer Unterstützung denken. Sozialpädagogische Angebote für Kinder und Jugendliche in ihren unterschiedlichsten Formen der Jugendarbeit, der Jugendsozialarbeit und der Hilfen zur Erziehung können, je nach spezifischer individueller Situation zu Stützsystemen für schulabsente Heranwachsende werden (vgl. Thimm 2000). Eine zwanghafte Durchsetzung der Schulpflicht durch Sozialpädagogen kommt aus der Perspektive individueller Begleitung und Unterstützung jedoch nicht in Frage. In Distanz zu schulischen Strukturen scheint es so möglich, Heranwachsenden, die in keiner Schule mehr lernen können oder wollen, Angebote systematischen Lernens zu ermöglichen. Thimm begründet diese sozialpädagogischen Alternativen zur Schule aus der Perspektive der Verbesserung der Bildungsoptionen sowie der Sozial- und Erwerbschancen für „sozial gescheiterte" schulabsente Jugendliche im weitesten Sinne.

„Jugendliche, die sich verweigern bzw. aussteigen, sollen Sonderkonditionen erhalten, die von der Mehrheitsgesellschaft und Regelinstitutionen toleriert und gestützt werden. [(...)] Auch die Animation, die jungen Menschen [(...)] in die Normalität der erweiterten, elastisch gemachten Schülerrolle einzuladen, ist eine bedeutsame und ggf. kräftige Option." (Thimm 2000, S. 573)

Die Legitimation schulalternativer Lernangebote durch Träger der Jugendhilfe wird dagegen von Ehmann und Rademacker daran gebunden,

„dass sie nach Umfang und Klientel tatsächlich auf das Maß beschränkt bleiben oder werden, das den Bildungsanspruch auch dieser Jugendlichen auf einem Niveau sichert, das ihre Chancen auf einen Zugang zur Erwerbsarbeit und anderen wichtigen Handlungsfeldern wahrt". (Ehmann/ Rademacker 2001, S. 12)

Sie diskutieren die Legitimation schulalternativer Angebote der Jugendhilfe aus bildungspolitischer und jugendhilfepolitischer Perspektive. Bildungspolitisch halten sie diese Form von Sonderbeschulung für problematisch, weil ein anerkannter Schulabschluss nicht in jedem Fall als das Ziel der Unterstützung gilt. Jugendhilfepolitisch sehen Ehmann und Rademacker die Funktion sozialer Integration in Frage gestellt, *„weil die Jugendhilfe sich hier als Träger und Betreiber von Projekten anbietet, die als die ausgrenzendste Form der Beschulung gewertet werden müssen, die es in unserem Bildungswesen gibt."* (ebenda)

Gegen solche Einwände und die Bindung schulalternativer Projekte an Leistungsstandards und Bildungsabschlüsse siedelt Thimm deren Legitimation als Hilfe zur personalen und sozialen Integration jenseits der Frage nach verwertbaren Schulabschlüssen an:

„Unabhängig davon, ob ein Schulabschluss erreicht wird, bzw. eine lizensierte Berechtigung als Hauptschulabschluss kaum verwertbar ist, zählen wichtige Effekte: basale Stabilisierung, Deeskalation und psychosoziale Entspannung, Normalisierung und Strukturierung des Alltagslebens (Orte, Zeiten), Einbindung in Gesellungen Gleichgesinnter bzw. ähnlich Betroffener (Zugehörigkeit), Selbstwertstärkung durch Statusveränderung, extra-

funktionale Qualifikationen, Orientierungsangebote und die Rahmenschaffung für Biographiereflexion und -konstitution sowie ‚Bildungszuwachs‘." (Thimm 2000, S. 573f.)

Aus pädagogischer Perspektive wird davon ausgegangen, dass lernwilligen Kindern und Jugendlichen, die auf Grund sozialer Benachteiligungen und/oder individueller Beeinträchtigungen den Zugang zum schulischen Lernen verloren haben, grundsätzlich Lernorte, Lernanlässe und Hilfen zur Verfügung gestellt werden sollten, um die eigenen Lernziele systematisch verwirklichen zu können. Der Erwerb von sozialer Orientierung, Selbstwert und sozialen Kompetenzen steht als Zielstellung dann gleichberechtigt neben der Ermöglichung schulischen Lernens.

Pädagogen in schulalternativen Lernprojekten haben nicht die Möglichkeit, sich für eine Seite der hier skizzierten kontroversen Ansprüche zu entscheiden, entweder *„Sicherung von Chancen auf einen Zugang zur Erwerbsarbeit durch anerkannte Schulabschlüsse"* (wie es Ehmann und Rademacker fordern) oder *„Hilfe zu personaler und sozialer Integration jenseits verwertbarer Schulabschlüsse"* (wie es Thimm formuliert). Aber vielleicht ist gerade das die Chance dieser Angebote.

In einer qualitativen Analyse von schulalternativen Lernangeboten für Kinder und Jugendliche (vgl. Puhr 2003) konnte gezeigt werden, dass die Realisierung des komplementären Anspruchs von Schulpflicht und Bildungsrecht für alle Heranwachsenden zum Problem für Pädagogen wird. Die gleichzeitige Orientierung an wahrgenommenen individuellen Ansprüchen zur Realisierung des Bildungsrechts aller Heranwachsenden und an den aktuellen schulrechtlichen Vorgaben zur Erfüllung der Schulpflicht kann pädagogische Verantwortung in manifeste Krisen führen. Wie in dieser Studie dargestellt wird, schienen die befragten Pädagogen für solche Krisen pädagogischer Praxis verschiedene Umgangsweisen gefunden zu haben, die keine Lösungen aber Anschlussmöglichkeiten darstellen. Professionelle konnten das Ungewisse pädagogisch motivierter Praxis und Verantwortung in einem Spannungsverhältnis von pädagogischem Wissen sowie Strukturen und deren begrenzten Möglichkeiten aurecht erhalten. Sie schienen mit der Akzeptanz von Grenzen der Realisierungsmöglichkeiten von Bildungsrecht und Schulpflicht die Wahrnehmung ihrer eigenen pädagogischen Verantwortung für individuelle Förderung zu erweitern. Zeitweise oder für einzelne Heranwachsende gaben sie den Anspruch der Schulpflichterfüllung auf, ohne diesen jedoch grundsätzlich in Frage zu stellen. In der Wahrnehmung ihrer pädagogischen Verantwortung verwiesen die Pädagogen auf den unbedingten Anspruch von Kindern und Jugendlichen auf Unterstützung, für den sie ihre Angebote immer wieder hinterfragten. Sie benannten auch ihre Schwierigkeiten, die Nicht-Annahme von Hilfen zu akzeptieren und trotzdem – oder gerade deswegen – nach neuen Angeboten zu suchen und für diese zu werben. Dieser Anspruch pädagogischer Verantwortung wurde auch durch die Anerkennung begrenzter Möglichkeiten pädagogischer Unterstützung nicht aufgegeben.

Dem persönlichen Engagement von Pädagogen stehen in vielen Fällen begrenzte strukturelle und materielle Ressourcen gegenüber. Nicht nur aus diesem Grund orientieren sich viele schulalternative Lernprojekte an Qualitätskriterien, wie sie auch in anderen sozialpädagogischen Arbeitsfeldern üblich sind. Solche Mindeststandards ermöglichen es, im komplexen pädagogischen Alltag systematische Handlungsstrategien zu entwickeln, die pädagogische Unsicherheit handhabbar werden lässt. Sie dienen der Qualitätssicherung bei Kontrolle ebenso wie bei Korrekturen und geben Veränderungsprozessen einen Rahmen. Sie ermöglichen die systematische Partizipation der Teilnehmenden und Kooperation mit Partnern. Nicht zuletzt erleichtern sie die Außendarstellung und scheinen damit unerlässlich für die Akzeptanz der pädagogischen Arbeit wie für die Einwerbung von Ressourcen.

2.   Qualitätsmerkmale schulalternativer Lernangebote

Qualitätskriterien können auf verschiedene Weise systematisiert und differenziert werden. Meist werden Strukturebene, Prozessebene und Ergebnisebene unterschieden (BMBFSJ 2002). Jede Ebene gliedert sich in diverse Inhalte, für die Qualitätskriterien (Merkmale) und Standards benannt werden können, die *„den Umfang, die Intensität und Art und Weise* [beschreiben, Anm. d. A.], *wie Qualitätsmerkmale gestaltet werden sollen, um fachlich anerkannt zu werden"* (Gerull 1999, S. 79). Eine systematische Unterscheidung von Qualitätsmerkmalen für Schulverweigerprojekte, entwickelt auf Grund theoretischer und empirischer Forschungsarbeiten im Rahmen der Evaluation von Schulverweigererprojekten im Land Sachsen-Anhalt, wurden bereits in einem anderem Kontext veröffentlicht (vgl. Müller u.a. 2004). Unter Berücksichtigung dieser vorgeschlagenen Qualitätsstandards und auf Grundlage der allgemeinen Bedingungen alternativer Beschulungsformen werden in den nachfolgenden Tabellen die Rahmenbedingungen und entsprechende Merkmale dargestellt, die als Mindeststandards für sozialpädagogisch orientierte schulalternative Lernprojekte formuliert werden können (vgl. Tabellen 1-3). In der Auseinandersetzung mit den dargestellten Qualitätsmerkmalen und Standards soll ausdrücklich auf den nachfolgenden Hinweis von Jordan aufmerksam gemacht werden.

„Eine umfassende Betrachtung der Leistungsqualitäten hat die genannten Ebenen im Zusammenhang zu sehen. Allerdings verbieten sich hier Kausalitätsannahmen (etwa hohe Strukturqualität bewirkt hohe Prozessqualität, die wiederum zu einer hohen Ergebnisqualität führt), da ergebnisbestimmende Einflussgrößen durch dieses Modell nicht vollständig, in ihren Wechselwirkungen auch nicht hinreichend, erfasst werden können.“ (Jordan 1998, S. 19)

Strukturqualität beinhaltet zunächst rechtliche, finanzielle, fachliche sowie organisatorische Grundlagen der Projektarbeit. Konzept und Input gelten als weitere wichtige Qualitätsmerkmale (vgl. Beywl/Schepp-Winter 2000). Auf diese Weise werden neben den eigentlichen strukturellen Grundlagen – das heißt *„die Organisationsform einer Einrichtung, das Ausbildungsniveau der Mitarbeiter, der Personalschlüssel sowie die Verfügbarkeit von Ressourcen“* (Meinhold 1997, S. 26) – auch die theoretischen Grundannahmen und Zielsetzungen der Arbeit – in Form von Konzepten – und darüber hinaus *„soziale, kulturelle und personale Merkmale der Teilnehmenden oder Klienten sowie der Fachkräfte“* (Beywl/Schepp-Winter 2000, S. 26) – als Input – berücksichtigt.

Tabelle 1: Qualitätsstandards von Schulverweigererprojekten auf der Strukturebene (vgl. Müller u.a. 2004)

Merkmale	Standard
Gegenstand: Rechtliche Rahmenbedingungen	
Schul- und Sozialgesetzgebung sowie spezielle Vereinbarungen	- Berücksichtigung vorhandener gesetzlicher Grundlagen und Durchführungsbestimmungen - spezielle formelle Festlegungen sind notwendig - notwendige Handlungsspielräume
Versicherung von Mitarbeitenden und Teilnehmenden	- Versicherungs-, Rechts- und Haftschutz existiert für die Teilnehmenden und Mitarbeitenden

Merkmale	Standard
Gegenstand: Finanzielle Rahmenbedingungen	
verlässlicher Kosten- und Finanzetat	- ausgearbeiteter Kosten- und Finanzierungsplan unter Berücksichtigung verschiedener Kostenträger - Berücksichtigung von Sponsoring und möglichen finanziellen Zuschüssen durch Beteiligung an Wettbewerben/Ausschreibungen - Darstellung der zu erwartenden investiven Kosten mit Eigenanteil - Beschreibung der zu erwartenden Festkosten - Beschreibung der zu erwartenden flexiblen Kosten
Gegenstand: Rechtliche Rahmenbedingungen	
strukturelle Einbindung der geplanten Maßnahme	- Bezug zu vorhandenen Strukturen - strukturelle Besonderheiten
kooperative Einbindung	- regelmäßige Kooperationsbeziehungen mit Beteiligten (Teilnehmende, Bezugspersonen) und professionellen Partnern
Ort und Räumlichkeiten	- Auswahl von Ort und Räumlichkeiten sowie deren Gestaltung nach inhaltlichen Gesichtspunkten entsprechend der Konzeption
Gegenstand: Konzeptionelle Rahmenbedingungen	
Anlehnung an fachliche Erkenntnisse oder Standards aller einzubeziehenden pädagogischen und angrenzenden Arbeitsfelder (Personen-, Umfeld- und Wissenschaftsorientierung)	- Konzeption ist theoretisch begründet - regelmäßige Überprüfung und Weiterentwicklung

Merkmale	Standard
Bestimmung der pädagogischen Zielsetzungen (plausible Verbindung von Bedarf/Anforderungen der Zielgruppe, Zielen, Intervention)	- Situationsanalyse - Bedarfsanalyse - klare Benennung und Abgrenzung der Zielgruppe (Intensität und Ausformung von spezifischen Charakteristika) - präzise gefasste, realistische und terminierte Teilziele - Übersicht über die Gesamtheit der geplanten Maßnahmen
Bestimmung pädagogischer und anderer Aufgaben	- individuelle Förderung und Unterstützung sozialer Integration - bildungspolitische Kompensationsfunktion - soziale Unterstützungsfunktion in verschiedenen Problemlagen (z.B. zielgruppenorientierte Lernangebote, sozialpädagogische Einzelfallarbeit, Konfliktmediation, soziale Gruppenarbeit, Freizeitgestaltung, kooperative Beratung, Bezugsgruppenarbeit, Umfeldarbeit)
Klarheit und fachlogische Struktur	- deutliche Schwerpunktsetzung und Gliederung des Konzeptes entsprechend des pädagogischen Vorhabens
Gegenstand: Personelle Rahmenbedingungen	
formale Qualifikation	- formale berufsqualifizierende Abschlüsse und/oder Weiterbildungen entsprechend des Aufgabenprofils - Festlegung personeller Ressourcen entsprechend konkreter Projektziele und deren Umsetzungsmöglichkeiten
Anzahl der Mitarbeiter und Arbeitszeiten	- konkrete Festschreibung von Arbeitsaufgaben und Arbeitsteilungen entsprechend beruflicher Qualifikation

Merkmale	Standard
Anzahl der Mitarbeiter und Arbeitszeiten	- Arbeitszeitfestlegungen auf der Grundlage von Arbeitsaufgaben unter Berücksichtigung des dafür benötigten Zeitaufwandes
Gegenstand: Input	
soziale, kulturelle und personale Merkmale der Teilnehmenden und Mitarbeitenden, die in Projektarbeit zusammentreffen	- projektrelevante Unterschiede zwischen einzelnen Teilnehmen den sowie Mitwirkenden auf Grund ihrer sozialen, kulturellen und personalen Merkmale und ihrer situativen Bedürfnisse
personales Engagement der Mitarbeitenden	- Offenheit der Mitarbeitenden für neue/unbekannte Herausforderungen
persönliche Kompetenzen (Erfahrungen)	- Mitarbeitende verfügen über professionelle Erfahrung im pädagogischen Bereich

Prozessqualität bezeichnet die beobachtbaren Handlungsabläufe, d.h. sowohl die organisatorische als auch die professionsspezifische Umsetzung von Programmen (vgl. Beywl/Schepp-Winter 2000). Dabei werden inhaltliche und methodische Angebote auf der einen und organisatorische Abläufe auf der anderen Seite erfasst (vgl. u.a. Gallschütz/Puhr/Müller 2003).

Tabelle 2: Qualitätsstandards von Schulverweigererprojekten auf der Prozessebene (vgl. Müller u.a. 2004)

Merkmale	Standard
Gegenstand: Führungsprozesse	
z.B. Finanzmanagement	- ausreichende Finanzierung zur Absicherung von regelmäßigen und besonderen Aufgaben
z.B. Personalentwicklung	- Professionalität der Mitarbeitenden - Anerkennung und Förderung der Kompetenzen von Mitarbeitenden - Arbeitszufriedenheit der Mitarbeitenden

Merkmale	Standard
z.B. Öffentlichkeitsarbeit	- Wahrnehmung und Akzeptanz des Projektes im öffentlichen Raum - Einbettung des Projektes in Gemeindestrukturen
z.B. Qualitätssicherung und Evaluation	- differenzierte Sachberichte und regelmäßige Fortschreibungen der Konzeption - Selbst- und/oder Fremdevaluation
Gegenstand: Dienstleistungsprozesse	
Organisatorische und methodische Arbeitsverläufe der Lernangebote	- Gestaltung der Lernangebote unter Berücksichtigung der individuellen und sozialen Ausgangslagen sowie der formulierten Teilziele
Organisatorische und methodische Arbeitsverläufe praktischer Arbeit	- Gestaltung der praktischen Arbeit unter Berücksichtigung der individuellen und sozialen Ausgangslagen sowie der formulierten Teilziele
Organisatorische und methodische Arbeitsverläufe der sozialpädagogischen Arbeit	- Einsatz vielfältiger sozialpädagogischer Ansätze und Methoden unter Berücksichtigung der individuellen und sozialen Ausgangslagen sowie der formulierten Teilziele
Hilfe- und Förderplanung	- systematische, einzelfallbezogene, ressourcenorientierte Hilfe- und Förderplanung
Teamarbeit	- systematische und situative kollegiale Kooperation und Beratung
Kooperation	- Zusammenarbeit mit Projektleitung und -trägern - Zusammenarbeit zwischen Mitarbeitenden und Teilnehmenden

Merkmale	Standard
Kooperation	- Zusammenarbeit zwischen Mitarbeitenden und Bezugs personen der Teilnehmenden - personelle und inhaltliche Ausgestaltung von Kooperationsstruktu ren mit relevanten Einrichtungen (Netzwerk)
Gegenstand: unterstützende Prozesse	
z.B. Fort- und Weiterbildung	- inhaltlich relevante externe Fort und Weiterbildungsangebote verschiedener Anbieter - projektspezifische interne Fortbildungen
z.B. Supervision	- Supervision als fester Bestandteil der Projektarbeit

Ergebnisqualität bezieht sich auf die erreichten Effekte des Arbeitsprozesses. Die Ergebnisse können dabei in erreichte Ziele (Output bzw. Effizienz) und – nur begrenzt – in messbare Veränderungen (Outcome bzw. Effektivität) differenziert werden. Konkret bezeichnet „Effizienz" die Ergebnisse, die quantifizierbar sind bzw. das Vorhandensein einer Leistung (Output) und Effektivität Wirkungen von Maßnahmen oder Leistungen (Outcome) (für die Kinder- und Jugendhilfe vgl. u.a. Merchel 1998).

Tabelle 3: Qualitätsstandards von Schulverweigererprojekten auf der Ergebnisebene (vgl. Müller u.a. 2004)

Merkmale	Standard
Gegenstand: Output	
Erreichen der zentralen Zielsetzung entsprechend der Konzeption	- Bestätigung der Erreichung der zentralen Zielsetzung (Festhalten ‚messbarer' Veränderungen, Test- und Befragungsergebnisse) - verbale Einschätzungen und Empfehlungen zur weiteren Begleitung bzw. Unterstützung

Merkmale	Standard
Gegenstand: Output	
Erreichen von möglichen Veränderungen bei Teilnehmenden (Entwicklungsverläufe)	- Annahme pädagogischer Angebote durch Teilnehmende (z.B. Beziehungsangebote) - Teilziele entsprechend der Konzeption in schulischen, arbeitspraktischen und sozialpädagogischen Bereichen
Netzwerkentwicklung	- Projekt ist bei relevanten Einrichtungen bekannt - Kooperationsstrukturen existieren und werden genutzt
Input (z.B. personale Kompetenzen der Mitarbeitenden)	- professioneller Umgang mit Grenzerfahrungen - Erweiterung des Methoden- und Handlungsrepertoires
Wahrnehmung von Nicht-Teilnahme am schulischen Lernen und fehlenden Schulabschlüssen als pädagogisches Problem	- produktive Auseinandersetzung zum Thema in kooperierenden Einrichtungen nimmt zu (Schule, Jugendamt, ARGEn SGB II etc.)

Eine Unterscheidung zwischen den Qualitätsebenen wird nicht nur bei der Evaluation sozialpädagogischer Projekte, sondern auch in anderen Arbeitsfeldern, z.B. der Schulforschung vorgenommen. Kempfert und Rolff (2002) heben hervor:

„Qualität bemisst sich nicht nur an den Leistungen der Schüler, sondern auch an dem, was die Einzelschule den Lernenden anbietet". (Kempfert/ Rolff 2002, S. 14)

So weisen auch die Autoren des Berichtes „Zur Entwicklung nationaler Bildungsstandards" darauf hin, dass Testverfahren zur *„Feststellung und Bewertung von Lernergebnissen"* (BMBF 2003, S. 38) dienen, jedoch keinem Selbstzweck gehorchen dürfen.

Sie *„haben somit eine Rückmeldefunktion, mit der sie zur outputorientierten Steuerung beitragen. […] Ihr Ziel ist es, die Wirkungen (und Nebenwirkungen)* *des pädagogischen Handelns in den Blick zu nehmen um so professionelles, rationales Handeln zu ermöglichen.*" (ebenda)

Evaluationsergebnissen wird damit die Funktion zugesprochen, *„die Professionalität der Lehrenden zu fördern und die Qualität von Schule und Unterricht weiterzuentwickeln.*" (ebenda)

Eine ähnliche Positionierung wäre schulalternativen, sozialpädagogisch orientierten Lernprojekten zu wünschen. Sie haben jedoch mit weiteren gravierenden Schwierigkeiten zu tun, die nachfolgend diskutiert werden sollen.

3. Zur aktuellen Situation von schulalternativen Lernangeboten

Lernprojekte in Verantwortung der Kinder- und Jugendhilfe leiden unter strukturellen Einschränkungen. Die Zuständigkeitsaufteilung zwischen Kultus- und Sozialverwaltungen – und neuerdings auch der Arbeitsverwaltung – einerseits sowie der Einsparungsdruck bei Sozialausgaben andererseits erlauben derzeit für sozialpädagogische Schulprojekte keine verlässlichen gesetzlichen Grundlagen. Das führt dazu, dass Genehmigungen von Projekten, Entscheidungen über deren Dauer, über Unterrichtsabsicherung, über Vergabe von Zertifikaten, über Finanzierungen u.a. nicht in erster Linie von einer pädagogisch motivierten Wahrnehmung der Bedürfnisse an alternativen Bildungsangeboten, sondern von politischen Entscheidungen abhängig sind.

Mit einer solchen politischen Argumentation lässt sich auch eine allgemeine Schulpflicht und deren konsequente Durchsetzung begründen. Mors bezeichnet den *„Allgemeinzweck der Schulpflicht"* als *„strafwürdiges Schutzgut"* (Mors 1986, S. 269). Dieser umfasst zum einen das allgemeine Erfordernis einer qualifizierten Elementarbildung und zum anderen die steigenden Sozialkosten, welche die Allgemeinheit bei Schulversagen zu tragen hat (vgl. ebenda). Ein aktuelles Beispiel für eine solche politische Argumentation findet sich in der Augustausgabe der Informationen des Bundesministeriums für Wirtschaft und Arbeit (BMWA). Dort heißt es:

„Unter den Jugendlichen, die jetzt in den Job-Centern betreut werden, ist der Anteil der gering Qualifizierten besonders hoch. Zwei Drittel der Jugendlichen ohne Berufsausbildung beziehen Arbeitslosengeld II. Etwa

ein Drittel dieser jungen Kunden unter 25 hatte keinen Schulabschluss."
(BMWA 2005, S. 4)

Eine derartige Notiz unter einer statistischen Übersicht suggeriert, dass
mindestens ein Teil der Jugendlichen, wenn sie denn einen Schulabschluss
vorzuweisen hätten, nicht das Arbeitslosengeld II beziehen müssten.

Geht man davon aus, dass Heranwachsende von ihrem Bildungsrecht keinen
Gebrauch machen, kann das als Selbstschädigung interpretiert werden, die
pädagogische Angebote legitimiert. Eine staatliche Sanktionsberechtigung
würde daraus nicht folgen (vgl. Mors 1986). Anders verhält es sich, wenn
die Sozialkosten den Horizont der Argumentation bilden. Dann gilt die
Nicht-Teilnahme am schulischen Unterricht als Verletzung von Schulbesuchs-
und Verhaltenspflichten. Sie wurde seit der Einführung der Schulpflicht als
rechtliches und disziplinarisches Problem interpretiert und sanktioniert.
Demnach verletzen Schüler, die ihrer Schulpflicht nicht nachkommen wie
auch Sorgeberechtigte und Ausbildende, welche die Erfüllung der Schulpflicht nicht gewährleisten, eine verbindliche gesellschaftliche Erwartung
und sollen dafür zur Verantwortung gezogen werden.

Aus schulrechtlicher Perspektive gilt die Nicht-Teilnahme am schulischen
Unterricht als Schulpflichtverletzung. Dazu gehören sowohl Verstöße gegen Schulbesuchs- als auch gegen Verhaltenspflichten. Ihnen soll zunächst
sowohl durch pädagogische als auch durch schulrechtliche Ordnungsmaßnahmen in der Schule entgegengewirkt werden.

Längere Abwesenheit von der Schule wird formal rechtlich meist als
Ordnungswidrigkeit gehandhabt und bestraft. Ehmann und Rademacker
verweisen darauf, dass die Wirkung dieser Erziehungs- und Ordnungsmaßnahmen *„weniger im Hinblick auf die Vermeidung des geahndeten Verhaltens als bezogen auf die soziale Ausgrenzung der betroffenen Kinder und
Jugendlichen*" (Ehmann/Rademacker 2003, S. 67) nachhaltig scheint. Damit
sind zunächst vor allem Belastungen der sozialen Beziehungen in Schule
und Familie angesprochen.

Mit der Einführung des Zweiten Sozialgesetzbuches (SGB II) zum
01.01.2005, des so genannten „Vierten Hartz-Gesetzes" (Viertes Gesetz für
moderne Dienstleistungen am Arbeitsmarkt) zur Reform der Arbeitsmarkt-
politik und des Sozialrechts bei Arbeitslosigkeit und der damit verbundenen
Betreuung von Langzeitarbeitslosen durch gemeinsame Arbeitsgemeinschaften von Kommunen und Arbeitsagenturen (ARGEn SGB II, Job-Center

bzw. Optionskommunen), lässt sich eine neue Sanktionspraxis beobachten. Unter dem erklärten Ziel der Bekämpfung der anhaltenden Massen- und Dauerarbeitslosigkeit mit einem „modernisierten Arbeitsmarkt" verbindet das SGB II Leistungen zur Sicherung des Lebensunterhaltes für erwerbsfähige Bedürftige und Sozialgeld für nicht erwerbsfähige Angehörige mit Leistungen zur Eingliederung in Arbeit. Die Veränderungen des Arbeitslosenrechts beinhalten eine gesteigerte Pflicht zur Aufnahme einer Erwerbsarbeit und Sanktionen für Personen, die *„nicht arbeitswillig"* sind bzw. *„zumutbare Arbeit oder Maßnahmen zur Eingliederung in den allgemeinen Arbeitsmarkt ablehnen"* (vgl. SGB II §31, S. 44f.). Für erwerbsfähige Jugendliche zwischen dem 15. und 25. Lebensjahr, die ihrer Schul- einschließlich der Berufsschulpflicht nicht nachkommen bzw. eine angebotene Maßnahme der beruflichen Orientierung und Vorbereitung nicht annehmen oder abbrechen, sind besonders harte Sanktionsmaßnahmen vorgesehen.

So werden ihnen *„bei der ersten Verletzung von Eingliederungs- und Arbeitspflichten, bei Herbeiführung der Bedürftigkeit oder unwirtschaftlichem Verhalten"* (Tripp u.a. 2004, S. 71) die Leistungen des Arbeitslosengeld II auf Leistungen für Unterkunft und Heizung beschränkt. Die Regelleistungen für den *„fürsorgetypischen Bedarf an Ernährung, Strom/Gas, Kleidung, Körperpflege, Hausrat, Haushaltsgeräte, Freizeit, Verkehr, Soziales und Kulturelles"* (SGB II §20 , S. 39) können für drei Monate vollständig gestrichen werden.

Während dieser Zeit besteht auch kein Anspruch auf ergänzende Leistungen der Sozialhilfe zum Lebensunterhalt nach SGB XII. Als einzige Form der Hilfe zum Lebensunterhalt können dann Sachleistungen, z.B. in Form von Einkaufsgutscheinen für Grundnahrungsmittel, ausgehändigt werden.

Erste Erfahrungen zeigen, dass diese Praxis auch bei vollzeitschulpflichtigen Heranwachsenden, die als *„nicht Erwerbsfähige in einer Bedarfsgemeinschaft"* (SGB II §7, S. 31f.) leben, angewendet wird. Auch ihnen werden die Leistungen gestrichen, wenn sie ihrer Schulpflicht nicht nachkommen. Formal schließt sich die Ahndung von Schulabsentismus als Ordnungswidrigkeit und als Verletzung von Eingliederungspflichten nicht aus, so dass schulpflichtigen Mitgliedern einer Bedarfsgemeinschaft sowohl die Regelleistungen zum Lebensunterhalt gestrichen werden können als auch ein Bußgeld auferlegt werden kann.

Unter dem Motto „Fördern und Fordern" scheint auch ein neues Instrumentarium zur Durchsetzung der Schulpflicht gegeben. Im Anschluss an Ehmann und Rademacker wäre zu vermuten, dass auch diese Sanktionsmaßnahmen weniger nachhaltig wirken werden. Der Begriff der „sozialen Ausgrenzung" (Ehmann/Rademacker 2003, S. 67) scheint hier insbesondere angebracht, weil mit ihm das Problem der eingeschränkten Teilhabe an ökonomischen, kulturellen, politisch-institutionellen und sozialen Beziehungen bezeichnet werden kann (vgl. Kronauer 2002). Soziale Teilhabe und bestehende soziale Nahbeziehungen werden zusätzlich belastet, wenn die Bedarfsgemeinschaft – ohnehin in einer prekären ökonomischen Situation – den Ausfall des Sozialgeldes für den Jugendlichen kompensieren muss.

4. Erste Erfahrungen mit schulalternativen Lernangeboten unter veränderten gesetzlichen Rahmenbedingungen

Es stellt sich die Frage nach den Intentionen und der Vereinbarkeit dieser gesetzlichen Regelungen, die vielen pädagogischen und auch vereinzelten sozialpolitischen Bestrebungen der letzten Jahre entgegen gesetzt scheinen. Es müsste danach gefragt werden, wie sich die Ansprüche der Verwaltung durch „bessere Betreuung und Vermittlung" bis zum Jahresende zu erreichen, „dass kein Jugendlicher unter 25 Jahren länger als drei Monate arbeitslos ist" (BMWA 2005, S. 5) mit den Intentionen schulalternativer Lernprojekte vereinbaren lassen. Diese Frage kann an dieser Stelle nicht zufriedenstellend beantwortet werden. Auf Grund eigener Beobachtungen der letzten Monate, die im Folgenden zusammenfassend dargestellt werden sollen, könnte diese Frage jedoch auch umformuliert werden:

- Schulabbrecher und Jugendliche, die ihrer Schulpflicht nicht nachkommen, wurden in Fachtagungen[1] als eine explizite Zielgruppe der ARGEn SGB II bezeichnet. Angebote zur schulischen Reintegration bzw. zum externen Erwerb eines Schulabschlusses sind ausgeschrieben und als Modellprogramme realisiert worden. Das könnte angesichts knapper Ressourcen der Kommunen und anderer Finanzierungsquellen als Chance gewertet werden.

---

1 Zum Beispiel bei der Abschlusstagung des Netzwerkes Prävention von Schulmüdigkeit und Schulverweigerung des DJI im Herbst 2005 in Leipzig oder auch bei der 1. Jugendkonferenz der ARGE im Frühjahr 2005 in Halle/S.

- Träger der Jugendsozialarbeit, die über langjährige Erfahrungen mit dieser Zielgruppe verfügen, sind scheinbar bei der Vergabe der zur Verfügung stehenden Gelder nicht oder nur unzureichend berücksichtigt worden. Diese Beobachtung kann von außen kaum interpretiert werden, jedoch befremdet dieses Gebaren, vorhandene Strukturen und Erfahrungen zu verwerfen.

- Gemeinden reduzieren bzw. stellen die Anteilsfinanzierung bestehender Projekte der Jugendsozialarbeit ein, scheinbar mit der Legitimation adäquater Angebote, die durch die ARGEn SGB II finanziert werden. Damit gehen qualifizierte Angebote verloren, die allen Jugendlichen offen standen, nicht ausschließlich Empfängern von Arbeitslosengeld II bzw. Sozialgeld.

- Die Qualität und Kontinuität pädagogischer Arbeit in den Dimensionen Struktur-, Prozess- und Ergebnisqualität scheint von den Arbeitsgemeinschaften des SGB II nach zum Teil völlig anderen Kriterien bewertet zu werden, als dies aus sozialpädagogischer Perspektive sinnvoll erscheint.

Der Aspekt der unterschiedlichen Kriterien der Qualität pädagogischer Arbeit in schulalternativen Lernprojekten wird in einem nächsten Schritt anhand einiger weniger ausgewählter Merkmale und Standards auf Struktur-, Prozess- und Ergebnisebene (siehe Tabelle 1-3) diskutiert:

A) Zur Strukturebene

Gegenstand: Rechtliche Rahmenbedingungen
Neben die bisherige Schul- und Sozialgesetzgebung tritt das SGB II als rechtlicher Rahmen sozialpädagogischer alternativer Bildungsprojekte. Die Arbeitsgemeinschaften des SGB II beauftragen freie Träger der Jugendsozialarbeit oder andere Anbieter im Rahmen des *„Fallmanagement durch Dritte“* (vgl. SGB II §17, S. 37f.). Bis auf die Zahlung von Sozialleistungen haben Sozialpädagogen alle Aufgaben einer Fallmanagerin/eines Fallmanagers zu übernehmen. Die Erfüllung dieser Aufgaben schränkt notwendige Handlungsspielräume für sozialpädagogische Angebote erheblich ein.

Gegenstand: Finanzielle Rahmenbedingungen
Als ein strukturelles Qualitätsmerkmal sozialpädagogischer Arbeit gilt ein verlässlicher Finanzetat auf der Basis eines ausgearbeiteten Kosten- und Finanzierungsplans. Die Projektfinanzierung durch die ARGEn SGB II

erfolgt monatlich entsprechend der Zahl der Teilnehmer im Projekt und ist an Auflagen, z.B. die kontinuierliche Projektteilnahme, gebunden. In der pädagogischen Arbeit mit Jugendlichen, die langfristig nicht mehr am schulischen Lernen teil hatten, gehört jedoch die Auseinandersetzung mit Diskontinuitäten gerade zum pädagogischen Prozess. So bleibt die Finanzierung dieser schulalternativen Bildungsprojekte für die Träger unsicher. Von einem verlässlichen Finanzetat in selbstständiger Verfügung der Projekte kann nicht ausgegangen werden.

Gegenstand: Konzeptionelle Rahmenbedingungen
Darüber hinaus scheinen erste Erfahrungen darauf zu verweisen, dass bei der Zuweisung von Teilnehmern in sozialpädagogische schulalternative Bildungsangebote begründete Projektkonzeptionen nicht ausreichend berücksichtigt werden. Das führt dazu, dass die Qualitätsstandards einer klaren Benennung und Abgrenzung der Zielgruppe sowie einer eindeutigen Bestimmung pädagogischer Aufgaben nicht eingehalten werden können.

Gegenstand: Input
Bei den zugänglichen Eingliederungsvereinbarungen zwischen ARGEn bzw. Job-Centern und Jugendlichen stellt sich sowohl die Frage nach der Fallspezifik der Vereinbarungen als auch nach der Freiwilligkeit auf Seiten der Jugendlichen. Auffällig scheint einerseits die ausführliche Darstellung der Verpflichtungen des Jugendlichen gegenüber dem ausschließlichen Gewinn im anzustrebenden Hauptschulabschluss, andererseits die Ähnlichkeit des Wortlauts der Verpflichtungen auf Seiten der Jugendlichen wie die ausschließliche Benennung des Trägers der Maßnahme ohne inhaltliche Differenzierungen auf der Angebotsseite. Für Jugendliche, die ihre Schulpflicht noch nicht erfüllt haben bzw. die noch nicht das 18. Lebensjahr vollendet haben, fehlen Alternativen zur Reintegration ins Berufsvorbereitungsjahr (BVJ).[2]

B)   Zur Prozessebene

Gegenstand: Führungsprozesse
Als ein wesentliches Merkmal der Qualität von Führungsprozessen gilt die Qualitätssicherung und Evaluation. Differenzierte Sachberichte und regelmäßige Fortschreibungen der Konzeption sowie die systematische Durchführung von Selbst- und/oder Fremdevaluation scheinen jedoch weniger

---

2 Das BVJ ist eine schulische Form der Berufsvorbereitung und wird überwiegend an Berufsschulen angeboten. Zielgruppen sind vor allem Schüler ohne Hauptschulabschluss oder Abgänger der Förderschulen/Schulen für Lernbehinderte. Das BVJ dauert ein Jahr. Es vermittelt fachpraktische und fachtheoretische Grundqualifikationen, schafft Einblicke in verschiedene Berufsfelder (z.B. Metall, Holz, Gestalten) und hilft, schulische Lücken zu schließen.

abgefordert zu werden als vielmehr formale Anwesenheitslisten und Arbeitsberichte. Nachweise über unentschuldigte Fehlzeiten von Jugendlichen im Projekt können die oben beschriebenen Sanktionen nach sich ziehen. So kann die Auskunftspflicht der Sozialpädagogen gegen deren pädagogischen Intentionen und Verantwortung stehen.

Gegenstand: Hilfe- und Förderplanung
Für den Prozess der Maßnahme sind die Projektträger verantwortlich. Allerdings scheinen sie zumeist erst nach erfolgter Eingliederungsvereinbarung in Kontakt mit Teilnehmern treten zu können. So wird beklagt, dass Jugendliche unzureichend über die Ziele und Methoden der Maßnahme informiert wurden und sich vor Antritt kaum darüber informieren konnten, was sie erwarten wird. Die Realisierung des Qualitätsstandards systematischer, einzelfallbezogener, ressourcenorientierter Hilfe- und Förderplanung wird damit zumindest erschwert.

C)   Zur Ergebnisebene

Gegenstand: Output
Es wäre zu prüfen, ob bei der Vergabe von Lernprojekten für schulverweigernde Jugendliche an Träger der Jugendsozialarbeit durch die ARGEn eine reine Outputorientierung den Vorrang vor outcome-orientierten Zielstellungen erhält. Für jeden erreichten Hauptschulabschluss – und nur für diese – wurden nach Abschluss der Projekte Erfolgspauschalen gezahlt. Erfolgspauschalen könnten als Reinvestitionen für neue Projekte genutzt werden. Sie verfehlen ihre Wirkung, wenn weitere Maßnahmen ausbleiben. Die Erreichung des Hauptschulabschlusses, extern oder nach Rückführung ins BVJ, war die vorgegebene Zielstellung für die meisten Projekte. Weder das Erreichen von Veränderungen bei den Teilnehmenden noch die Rückkehr in das Berufsvorbereitende Jahr (BVJ) an der Berufsschule ohne erreichten Schulabschluss scheinen als Leistungen der Projekte akzeptiert zu werden. Konnte das angestrebte Projektziel „Hauptschulabschluss" nicht erreicht werden, schienen keine alternativen oder anschließenden Angebote möglich.

Das erscheint in doppelter Weise problematisch. Zunächst wäre jede begleitete Veränderung, mit der die Chancen der sozialen und/oder beruflichen Integration eines Jugendlichen erhöht werden, als erfolgreiche sozialpädagogische Arbeit zu verstehen. Der erfolgreiche Hauptschulabschluss gilt zudem für viele Jugendliche auch eher als ein persönlicher Erfolg, angesichts seines inflationären Wertes am Ausbildungs- und Arbeitsmarkt, und sichert nicht die Unabhängigkeit vom Arbeitslosengeld II (ALG II).

So scheint zumindest für die Zielgruppe der schulabsenten Jugendlichen mit den aktuell praktizierten Strategien der Arbeitsgemeinschaften SGB II die Realisierung des Anspruchs, *„dass kein Jugendlicher unter 25 Jahren länger als 3 Monate arbeitslos ist"* (BMWA 2005, S. 5), in weiter Ferne. Jedoch könnten die Erfahrungen schulalternativer Lernangebote und ihre Qualitätsansprüche wesentliche Anregungen für eine „bessere Betreuung und Vermittlung" von Jugendlichen geben, die durch allgemeine Schulen nicht mehr erreicht werden können. In diesem Sinne scheint eine Öffnung der ARGEn SGB II und eine erweiterte Arbeitsgemeinschaft unter Einbezug sachkompetenter Partner, auch der Jugendsozialarbeit, wünschenswert.

Literatur

Beywl, W. / Schepp-Winter, E. (2000): Zielgeführte Evaluation von Programmen. Ein Leitfaden. In: Bundesministerium für Familie, Senioren, Frauen und Jugend (BMFSFJ) (Hg.): Materialien zur Qualitätssicherung in der Kinder- und Jugendhilfe. 6. Jg.: QS 29. Berlin.

Bundesministerium für Bildung und Forschung (BMBF) (2003): Zur Entwicklung nationaler Bildungsstandards. Unter: http://www.bmbf.de/pub/zur_entwicklung_nationaler_ bildungsstandards.pdf vom 24.02.2003.

Bundesministerium für Familie, Senioren, Frauen und Jugend (BMFSFJ) (2002): Materialien zur Qualitätssicherung in der Kinder- und Jugendhilfe. QS 1-36, CD-ROM. Berlin.

Bundesministerium für Wirtschaft und Arbeit (BMWA) (2005): Informationen aus Wirtschaft und Arbeit, Heft 4.

Ehmann, C. / Rademacker, H. (2003): Schulversäumnisse und sozialer Ausschluss. Vom leichtfertigen Umgang mit der Schulpflicht in Deutschland. Bielefeld.

Ehmann, Ch. / Rademacker, H. (2001): Schulschwänzen und sozialer Ausschluss. Deutsches Institut für Erwachsenenbildung (unveröffentlichter Zwischenbericht einer Untersuchung).

Gallschütz, C. / Puhr, K. / Müller A.G. (2003): Pädagogische Förderung schulverweigernder Heranwachsender in Schulverweigererprojekten. Schulabsentismus – Wissenschaftliche Begleitung pädagogischer und psychologischer Maßnahmen zur schulischen und beruflichen Integration (Reintegrationsklasse und Werk-statt-Schule). Abschlussbericht. Halle/S. (unveröffentlicht).

Gerull, P. (1999): Selbstbewertung des Qualitätsmanagements. Eine Arbeitshilfe. In: Bundesministerium für Familie, Senioren, Frauen und Jugend (BMFSFJ) (Hg.): Materialien zur Qualitätssicherung in der Kinder- und Jugendhilfe. 6. Jg. QS 24. Berlin.

Jordan, E. (1998): Qualitätssicherung in der Jugendhilfe. In: Jordan, E. / Reismann, H./Institut für soziale Arbeit e.V. (Hg.): Qualitätssicherung und Verwaltungsmodernisierung in der Jugendhilfe. S. 12-39.

Kempfert, G. / H.-G. Rolff (2002): Pädagogische Qualitätsentwicklung. Ein Arbeitsbuch für Schule und Unterricht. 3. unveränderte Auflage. Weinheim/Basel. Bad Heilbrunn, S. 163-183.ff.

Puhr, K. (2003): Lernangebote für schulverweigernde Kinder und Jugendliche. Pädagogische Probleme unter dem Anspruch von Schulpflicht und Bildungsrecht. Hamburg.

Puhr, K. / Knopf, H. / Gallschütz, Ch. / Häder, K. / Müller, A. G. (2001): Pädagogisch psychologische Analysen zum Schulabsentismus. „Ich hab' es angehalten, das Rad, das Schuleschwänzen heißt". Halle/S.

Rademacker, H. (1990): Schule und Sozialpädagogik. In: Speck, O. / Martin, K.-R. (Hg.): Handbuch der Sonderpädagogik Band 10. Sonderpädagogik und Sozialarbeit. Berlin, S. 298-318.

Sozialgesetzbuch (SGB) Zweites Buch (II), Grundsicherung für Arbeitssuchende vom 24.12.2003. In: Sozialgesetzbuch 2005. Textausgabe, 32. Auflage. München, S. 25-64.

Sozialgesetzbuch (SGB) Zwölftes Buch (XII), Sozialhilfe vom 27.12.2003. In: Sozialgesetzbuch 2005. Textausgabe, 32. Auflage. München, S. 1325-1381.

Thimm, K. (2000): Schulverweigerung: Zur Begründung eines neuen Verhältnisses von Sozialpädagogik und Schule. Münster.

Tripp, G. / Heßling, B. / Bruhn-Tripp, J. (2004): Materialien zum Sozialrecht. Vergleich Einkommenssicherung nach der abgeschafften Arbeitslosenhilfe, Sozialhilfe und im Arbeitslosengeld II. Unter: http:/www.alz-dortmund.de/paf/alg2.pdf vom 26.08.2004.

Kerstin Popp

Schulverweigerung aus der Sicht unterschiedlicher Professionen[1]

1. Einleitung

Zeitungsberichte und wissenschaftliche Publikationen belegen einen tendenziellen Anstieg der Zahl von Kindern und Jugendlichen, die sich der Schule verweigern. (Sturzbecher/Dietrich 1993; Warzecha 2001; Schreiber-Kittl 2002). Die Reihe der Veröffentlichungen zum Phänomen der Schulverweigerung ist daher lang. Dabei sind es nicht nur Pädagogen [(Förder-) Schul- und Sozialpädagogen)], die sich mit Schulverweigerern beschäftigen, sondern auch Psychologen, Mediziner, Soziologen, Politiker und Juristen melden sich zu Wort.

„Aus der Perspektive einer praxisbezogenen Forschung wird deutlich, dass sich unterschiedliche Berufsgruppen mit unterschiedlichen Sichtweisen und einem oftmals nur geringen Kooperationsverhalten mit den Schulabstinenten auseinandersetzen. Neben Schul-, Sonder- und Sozialpädagogen befassen sich auch Psychologen, Psychiater und Allgemeinmediziner mit den auffälligen Verweigerern.“ (Simon 2002, S. 13)

Ihr Blickwinkel auf das Phänomen der Schulverweigerung, aber vor allem auf den Träger desselben, nämlich die sich verweigernden Kinder und Jugendlichen, ist je nach Wissenschaftsgebiet häufig sehr different. Hinzu kommen unterschiedliche Sichtweisen der einzelnen Schulen innerhalb der jeweiligen Wissenschaftsdisziplinen selbst. Die Suche nach den Ursachen für Schulverweigerung und die Suche nach den möglichen Handlungsansätzen, um ihr zu begegnen, erfolgt auf sehr unterschiedlichen Wegen. Unterschiedlichste **Begriffsbestimmungen** – wie Schulverweigerung, Schulabsentismus, Schulphobie – erschweren die gemeinsame Diskussion, da neben rein begrifflichen Unterschieden die jeweiligen Begriffe in den einzelnen Wissenschaftsgebieten zusätzlich mit unterschiedlichen Bedeutungsinhalten gefüllt werden. Die immer stärkere Verzweigung des Problems, die Differenzierung in innere und äußere Verweigerung, auf die

---

1 Leicht veränderte und gekürzte Fassung eines Artikels in: Herz/Puhr/Ricking 2004.

u.a. Mutzeck (2005) aufmerksam macht, sind hier noch nicht einmal benannt. Da es sich bei den Vertretern dieser Wissenschaftsgebiete aber auch um Personen handelt, die in unterschiedlichem Maße mit der Person des Schulverweigerers, Schulabstinenten usw. umgehen, auf ihn einwirken, mit ihm interagieren, gibt es unterschiedliche praktische Schlussfolgerungen zum Umgang mit Schulverweigerern.

Eng verflochten sind die Untersuchungen der Psychologie, insbesondere der Klinischen Psychologie aber auch der Schulpsychologie, mit denen der Kinder- und Jugendpsychiatrie als Zweig der Medizin. Hier sind die Übergänge fließend. Ebenso fließend vollzieht sich der Übergang zwischen soziologischen Untersuchungen und sozialpädagogischen Veröffentlichungen, da erstere häufig das Vorgehen letzterer begründen helfen. So werden in den nachfolgenden Überlegungen zum einen medizinische (psychiatrische) und (klinisch-)psychologische Veröffentlichungen und zum anderen pädagogische (sowohl sonder- als auch sozialpädagogische) und soziologische Überlegungen (soweit sie zur Begründung pädagogischer Sachverhalte herangezogen wurden – vgl. z.B. Dietrich u.a. 1993) zusammengefasst. Den Abschluss bilden einige kurze Ausführungen zur Sichtweise der Juristen auf das Problem der Schulverweigerung.

2. Schulverweigerung aus der Sicht der Klinischen Psychologie und der Kinder- und Jugendpsychiatrie

Für die Klinische Psychologie und die Kinder- und Jugendpsychiatrie ist das Phänomen der Schulverweigerung schon sehr lange bekannt. In den Vereinigten Staaten beschrieb Broadwin bereits in den 1930er Jahren Kinder, die während der Schulzeit auf Grund starker Angstgefühle bei ihren Eltern verblieben (Broadwin 1932). Die sich darauf aufbauenden Studien haben bis zum heutigen Tag zu einem verhältnismäßig klar umrissenen Begriffsbild geführt, das sich am Tätigkeitsfeld der Behandlung von psychisch auffälligen Kindern und Jugendlichen orientiert. So lassen sich nach Steinhausen (2002, S. 130) die **Ursachen** für die Abwesenheit von Schule **differentialdiagnostisch** auf:

- depressive Episoden,

- Anpassungs-/Belastungsstörungen,

- nicht psychisch bedingte Einflüsse (Krankheit, Hilfe im elterlichen Betrieb),

- Störungen des Sozialverhaltens („Schulschwänzen") oder

- Schulverweigerung zurückführen.

Letztere beruht auf verschiedenen Formen von Angststörungen. Im Falle der Trennungsangst kann „Schulphobie" auftreten, im Falle von Agoraphobie (Platzangst), Panikstörungen, spezifischer Phobie, sozialer Ängstlichkeit/ Phobie und generalisierter Angststörung kann sich „Schulangst" entwickeln.

Im Gegensatz zur pädagogischen Literatur, die für das Fernbleiben von Schule und Unterricht eine ganze Reihe von Begriffen und Abstufungen (Nuancierungen) kennt, wird im Rahmen der medizinisch-psychologischen Veröffentlichungen meist nur von Schulverweigerung und Schulschwänzen gesprochen.[2] Auffällig dabei ist die strenge Unterscheidung zwischen Schulverweigerung als höchste Stufe der Schulangst (Schulphobie) und Schulabwesenheit als Ausdruck dissozialen Verhaltens (Schulschwänzen). Nur ersterem gilt die eigentliche Aufmerksamkeit des Mediziners und des Klinischen Psychologen. **Schulverweigerung** als Angststörung (Schulangst) ist medizinisch und psychologisch diagnostizier- und therapierbar, **Schulschwänzen** ist ein dissoziales Verhalten, dessen medizinisch-psychologische Beeinflussung nur mittelbar bedeutsam erscheint. In dem einen Fall handelt es sich um einen krankhaften Zustand, im anderen vordergründig um ein Milieudefizit. Dies ist sicher sehr vereinfacht dargestellt, denn spätestens seit der Herausbildung der Sozialmedizin und Sozialpsychologie werden Wirkmechanismen umfassender untersucht. Im Bereich der Klassifizierung vereinfacht diese schematische Trennung jedoch dem Mediziner und Psychologen die Diagnostik.

Schulschwänzen als Angststörung wird im DSM-IV (Diagnostisches und Statistisches Manual Psychischer Störungen – vgl. Saß u.a. 1996) und ICD-10 (Internationale Klassifikation Psychischer Störungen – vgl. Dilling u.a. 1993) klassifiziert, allerdings unter unterschiedlichen Ausgangskriterien. Beziehen sich die Autoren auf die entsprechenden Klassifizierungen durch den DSM-IV wird unterschieden in Störung mit Trennungsangst (309.21), Spezifischer Phobie (300.29), Soziale Phobie (300.23), Generalisierte Angststörung

---

2 Ganter-Bührer (1991) hat diese Entwicklung unterschiedlicher Begriffe umfassend beschrieben.

(300.02) und Panikstörungen mit (300.21) und ohne Agoraphobie (300.01). „Soziale Phobie" und „Störung mit Trennungsangst" sind dabei die am meisten gefundenen Bezugspunkte. So heißt es unter den diagnostischen Kriterien für 309.21 (F 93.0) Störung mit Trennungsangst:

„A. Eine entwicklungsgemäß unangemessene und übermäßige Angst vor der Trennung von zu Hause oder von Bezugspersonen, wobei mindestens drei der folgenden Kriterien erfüllt sein müssen:

… (4) andauernder Widerwille oder Weigerung, aus Angst vor der Trennung zur Schule oder an einen anderen Ort zu gehen, …" (Saß/Wittchen/Zaudig 1996, S. 153)

In der Trennung von Bezugspersonen, aber auch in der Loslösung vom häuslichen Milieu wird die Hauptursache für die Weigerung, zur Schule zu gehen, gesehen. Entsprechend der wissenschaftstheoretischen Ausrichtung wird dann nach den Hintergründen für diese Trennungsangst gesucht (Bindungsstörungen, insbesondere zur Mutter, psychotraumatische Erlebnisse u.a.).

Aber auch Schulangst im Sinne von Versagensängsten, Schulangst als Reaktion auf Leistungsdruck wird benannt. Wobei der Bezug zur Schulangst nicht in jedem Falle gegeben sein muss. Das heißt, nicht jede Schulangst führt zur Schulverweigerung, und umgekehrt, nicht jede Schulverweigerung lässt sich auf Schulangst zurückführen.

„Schulangst wäre als ein akuter Zustand subjektiv erlebter Bedrohung des Schülers durch Schulleistungsforderungen und mögliches Versagen zu definieren. Sie kann sich äußern in allgemeiner Unlust, in die Schule zu gehen, in morgendlicher Übelkeit, in Bauchweh und Kopfweh, das täglich oder nur vor Klassenarbeiten auftritt, in Vermeidungsverhalten wie Trödeln oder Schwänzen, bis hin zu Schulverweigerung mit Einschließen zuhause oder Bettlägerigkeit." (Keller/Thewalt 1990, S. 117)

Von anderen Autoren wird ein Zusammenhang von Schulverweigerung und Schulangst jedoch ausdrücklich verneint und Schulverweigerung ausschließlich auf Trennungsangst, phobische Störungen und depressive Störungen zurückgeführt.

„Bei der Schulphobie führt exzessive Angst (nicht vor der Schule!) zu einer erfolgreichen Verweigerung des Schulbesuchs. Je nach Ausprägung sind

unregelmäßiger Schulbesuch bis hin zur mehrmonatigen Abwesenheit möglich. Die Kinder bleiben mit Wissen der Eltern zu Hause. Dies wird häufig mit somatischen Beschwerden gerechtfertigt, die jedoch nicht organisch begründet sind. Nicht die Schule ist die Ursache für die Schulverweigerung, sondern entweder Trennungsängste (75-80 %) oder phobische Ängste, die sich auf den Schulweg (Menschenansammlung, Beförderungsmittel) beziehen." (Schmidt/Blanz 1989, S. 39)

Eindeutig wird bei diesen Überlegungen die Ursache, der Auslöser für die Schulphobie außerhalb der Schule gesucht. Schule ist somit nur der Ort, der gemieden wird, der selbst nur bedingten Bezug zu dieser Angst hat: sie ist der Ort, an dem sich der Schüler laut Gesetzgeber befinden müsste. Dies heißt gleichermaßen: Schule ist der Ort, der Trennung von einer Person bedeutet, auf die der Schüler besonders fixiert ist. Der Ort selbst ist dabei ohne Bedeutung.

„Bei Kindern, die sich weigern in die Schule zu gehen, steht nicht das Problem der panischen Angst vor der Schule im Vordergrund, sondern die Trennungsangst, die als ausschlaggebend für die psychische Störung angesehen wird." (Reinhuber 1985, S. 63)

Ansatzpunkt der Intervention ist somit ausschließlich das Kind und seine Beziehung zur Bezugsperson.

„Schulphobie im definierten Sinne bedarf einer psychotherapeutischen Behandlung in einer Einrichtung, die ein sachgerechtes Zusammenwirken neurologischer, psychiatrischer, psychotherapeutischer, psychologischer und pädagogischer Maßnahmen ermöglicht ..." (Baumeister 2001, S. 27)

Auch in der rein medizinischen Literatur wird Schulphobie nur sehr einseitig mit Trennungsangst als primär familiäre Beziehungsstörung gleichgesetzt und als solche behandelt/therapiert. Mit zunehmendem Alter der Schulverweigerer wird dies jedoch problematisch:

„Schulphobie und Schulverweigerung sind Syndrome mit psychiatrischem Schwerpunkt. Für das Kindesalter ist das Konzept der ‚Schulphobie = Trennungsangst' akzeptiert. Trennungsangst wird dabei als Symptom neurotischer Angst verstanden. Für das Jugendalter fehlen aber eindeutige Vorstellungen, obgleich das Fernbleiben von der Schule im Jugendalter an Häufigkeit zunimmt. Auch die ICD-10 bietet keine Hilfestellung an."
(Braun-Scharm 2001)

Die **ICD-10** unterscheidet zwischen emotionalen Störungen mit Trennungsangst im Kindesalter (F 93.0), phobischen Störungen des Kindesalters (F 93.1), Störungen mit sozialer Ängstlichkeit des Kindesalters (F 93.2.), Störungen mit Überängstlichkeit (F 93.8) sowie Panikstörungen (F 41.0). Auf die Problematik der Schulverweigerung explizit verwiesen wird unter den diagnostischen Leitlinien zu F 93.0:

„3. Aus Furcht vor Trennung (mehr als aus anderen Gründen, wie Furcht vor Ereignissen in der Schule) resultierende, andauernde Abneigung oder Weigerung, die Schule zu besuchen. (...)

7. Wiederholtes Auftreten somatischer Symptome (wie Übelkeit, Bauchschmerzen, Kopfschmerzen oder Erbrechen) bei Trennung von einer Hauptbezugsperson, wie beim Verlassen des Hauses, um in die Schule zu gehen." (Dilling/Mombour/Schmidt 1993, S. 306)

In den weiteren Erläuterungen wird die Schwierigkeit der Anwendung dieser Erklärungsmuster auf Jugendliche problematisiert:

„Viele mit einer Trennung verbundenen Situationen gehen auch mit anderen möglichen Stressfaktoren oder Ursachen von Angst einher. Die Diagnose beruht auf dem Nachweis, dass die Trennung von einer Hauptbezugsperson das gemeinsame Element der verschiedenen angstauslösenden Situationen darstellt. Am deutlichsten wird das vielleicht bei der Schulverweigerung bzw. Schulphobie. Oft beruht diese auf Trennungsangst, manchmal (besonders während der Adoleszenz) nicht. Schulverweigerung, die erstmals während der Adoleszenz auftritt, sollte nicht hier klassifiziert werden, es sei denn, sie ist primär eine Funktion der Trennungsangst und trat bereits während des Vorschulalters auf. Sind diese Kriterien nicht erfüllt, soll das Syndrom in einer der anderen Kategorien von F 93 oder unter F 4 verschlüsselt werden." (ebenda)

Mit F 4 werden neurotische, Belastungs- und somatoforme Störungen klassifiziert.

Auch in der ICD-10 wird Schulschwänzen zu den Störungen des Sozialverhaltens bei vorhandenen sozialen Bindungen gezählt und taucht als dazugehöriger Begriff neben gemeinsamem Stehlen, Gruppendelinquenz, Vergehen im Rahmen einer Bandenmitgliedschaft und Verhaltensstörung in der Gruppe unter F 91.2 auf. Auch hier wird wieder die Nähe zu delinquentem Verhalten deutlich. Der Gruppeneffekt kann in der heutigen Praxis allerdings nicht mehrheitlich bestätigt werden, wenn er auch eine große Rolle spielt.

Baumeister beschreibt den für ihn „typischen" Schulverweigerer. Den typischen Schulverweigerer gibt es allerdings nicht. Mehr noch, auf nur wenige Jugendliche, insbesondere nicht auf jene, die die Schulverweigererwerkstätten besuchen, trifft deshalb die nachfolgende Generalisierung von Baumeister zu:

„Der ‚typische' Schulphobiker stellt sich folgendermaßen dar:

- Er erkrankt erstmals im Alter von 13,9 Jahren und ist ein durchschnittlich bis überdurchschnittlich intelligentes Kind.

- Die Symptomdauer vor stationärer Aufnahme beträgt 14,7 Monate.

- Der Schulphobiker wächst mit einem Geschwisterkind oder als funktionelles Einzelkind auf. In Familien mit mehreren Kindern nimmt er häufig die Position des Jüngeren ein.

- Das durchschnittliche Alter der Mutter bei der Geburt beträgt 30,7 Jahre.

- 40 % der Kinder leben in einer Familie, in der die Eltern in Trennung oder Scheidung leben.

- Häufig geben die Mütter schulphobischer Kinder an, an einer Erkrankung des depressiven Formenkreises zu leiden oder gelitten zu haben. Auch knapp 1/5 der Väter ist von einer psychischen Erkrankung betroffen: dabei handelt es sich meist um den Missbrauch von Alkohol.

- Der schulphobische Patient hat keine echten Leistungsprobleme in der Schule, vielmehr entstehen sie sekundär durch die Zeit des langen Schulversäumnisses.

- Während der Erkrankung klagt der Patient typischerweise über Symptome aus dem Bereich des Gastrointestinaltraktes (Magen und Darm betreffend), über Kopfschmerzen und über Schlafstörungen.

- Bei fast 1/4 der Patienten wurde vor ihrer Aufnahme ein regelrechter ‚Arzttourismus' betrieben.

- An psychischen Symptomen werden gehäuft Trennungsprobleme, Unselbständigkeiten und Kontaktstörungen beobachtet. Auffallend ist auch die depressive Stimmungslage.

- Die Trennungsschwierigkeiten bestanden oft schon im Kindergarten- oder Grundschulalter." (Baumeister 2001, S. 57)

Vollkommen anders als bei der Schulphobie verhält sich der Sachverhalt bei der Definition der **Schulangst**.

„Die Schulangst hat im Gegensatz zur Schulphobie ihre Ursachen in der Schule, in umschriebenen, furchtauslösenden Objekten und Situationen. Sie wird durch bestimmte Gegebenheiten und personenspezifische Umstände ausgelöst.

Dazu zählen Leistungserwartungen und -bewertungen, schwierige Aufgaben, insgesamt die Angst vor schulischen Minderleistungen; bei den personellen Faktoren spielen eine erhöhte Ängstlichkeit, elterlicher Erziehungsstil, frühere Schulerfahrungen und andere Sozialisationserlebnisse wie schicht- und geschlechtsspezifische Werte eine Rolle." (Reinhuber 1985, S. 66)

Hier liegt der Ansatzpunkt wechselseitig sowohl beim Kind (Bewertung der angstauslösenden Situation) als auch beim schulischen und außerschulischen, insbesondere elterlichen Umfeld (Bewertung von Leistung, Anforderungs- niveau, Gestaltung der Atmosphäre etc.).

Wie bereits erwähnt, führt Schulangst aber nicht automatisch zur Schulverweigerung/-meidung.

Schon klassisch zu nennen, weil immer wieder zitiert, ist die nachfolgende Einteilung der Formen der Schulverweigerung nach Nissen. In der Erläuter- ung dazu heißt es:

„Eine Schulverweigerung kann durch eine Schulphobie, eine Schulangst oder durch Schulschwänzen verursacht sein. Diese unterscheiden sich in ihrer Psychodynamik und in ihrem ‚Krankheitsgewinn' grundsätzlich von- einander. Die reine Schulphobie ist selten, Schulangst und Schulschwänzen kommen häufiger vor." (Nissen u.a. 1980, S. 114)

	Schulphobie	**Schulangst**	**Schulschwänzen**
Symptomgenese	Verdrängen der Angst vor Verlassenwerden von der Mutter (Verlustangst) und *Verschiebung* auf das Objekt Schule	Ersatzloses *Ausweichen* vor der Schulsituation aus Angst vor Kränkungen („Schulversagen") und Demütigungen („Prügelknabe")	Vermeiden der unlustgetönten schulischen Leistungssituation durch *Überwechseln* in lustbetonte Verhaltensweisen
Pathogene Faktoren	pathologische Mutter-Kind-Beziehungen oder begründete kindliche *Ängste* vor dem Verlassenwerden	Psychische oder physische *Insuffizienz* (Lernschwäche bzw. -störung, Körperschwäche bzw. -missbildungen)	*mangelnde Gewissensbildung* (Über-Ich-Schwäche) oder Ich-Schwäche (durch frühkindliche Frustrierungen)
Effekt	infantile *Gemeinschaft* mit der Mutter bleibt zunächst erhalten – Gefahr der Trennung bleibt bestehen	durch Ausweichhandlungen zunächst affektive *Erleichterung* – aber Angst vor Kontaktabbruch der Eltern	ambivalente Bejahung der Schulverweigerung und der Risiken der *Ersatzhandlungen* (Tagträume, Dissozialität) – Furcht vor Strafe

(ebenda)

Die Zuordnung des Schulschwänzens zum Bereich der **Verwahrlosung** durch die Klinische Psychologie und die Medizin (im Gegensatz zur Schulphobie und Schulangst, die als psychische Störung gefasst werden) hat weitreichende Konsequenzen. So gehört Schulschwänzen zu den zehn am häufigsten genannten Einzelsymptomen bei 1000 als verwahrlost etikettierten männlichen Jugendlichen (vgl. Nissen 1994, S. 138). Auffällig dabei ist, dass ein sehr alter Verwahrlosungsbegriff und ebenfalls sehr alte Untersuchungen zur Verwahrlosung zugrunde gelegt werden (vgl. Glueck/Glueck 1963; Hartmann 1970).

„Beim dissozialen Schulschwänzen tritt gleichzeitig eine andere dissoziale Symptomatik wie Lügen, Stehlen, Weglaufen von zu Hause, Zerstören fremden Eigentums und anderes aggressives Verhalten auf; weil es ohne Wissen der Eltern geschieht, halten sich die Kinder dann typischerweise nicht zu Hause auf. Bei der selteneren Schulverweigerung infolge Schulangst wird oft mit gleicher

Symptomatik in der Schulsituation begründeten Belastungen wie kognitiver Überforderung, Beziehungsstörungen zu Gleichaltrigen oder erzieherische Fehlhaltung der Lehrer ausgewichen ..." (Schmidt/Blanz 1989, S. 39)

Dementsprechend begrenzt (eingeschränkt) ist die Bereitschaft sich für eine Intervention bei dieser Personengruppe einzusetzen, da es sich bei dem so definierten Schulschwänzen um eine Störung des Sozialverhaltens handelt.

„Während Schulphobie und Schulangst einen Tenor des Helfenmüssens auslösen, wird Schwänzen negativ bewertet, indem auf schwache Über-Ich-Strukturen, Ich-Schwäche und Verwahrlosung hingewiesen wird." (u.a. Mattejat 1981) (Nitzschmann 2000, S. 22)

Wenn sich auch in den letzten Jahren vermehrt Überlegungen durchgesetzt haben, die von einem Ursachengefüge für das Fernbleiben von Schule ausgehen und eine multifaktorielle Herangehensweise bevorzugen, die schulische und familiäre sowie soziale Faktoren mit einbezieht (Knispel/Münch 1997), liegt das Betätigungsfeld des Mediziners und (Klinischen) Psychologen jedoch nach wie vor primär im Bereich der Bearbeitung somatischer und psychischer Prozesse.

Entsprechend existieren auch nur wenige Untersuchungsinventare. Deegener (1995) gehört zu den wenigen, die versucht haben, anamnestische Überlegungen zur Abgrenzung von Schulphobie und Schulschwänzen zu entwickeln. Im Sinne eines Fragekataloges führt er an:

„Ist das Schulschwänzen im Rahmen einer allgemeinen oder auch neurotisch bedingten Verwahrlosung zu sehen? Welche milieureaktiven Belastungen und familiären Beziehungsstörungen bestehen dabei? Kommt es in diesem Zusammenhang auch zum Weglaufen des Kindes von zu Hause, auch im Sinne einer Flucht vor nicht mehr zu ertragenden Schwierigkeiten? Wie sind die sozioökonomischen Bedingungen? Welche traumatischen Situationen erzeugen zu Hause und im sozialen Umfeld Angst?" (Deegener 1995, S. 150)

Eine Einschätzungsskala der Schulvermeidung liegt in der Übersetzung aus dem Amerikanischen von Overmeyer, Schmidt und Blanz (1994) vor, die dementsprechend vermeidende negative Affekte, das Vermeiden aversiver sozialer oder Prüfungssituationen, aufmerksamkeitssuchendes Verhalten und positive Verstärkung suchendes Verhalten aufzudecken versucht.

„Aus diesem Grund liegt mir daran darauf hinzuweisen, dass schulvermeidende Kinder und Jugendliche oder Wegläufer nicht pathologisiert werden, nur weil sie psychotherapeutisch oder kinder- und jugendpsychiatrisch betreut werden. Denn aus entwicklungspsychologischer Sicht sind es eigentlich adäquat reagierende Kinder und Jugendliche, weil sie, wie unübersehbar ist, mit der Vermeidung oder dem Weglaufen etwas inszenieren, was auf ihre unverstandene seelische Not hinweist: Als vorwiegend unbewusste Abwehrbewegungen bewirkt dieses Verhalten zunächst eine sinnvolle Stabilisierung. Schulisch gesehen schaden sich zwar diese Kinder und Jugendlichen, aber durch die Schulpflicht und deren soziale Kontrolle geraten sie in das Licht der Öffentlichkeit, so dass sie in ihrer Bedürftigkeit im Sinne einer unbewussten Wunscherfüllung ernst genommen werden müssen.“ (Nitzschmann 2000, 79)

Wer plädiert umgekehrt gegen die Kriminalisierung schulschwänzender Schüler?

Im Gegensatz zum DSM-IV wird im ICD-10 Schulschwänzen explizit benannt und zwar als Beispiel für Störungen des Sozialverhaltens (F 90). So heißt es in den diagnostischen Leitlinien:

„Beispiele für Verhaltensweisen, welche die Diagnose (Störung des Sozialverhaltens – Anm. d. A.) *begründen, sind ein extremes Maß an Streiten oder Tyrannisieren, Grausamkeit gegenüber anderen Menschen oder gegenüber Tieren … Schulschwänzen und Weglaufen von zu Hause...“* (Dilling/ Mombour/Schmidt 1993, S. 298)

Als Störung des Sozialverhaltens bei vorhandenen sozialen Bindungen (F 91.2) wird beschrieben:

„Oft ist diese Störung außerhalb des familiären Rahmens am besten sichtbar, auf die Schule bezogenes … Verhalten entspricht der Diagnose.“ (ebenda)

Schulschwänzen ist eines der dazu aufgezählten Verhaltensweisen. Große Schwierigkeiten bereitet es demnach, Vorstufen zu erfassen, da Schulschwänzen als Ergebnis, als manifestierte Handlungsweise konstatiert und diagnostiziert wird. Präventiv ist die Klassifikation deshalb nur indirekt nutzbar. Dafür ist sie allerdings auch nicht gemacht, da das Hauptaugenmerk der therapeutischen Handlungsweise dem Schulverweigerer und nicht dem Schulschwänzer gilt.

3.   (Sozial-)Pädagogik/Jugendarbeit

Im Gegensatz dazu liegt das Betätigungsfeld der Sozialpädagogik und der Jugendarbeit nicht im klinischen Bereich, sondern sie versuchen, jene Jugendliche zu erreichen, die der Schule aus anderen als vordergründig somatischen und psychischen Gründen fernbleiben. Gerade die Suche nach diesen Ursachen steht neben den Überlegungen, wie diese Jugendliche durch die pädagogische Arbeit zu erreichen sind, meist im Mittelpunkt der Überlegungen.

3.1   Begriffsbestimmung

„Unter Schulverweigerung werden ganz unterschiedliche Phänomene von der Teilnahmslosigkeit am Unterricht bis hin zu Störungen des Unterrichts und Unterrichtsverweigerung, Schulmüdigkeit und Schulverdrossenheit sowie ausgeprägte Schulphobien verstanden. Der neue Oberbegriff ‚Schulabsentismus‘ fasst alle diese Phänomene zusammen. Unterschieden werden muss insbesondere zwischen schulphobischem Verhalten und Unterrichts- und Schulverweigerung in Form von Schwänzen." (Platzer 2001, S. 331)

Diese sich an die Arbeit von Mattejat anlehnende Darstellung führt nachfolgende **Unterscheidung zwischen Schulphobie und Schulschwänzen** an:

Schulphobie	**Schulschwänzen**
Das Kind hat Angst in und vor der Schule	Das Kind hat keine Angst in der Schule
Das Kind äußert somatische Beschwerden als Begründung zur Verweigerung	Körperliche Beschwerden werden vom Kind nicht genannt, Begründungen sind überhaupt selten
Hohe Lern- und Leistungsmotivation des Kindes	Geringe Lern- und Leistungsmotivation des Kindes
Das Kind verhält sich eher furchtsam, ängstlich. Es zeigt ein äußerst angepasstes Verhalten, Disziplinprobleme gibt es nicht	Das Kind verhält sich häufig aggressiv, es fällt durch Verhaltensstörungen auf, es gibt Disziplinprobleme
Mindestens durchschnittliche, wenn nicht überdurchschnittliche Intelligenz	Intelligenzleistungen eher durchschnittlich oder niedriger
Sehr fürsorgliches und behütetes Elternhaus	Eher lose Strukturen bis Vernachlässigung im Elternhaus

Schulphobie	**Schulschwänzen**
Die Schulvermeidung geschieht mit Wissen der Eltern	Die Eltern wissen nicht um das Fehlen ihres Kindes in der Schule
Das Kind bleibt zu Hause	Das Kind ist weder zu Hause noch in der Schule

Wichtigste Unterscheidungsmerkmale zwischen Schulphobie und Schulschwänzen nach Mattejat (1981, zit. n. Platzer 2001, S. 332).

Da es sich bei dieser Einteilung eindeutig um eine sich an der Medizin orientierende handelt, werden in den pädagogischen Kontext medizinische Termini übernommen, wie auch in der Ausgangsüberlegung von Platzer bereits medizinische und pädagogische Begriffe vermengt wurden. Die medizinische Bestimmung stößt im pädagogischen Kontext allerdings auch sehr bald an ihre Grenzen, nämlich dann, wenn die gleiche Autorin weiter vermerkt:

„Schulverweigerung ist damit auch der Widerstand gegen Anforderungen und Bedingungen, die als sinnlos, bedrohlich oder einfach nur als lästig erlebt werden. Der Betreffende geht nicht in die Schule oder stört durch sein Verhalten die Klasse erheblich." (Platzer 2001, S. 332)

Es wird deutlich, dass im Gegensatz zur obigen Festlegung, Anforderungen der Schule durchaus auch als bedrohlich betrachtet werden können und man sich diesen verweigern kann. Der Betreffende kann gleichzeitig störendes soziales Verhalten zeigen.

Gerade in der pädagogischen Literatur hat sich im Zuge dessen eine gewisse „Unkultur" verbreitet, immer mehr Begriffe für die unterschiedlichsten Stufen, Nuancen von Schulverweigerung zu finden, wobei der Pädagoge in der Regel Schulschwänzen im medizinisch-psychologischen Vokabular meint, wenn er von Schulverweigerung spricht und das dort gebräuchliche Schulschwänzen als Vorform von Schulverweigerung ansieht (vgl. u.a. Mutzeck/Popp/Oehme 2001, S. 19).

Andere abstufende Begrifflichkeiten, die Nuancen des Fernbleibens von der Schule thematisieren, sind: Kurzzeitschwänzen, Intervallschwänzen, ständiges Schwänzen (= Schulverweigerung), kaum umkehrbare Schulverweigerung (vgl. Thimm 1998, S. 47). Daneben werden die Begriffe „Schulmüdigkeit", „Schulentwöhnung", „Schulabsentismus", „Schulversäumnisse", „unregelmäßiges Schulbesuchsverhalten", „Schulaversion"

„Schulverdrossenheit" gebraucht (vgl. u.a. Thimm 2000, S. 102; Simon 2002, S. 12). Bereits vor Jahren schlug Ricking deshalb vor, den Begriff des **Schulabsentismus als neutralen und international vergleichbaren Begriff** zu verwenden:

„Als von negativen Konnotationen weitgehend freier Oberbegriff zieht Schulabsentismus ungeachtet der Vielfalt der Ursachen, Erscheinungsformen, Ausprägungsgrade und Programmatik alle Formen von Schulabsentismus zusammen." (Ricking 1997, S. 231)

Leider hat sich dies nur zum Teil durchgesetzt. Nach wie vor müssen wir mit dem unterschiedlichen Bedeutungsumfang gleicher Begriffe umgehen können, was, wie am Beispiel Platzer gezeigt wurde, zu Irritationen führen kann.

Bis heute ist es auch nicht gelungen, die unterschiedlichen Abstufungen der Erscheinungsformen zu verdeutlichen. Am schwierigsten dabei, jene Formen zu erfassen, die der direkten Schulverweigerung voraus gehen: von der passiven Unterrichtsverweigerung (bei Mutzeck „innerer Ausstieg" genannt – vgl. Mutzeck 2005) bis zum Eckstundenschwänzen. Diese Formen sind in der Regel entweder nicht erfassbar (wer kann gedankliches „Aussteigen" aus dem Unterrichtsgeschehen umfassend wahrnehmen?) bzw. werden nicht eindeutig ausgewiesen (nur zum Teil vom Lehrer erfasst). Was ist mit jenen Schülern, die der Schule „entschuldigt" fernbleiben? Preuß wies bei der Definition des Phänomens Schulschwänzen darauf hin, das dies dann vorliegt,

„wenn ein Schüler aus einem gesetzlich nicht vorgesehenen Grund der Schule fernbleibt, unabhängig davon, ob er dies mit Wissen oder Einverständnis der Eltern tut, und auch unabhängig davon, ob dieses Fernbleiben durch eine ‚Entschuldigung' legitimiert ist." (Preuß 1981, S. 381, zit. n. Thimm 2000, S. 103)

Eine Variante der Klassifizierung, die aus der praktischen Arbeit entstanden und für diese auch gut gebräuchlich ist, findet man in den Arbeiten von Puhr. Hier wird **Schulverweigerung als Absentismus** in zwei Hauptformen unterteilt: die im schulischen Zusammenhang stehenden Formen einerseits und eher unabhängig von der Schule bestehende Absentismusformen anderseits. Erstere Gruppe teilt sich wiederum in Schulvermeidung/problemvermeidendes Verhalten (mit Schulangst, latenter Verweigerung, Schulunlust, sozial- oder leistungsbezogener Schulaversion) und Schulvermeidung/

aktives Abändern schulischer Probleme (mit Schulmüdigkeit, Schulverdrossenheit, allgemeiner Schulaversion). Als eher schulunabhängige Formen werden angeführt: soziale Affiliation (Halt durch die Familie und Entscheidung für Gruppenformen), soziale Desintegration (Lebensbewältigung, Ersatzbefriedigung, Schwänzen aus Lustlosigkeit (vgl. Puhr 2002, S. 90f.).

Die in der medizinisch-psychologischen Literatur eher abwertende Bezeichnung des Schulschwänzens als dissoziales Verhalten wird in der (sonder-)pädagogischen Literatur nicht nur als Zustand gesehen (Schulschwänzen = dissoziales Verhalten im Sinne von Verwahrlosung), sondern Schulschwänzen wird eher als ein Risikofaktor für das Auftreten von dissozialen Verhaltensweisen (Gefährdung durch Schulverweigerung) betrachtet. So schreiben Franzke/Oehme:

„Schulverweigerung als andauernde, intensive und schwer umkehrbare Abwendung von der Institution Schule bringt für die Betroffenen oft Bedingungen mit sich, die sie noch mehr an die Peripherie der Kristallisationsbereiche sozialer Chancen (Böhnisch 1999) *rücken können, so:*

- akute Gefährdung durch das ‚Leben auf der Straße' und Konfrontation mit Drogen, Beschaffungskriminalität, Prostitution etc.,

- drohender Abbruch bzw. Erschwerung und erhebliche Verlängerung des institutionalisierten Bildungsweges,

- Verschlechterung der beruflichen Einstiegschancen (Franzke/ Oehme 2001b).

Es gilt also nicht nur, intervenierend zu arbeiten, sondern ebenfalls Konzepte der Prävention zu entwickeln." (Mutzeck/Popp/Franzke/Oehme 2004, S. 10)

Schulverweigerung (im Sinne des Schulschwänzens in medizinischer Terminologie) ist natürlich auffälliges Verhalten, im Sinne von normabweichendem Verhalten (den Schulbesuch als gesellschaftliche Norm gesetzt, worüber man angesichts der steigenden Fehltage beim Schulbesuch der Schüler geteilter Meinung sein könnte). Normabweichendes Verhalten ist aber nicht automatisch mit dissozialem Verhalten gleichzusetzen.

Wie reagiert die Sonderpädagogik auf die Problematik des schulabstinenten Verhaltens? Einer der ersten Sonderpädagogen, die sich mit dieser Problematik beschäftigten, war Klauer (1963), wobei ihn sowohl entschuldigtes als auch unentschuldigtes Fernbleiben von der Schule interessierte. Er versuchte zu begründen, dass diese Schulversäumnisse Persönlichkeitsvariablen begünstigen, die ihrerseits zu komplexen Problemen führen.

Explizit für die Verhaltensgestörtenpädagogik bearbeitete Warzecha diese Problematik unter dem Blickpunkt der sozialen Ausgliederung von Jugendlichen, von jugendlichen Randgruppen. Gerade aus der Arbeit mit Hamburger Kindern aus der Szene um den Hauptbahnhof wehrte sie sich zurecht dagegen, dass schulverweigernde Kinder und Jugendliche in das Arbeitsfeld der Verhaltensgestörtenpädagogik abgeschoben werden. Sie schreibt dazu:

„Ich spreche von einer Zeitsignatur sozialer Ausgrenzungsprozesse, weil diese Gruppe von Heranwachsenden von niemandem aktiv, also willkürlich ausgegrenzt wird, sondern weil erst die Kumulation bestimmter benachteiligender Faktoren, wie materielle und emotionale Mangelerfahrungen, Misshandlung, häufiger Bezugspersonenwechsel, sie zu Verzichtsfiguren dieser Gesellschaft stigmatisiert – und dies beginnt oft mit dem Etikett verhaltensgestört." (Warzecha 1997, S. 490)

Dieser Zielstellung dienten weitere Arbeiten aus dem Bereich der Sonderpädagogik, die verstärkt versuchten, über die Aufdeckung des Ursachengefüges von schulverweigerndem Verhalten und einer Etikettierung dieser Person als verhaltensgestört entgegenzuwirken. Dabei ist die Zuordnung „verhaltensgestört" in der öffentlichen Meinung ein Etikett, das einen statischen Zustand beschreibt, der die Aussonderung legitimiert. Es wird nicht jener Prozess erfasst und beschrieben, der dazu führte, dass Kinder und Jugendliche diese Verhaltensweisen zeigen. Niemand wird als Schulverweigerer geboren. Die Kenntnis der Ursachen, die offensichtlich nicht nur im psychischen und somatischen Bereich liegen, könnte uns helfen, über neue Formen des Umgangs mit diesen Heranwachsenden nachzudenken und auch präventiv einzuwirken.

Festzustellen sei aber am Rande, dass sich klassische Schulpädagogik nur marginal mit der Problematik der Schulverweigerung beschäftigt, dieses Tätigkeitsfeld fast vollkommen den Sonder- und Sozialpädagogen überlassen hat. Wird Unterrichtsstörung und Schulangst thematisiert, dann in den seltensten Fällen in Richtung von Ursachen für schulvermeidendes Verhalten.

3.2. Ursachen für Schulverweigerung

Es liegen eine Reihe von Untersuchungen und Erhebungen vor, die versuchen, das Problem der Ursachen (und Anlässe) für Schulverweigerung zu beschreiben (Dietrich u.a.. 1993; Egel/Rieth 1996; Thimm 2000; Mutzeck/ Popp/Oehme 2001; Schulze 2003, Mutzeck/Popp/Franzke/Oehme 2004, um nur einige Autoren zu nennen). Einig sind sich diese Autoren darin, dass es die Ursache für Schulverweigerung nicht gibt, sondern dass ein breites Feld von Risikofaktoren existiert, die mehr oder weniger das Auftreten von Schulverweigerung begünstigen. Eine Studie des Deutschen Jugendinstitutes von 2001 belegte außerdem, dass Schulschwänzen aus „Spaß an der Freude" die Ausnahme darstellt (vgl. Schreiber-Kittl 2001; Schreiber-Kittl/ Schröpfer 2002).

Thimm teilt diese Ursachen formal in gesellschaftliche Rahmenbedingungen, schulbezogene Faktoren und die Familie ein (Thimm 1998, S. 48 f.). Simon trennt zusätzlich zwischen dem System Schule und den Mitschülern als bedingende Faktoren (Simon 2002, S. 15). Der Verweis auf gruppendynamische Aspekte erscheint sinnvoll.

Entsprechend ihres eigenen Betätigungsfeldes haben sich Pädagogen vor allem mit Schulbedingungen befasst, die zu unterrichts- und schulmeidendem Verhalten führen könnten. Bewusst wurde auf medizinische und psychologische Erklärungsansätze, wie z.B. psychodynamische Theorien, nur verwiesen und als selbständiges Betätigungsfeld ausgeklammert. Die bereits erwähnte Zunahme jener Schüler, die die Schule nicht aus den in den genannten Theorien genannten Ursachen vermieden (schwänzten), machte eine Weitung der Sichtweise notwendig. Sehr bald mussten Pädagogen konstatieren, dass auch die Untersuchung der schulbesetzten Ursache allein nicht ausreichend ist. Eine Erweiterung des Untersuchungsspektrums hin auf gesellschaftliche und familiäre Ursachen begann, die wiederum eine neue Sichtweise auf psychologische und medizinische Ansätze bedingte und ohne das Einbeziehen soziologischer Erkenntnisse nicht möglich war. Systemische Betrachtungsweisen konnten sich aber nur schwer durchsetzen. Die genannten gruppendynamischen Überlegungen kamen hinzu. Die Aufdeckung immer neuer Risikofaktoren führt aber nicht zu einem besseren Verständnis, sondern kann auch in ihrer Vielfalt sehr verwirrend sein. Der feldtheoretische Ansatz, wie er in den Arbeiten von Schulze (vgl. Schulze 2003; Herz/Puhr/Ricking 2004) dargelegt wurde, bietet neue Ansatzpunkte, sich dem vielfältigen Phänomen Schulverweigerung zu nähern.

Eine weitere vielversprechende Untersuchungsrichtung ist jene, die sich bemüht, die subjektiven Sichtweisen, die hinter der Schulverweigerung stehen, aufzudecken. Umfassende Untersuchungsergebnisse liegen bisher allerdings nicht vor.

„Schulverweigerung erscheint in diesem Licht als Problemlöse- und Konfliktvermeidungsstrategie, d.h. als subjektiv sinnvolles, psychologisches Handeln, das überfordernde Belastungen meint und selbsterhaltend und selbstbehauptend die Psyche schützt." (Mutzeck/Popp/Oehme 2001, S. 28)

Deutlich werden zwei weitere Zielrichtungen: Zum einen führt die Diskussion um Ursachen der Schulverweigerung zunehmend auch zu Überlegungen zur Prävention von Schulverweigerung. Da Intervention sich immer schwieriger gestaltet und Einigkeit darüber besteht, dass die Auswirkungen der Schulvermeidung umso katastrophaler sind, je länger sie andauert (vgl. Platzer 2001, S. 332), sind präventive Maßnahmen sinnvoll. Zum anderen wird weiter darüber nachgedacht, welche Interventionsmöglichkeiten (auch vor dem Hintergrund der vielfältigen Verursachung) günstig erscheinen können.

3.3   Prävention von Schulverweigerung

„Präventive und frühe Interventionsmaßnahmen erscheinen dringend geboten, da Schulverweigerung oder die drohende Schulverweigerung nicht erst im 7. Pflichtschuljahr beginnt, sondern sich bereits in der Grundschule abzeichnet. Schulabstinenz als Endpunkt gravierender Belastungen von Kindern und Jugendlichen macht präventive Maßnahmen, die nicht zuletzt eine Veränderung von Schulalltag, eine starke Verknüpfung von Schule und Jugendhilfe (z.B. Schulsozialarbeit) erfordert, dringend notwendig." (Mutzeck/Popp/Franzke/Oehme 2004, S. 133f.)

Weitere Überlegungen zur Problematik der Schulverweigerung sollten nicht bei der Konstatierung der Tatsachen und möglichen Interventionsmöglichkeiten stehen bleiben. Gerade die Aufdeckung vielfältiger Bedingungsfaktoren ermöglicht es uns auch, verändernd auf Situationen einzuwirken, die die Ausbildung einer schulverweigernden Handlungsweise begünstigen. Schnell stoßen wir dabei allerdings auch an scheinbare Grenzen, wenn es darum geht, marginale gesellschaftliche Bedingungen oder Familiendispositionen verändern zu wollen. Das Aufdecken dieser Möglichkeiten und die Darbietung dieser Überlegungen an politische Entscheidungsträger kann allerdings auch ein solcher Weg sein.

Direkt gefragt sind Pädagogen allerdings, wenn es um die Gestaltung einer angstfreien und anregenden Schule geht. Die Ideen hierfür sind vielfältig und führen zum Teil sehr schnell zu entsprechenden Ergebnissen.

„In Regelschulen ... ist vieles möglich. Geöffnete Schulen mit differenzierten, auf strukturellen und pädagogischen Weitungen, Förderung und Integration angelegten Konzepten schaffen es zum Beispiel, die Rate der Abgängerinnen und Abgänger ohne Abschluss innerhalb weniger Jahre von 5% auf 2% zu senken.“ (Thimm 1998, S. 81)

Lebensweltorientierter Unterricht oder Projektunterricht, wie er mit Schulverweigerern in entsprechenden Sonderbeschulungsformen (alternativen Beschulungen) durchgeführt wird, wäre durchaus auch in der Regelschule denkbar.

„Schulen können in Bewegung geraten: bunter und beziehungsdichter, ganzheitlicher und lustvoller, lernorientierender und vitaler, aber auch leistungseffektiver werden.“ (ebenda)

Puhr (2002) nennt in der bereits zitierten Arbeit eine Reihe von Möglichkeiten der Intervention in der Schule, die der Prävention von schulverweigernden Haltungen dienen würde: Projekte zur Lösung von sozialen Konflikten, problemorientierte Gruppenarbeit, die Rolle der Beratungslehrer, angstfreie Unterrichtsatmosphären, Vermeidung von Über- und Unterforderungen bei Leistungsanforderungen, Abbau von Schulstress, um nur einige herauszugreifen (vgl. Puhr 2002, S. 98 ff.).

Schulbegleitende Maßnahmen, wie Schulsozialarbeit, Freizeitangebote und eine engere Verflechtung der Arbeit von Jugendhilfe und Schule, würde auch den familiären Raum mit einschließen, könnten entsprechende Defizite und Schwachstellen präventiv kompensieren und damit die oben angeführte Grenze pädagogischen Wirkens erweitern.

„Seitdem Schulverweigerung in aller Munde ist, wird Schulsozialarbeit bzw. schul- und schüler/innenbezogene JSA (wieder) intensiv diskutiert. ... Schulsozialarbeit hat somit einen weit größeren Aufgabenkatalog als nur bei Schulverweigerung als Krisenmanager aufzutreten ... Daran mitzuwirken, Schule insgesamt als positive Lebenswelt für junge Menschen zu gestalten, ist die erweiterte Aufgabe von Schulsozialarbeit...“ (Oelerich 2002, S. 767)

3.4 Intervention bei Schulverweigerung

Seit einigen Jahren gibt es eine Reihe von Projekten in Deutschland, die es sich als Aufgabe gestellt haben, schulverweigernde Jugendliche neu zu motivieren und zurück in die Schule zu führen oder aber auf die Berufsausbildung vorzubereiten, Räume zu schaffen, die Schulpflicht an einem anderen Lernort zu erfüllen. Die pädagogischen Interventionsangebote richten sich sowohl an die Lebensräume jener Schüler, die Schule meiden, insbesondere natürlich an die Schule, zielen also sowohl auf die Schaffung von Alternativräumen als auch auf die Stärkung der Persönlichkeit des Schülers.

Die pädagogische Zielsetzung von Schulverweigererprojekten wurde bei Thimm wie folgt zusammengefasst:

1. Selbstbestimmter Wissenserwerb im Rahmen der Steigerung der kognitiven Fähigkeiten und des Wissens

2. Entwicklung der sozialen Fähigkeiten als Vermehrung der Optionen

3. Lebenspraktische Kompetenzsteigerung

4. Verantwortungsübernahme in Ernstfällen bzw. Ermöglichung produktiver und körperlicher Erfahrungen im Rahmen von Lebens- und Handlungsbezügen

5. Differenzierung und Stärkung der Persönlichkeit (vgl. Thimm 2000, S. 578 ff.).

Damit unterscheidet sich die pädagogische Intervention von der medizinisch-psychologischen sowohl in der Zielorientierung, dem Betätigungsfeld als auch zum großen Teil in der Zielgruppe (vgl. Begriffsbestimmung).

Zunehmend muss sich Schule aus ihrem eigenen Betätigungsfeld weg in Bereiche bewegen, die traditionell von der Jugendhilfe besetzt waren. Aber auch umgekehrt bewegt sich Jugendhilfe stärker auf Schule zu, um neue Möglichkeiten zu schaffen, Jugendliche und Heranwachsende, die aus dem Netz der Förderung zu fallen drohen, aufzufangen.

Diese Zusammenarbeit gestaltet sich nicht immer problemlos, da hier zwei Rechtsräume aufeinander treffen (siehe auch nächster Abschnitt). Was pädagogisch sinnvoll ist, muss leider nicht immer institutionell umsetzbar sein.

4.   Juristen

Juristisch gesehen, gehört die Erfüllung der Schulpflicht zu den Obliegenheiten der Schulverwaltung. Dementsprechend gilt das unentschuldigte Fernbleiben von der Schule als ein Pflichtverstoß, der geahndet werden müsste. Entschuldigtes Fernbleiben ist für den Gesetzgeber nur im Hinblick auf die Feststellung des Entschuldigungsgrundes von Bedeutung.

Der Pflichtverstoß „unentschuldigtes Fernbleiben von der Schule" wird in den einzelnen Bundesländern hoheitlich geregelt. So heißt es im Brandenburger Schulgesetz §41 Abs. 1:

„Sie (– die Erziehungsberechtigten – Anm. d. A.) sorgen dafür, dass eine regelmäßige Teilnahme am Unterricht und an den sonstigen pflichtigen Veranstaltungen der Schule erfolgt." (zit. nach Thimm 2000, S. 73) *„Ihm (– dem Staatlichen Schulamt – Anm. d. A.) obliegt (...) der Vollzug einer Ordnungsvergnügung zur Durchsetzung der Schulpflicht."* (ebenda)

Es wird der Schulzwang ausgeführt im Sinne der Zuführung des Jugendlichen. Für das Land **Baden-Württemberg** heißt dies:

„Schulpflichtige, die ihre Schulpflicht nicht erfüllen, können der Schule zwangsweise zugeführt werden. Die Zuführung wird von der für den Wohn- oder Aufenthaltsort des Schulpflichtigen zuständigen Polizeibehörde angeordnet." (§86 SchG)

Nur in wenigen Bundesländern geht diesem Schulzwang eine Reihe von Maßnahmen voraus bzw. flankieren diesen gesetzlich vorgeschrieben. Für Thüringen bedeutet dies z.B.:

„(1)Ein Schulpflichtiger, der ohne berechtigten Grund seiner Verpflichtung aus §23 Abs. 1 nicht nachkommt, kann der Schule zwangsweise zugeführt werden, wenn andere pädagogische Mittel, insbesondere persönliche Beratung, Hinweise an die Eltern, den Ausbildenden, den Arbeitgeber sowie die Einbeziehung des zuständigen Jugendamtes ohne Erfolg geblieben sind." (§24 ThürSchulG)

In anderen Bundesländern sucht man einen entsprechenden Passus vergeblich.

Die rigide gesetzliche Festlegung zur Schulverweigerung als Schulpflichtverletzung, einschließlich der zwangsweisen Zuführung in einigen
(der Mehrzahl) der deutschen Bundesländer unterstützt die bereits angeführte Etikettierung der Kinder und Jugendlichen als dissozial, verhaltensgestört. Da mit wenigen Ausnahmen außer der Zuführung keine anderen
(flankierenden oder alternativen) Maßnahmen vorgesehen sind, wird das
eigentliche Problem (die Ursache des Auftretens des problematischen
Verhaltens) in keiner Weise bearbeitet. Die Umsetzung der gesetzlichen
Vorgabe ist allerdings ebenfalls vage.

Gesetzlich vorgeschrieben ist dagegen auch der Umgang mit sozial benachteiligten Jugendlichen nach KJHG[3]. Zu den wenigen „Soll-Bestimmungen"
des Kinder- und Jugendhilfegesetzes, also verpflichtenden Bestandteilen
der Jugendhilfe, gehört der §13, in dem es heißt:

*„Jungen Menschen, die zum Ausgleich sozialer Benachteiligungen oder zur
Überwindung individueller Beeinträchtigungen in erhöhtem Maße auf Unterstützung angewiesen sind, sollen im Rahmen der Jugendhilfe sozialpädagogische Hilfen angeboten werden, die ihre schulische und berufliche
Ausbildung, Eingliederung in die Arbeitswelt und ihre soziale Integration
fördern."* (§13, Abs. 1 8. Sozialgesetzbuch SGB VIII)

Dies ist auch die gesetzliche Grundlage für die Arbeit der Mehrzahl der schulalternativen, schulbegleitenden und schulstützenden Schulverweigererprojekte.

5.   Zusammenfassung

Thimm fasst in seiner sehr umfassenden Arbeit die Standpunkte der einzelnen Wissenschaften wie folgt zusammen:

„Es ist festzuhalten, dass die wissenschaftlichen Disziplinen unterschiedliche
fachspezifische – partikuläre Zugänge entfalten, z.B. vereinfacht diese:

- Schule und Schulpädagogik betonen neben der Konformitäts- vor
  allem die Leistungsdimension bzw. den schulischen Erfolg unter dem
  Gesichtspunkt der beruflichen Einmündung und der Lebensbewährung.

---

3 Jetzt im Achten Sozialgesetzbuch (SGB VIII).

- Klinisch-psychologische bzw. psychiatrische Perspektiven fokussieren die involvierte psychische Störung – meist mit individuumsspezifischem Übergewicht.

- Aus rechtlichem Blickwinkel geht es um den Verstoß gegen gesetzliche Regelungen und in der Folge um Mahnungen und Drohungen, Zwangsmittel etc.

- Soziologisch werden eher Marginalisierungs- und Subkulturthemen, Stigmatisierungs- und Etikettierungsprozesse in das Zentrum gerückt.

- Sozialpädagogisch werden subjektzentrierte Lebenslagen bzw. lebensweltliche Konstellationen identifiziert, die dableiben und Lebensmut, Beziehungsaufnahme und Leistungsmotivation etc.erschweren." (Thimm 2000, S. 138)

Ergänzend festgestellt werden sollte, dass schulpädagogische Überlegungen in dem oben beschriebenen Sinne sich häufig weit weg von jenen Personen bewegen, die sie auch mit erfassen sollten, nämliche Kinder und Jugendliche, die durch bisherige Erfahrungen mit den Leistungsvorstellungen der Schule dieser lieber fernbleiben. Eine stärker präventive Ausrichtung (Leistungsverweigerung vorzubeugen und nicht nur über Leistungssteigerung voranzutreiben) wäre denkbar.

Eine stärkere Zusammenarbeit zwischen den Professionen, eine verstärkte Zurkenntnisnahme anderer Wissenschaftsgebiete könnte durchaus zu neuen Überlegungen in der Arbeit mit Schulverweigerern führen.

Literatur

Baumeister, E. (2001): Schulphobie im Jugendalter – eine Nachuntersuchung stationär behandelter Patienten – Dissertation. München.

Braun-Scharm, H. (2001): Schulphobie im Jugendalter (Vortrag).
In: www.kjp.med.uni-muenchen/veranst/sym98/v1.htm (30.10.2001).

Broadwin, I. T. (1932): A Contribution to the Study of Truancy. American Journal of Orthopsychiatry, 2, S. 253-259.

Deegener, G. (1995): Anamnese und Biographie im Kindes- und Jugendalter. Göttingen.

Dietrich, P. u.a. (1993): Schulverweigerung in Brandenburg. DJI, Potsdam (Manuskript).

Dilling, H. / Mombour, W. / Schmidt, M. H. (Hg.) (1993): Internationale Klassifikation Psychischer Störungen. Klinisch-diagnostische Leitlinien ICD-10. Bern.

Egel, A. / Rieth, R. (1996): Gehen Schüler gerne zur Schule … oder gehen sie nicht? Berlin (Manuskript).

Ganter-Bührer, G. (1991): Wenn Kinder nein zur Schule sagen. Schul- und Leistungsverweigerung, Entwicklungsstörung – Problematik der Schulwirklichkeit. Zürich.

Glueck, P. / Glueck, M. (1963): Jugendliche Rechtsbrecher. Stuttgart.

Hartmann, K.: (1970): Theoretische und empirische Beiträge zur Verwahrlosungsforschung. Heidelberg/New York.

Herz, B. / Puhr, K. / Ricking, H. (Hg.) (2004): Problem Schulabsentismus. Wege zurück zur Schule. Bad Heilbrunn.

Keller, G. / Thewalt, B. (1990): Praktische Schulpsychologie. Vorbeugung und Erste Hilfe im Schulalltag. Heidelberg.

Klauer, K.F. (1963): Das Schulbesuchsverhalten von Volks- und Hilfsschulkindern. Ratingen.

Knispel, C. / Münch, H. (1997): Wenn Kinder und Jugendliche nicht zur Schule wollen – Schulverweigerung aus der Sicht des Gesundheitsamtes. In: Das Gesundheitswesen, H. 11/1997.

Mattejat, F. (1981): Schulphobie: Klinik und Therapie. In: Praxis der Kinderpsychologie und Kinderpsychiatrie, 8/1981.

Mutzeck, W. (2005): Schulvermeidung. Begriffe, Sichtweisen, Einflussfaktoren. Die Hauptschule (im Druck).

Mutzeck, W. / Popp, K. / Oehme, A. (2001): TAKE OFF – Jugendwerkstatt für Schulverweigerer. Bericht der Begleitforschung. Universität Leipzig.

Mutzeck, W. / Popp, K. / Franzke, M. / Oehme, A. (2004): Umgang mit Schulverweigerung. Grundlagen und Praxisberichte für Schule und Sozialarbeit. Weinheim/Basel.

Nissen, G. (1994): Emotionale Störungen mit vorwiegend psychischer Symptomatik. In: Eggers, C. / Lempp, G. / Nissen, G. / Struck, P.: Kinder- und Jugendpsychiatrie. Heidelberg/New York, S. 169-180.

Nissen, G . / Harbauer, H. / Lempp, G. / Strunk, P. (1980): Lehrbuch der speziellen Kinder- und Jugendpsychiatrie. Heidelberg/New York.

Nitzschmann, K. (2000): Verweigerung macht Sinn. Schulvermeiden und Weglaufen als Selbstfindung. Frankfurt/M.

Oelerich, G. (2002): Kinder und Jugendhilfe im Kontext Schule. In: Schröder, W. / Struck, N. / Wolff, M.: Handbuch Kinder- und Jugendhilfe. Weinheim/München.

Overmeyer, St. / Schmidt, M. / Blanz, B. (1994): Die Einschätzungsskala der Schulverweigerung (ESV) – Modifizierte deutsche Fassung der Scholl Refusal Assessment. Kearney, C. A. / Silverman, W. K. (1993). Scale (SRAS) In: Kindheit und Entwicklung 3 , 10, S. 238-243.

Platzer, S. (2001): Die Schulverweigererprojekte des CJD. In: Hankel, Ch. / Jötten, B. / Seifried, K. (Hg.): Schule zwischen Realität und Vision. Kongressbericht der 14. Bundeskonferenz 2000 in Berlin. Bonn, S. 331-335.

Popp, K. (2004): Schulverweigerung aus der Sicht unterschiedlicher Professionen. In: Herz, B. / Puhr, K. / Ricking, H. (Hg.) (2004): Problem Schulabsentismus. Wege zurück zur Schule. Bad Heilbrunn, S. 99-119.

Puhr, K. (2002): „Ich hab' es angehalten, das Rad, das Schulschwänzen heißt" – was kann die Schule tun? In: Simon, T. / Uhlig, St. (Hg.): Schulverweigerung. Muster – Hypothese – Handlungsfelder. Opladen.

Reinhuber, R. (1985): Schulangst und Schulphobie – eine Untersuchung zur Schulverweigerung – Dissertation. Tübingen.

Ricking, H. (1997): Schulabsentismus. In: Sonderpädagogik H. 4/1997.

Saß, H. / Wittchen, H.-U. / Zaudig, M. (Hg.) (1996): Diagnostisches und Statistisches Manual Psychischer Störungen, DSM-IV. Göttingen.

SchG: Schulgesetz für Baden-Württemberg in der Fassung vom 1.8.1983 (GBl. S. 397; K. u. U., S. 584) zuletzt geändert durch Änderungsgesetz vom 25.7.2000 (Gbl. S. 533; K. u. U., S. 231).

Schmidt, M.H. / Blanz, B. (1989): Angstsyndrome im Kindes- und Jugendalter. In: Acta Paedopsychiatrica 52, H. 1, S. 36-43.

Schreiber-Kittl, M. (2001): Kein Bock auf Schule? – Schulverweigerung – eine gesellschaftliche Herausforderung. In: DJI-Bulletin, Heft 24/2001.

Schreiber-Kittl, M. / Schröpfer, H. (2002): Abgeschrieben? Ergebnisse einer empirischen Untersuchung über Schulverweigerer. Übergänge in Arbeit, Bd. 2. München.

Schulze, G. (2003): Unterrichtsmeidende Verhaltensmuster: Formen, Ursachen, Interventionen. Hamburg.

Simon, T. (2002): Zu Fragen der Schulverweigerung – eine Einführung. In: Simon, T. / Uhlig, St. (Hg.): Schulverweigerung. Muster – Hypothese – Handlungsfelder. Opladen.

Sozialgesetzbuch (SGB) 8. Buch VIII, Kinder und Jugendhilfe. In der Fassung vom 8. Dezember 2998 (BGBl. I S. 3546); Neubekanntmachung des SGB VIII v. 26.6.1990 (BGBl. I S. 1163) in der ab 1.7.1998 geltenden Fassung.

Steinhausen, H.-C. (2002): Psychische Störungen bei Kindern und Jugendlichen. München/Jena.

Sturzbecher, D. / Dietrich, P. (1993): Abschlussbericht zur Feldstudie „Schulverweigerung von Jugendlichen im Land Brandenburg". Potsdam.

Thimm, K. (2000): Schulverweigerung. Zur Begründung eines neuen Verhältnisses von Sozialpädagogik und Schule. Münster.

Thimm, K. (1998): Schulverdrossenheit und Schulverweigerung. Berlin.

ThürSchulG: Thüringer Schulgesetz vom 6.4.1993 (BVBl. 445), in der Fassung vom 30.4.2003 (GVBl. 238).

Warzecha, B. (2001): Schulschwänzen und Schulverweigerung: Eine Herausforderung an das Bildungssystem. Konflikt – Krise – Sozialisation, Bd. 8. Hamburg.

Warzecha, B. (1997): Schulische und außerschulische Ausgrenzungsprozesse bei Kindern und Jugendlichen. In: Zeitschrift für Heilpädagogik, H. 12/1997, S. 486-492.

Kapitel II

Die Kasseler Produktionsschule BuntStift als alternatives Angebot für Schulverweigerer

Martin Mertens / Marion Gümpel

Die Kasseler Produktionsschule BuntStift

1.   Hintergrund

Die aufkeimende Alternativbewegung sowie die Problematik der hohen Lehrstellenknappheit Anfang der 1980er Jahre in Deutschland waren die ausschlaggebenden Motive zur Gründung des Vereins BuntStift im Jahre 1983 in Kassel. Als übergeordnetes Ziel wird die Förderung lebensorientierter Bildung und Ausbildung für sozialbenachteiligte Jugendliche und junge Erwachsene formuliert. Eingebettet in die Ideen zur Alternativen Ökonomie sollten mit dieser besonderen Zielgruppe neue Formen im Bereich der Beruflichen Bildung ausgelotet und umgesetzt werden. Der Name und die Schreibweise „BuntStift" verdeutlicht die Verbindung zwischen der traditionellen Bezeichnung „Stift" – „Auszubildender" – und „Bunt" als Zeichen für den innovativen und interdisziplinären Ansatz des Projektes. Der Verein begann 1984 seine Arbeit mit dem Angebot einer Ausbildungsvorbereitung im kaufmännischen Bereich. 1987 erweiterte sich der Betrieb um den Bereich Metall. Zu diesem Zeitpunkt waren die Voraussetzungen sowohl für vorberufliche als auch Ausbildungsangebote in beiden Bereichen erfüllt und der Ausbildungsbetrieb BuntStift gründete sich.

Anfang der 1990er Jahre setzte bei BuntStift eine verstärkte Diskussion ein, die getragen war durch die täglichen Arbeitserfahrungen und die sich verändernden wirtschaftlichen Rahmenbedingungen speziell in der Region. Der Bedarf an sinnvollen vorberuflichen Konzepten, die einen Übergang Sozialbenachteiligter in das duale Ausbildungssystem und/oder den 1. Arbeitsmarkt ermöglichen und soziale Integration leisten sollten, wurde in der bisherigen Praxis deutlich. Im Verlauf dieser Debatte lernten wir im Rahmen eines durch BuntStift organisierten europäischen Seminars das Konzept dänischer Produktionsschulen kennen. Beflügelt durch die Auseinandersetzungen um das dänische Produktionsschulwesen startet im Herbst 1992 (als erster deutscher Träger) die Kasseler Produktionsschule BuntStift, mitfinanziert durch das EU-Förderprogramm EUROFORM. Im April 1994 stellt BuntStift den Antrag auf Genehmigung der Kasseler Produktionsschule als Ersatzschule mit der Perspektive der staatlichen Anerkennung und Finanzierung. Die zwischenzeitliche Genehmigung wird aus schulrechtlichen Gründen im September 1995 zurückgenommen. Seit dieser Zeit hat sich die Produktionsschule im Rahmen weiterer Modell versuche konzeptionell, personell und räumlich weiterentwickeln können. Sie hat versucht, neue Zielgruppen zu integrieren, für diese spezielle Angebote zu entwickeln sowie Fördergeber für das Produktionsschulen-Konzept zu gewinnen.

2.   Produktionsschule BuntStift – ein pluralistisches pädagogisches Angebot

Die Produktionsschule stellt beim Übergang von der Sekundarstufe I zur Sekundarstufe II bzw. zur Ausbildung ein besonders vielfältiges Angebot dar. Die Produktionsschule ist an den Schnittstellen zwischen der 9. und 10. Klasse der allgemeinbildenden Schulen und dem Berufsvorbereitungsjahr (BVJ)[1] sowie besonderen sozialpädagogischen Förderangeboten der Berufsschulen angesiedelt.

2.1   Die Zielgruppe

Produktionsschule begreift sich als ein Lern- und Arbeitsort sowohl für noch schulpflichtige Jugendliche als auch für Heranwachsende, die bereits ihre Vollzeitschulpflicht absolviert haben und noch berufsschulpflichtig sind. Unsere Einrichtung stellt grundsätzlich ein Bildungs- und Berufsorientierungsangebot für alle Jugendlichen und jungen Erwachsenen im Alter zwischen 15 und 27 Jahren in der Region Kassel dar. Durch das BQF-Modellprojekt „Auf Kurs"[2] wurde das Altersspektrum der Zielgruppe bei BuntStift erweitert: Bereits für Schüler der 8. Klasse steht dieses Angebot zur Verfügung.

---

1 Das BVJ ist eine schulische Form der Berufsvorbereitung und wird überwiegend an Berufsschulen angeboten. Zielgruppen sind vor allem Schüler ohne Hauptschulabschluss oder Abgänger der Förderschulen/Schulen für Lernbehinderte. Das BVJ dauert ein Jahr. Es vermittelt fachpraktische und fachtheoretische Grundqualifikationen, schafft Einblicke in verschiedene Berufsfelder (z.B. Metall, Holz, Gestalten) und hilft, schulische Lücken zu schließen.
2 Das BQF-Modellprojekt „Auf Kurs" ist ein Modellvorhaben (2003-2005), das im Rahmen des Programms zur „Beruflichen Qualifizierung für Jugendliche mit besonderem Förderbedarf" vom Bundesministerium für Bildung und Forschung gefördert wurde. Zu Details zum Modellprojekt „Auf Kurs" sei auf den Beitrag von Cortina Gentner verwiesen.

Die Produktionsschule richtet sich aber ganz speziell an junge Menschen, die traditionell als „benachteiligt" bezeichnet werden. Angesprochen sind besonders Heranwachsende, die

- aus dem herkömmlichen Schul- und Bildungssystem „herausgefallen" sind und/oder noch keinen Schulabschluss erlangt haben,

- Unterstützung im Rahmen der Erziehungshilfen eingefordert haben,

- erhebliche Schwierigkeiten bei der Suche nach einem Ausbildungsplatz haben,

- mit einer sofortigen klassischen Ausbildung überfordert wären,

- längere Zeit arbeitslos sind,

- im Hinblick auf die Erwerbsarbeit noch völlig orientierungslos oder

- die sozial auffällig geworden sind.

Die Altersspanne der bei BuntStift arbeitenden und lernenden jungen Menschen liegt z.Zt. zwischen 14 und 27 Jahren. Hinsichtlich der Herkunft lässt sich ein breiter Fächer ethnischer, nationaler und religiöser Zugehörigkeit feststellen: Ca. 50% der Produktionsschüler haben einen Migrationshintergrund, einige sind bereits Eltern. Bei aller Verschiedenheit haben sie gemeinsam, dass sie bislang keinen festen Arbeitsplatz gefunden haben. Unter ihnen befinden sich Schulabbrecher, Ausbildungsabbrecher und Verweigerer im Berufsvorbereitungsjahr, Quereinsteiger, Langzeitarbeitslose und Jugendliche, die berufliche Orientierung brauchen. Die Jugendlichen und jungen Erwachsenen stecken oftmals in lebensgeschichtlichen „Sackgassen" oder stehen vor individuellen Problemen, die sie ohne kompetente Hilfe und Unterstützung keine Ausbildung durchlaufen und auch keinen festen Arbeitsplatz finden lassen.

2.2 Leitlinien und Ziele der Kasseler Produktionsschule BuntStift

Aus den oben skizzierten Problemlagen hinsichtlich der Zielgruppe ergeben sich für die konkrete Bildungsarbeit mit Jugendlichen besondere Herausforderungen. Ihnen begegnet BuntStift in der Produktionsschule mit einer pädagogischen Herangehensweise und Haltung, die berufliche Orientierung, berufliche und soziale Integration sowie persönliche Stabilisierung der Heranwachsenden miteinander verknüpfen kann.

Dabei greift BuntStift auf eigene, seit nunmehr zwanzig Jahren erfolgreich erprobte Arbeitsansätze niedrigschwelliger Orientierungsangebote der Berufsausbildungsvorbereitung und Ausbildung zurück. Gemeinsam mit anderen Produktionsschulen arbeitet BuntStift auf eine Systematik hin, die auf die Erfordernisse und Auswirkungen der Bundesrepublik Deutschland ebenso wie auf die des gemeinsamen europäischen Marktes ausgerichtet ist.

Als Institution im Bereich vorberuflicher Bildung praktiziert die Produktionsschule die Verbindung von Arbeiten und Lernen, um damit:

- Nachreifungsprozesse in der Persönlichkeitsentwicklung zu unterstützen,

- persönliche, kulturelle und soziale Kompetenzen zu fördern,

- bei emotionalen, psycho-sozialen und familiären Problemen und Beeinträchtigungen Begleitung und Unterstützung anzubieten (ausreichend Raum und Zeit für Beziehungsarbeit),

- die Sicherung materieller, finanzieller Ressourcen der teilnehmenden Jugendlichen zu gewährleisten,

- die Organisation von Prüfungsvorbereitungen zu ermöglichen und schließlich

- die Integration ins Erwerbsleben vorzubereiten und zu fördern.

Mittels klarer Regeln und Absprachen (z.B. die „Drogenvereinbarung") und auf der rechtlichen Basis von Arbeits-, Ausbildungs- und Teilnehmerverträgen (die „Regeln des Hauses") wird eine tragfähige Grundlage einer gelingenden Kooperation und eines vertrauensvollen Umgangs miteinander geschaffen. Wertschätzung, Respekt und Akzeptanz sind die unabdingbare Basis tragfähiger Beziehungen für alle am Bildungsprozess Beteiligten.

Die Produktionsschule begegnet den aktuell diskutierten Defiziten im allgemeinbildenden und beruflichen Bildungssystem – insbesondere in Bezug

Kasseler Produktionsschule BuntStift

Zielsetzung: Berufliche und soziale Integration
Heranwachsender durch fachliche Qualifikation und die
Erweiterung sozialer Kompetenzen

Pädagogische Leitlinien:
- Produktion/Arbeit/Projektarbeit als didaktisches Zentrum
- Bezugspunkt Arbeitswelt
- Ganzheitlichkeit

Hauptprozesse

Arbeit/Beschäftigung/Qualifizierung

Sozialpädagogische Aktivitäten/Begleitung

Förder-/Hilfeplanung

Interkulturelle Bildung

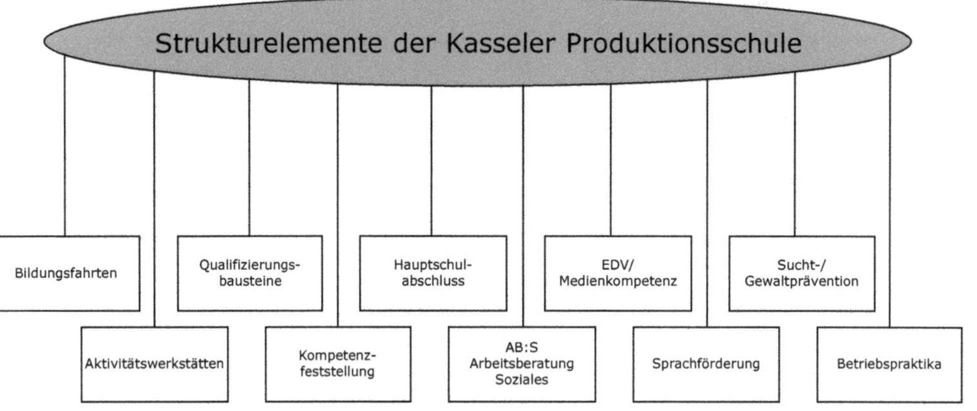

Schaubild: Konzeption Kasseler Produktionsschule

auf die berufliche Orientierung, der Dominanz kognitiver Lernprozesse (Sprach- und Schriftlastigkeit) und der unzureichenden Förderung von sozialen und emotionalen Kompetenzen der Jugendlichen. Die wichtigsten pädagogischen Leitlinien richten sich deshalb auf:

a)	Produktion/Arbeit

b)	Orientierung an der (und auf die) Realität der Arbeitswelt

c)	Ganzheitlichkeit.

2.2.1 Produktion/Arbeit als didaktisches Zentrum

In der Produktionsschule wird auf die Verschulung von Lernprozessen und auf die Dominanz kognitiven Lernens zu Gunsten der Entwicklung praktischer, arbeitsweltbezogener Fähigkeiten verzichtet. Hier kommt unser berufspädagogischer Ansatz zum Tragen.

Gleichzeitig wird im Arbeitsprozess die soziale und emotionale Kompetenz der jungen Erwachsenen gestärkt. Durch die Produktion von funktionierenden, verwertbaren Gütern entwickelt sich unseres Erachtens ein positiveres Selbstwertgefühl und berufliche Identität. Die Produktionsschule ist dabei Organisationsform und Methode zugleich; die Produktion stellt das didaktische Zentrum dar. Nicht nur unsere Erfahrungen zeigen, dass viele Heranwachsende Lernen und Arbeiten sowie Aufgaben des Betriebs, in dem sie beschäftigt sind, dann ernst nehmen, wenn sie brauch- und verwertbare Waren und Dienstleistungen schaffen und wenn ihre Tätigkeit auch durch eigenes Einkommen honoriert wird.

In der Produktionsschule sind die Heranwachsenden daher in unterschiedlichen Arbeitsbereichen praktisch tätig und erwerben erste Berufserfahrungen. Über die Herstellung, Reparatur und den Verkauf von Produkten und Dienstleistungen wird ein Teil der anfallenden Betriebskosten erwirtschaftet. Auf diese Weise werden die Jugendlichen bei der Herstellung von Produkten bzw. bei der Erbringung von Dienstleistungen mit den dazugehörigen ökonomischen und sozialen Rahmenbedingungen konfrontiert und können so für sich einen Zugang zu individuellen Handlungskompetenzen im Betrieb erschließen.

2.2.2 Orientierung an der (und auf die) Realität der Arbeitswelt

Die Orientierung an der Arbeitswelt gehört zu den zentralen pädagogischen Leitlinien der Produktionsschule. Deshalb werden professionelle Ansprüche an die Arbeit gestellt, so dass die jungen Menschen ihre Arbeit und sich selbst ernst nehmen müssen. Um Realitätsnähe zur Arbeitswelt zu verwirklichen, sollten folgende Voraussetzungen erfüllt sein:

- Die Produktionsschüler erhalten eine Vergütung, die ein eigenständiges und existenzsicherndes Leben ermöglicht.

- Produkte und Dienstleistungen erfüllen professionelle, marktrelevante Qualitätsansprüche.

- Für die Produkte und Dienstleistungen existiert ein gesellschaftlicher Bedarf und ein Markt, an dem sich die Preise orientieren.

- Die wöchentliche Arbeitszeit ist an der Arbeitswelt orientiert und beträgt in der Regel 35 Stunden.

- Betriebliche Strukturen (z.B. Abteilungen, Hierarchien, Interessenvertretung etc.) sind vorhanden.

Für die erfolgreiche Umsetzung der Produktionsschulen-Idee ist es allerdings unabdingbar, dass die Bedingungen des Marktes nicht soweit im Vordergrund stehen, dass die jungen Erwachsenen ständig an ihre individuellen Leistungsgrenzen stoßen. Dem erwerbswirtschaftlichen Prinzip stehen stets pädagogische Erwägungen gegenüber, denen im Zweifelsfalle Vorrang eingeräumt wird.

Ein weiterer wichtiger Aspekt der Orientierung auf die Realität der Arbeitswelt ist das Angebot betrieblicher Praktika. In Kooperation mit der regionalen Wirtschaft werden Praxisphasen organisiert, die neben der Berufsorientierung auch dazu beitragen sollen, den Übergang in Ausbildung und Beschäftigung zu erleichtern und zu fördern.

2.2.3 Ganzheitlichkeit

Ein entscheidendes weiteres Grundprinzip der Produktionsschule ist die Verbindung von kognitiven, emotionalen, sozialen und handlungsbezogenen/praktischen Lernprozessen. Das BuntStift-Konzept fußt auf der Annahme, dass Lernen stark durch die Situation des Lernenden sowie durch die Person des Lehrenden/Ausbildenden bedingt wird.

Die Person des Lehrenden und das Gruppengefüge: In der Produktionsschulpraxis besteht die Chance, dass Anleiter und Lernbegleiter mit Jugendlichen behutsam emotional-soziale, meist sehr vertrauensvolle Beziehungen aufbauen können. Alle am Lern- und Arbeitsprozess Beteiligten leisten Beziehungsarbeit, bei der es auch darum geht, das Handeln der Einzelnen zu spiegeln und zu reflektieren. Die Anleiter und Lernbegleiter begreifen es als ihre Aufgabe, Bildungs- und Erziehungsarbeit zu leisten. Unterstützt durch die entsprechenden Gruppengrößen (ca. 5 Jugendliche/junge Erwachsene und ein Mitarbeiter haben sich als sehr sinnvoll erwiesen) und gemeinsame betriebsintegrative Aktivitäten (z.B. Bildungsfahrten, Fußballturniere, Verabschiedung von „erfolgreichen" Teilnehmern etc.) kann in der Produktionsschule „Heimatgefühl" entwickelt werden. Die Produktionsschule wird so zu einem Ort, an dem sich die jungen Erwachsenen emotional und sozial zu Hause fühlen können.

Die Verbindung von kognitiven und praktischen Lernprozessen: Produktionsschule als didaktisches Konzept bietet die Erfahrung, dass der Fachunterricht nicht nur in die tägliche Arbeit integriert, sondern auch deren unmittelbare Grundlage ist. Resultierend aus der erarbeiteten Haltung des Mitarbeiterteams, die auf Mitbestimmung und Toleranz begründet ist, machen die Produktionsschüler in der Produktionsschule arbeitspraktische Erfahrungen und erwerben Fachkenntnisse, die unmittelbar in die (gemeinsame) Produktion von Gütern einfließen. Die Heranwachsenden machen so die wichtige Erfahrung, dass sie die erlernten Kenntnisse und Fertigkeiten auch anwenden können.

Für die sozialen Lernprozesse sind dabei selbstverständlich auch die Arbeitsmethoden bedeutsam bzw. grundlegend. Hier sind z.B. Gruppen- und Partnerarbeit sowie Strukturen der Mitbestimmung förderlich. Insbesondere klassische Elemente der Betriebsdidaktik, wie Learning-by-doing oder Unterweisen, werden beibehalten, werden aber durch andere Arbeitsmethoden, z.B. Projekte ergänzt.

Positive Bedingungen ganzheitlichen Lernens werden in der Produktionsschule mit der Wahl von Lerngegenständen unterstützt, zu denen die Produktionsschüler affektive Beziehungen aufbauen können (z.B. Ausstellungen und Veröffentlichungen, die die eigene Person, die eigene Arbeit oder den Betrieb zum Gegenstand haben; Produktion von Gegenständen für den eigenen Bedarf; Themen wie Drogen mit Lebensweltbezug der aktuellen Teilnehmer). Schließlich ist BuntStift bestrebt, nicht nur die unterschiedlichen sinnlichen Verarbeitungsweisen adäquat anzusprechen, sondern auch die Dominanz kognitiver Lernprozesse zugunsten praktischen, handwerklichen Lernens abzubauen.

Die Erfahrung zeigt, dass die personale Identität der Heranwachsenden sich dann besser entfalten kann, wenn innerhalb des Bildungsprozesses Freiräume und Experimentierfelder zur Verfügung gestellt werden, z.B. durch eigenständig zu bearbeitende Aufträge oder durch neue, herausfordernde Erlebnisräume (Bildungsfahrten). Damit können die herkömmlichen Formen der betrieblichen Didaktik („Vorbereiten", „Vormachen", „Nachmachen", „Üben") zugunsten eines neuen Verständnisses offenen und allgemeinbildenden Lernens größtenteils überwunden werden.

2.3 Die Hauptprozesse der Kasseler Produktionsschule

Eine aktivierende, die Jugendlichen akzeptierende und respektierende Pädagogik – das Prinzip des Kompetenzansatzes – setzt an den individuellen Fähigkeiten und Kompetenzen an, ohne biografisch bedingte Wissenslücken und soziale Defizite zu ignorieren. Ein positives Aufgreifen vorhandener persönlicher Kompetenzen stärkt das Selbstbewusstsein der Jugendlichen ebenso wie ihre Bereitschaft und ihr Selbstvertrauen Neues zu lernen.

Die Produktionsschule stellt sich der gesellschaftlich und bildungspolitisch umfassenden Aufgabe, ein einheitliches System aus allseitiger Bildung und gemeinschaftlicher Erziehung zu schaffen. Das schließt berufliche Orientierung und Qualifizierung ein, reicht aber in der Erziehungsaufgabe (*Erziehungsauftrag*) über eine reine Wissensvermittlung hinaus.

In der didaktischen Analyse gilt es fortwährend zu prüfen: „Gibt es einen pädagogischen Wert in der Arbeit, im Auftrag, in der Produktion?" Die Produktionsschule muss sich daher sowohl bei der Vermittlung von Fachkompetenz und Wissen als auch in ihrem *Erziehungsauftrag* den Anforderungen, die an Jugendliche gestellt sind, öffnen.

2.3.1 Arbeit/Beschäftigung/Qualifizierung

Die Jugendlichen werden in den Prozess der Auftragsabwicklung im Rahmen der Produktionsschule einbezogen (siehe Kapitel 2.2.3). So entstehen Projekte, die die Jugendlichen unter Anleitung bearbeiten. Projektorientierte Berufsausbildung stellt eine geeignete Organisationsform und Methode des Lehr-Lern-Prozesses dar, da hier fachliche Qualifizierung idealerweise mit dem Erwerb sozialer und berufsfeldübergreifender Kompetenzen zu verknüpfen ist. Die Arbeit der Heranwachsenden an Projekten, die gemeinsam mit den Ausbildern erarbeitet werden, ermöglicht den gewünschten Abbau undurchschaubarer, anleiterzentrierter Lernsituationen, die weder den Lernvoraussetzungen der Jugendlichen/jungen Erwachsenen, noch den Anforderungen des späteren Beschäftigungsfeldes gerecht werden. Darüber hinaus ermöglicht projektorientiertes und handlungszentriertes Arbeiten bereits in den ersten Phasen der Ausbildung ein hohes Maß an Stabilisierung der Heranwachsenden und damit eine Stärkung ihres Durchhaltevermögens und Selbstverantwortlichkeit. Projekte erreichen – eher als es bei anderen Lernformen der Fall ist – individuell zu fördern, da die Lernschritte, die Arbeitsaufgaben und das Lerntempo dem jeweiligen Entwicklungsstand angepasst sind.

Projektorientiertes Lernen wird bei voranschreitender Arbeitserfahrung zum produktorientierten Lernen erweitert, um sich damit beruflicher Realität zu nähern, indem der Ernstcharakter des Arbeitens weiter verstärkt wird: Die Auszubildenden werden bei der Herstellung von Produkten bzw. bei der Erbringung von Dienstleistungen ständig mit den zugehörigen ökonomischen und sozialen Rahmenbedingungen konfrontiert. Darüber hinaus werden in Kooperation mit Partnern der regionalen Wirtschaft für alle Produktionsschüler betriebliche Praktika organisiert und ermöglicht. Einerseits wird dadurch der Einblick in die berufliche Realität weiter gefördert; andererseits dienen sie der weiteren beruflichen Orientierung und einer effektiven Unterstützung bei der Vermittlung von Anschlüssen in Ausbildung und Arbeit.

2.3.2 Sozialpädagogische Aktivitäten/Lernbegleitung

Eine sozialpädagogische Begleitung von Jugendlichen mit besonderem Förderbedarf wird bei BuntStift als ein wichtiger Faktor für den Erfolg der Vermittelbarkeit von diesen Jugendlichen angesehen.

Ein großer Teil der angesprochenen Jugendlichen kann sich eine zielgerichtete Qualifikation nur aneignen, wenn ihre aktuelle individuelle und soziale Situation in der Ausbildung berücksichtigt wird – das heisst, wenn dafür Begleitung, Beratung und Unterstützung geplant und angeboten werden. Durch die Arbeit der (sozial-)pädagogischen Fachkräfte ergibt sich die Chance, zwischen Wertvorstellungen und Möglichkeiten der Berufs- und Arbeitswelt einerseits sowie der alltäglichen Lebenswelt andererseits zu vermitteln.

Der Einsatz von *Lernbegleitern* ist ein pädagogischer Gestaltungsvorschlag, um in der praktischen, produktionsorientierten Arbeit der Arbeitsbereiche (Werkstätten, Büro- und Medienbereich) Anknüpfungs- punkte für systematische und theoretische Vermittlung von Grundlagenwissen zu finden (Stichwort: „Didaktisierung des Werkstatt-Lernens"). Lernbegleiter können als Initiator und Begleiter von Lernprozessen im unmittelbaren Produktionsprozess sowie als Bildungslaufbahnberater definiert werden.

2.3.3 Förder-/Hilfeplanung

Um individuelle Begabungen und persönliche Kompetenzen herauszuarbeiten, muss eine gründliche Potenzialanalyse fest in der Angebotsstruktur der Produktionsschule verankert sein. Ausgewählte Verfahren dürfen nicht auf das Abprüfen von vorher festgelegten Standards (Einheitskonzept) möglicher Stärken und Fähigkeiten beschränkt werden, sondern müssen so offen gestaltet sein, dass auch solche Fähigkeiten, die mit dem primären Ziel der beruflichen Bildung nicht in unmittelbarem Zusammenhang stehen, wahrgenommen und erfasst werden können. Die Potenzialanalyse (alle Verfahren der Evaluation von Wissen und Bildungsprozessen) fließt unmittelbar in den individuellen Förderplan ein. Der individuelle Förderplan ist so ein zentrales Planungselement zur pädagogischen Gestaltung und Organisation der Lernprozesse in der Produktionsschule. Er bildet die Grundlage für planvolles und systematisches pädagogisches Handeln und dient zur Überprüfung der allgemeinen Bildungsziele und persönlichen Lernschritte und damit zur Sicherung der Qualität. Ein individueller

Förderplan, der sowohl arbeitswelt- und fachbezogene als auch sozialpädagogische Lernabschnitte beinhaltet, sollte biographisch und lebensweltorientiert sein, um eine hohe Differenzierung (Binnendifferenzierung) der Lernprozesse – gekoppelt an den individuellen Entwicklungsfortschritt – zu gewährleisten.

Ein Förderplan, der sowohl für die Festlegung weiterer Lernschritte und Arbeitsinhalte herangezogen werden kann als auch eine Orientierungsmöglichkeit für die Heranwachsenden darstellt, wird in der Zusammenarbeit zwischen allen am Prozess Beteiligten erarbeitet. In regelmäßigen Gesprächen (sie werden etwa alle drei Monate geführt und protokolliert) reflektieren die Ausbilder gemeinsam mit den Heranwachsenden den Stand der Entwicklung und den absolvierten Lernprozess. Ziele werden überprüft, konkretisiert oder neu formuliert. Sowohl auf der sozialen als auch auf der fachlichen Ebene erhalten die Jugendlichen/jungen Erwachsenen ein Werkzeug, um ihre Ziele und ihr Handeln nachvollziehen zu können. Lernfortschritte werden auf diese Weise sichtbar und zur Stärkung in der persönlichen Entwicklung bewusst gemacht.

2.3.4 Interkulturelle Bildung

Konflikte im Zusammenarbeiten betreffen immer die Beziehungen von Menschen zueinander. Es stellte sich in der BuntStift-Praxis folgerichtig die Frage, ob Verschiedenartigkeit oder Fremdheit nicht einen wesentlichen Grund für Probleme im betrieblichen Alltag darstellen – sei es zwischen den Geschlechtern oder zwischen ausländischen und deutschen Mitarbeitern. BuntStift geht deshalb davon aus, dass Fremdheit nicht auf eine individuelle Erfahrung zu reduzieren ist, sondern gleichfalls auf der übergeordneten gesamtgesellschaftlichen Ebene begründet liegt.

BuntStift beteiligt interkulturelle Bildung in den Hauptprozessen als Querschnittsaufgabe mit der Zielsetzung, die praktischen Erfahrungen aller Beteiligten mit theoretischem Wissen in Verhältnis zu setzen: Fremdheit, die durchaus existent ist, wird häufig als ausschließlicher Erklärungsansatz für Konflikte herangezogen, wobei sie sich als soziales Konstrukt und als Ergebnis von Zuschreibungen erweist und nicht etwa als Wesensmerkmal einer anderen Person zu verstehen ist. Somit gilt es, mit dem Phänomen der Fremdheit im Alltag in kompetenter Weise umzugehen.

Wenn deshalb von interkultureller Kompetenz in der BuntStift-Praxis gesprochen wird, stellt der Begriff „Fremdheitskompetenz" einen konkreteren Handlungsansatz dar. Dieser ist wiederum geprägt von einer teilnehmerorientierten Ausrichtung der Methoden, die auch niedrigschwelligen Angeboten an bildungsungewohnte Teilnehmer entsprechen soll. Interkulturelles Lernen heißt aus diesem Grund in erster Linie die Unterstützung der Bereitschaft, Unvertrautem mit Neugierde begegnen zu können. Dieses Verständnis orientiert sich an dem Ziel, das Fremde als Bereicherung der eigenen Kultur und als selbstverständlichen Teil des Alltags wahrnehmen zu können. Unsere Erfahrungen machen deutlich, dass Fremdes zunächst das ist, wofür noch keine Worte, Begriffe und Kategorien gefunden wurden. In der interkulturellen Pädagogik kann es deshalb nicht um ein allgemeingültiges Erlernen von Toleranz gehen, sondern um bewusstes soziales und pädagogisches Handeln, um positive Interaktionen zwischen den Kulturen zu initiieren.

In der pädagogischen Praxis entwickelte sich dies so, dass der Andere in seinem Anderssein zu respektieren ist, oder anders formuliert: den Fremden in seiner Fremdheit belassen werden sollte. Das Ziel von interkultureller Bildung ist dann die Förderung von respektvoller Kommunikation zwischen verschiedenen Menschen zur Erlangung von Handlungskompetenz. Interkulturelles Lernen ist in einem gleichberechtigten Dialog umzusetzen. Diese interkulturelle Kommunikation ist als Interaktion und lebenslanges Lernen zu verstehen.

Dafür gilt es, in der Pädagogik Möglichkeiten zu eröffnen, aufzugreifen und zu fördern.

3. Das berufspädagogische Zauberwort heißt Produktion

Die Kasseler Produktionsschule will jungen Menschen durch ihnen angemessene qualifikatorische und sie in ihrer persönlichen Entwicklung unterstützende Angebote eine tragfähige Perspektive eröffnen. Sie bietet die Arbeitsbereiche: Metall-, Recycling- und Holzwerkstatt, Hauswirtschaft, EDV/Neue Medien und Dienstleitungsbüro an. Für die Produktionsschüler ist ein Wechsel zwischen den Arbeitsbereichen möglich. Es existiert kein getrenntes Vorgehen zwischen Produktionsschule und Ausbildungsbetrieb. Aufträge werden gemeinsam von Auszubildenden und Produktionsschülern abgewickelt und bearbeitet. Jeder wird nach seinen Möglichkeiten, Fähigkeiten und jeweiligen Lernaufgaben eingesetzt.

Dreh- und Angelpunkt im berufspädagogischen Lernprozess ist die Produktion. Der Kerngedanke ist der, dass die Produktionsschüler durch die Herstellung von Produkten und das Anbieten von Dienstleistungen für den Markt lernen und sich qualifizieren. Die Anforderungen an fachliches, manuelles Können ergeben sich aus der Art der Aufträge (s.a. Empfehlungen der Fachkommission der Robert-Bosch-Stiftung zum Jugendhilfebetrieb).

Die Produktion marktfähiger Erzeugnisse und Dienstleistungen muss in einer ständigen Balance zwischen pädagogischen und ökonomischen Zielen erfolgen. Einerseits muss die Produktionsschule pädagogisch differenzieren, indem sie am individuellen Entwicklungsstand des einzelnen Produktionsschülers ansetzt und ihn mit Arbeitsaufgaben konfrontiert, die ihn fordern und fördern. Andererseits gibt es Imperative des Marktes, Kundenwünsche, Qualitätsansprüche und Terminvorgaben, die nicht folgenlos ignoriert werden dürfen. Die Balance wird in der Praxis der Produktionsschule BuntStift dadurch hergestellt, dass grundsätzlich zeitliche Puffer in der Arbeitsorganisation vorgesehen werden. Der Ausbildungsbetrieb BuntStift mit seinen Auszubildenden und dem Personal wird als elastische und flexible Arbeitskraftreserve eingeplant und hält sich verfügbar, um mögliche Ausfälle von Produktionsschülern ausgleichen zu können. Diese Balance steht unter der Zielsetzung, dass die Lernbedürfnisse der Teilnehmer maßgebend für die Produktionsorganisation zu sein haben – nicht etwa umgekehrt. Daraus folgt konsequent, dass die Produktionsschule auch Aufträge abweisen muss.

3.1 Die Produktionsbereiche bei BuntStift

Die Kasseler Produktionsschule hat folgende sechs Produktionsbereiche:

Das Dienstleistungsbüro verwaltet die Produktionsschule und den Ausbildungsbetrieb BuntStift. Produktionsschüler erledigen die tägliche Post, den Schriftverkehr, die Rechnungsüberwachung mit Rechnungsstellung und -überweisung. Unter Anleitung führen sie Kassenbücher, arbeiten bei den Lohnabrechnungen sowie der Buchführung mit.

In der Metallwerkstatt produzieren Produktionsschüler überwiegend für den Markt. Private Kunden geben ihre Wünsche bei BuntStift in Auftrag. Es werden beispielsweise Montagetische, Servicewagen, Metallregale, Tischgestelle, Garderoben, Treppen und Treppengeländer hergestellt.

In der Holzwerkstatt werden vorwiegend Tische, Bänke, Schränke, Regale und andere Möbel für Privatkunden angefertigt. Gute Erfahrungen in der Projektarbeit konnten mit abteilungsübergreifenden Aufträgen in Zusammenarbeit mit der Metallwerkstatt (z.B. Treppen und Geländer) gemacht werden.

Die Hauswirtschaft versorgt die BuntStift-Betriebsangehörigen und -Teilnehmer mit Frühstück, Mittagessen und Getränken. Sie deckt weitere verschiedene hauswirtschaftliche Arbeiten ab wie: Hausreinigung, Getränke- und Kuchenverkauf, Buffetservice, Einkauf und Vorratshaltung, Wäsche- und Blumenpflege.

Die Recyclingwerkstatt hat im Wesentlichen zwei Aufgaben. Die in diesem Bereich tätigen Produktionsschüler nehmen die im Rahmen des Sperrmülls innerhalb des Stadtgebietes Kassel anfallenden ausgedienten Elektrogeräte wie z.B. Elektroherde, Computer, Wasch- und Spülmaschinen sowie Wäschetrockner an. Zusätzlich gibt es einen Abholservice für private Kunden und Betriebe. Die Geräte werden auf Defekte überprüft und anschließend repariert oder für die weitere Entsorgung – in die verschiedenen Fraktionen – zerlegt und entsprechend entsorgt bzw. wiederverwertet. Reparierte Geräte werden mit Garantie in unseren Verkaufsräumen angeboten.

Im Bereich EDV/Neue Medien bereiten Produktionsschüler die BuntStift- als auch externen Druckerzeugnisse vor, gestalten diese und betreuen sie bis zur Endproduktion in der Druckerei. Weiterhin kümmert sich dieser Bereich um die Aktualisierung und Fortentwicklung der BuntStift-Homepage. Ein weiteres Aufgabenfeld ist die Erstellung und Gestaltung der Stadtteilzeitung „Nordwind". Eine unabhängige Redaktion mit Akteuren aus dem Stadtteil ist für die Inhalte zuständig.

In den einzelnen Arbeitsbereichen ist jeder stets seinen Fähigkeiten entsprechend an der Abwicklung von Kundenaufträgen beteiligt. Mit zunehmender Qualifizierung nimmt der Anteil eigenverantwortlicher Produktionsschritte zu. Auch „Neue" werden nach einer relativ kurzen Einarbeitungszeit so in den Produktionsprozess integriert, dass sie schon sehr bald den Wert ihrer Anstrengungen am Gelingen des Gesamtauftrages erkennen können.

3.2   Nachträglicher Erwerb des Hauptschulabschlusses

Neben der fachlichen Qualifizierung im Produktionsablauf können sich die jungen Leute auf den externen Hauptschulabschluss vorbereiten. Ausländischen Produktionsschülern wird Deutsch als Zweitsprache angeboten. Die Fachtheorie findet auftragsbegleitend statt und orientiert sich an dem jeweiligen Arbeitsprojekt. Unterstützend hierbei wirkt der abteilungsübergreifende Einsatz der Lernbegleitung (siehe Kapitel 2.3.2).

3.3   Weitere Strukturelemente der Produktionsschule

Weitere Strukturelemente der Kasseler Produktionsschule BuntStift seien hier zur Vollständigkeit kurz skizziert:

- Qualifizierungsbausteine nach dem Berufsbildungsgesetz (BBiG);

- EDV/Medienkompetenz;

- Kompetenzfeststellung/Eingangsanalyse;

- Aktivitätswerkstätten wie: EDV-Kurse, Sportangebote, Erste-Hilfe-Kurs, Kunstaktivitäten, Musik, Video, Bewerbungstraining und Ausflüge, etc.;

- Bildungsfahrten/Jugendaustausch/Workcamps;

- Betriebspraktika (BuntStift vermittelt und betreut die Produktionsschüler während ihres Praktikums in externen Betrieben);

- Arbeitsberatung: Soziales (AB:S) sowie

- Sucht-/Gewaltprävention.

3.4 Arbeitsberatung AB:S

Arbeitsberatung: Soziales AB:S[3] ist eine Form arbeitsweltbezogener Supervision zur Reflexion und Gestaltung der sozialen Beziehungen im unmittelbaren Arbeitsprozess der Berufsausbildung, Weiterbildung und der vorberuflichen Qualifizierung. Wesentliches Ziel der AB:S ist die Förderung und Entwicklung der sozialen Kompetenz der persönlichen, individuellen und gemeinschaftlichen Handlungsfähigkeit im und ausgehend vom Arbeitsprozess.

Im Rahmen der verschiedenen Projekte der Produktionsschule BuntStift, der unterschiedlichen Unterrichtsprojekte und fachpädagogischen Settings der Berufsvorbereitung und Ausbildung ist die AB:S ein seit mehreren Jahren erprobter Ansatz einer psycho-sozialen Begleitung und Beratung.

Diese Form der für Jugendliche und Ausbilder gemeinsamen Supervision versucht die fach- und berufsbezogene Qualifizierung und Beruflichkeit mit einer individuellen, klientenzentrierten als auch prozess- und gruppenorientierten (sozialpädagogischen), oft sozialtherapeutischen Förderung zu verbinden. AB:S ist ausdrücklich weder eine produkt- noch leistungsorientierte mithin auch keine unterrichtsähnliche Veranstaltung.

Einmal wöchentlich finden halbstündige Gruppensitzungen in den Abteilungen Holz, Metall, Büro und Mediengestaltung, Hauswirtschaft und Recycling mit jeweils zwischen sechs und zwölf Teilnehmern statt.

Zusätzlich werden bei Bedarf auch Einzelgespräche geführt, die sich als Schnittstellen zu den unterschiedlichsten professionellen Beratungsstellen erweisen können (z.B. Arbeitsagentur, Jugendamt, Fallmanager, Jugendwohngruppen, Therapieeinrichtungen, Drogenberatung). Das Spektrum der Themen ist groß. Es reicht von fachlichen Fragen über inhaltliche Auseinandersetzungen mit Kollegen und Ausbildern bis zu Beziehungskonflikten mit Mitarbeitern und persönlichen Schwierigkeiten. Für schwerwiegende Probleme, wie z.B. Drogen/Sucht, gibt es neben der Teambesprechung ein individuelles Beratungsangebot durch den Arbeitsberater.

---

3 Siehe hierzu den Beitrag in diesem Sammelband von Henner Stang.

4.   Finanzierung und Rahmenbedingungen

Ein bedeutendes Prinzip des Konzepts der Kasseler Produktionsschule ist, dass ein Einstieg jederzeit möglich ist und die Verweildauer bis zu zwei Jahren betragen kann. Da in der Bundesrepublik Deutschland z.Zt. noch kein einheitliches Produktionsschulgesetz existiert bzw. auch keine landesweite oder andere Regelungen vorhanden sind, ist die Beschaffung von Fördermitteln für Produktionsschulansätze problematisch und im Grunde existenziell.

Trotz der in den letzten Jahren positiv geführten Diskussionen über Produktionsschulen (beispielsweise in vielen Landesministerien) war es bislang nicht möglich, Produktionsschulen als zusätzliche Bildungs- und Qualifizierungsalternative für junge Menschen in Deutschland bildungspolitisch – geschweige denn gesetzlich – zu etablieren. Die Zahl der Produktionsschulen steigerte sich zwar beständig, eine Bundesarbeitsgemeinschaft Produktionsschulen (BAG Produktionsschulen) gründete sich 2003, aber von einer kraftvollen und ernstzunehmenden Bewegung ist man noch weit entfernt. Diese Situation ist um so bedauerlicher, als dass so nur mit den jeweils vorhandenen, aber sich oft ändernden Förderinstrumenten eine adäquate Finanzierung umgesetzt werden muss.

Auch die seit Anfang der 1990er von der Robert-Bosch-Stiftung entwickelte und vorgeschlagene Fondsfinanzierung, die den Trägern von Bildungs-, Qualifizierungs- und Beschäftigungsangeboten eine Bezahlung aus einer Hand ermöglichen sollte, ist nicht ansatzweise in Deutschland umgesetzt worden.

In den ersten beiden Jahren des Aufbaus der Produktionsschule wurde BuntStift im wesentlichen durch das EU-Programm EUROFORM, das hessische Landesprogramm „Arbeit statt Sozialhilfe" und aus kommunalen Mitteln der Erziehungshilfe im Rahmen des Achten Sozialgesetzbuches (SGB VIII: Kinder- und Jugendhilfegesetz, KJHG) finanziert. Mittlerweile besteht ein Finanzierungsmix aus zahlreichen EU-, Bundes-, Landes- und kommunalen Programmen. Das bedeutet konkret, dass erhebliche Personalressourcen mit der Beschaffung und dem Nachweis der Verwendung dieser Mittel gebunden sind.

5. Fazit: Kompetenzerwerb durch produktive Arbeit in entwicklungsfördernden Arrangements

Die Produktionsschule BuntStift verfolgt also, wie sich aus ihrem Namen ablesen lässt, mehrere Ziele: Sie begreift die Vielzahl der Ziele wie eine Palette bunter Stifte, die erforderlich ist, wenn ein farbenprächtiges Bild entstehen soll. Sie nimmt die Produktionsschüler in ihrer jeweiligen Eigenheit wahr; über ihre bunte Kombination in Lerngruppen entfalten diese ihre eigene Dynamik und Produktivität. Die Produktionsschule BuntStift ist ein durch und durch pluralistisches pädagogisches Angebot.

Die Kasseler Produktionsschule zeichnet sich insbesondere durch differenzierte Förderangebote im Bereich vorberuflicher Bildung aus. Sowohl hinsichtlich der Breite und Tiefe der erwerbbaren Kenntnisse und Fertigkeiten als auch hinsichtlich des Niveaus und der Anteile praktischer und theoretischer Anforderungen bietet die Produktionsschule individuell differenzierbare Qualifikationsmöglichkeiten. Die in der Produktionsschule realisierten didaktisch-methodischen Konzeptionen zur Förderung junger Menschen mit besonderem Förderbedarf zielen darauf, deren Leistungspotenziale zu aktivieren und damit ihre Entwicklungsmöglichkeiten auszuschöpfen. Sie aktiviert die Integration junger Menschen in die Arbeitswelt durch:

- eine Gewöhnung an den Arbeitsrhythmus/Tagesstruktur,

- die Einhaltung innerbetrieblicher Umgangsformen,

- das Zurechtfinden in betrieblichen Strukturen,

- die Übernahme von Verantwortung im Arbeits-/Produktionsprozess,

- die Auseinandersetzung mit Kollegen,

- das Lernen voneinander,

- eine bewusste Berufsentscheidung und

- die Unterstützung im individuellen Reifeprozess.

Der enge Kontakt mit den Ausbildern und ein überschaubarer Rahmen vermitteln Geborgenheit und eröffnen die Chance beruflicher und persönlicher Entwicklung. Die produktive Arbeit unterstützt persönlichkeitsbildende

Prozesse vor allem dann, wenn sie eingebettet sind in aktivitätsbezogenes und interkulturelles Lernen. Ganz offensichtlich brauchen zunehmend mehr junge Menschen mit Lebens- und Lernproblemen Orte, an denen sie sich entfalten können, Menschen, die für sie Glaubwürdigkeit verkörpern, sowie Aufgaben, die sie herausfordern und die zugleich zu bewältigen sind. Der pädagogische Erfolg der Kasseler Produktionsschule BuntStift liegt darin begründet, dass sie solche entwicklungsfördernden Arrangements bietet, die individuellen Kompetenzerwerb durch produktive Arbeit bewirken.

Literatur

BAG Produktionsschulen (2005): Leitlinien zur Umsetzung eines produktionsorientierten Ansatzes (unveröffentlichtes Manuskript).

Biermann, H. (1994): Produktionsschule heute. Ein altes Konzept für aktuelle Probleme? In: Berufsbildung 48 (1994), Heft 29, S. 3-5.

Bojanowski, A. / Charton, A. (1993): Produktionsschule bei BuntStift – ein breitgespannter Förderansatz für den Weg zu Ausbildung und Arbeit. In: Bundesministerium für Bildung und Wissenschaft und Bundesinstitut für Berufsbildung (Hg.): Differenzierte Wege zum anerkannten Berufsabschluss. Dokumentation einer Fachtagung zur Berufsbildung benachteiligter Jugendlicher und junger Erwachsener. Bonn, S. 85-94.

Bojanowski, A. / Mertens, M. (o.J.): Praxiskontakte und Austausche als Fortbildung von Fachkräften, die mit benachteiligten Jugendlichen in Europa arbeiten (PAFF). Ein europäisches Seminar. Kassel.

Greinert, W.-D. / Wiemann, G. (Hg.) (1992): Produktionsschulprinzip und Berufsbildungshilfe. Analyse und Beschreibungen unter Mitarbeit von Horst Biermann und Rainer Janisch. Baden-Baden.

Gentner, C. (2005): Produktionsschulen – (auch) ein Angebot für Schulverweigerer? Bericht aus einem Modellprojekt des BuntStift Kassel e.V. In: Bojanowski, A. / Ratschinski, G. / Strasser, Peter (Hg.): Diesseits vom Abseits – Studien zur beruflichen Benachteiligtenförderung. Bielefeld, S. 151-174.

Gentner, C. / Kul, D. / Mertens, M. (2005): „Auf Kurs": Ein Bildungsangebot der Kasseler Produktionsschule BuntStift. Förderung schulverweigernder Hauptschüler durch betriebliche, produktionsorientierte Formen und Methoden des Lernens. In: Thole, W. / Cloos, P. / Strutwolf, V. (Hg.): Soziale Arbeit im öffentlichen Raum. Soziale Gerechtigkeit in der Gestaltung des Sozialen. Wiesbaden 2005, Kap. 4.5 „Alltag in sozialpädagogischen Räumen: Probleme, Konzepte, Methoden".

Gümpel, M. (2000): Chancen und Grenzen interkultureller Frauenbildung. (Unveröffentlichte) Magisterarbeit. Universität Kassel.

Kipp, M. / Hanke, P. / van Waasen, M. / Wolkowski-Hanke, U. (1999): Benachteiligtenförderung in der Kasseler Produktionsschule BuntStift In: Biermann, H. / Bonz, B. / Rützel, J.: Beiträge zur Didaktik der Berufsbildung Benachteiligter. Stuttgart 1999, S. 122-137.

Kul, D. / Mertens, M. (2003): „Auf Kurs" – Ein Modellprojekt an der Kasseler Produktionsschule zur Förderung schulmüder und schulverweigernder Hauptschüler. In: Wirtschafts- und sozialpolitisches Forschungs- und Beratungszentrum der Friedrich-Ebert-Stiftung (Hg.): „Alle mit ins Boot nehmen" – Berufliche Qualifizierung für Jugendliche mit besonderem Förderbedarf. Eine Fachkonferenz der Friedrich-Ebert-Stiftung, Gesprächskreis Arbeit und Soziales sowie des Bundesministeriums für Bildung und Forschung am 10. Juli 2003 in Berlin. Bonn, S. 62-67.

Robert-Bosch-Stiftung (Hg.) (1995): Jugendhilfe und Arbeitsförderung: Neue Wege der beruflichen Integration benachteiligter Jugendlicher. Bd. 1. Empfehlungen einer Fachkommission, Materialien und Berichte 44. Gerlingen.

Cortina Gentner

Was leisten Produktionsschulen für Schulverweigerer? Aus einem Modellprojekt an der Kasseler Produktionsschule BuntStift

1.　Zum Phänomen der Schulverweigerung

Es gibt für Deutschland keine repräsentativen Untersuchungen zum Umfang von Schulverweigerung. Zahlen zur An- und Abwesenheit von Schülern werden nicht systematisch erfasst und ausgewertet; Auswertungen gibt es bestenfalls auf der Ebene einzelner Schulen, nicht jedoch auf Schulamts- oder Länderebenen. Hinzu kommt, dass in der Schule meist nur unterschieden wird zwischen entschuldigtem (mündliche oder schriftliche Mitteilung der Erziehungsberechtigten oder ärztliches Attest) und unentschuldigtem Fehlen. Statistiken sind auf Grund des unterschiedlichen bzw. nicht definierten Verständnisses von Schulverweigerung meist nicht vergleichbar. Untersuchungsergebnisse zum Umfang von Schulverweigerung, die sich auf Klassenbucheintragungen stützen, sind deshalb nicht valide (Kaiser 1983, S. 9). Der quantitative Umfang von Schulverweigerung ist für Deutschland nur schwer zu bestimmen. Ab wann jemand als Schulverweigerer gilt, wird in den bisher durchgeführten Untersuchungen unterschiedlich gehandhabt. Eine genaue Bestimmung des Phänomens Schulverweigerung ist nicht zuletzt deshalb schwierig, weil der Ermessensspielraum, wann und von wem ein Fernbleiben des Schülers vom Unterricht als Schwänzen oder Verweigerung definiert wird, von Lehrern und Schulleitern unterschiedlich ausgefüllt wird.

Hinzu kommt, dass es bislang noch keine eindeutige und konsensfähige Definition von „Schulverweigerung" gibt. In der Fachliteratur, in der Praxis und in den Medien werden zahlreiche Begriffsdefinitionen verwendet. Sie reichen von „Schulschwänzen", „Schulmüdigkeit", „Schulvermeidung", „Schuldistanzierung", „Schulflucht", „Absentismus", „Schulversäumnisse", „unregelmäßiges Schulbesuchsverhalten", „dissoziales Schwänzen", „Schulverweigerung" bis hin zu „Schulverdrossenheit", „Schulaversion", „Schulangst und Schulphobie" (vgl. u.a. Klauer 1963; Theißen 1977; Hildeschmidt 1979; Kaiser 1983; Müller 1991; Thimm 1998 sowie 2000; Ricking 1997; Neukäter/Ricking 1997; Warzecha 1997; Schreiber Kittl/Schröpfer 2002; Wachtel/Wittrock 1999; Schulze/Wittrock 2001; Ehmann/Rademacker 2003). Im Rahmen des hier vorgestellten Modellprojektes „Auf Kurs" bei BuntStift in Kassel nutzten wir den Begriff „Schulverweigerung". Aus unserer Sicht beschreibt dieser am ehesten die Haltung der betroffenen Schüler und den Tatbestand selbst. Zur näheren Begriffsbestimmung von „Schulverweigerung" unterscheiden wir zwischen aktiver Form (Störverhalten im Unterricht, aggressives/destruktives Verhalten gegenüber Mitschülern und/oder Lehrkräften, gelegentliches stundenweises bzw. tageweises Schulschwänzen, dauerhafte Abwesenheit und gewohnheitsmäßiges Zuspätkommen) und passiver Form (Nichtbeteiligung im Unterricht, „verdecktes" Schulschwänzen mit Hilfe von Ausreden oder Entschuldigungen) der Verweigerung von Unterricht bzw. Schule.

Das Kultusministerium Hessen hat für das Jahr 1999 die Zahl der Verletzungen der Schulpflicht im Land Hessen mit insgesamt 4.417 Fällen angegeben. Diese Zahl bezieht sich auf Schulpflichtsverletzungen, bei denen die Schulbehörden mit einem Ordnungswidrigkeitsverfahren reagiert haben (vgl. Kultusministerium Hessen 2001). Für die Stadt Kassel wurden 2003 die Zahl der Anzeigen wegen eines Verstoßes gegen die Schulpflicht mit 448 beziffert (in 353 Fällen wurde ein Bußgeldbescheid erlassen; vgl. Schulverwaltungsamt der Stadt Kassel 2003). Die Dunkelziffer bezüglich der Schulversäumnisse und Schulpflichtverletzungen dürfte in der Stadt Kassel, hessenweit wie auch in Deutschland insgesamt um ein Vielfaches höher liegen. Über die Höhe der Dunkelziffer gibt es jedoch keine verlässlichen Schätzungen. Das Deutsche Jugendinstitut München/Leipzig geht inzwischen von ca. 10% bis 15% der Schüler pro Klasse aus, die zumindest als schulmüde eingestuft werden müssen (vgl. Reißig 2001).

Ebenso wie die allgemeinen Zahlen im gesamten Bundesgebiet zeigen die Zahlen für das Land Hessen, dass die Weigerung, zur Schule zu gehen – phasenweise oder dauerhaft – in Deutschland keine Ausnahmeerscheinung ist. Die Debatten um Schulversäumnisse und Schulpflichtverletzungen haben in Deutschland in den letzten Jahren einen bemerkenswerten Auftrieb bekommen – dies gilt sowohl für die Berichterstattung in den Medien als auch für die schul-, sonder- und sozialpädagogischen Fachdiskussionen. Angesichts alarmierender Zahlen von Schülern, die sich von der Schule abwenden, sich ihr verweigern und häufig ohne Schulabschluss ihre Schulpflicht beenden, wird der Ruf nach Erklärungen und Abhilfen lauter. Schulverweigerung hat nicht selten den Schulabbruch zur Folge. Die

Folgen beharrlicher Abwesenheit von der Schule und insbesondere fehlender schulischer Qualifizierung sind gravierend. Brüche und Instabilitäten im schulbiographischen Ablauf wirken sich oft negativ auf die künftige gesellschaftliche Stellung eines Individuums aus.

„In einer Gesellschaft, in der Arbeit immer noch ein entscheidendes Merkmal für den sozialen Status ist, haben Schulabbrecher unsichere bzw. schlechte Ausbildungs- und Beschäftigungsperspektiven; eine (einigermaßen regelmäßige) Teilnahme am Erwerbsleben ist aber wiederum Voraussetzung und Grundvoraussetzung für gesellschaftliche Teilhabe." (Schreiber-Kittl/Schröpfer 2002, S. 8)

Erste Angebote für Schulschwänzer und Schulverweigerer entstanden bereits Anfang der 1990er Jahre – wegbereitend war hier das Land Nordrhein-Westfalen, das 1994 einen zweijährigen Modellversuch startete.[1] In den letzten Jahren hat sich eine Vielzahl von Projekten und Arbeitsansätzen meist auf lokaler Ebene entwickelt. Neben Angeboten für Schulverweigerer am Lernort Schule gibt es auch eine Fülle von Projekten und Initiativen, die Konzepte zur Beschulung außerhalb der Schule entwickelt haben. Nahezu alle Bundesländer haben seit 1998 auf die zunehmend auch in der Öffentlichkeit geführten Debatten über die „Schulverweigerung" reagiert. Neben Programmen und Förderrichtlinien auf Landesebene, mit deren Hilfe landesweit eine Reihe von Initiativen unterstützt werden, gab es auf Bundesebene z.B. das Modellprogramm „Arbeitsweltbezogene Jugendsozialarbeit" (1998-2001) bzw. das Programm des Bundesministeriums für Bildung und Forschung „Kompetenzen fördern – Berufliche Qualifizierung für Zielgruppen mit besonderem Förderbedarf" (BQF-Programm; ab 2001), in dem eine Reihe von Modellprojekten finanziell gefördert werden, die Lernangebote für Schulverweigerer systematisch (weiter-)entwickeln und erproben.

Neben diesen Projekten gibt es bundesweit zahlreiche Lernangebote für Schüler, die mit der Regelschule nicht mehr zurechtkommen. Die meisten Projekte oder Angebote für Schulverweigerer oder Schulabbrecher sehen vor, für einen begrenzten Zeitraum schulische Aufgaben zu übernehmen und diese durch sozialpädagogische Begleitung zu ergänzen. Ziel ist es auch dort, die Jugendlichen sozial zu stabilisieren, sie zu motivieren und wieder systematisch an das Lernen heranzuführen. Im Vordergrund dieser

---

1 Zur ausführlichen Darstellung siehe den Beitrag von Frank Braun in diesem Band.

Projekte steht die soziale und schulische bzw. berufliche Integration dieser speziellen Zielgruppe, wobei das formale Bildungsziel häufig ein qualifizierter Schulabschluss ist.

2.   Das Modellprojekt „Auf Kurs"

Eckdaten

Das Schulverweigerer-Modellprojekt „Auf Kurs" wurde als Konzept zur Beschulung außerhalb der Schule entwickelt:

Die Eckpunkte des Modellprojektes „Auf Kurs" bei BuntStift in Kassel	
Förderung	Bundesministerium für Bildung und Forschung, im Programm zur „Beruflichen Qualifizierung für Jugendliche mit besonderem Förderbedarf" (BQF-Programm, Innovationsbereich III: Initiativen im Bereich Prävention/Übergang von der Schule in den Beruf)
Laufzeit	März 2003 bis Dezember 2005
Kooperationspartner	Vier Kooperationsschulen (drei allgemeinbildende Schulen, oft in Sozialen Brennpunkten angesiedelt: Carl-Schomburg Schule, Schule Hegelsberg, Offene Schule Waldau; eine Berufsschule: Willy-Brandt-Schule) Seit Frühjahr 2004: zwei weitere allgemeinbildende Schulen (Georg-August-Zinn-Schule, Josef-von-Eichendorff- Schule) Konstruktive Zusammenarbeit mit dem Staatlichen Schulamt und dem Jugendamt der Stadt Kassel
Zielgruppe	Schulpflichtige Hauptschüler der 8. und 9. Klasse: die mit schulmäßigem Lernen Schwierigkeiten haben und sich auch entziehen die Fehltage oder längere Fehlzeiten haben die lieber handwerklich-praktisch als theoretisch lernen die wahrscheinlich den Hauptschulabschluss an der Regelschule nicht schaffen werden

Die Eckpunkte des Modellprojektes „Auf Kurs" bei BuntStift in Kassel	
Merkmale	Angesiedelt in der Kasseler Produktionsschule BuntStift e.V. Das Projekt ist außerhalb der Schule angesiedelt Festlegung eines „sonderpädagogischen Förderbedarfs" im Sinne der „Schule für Erziehungshilfe" (somit: rechtliche Absicherung durch das Hessische Schulgesetz) Wissenschaftliche Begleitung durch die Universität Hannover, Institut für Berufspädagogik (Prof. Dr. Arnulf Bojanowski, Dr. Cortina Gentner)

Das Schulverweigerer-Projekt an der Kasseler Produktionsschule BuntStift

Der Verein BuntStift e.V. entwickelt seit über 20 Jahren als Träger unterschiedlichste berufliche und berufsvorbereitende Angebote im Feld der Benachteiligtenförderung. 1992 wurde die Kasseler Produktionsschule gegründet, die sich als Lern- und Arbeitsort sowohl für noch schulpflichtige Jugendliche als auch für Heranwachsende, die bereits die Vollzeitschulpflicht absolviert haben, aber noch berufsschulpflichtig sind, versteht.[2] Entsprechend ihrer pädagogischen Leitlinien (1. Produktive Tätigkeit/Arbeit in den Werkstätten; 2. Orientierung an der Realität der Arbeitswelt und Ganzheitlichkeit; 3. Prinzip der Verbindung von kognitiven, emotionalen, sozialen und handlungsbezogenen/praktischen Lernprozessen sowie 4. Verknüpfung von theoretischem und praktischem Lernen) versucht die Produktionsschule BuntStift, aktuellen Defiziten im allgemeinbildenden und beruflichen Bildungssystem zu begegnen, deren Folgen gerade bei jenen Jugendlichen deutlich werden, die bei BuntStift arbeiten und lernen. Die Jugendlichen scheitern häufig an der Dominanz kognitiver Lernprozesse – insbesondere wenn dabei die symbolische Repräsentation (Sprach- und Schriftlastigkeit) betont wird, wie das in den Regelschulen üblich ist. Die Folgen in einer unzureichenden Förderung zeigen sich in einer schwachen sozialen und emotionalen Kompetenz der Jugendlichen. Für einen bedeutenden Teil der Jugendlichen äußern sich zudem die Defizite in einer unzureichenden beruflichen Orientierung.

---

2 Siehe hierzu den Beitrag von Martin Mertens in diesem Band.

Ziele und Zielgruppe des Schulverweigerer-Projektes „Auf Kurs"

Die Produktionsschule ist – als Abgrenzung zum staatlichen Schulsystem, das selektiert und ausgrenzt und ‚Maßnahmekarrieren' unterstützt, statt Chancen zur beruflichen und gesellschaftlichen Integration zu fördern" (Bullan u.a. 1992) – zu einem erfolgreichen Instrument der Benachteiligtenförderung geworden. Für die schulpflichtigen Hauptschüler, die sich für eine Teilnahme an dem Modellprojekt „Auf Kurs" entschieden haben, wurde ein alternatives Bildungs- und Förderangebot entwickelt.

Allgemeines Ziel des Modellvorhabens war es, mit der Produktionsschule BuntStift in Kassel denjenigen Jugendlichen ein geeignetes Bildungsangebot zu bieten, die sich dem schulförmigen Lernen entzogen und verfestigte Strategien der Misserfolgsvermeidung entwickelt hatten. Die betrieblich-produktionsorientierten Formen und Methoden des Lernens einer Produktionsschule zielten besonders auf die Förderung der praktischen Fähigkeiten im Sinne des ganzheitlichen Lernens und sollten den Jugendlichen die Möglichkeit geben, ihre eigenen Stärken und Kompetenzen zu entwickeln, ihr Selbstwertgefühl zu stärken, ihre personalen Schlüsselkompetenzen weiterzuentwickeln, erste berufspraktische Fähigkeiten zu erwerben, die eigenen Interessen und Fähigkeiten für eine Erwerbstätigkeit zu fördern und ihnen helfen – auch mitsamt des Hauptschulabschlusses, den sie hier nachholen können – einen geeigneten Ausbildungs- bzw. Arbeitsplatz zu finden und somit „Brücken" und Übergänge in die Berufsausbildung bzw. Arbeitswelt zu schaffen. Entgegen den bisherigen Erfahrungen, die eher von Misserfolgs- und Versagenserlebnissen geprägt waren, sollten Erfolgserlebnisse und neue Motivationen für Lernen und Arbeiten vermittelt und ihnen der Zugang zu einem strukturierten Tagesablauf (und somit den Abbau von Fehlzeiten) eröffnet werden.

Das Modellprojekt „Auf Kurs" richtete sich an schulpflichtige Hauptschüler der 8. und 9. Klasse,

- die sich dem schulförmigen Lernen entzogen und verfestigte Strategien der Misserfolgsvermeidung entwickelt haben,

- die Fehltage oder längere Fehlzeiten haben,

- die auf Grund ihrer Verhaltensauffälligkeiten und/oder Lernbeeinträchtigungen als unbeschulbar gelten,

- die den Hauptschulabschluss wahrscheinlich nicht erreichen werden,

- die keine ausgeprägten Sprachprobleme haben,

- die lieber handwerklich-praktisch als theoretisch lernen und

- die auf freiwilliger Basis sowie in Absprache mit ihren Erziehungsberechtigten sowie den kooperierenden Schulen an dem Projekt teilnehmen wollen.

3. Drei Jahre Modellprojekt „Auf Kurs": 21 Lern- und Schulbiographien

Das Modellprojekt „Auf Kurs" wurde – in zwei Durchgängen (I.: März 2003-Juli 2004; II.: Juni 2004-Juli 2005) – von insgesamt 21 Schülern im Alter zwischen 14 und 17 Jahren genutzt. Die Schüler, die sich nach einer zeitlich begrenzten Orientierungsphase für den Verbleib an der Produktionsschule entschieden, kamen mit ganz unterschiedlichen Lebens- und Familiengeschichten, verschiedenen Lern- und Schulbiographien, mit allen Facetten von Misserfolgs- und Versagenserfahrungen, mit unterschiedlichen Ursachen und Erscheinungsformen schulverweigernden Verhaltens und mit z.T. ausgeklügelten Vermeidungsstrategien in das Projekt.

Der systematischen Rekonstruktion von Schul- und Lernbiographien zur Problemgenese des schulverweigernden Verhaltens mittels biographischer Interviews wurde im Modellprojekt große Bedeutung zugemessen und stellte einen wichtigen Baustein der Planungs- und Förderinstrumente für eine individualisierte Förderung und Unterstützung dar.

Die folgenden Selbstbekundungen der Jugendlichen aus den biographischen Interviews, die mit allen Teilnehmern des Modellprojektes durchgeführt wurden, illustrieren Buntheit und Mannigfaltigkeit des Phänomens „Schulschwänzen/Schulverweigerung":

> „Ich habe ja nicht jeden Tag geschwänzt. ... Ich habe meine Sachen genommen und bin gegangen und habe bis halb neun gewartet und bin dann nach Hause gegangen."
>
> „... doch, ich bin regelmäßig zur Schule gegangen ... aber meistens zu spät gekommen."
>
> „In die Schule bin ich nicht gerne gegangen wegen der Mitschüler, die haben mich immer gehänselt."
>
> „Ich habe mich im Unterricht selten gemeldet, hatte einfach keine Lust gehabt ... habe mich ausgeklinkt ..."
>
> „Wozu brauche ich für Metallbau Gesellschaftslehre?"
>
> „Schule macht überhaupt keinen Spaß ... ist immer dasselbe. Man kann die Schule nicht ändern, egal was du machst, die bleibt so wie die ist."
>
> „Meine Mutter hat mir immer eine Entschuldigung geschrieben ... wenn ich schwänzen tue, muss meine Mutter bezahlen, aber wenn meine Mutter mir was schreiben tut, dann muss sie auch nicht bezahlen."
>
> „Die Lehrer und meine Mutter waren machtlos."
>
> „Erst mal hat sich für meine Fehlstunden niemand interessiert ... Die waren froh, dass ich weg war und nicht gestört habe."

Die „O-Töne" der Jugendlichen zeigen die vielgestaltigen Gründe, Motivationen und Einflussfaktoren für die schulverweigernden Verhaltens- und Handlungsstrategien. Auch wenn die wesentlichen Bedingungen in der Schule, in der Familie und in der Persönlichkeit der Schüler liegen, ergibt sich kein linear-kausaler Zusammenhang. Schulverweigerung beruht häufig auf einem (längeren) Prozess, einer komplexen Wechselwirkung psychosozialer Risiko- und Selbstschutzbedingungen. Äußere Bedingungen – erschwerende wie fördernde – werden vom Einzelnen sehr unterschiedlich wahrgenommen und verarbeitet. Oft handelt es sich dabei um einen Prozess der Zirkularität, der Selbstverstärkung und der Eigendynamik.

Auch die Ursachen für Schulverweigerung sind meist vielfältig; selten lassen sich Verweigerungstendenzen auf einen einzelnen Aspekt biographischer, familiärer, schulischer oder gesellschaftlicher Art reduzieren. Gleichwohl stellt sich die Frage, ob die Gründe für dieses Verhalten nicht auch innerhalb der Institution Schule zu suchen sind. Tatsächlich scheint ein nicht unerheblicher Teil der Ursachen für Schulverweigerung in der Schule selbst begründet zu sein bzw. erscheint die Schule auf den ersten Blick als Problemverursacher und/oder Problemverstärker zu fungieren (Schreiber-Kittl 2001; Schreiber-Kittl/Schröpfer 2002; Thimm 1998 und 2000; Ehmann/Rademacker 2003; Mutzeck/Popp/Franzke/Oehme 2004; Ricking 2003; Simon/Uhlig 2002; Warzecha 2000; Schulze/Wittrock 2001). Aber auch andere Bereiche wie Familie, deren Ressourcen und Bildungshintergründe sowie das soziale Umfeld eines Schülers können die Entstehung von schulverweigernden Verhaltensweisen begünstigen.

Und auch die Erscheinungsformen sind vielgestaltig: Ein Schüler fehlt jeweils in den Unterrichtsstunden eines bestimmten Lehrers oder meidet verschiedene Fächer. Ein anderer Schüler war bereits seit einem halben Jahr nicht mehr in der Schule. Wiederum gibt es Schüler, die zwar regelmäßig die Schule bzw. den Unterricht besuchen, sich dort jedoch passiv verhalten und im Unterricht „abschalten". Eine weitere Gruppe ist offiziell über eine lange Zeit des Schuljahres durch Krankschreibungen oder Entschuldigungen der Eltern bzw. Erziehungsberechtigten vom Unterricht befreit, obwohl tatsächlich keine erkennbaren Krankheiten vorliegen. Schließlich sind auch jene Schüler zu finden, die zwar in der Schule anwesend sind, jedoch den Unterricht massiv behindern – durch Stören des Unterrichts oder Aggressionen gegenüber Mitschülern und Lehrern.

Bei dieser Gemengelage an Gründen und Ursachen, Motivationen und Verweigerungen, Einflussfaktoren, Erscheinungsformen und Ausprägungen stellten sich bei der Durchführung des Modellprojektes viele Fragen: Welche Angebote können diesen Jugendlichen außerhalb der traditionellen Schule gemacht werden? Welche Handlungsoptionen und -strategien können bei diesen Schulverweigerer-„Karrieren" – mit diffizilen Vermeidungs- und Verweigerungsmustern – überhaupt noch entwickelt werden? Warum haben präventive und frühe Interventionsmaßnahmen nicht „funktioniert"? Mit Blick darauf, dass die erworbenen und tradierten Handlungs- und Vermeidungsstrategien z.T. stark verfestigt sind: Wie können überhaupt Strategien und (pädagogische) Maßnahmen kurzfristig „greifen"? Aus welchem Fundus können die Mitarbeiter von BuntStift schöpfen?

4.　Erste Handlungsoptionen und -strategien an der Produktionsschule

Die Auswahl der Teilnehmer für das Schulverweigerer-Projekt wurde in einem ersten Schritt durch die beteiligten Kooperationsschulen vorgenommen. Nach intensiven Gesprächen mit Klassenlehrern und Fachlehrern (die über mehrere Jahre hinweg einen Überblick über den Leistungsstand der Schüler, über das Sozial- und Arbeitsverhalten sowie über Regelmäßigkeit und Verlauf der Schullaufbahn gewonnen haben)[3] konnten potenzielle Teilnehmer gefunden werden.

Hieran schlossen sich folgende praktische Schritte an:

A) Informationsgespräche von Projektmitarbeitern an der Schule:

Diese Informationsgespräche, die die Produktionsschule BuntStift sowie das spezifische Schulverweigerer-Projekt vorstellte, sollten einerseits den Schülern eine erste Vorstellung davon vermitteln, was sie erwarten würde. Andererseits sollten durch den Kontakt zur Schule Arbeitsgrundlagen für eine langfristige und dauerhafte Kooperation geschaffen werden. Retrospektiv muss jedoch konstatiert werden, dass eine Verzahnung von abgebenden Schulen und Produktionsschule nicht gelungen ist und keine hinreichende institutionalisierte Form der Übergabe und Kooperation geschaffen wurde. Bündnisse und Kooperationen auch nach „Abgeben" der Schüler an BuntStift blieben an Einzelpersonen gebunden.

B) Intensives Erstgespräch mit Erziehungsberechtigten und Schülern bei
   BuntStift:

Hier wurde bereits der Grundstein für eine Kooperation und enge Zusammenarbeit mit den Eltern gelegt. Bei unserer speziellen Zielgruppe ist der Einbezug der Familie besonders wichtig, da einerseits oft nur mit Hilfe und Unterstützung des Elternhauses Schulverweigerungsstrategien „zu knacken" sind; andererseits muss – dies zeigen auch die Befunde in der Fachliteratur – der „Wirkungsraum Familie" als ein wesentlicher Faktor zur Beförderung von Schulschwänzen und Schulverweigerung angesehen werden.

3　Im zweiten Durchgang von „Auf Kurs" wurde das bewährte Procedere um kleinere Hospitationseinheiten im Unterricht durch BuntStift-Mitarbeiter ergänzt, um eine zielgruppengenauere Auswahl mitgestalten zu können.

C) Vereinbarung eines „Schnupperpraktikums" bei BuntStift und Begleitung der Kandidaten bei der Annäherung an das Arbeiten und Lernen in einer Produktionsschule:

Nach Absolvierung des mindestens zweiwöchigen „Schnupperpraktikums" konnten die Schüler gemeinsam mit ihren Erziehungsberechtigten und ggf. mit ihren Klassenlehrern – sowie mit der Produktionsschule – entscheiden, ob die Schulpflicht nunmehr in der Produktionsschule absolviert werden soll.[4] Sie wurden ausgeschult und dann Schüler der Produktionsschule BuntStift.

5. Das erste Jahr. Vielversprechender Start und erste Erfolge

Die erste Phase des Modellprojektes (seit März 2003) war für beide Seiten – für die Schüler sowie auch die Mitarbeiter bei BuntStift – gleichermaßen eine Orientierungsphase. Obgleich BuntStift auf eine langjährige Tradition und bemerkenswerte Ergebnisse in der Arbeit mit benachteiligten Jugendlichen, auch mit Schulverweigerern, zurückblicken konnte, kristallisierte sich sehr schnell heraus, dass die Problemlagen sowie die Alters- und Entwicklungsstruktur der bisherigen Zielgruppen bei BuntStift anders sind als die der „neuen Produktionsschüler" (Stichworte: schulpflichtige Jugendliche, Pubertät als entwicklungspsychologischer Aspekt, Überbehütung in den Familien, Erfahrung sinnlosen Absitzens von Unterricht, Entwertung von Arbeit und der Arbeitswelt, veränderte Wahrnehmung der brüchigen Übergänge Schule – Arbeitswelt). Dies erforderte eine stärkere und sensiblere Beachtung. Spezielle Orientierungswochen und eigene Veranstaltungen – sogar ein eigenes wöchentliches Angebot Arbeitsberatung-Soziales – AB:S, eine am Arbeitsprozess orientierte und bewährte Form der Supervision bei BuntStift[5] –, erschienen für die „BQF-ler" mit einem eigens für sie „gestrickten" Wochenplan zunächst sinnvoll und zielweisend.

Der ursprüngliche Wochenplan war durch zwei Unterrichtstage (mit Unterricht in Deutsch und Mathematik und Projektangeboten, wie Fotoworkshop, Zeitungs-AG), sowie durch drei Tage in den Arbeitsbereichen strukturiert. Der Unterricht fand in der kleinen überschaubaren Lernergruppe, zusammengesetzt aus den zehn Teilnehmern des Modellprojektes, statt. Die

---

4 Die Teilnahme am Schulverweigerer-Projekt war eine freiwillige Entscheidung. Für die Schüler, die sich für das Modellprojekt entschieden hatten, wurde ein sonderpädagogischer Förderbedarf im Sinne der Erziehungshilfe festgestellt.

5 Siehe hierzu den Beitrag von Henner Stang in diesem Band.

offenen Lernsituationen waren so gestaltet, dass die Jugendlichen ihre Bedürfnisse, Probleme und Interessen reflektieren und repressionsfrei artikulieren konnten.

Die Aufteilung der Jugendlichen in die entsprechenden Arbeitsbereiche (AB) (= Werkstätten) erfolgte anfangs entsprechend der Erstwünsche der Jugendlichen; dann wurden alle vier Wochen die Praxisbereiche gewechselt. Nach diesem ersten Grobüberblick über das Praxisangebot bei BuntStift fand der Wechsel nicht mehr in diesen kurzen Abständen statt: Ein Großteil der „BQF-Teilnehmer" hatte nämlich schon „seinen Arbeitsbereich" für sich gefunden und war ansatzweise im Arbeitsteam integriert.

Es zeigte sich recht schnell, dass für die Zielgruppe der Schulverweigerer in der produktiven Arbeit (Werkstatt) große Chancen bestehen: Hier wirkten die Teilnehmer sehr aktiv und sehr oft störungsfrei mit. Sie arbeiteten engagiert, fühlten sich in den Arbeitsbereichen wohl, auch fügten sie sich rasch und problemlos in das AB-Team ein. In der Produktionsschule bekamen die Jugendlichen das Gefühl vermittelt, ernst genommen zu werden – vielleicht zum ersten Mal. Das enge Betreuungsverhältnis in den Abteilungen, die Erfahrungen von verlässlichen Erwachsenen, ein sich entwickelndes Vertrauen in die Zuverlässigkeit der sich entwickelnden persönlichen Beziehung, aber auch die Empathie der verschiedenen Lehrkräfte mit Blick auf die oft bitteren Erfahrungen und Probleme der Jugendlichen – all dies ermöglichte den Jugendlichen ein „Ankommen" bei BuntStift und einen Zugang zu einem strukturierten Tagesablauf (Pünktlichkommen, Einhalten von Pausenzeiten, geregelte Abläufe). Die Tätigkeiten und die ersten Erfahrungen einer Arbeitswelt hatten für die Schüler wichtige sinnstiftende Momente und gaben Impulse für die individuelle Persönlichkeitsentwicklung (Herausarbeiten eigener Stärken und Kompetenzen; Entwicklung eines positiven Selbstwertgefühls):

„Hier bei BuntStift habe ich noch nie daran gedacht, einfach zu Hause zu bleiben. Ich möchte gerne hierher kommen. Hierher komme ich auch, wenn ich mal wieder Bauch- oder Kopfschmerzen habe. Ich werde doch hier gebraucht",

so Sandra, eine 15-jährige Schülerin des 1. Durchgangs im biographischen Interview. Die Tätigkeit in ihren Arbeitsbereichen, das Arbeiten an ernsthaften Aufträgen – hier die tagtägliche Pausenversorgung bei BuntStift – sowie die Notwendigkeit, dass das Küchen-Team sich auf jedes Team-Mitglied wirklich verlassen können muss, aber auch die erfahrene Anerkennung stärkten

Sandras Selbstbewusstsein und führten zu einer allmählichen Verhaltens-
änderung.

Natürlich fand dies nicht bei allen Jugendlichen gleichermaßen statt. Mit
Blick auf die „Schulverweigerer-Karrieren" der Teilnehmer ging es – lang-
sam aber stetig – um die Verringerung bzw. den Abbau von Fehlzeiten.
Gerade in den ersten Monaten kam es zu Überziehung von Pausenzeiten
und einer geringen Einhaltung von Regeln. Jedoch verbesserte sich das
Verhalten der jungen Leute im Vergleich zur bisherigen Praxis in der jewei-
ligen Schule enorm. Um den Fehlzeiten entgegenzuwirken, nahmen die
Mitarbeiter als eine Strategie bei festgestelltem Fehlen eines Jugendlichen
sofort mit den Eltern Kontakt auf. Basierend auf den Vor-Gesprächen bei
BuntStift sowie einem ausführlichen Elternbesuch konnten die Eltern bzw.
einzelne Familienmitglieder als starke Verbündete gewonnen werden. Die
Kooperation und Zusammenarbeit mit den Eltern erweist sich in der
Retrospektive als ausgesprochenes „Erfolgsrezept". Diese aktive und aktivierende Elternarbeit entwickelte sich im Modellprojekt zu einer wichtigen
und handlungswirksamen Vorgehensweise (einige Beispiele: regelmäßige
Eltern-Schüler-Treffen in der Produktionsschule; Hausbesuche, um die
Eltern und andere Familienmitglieder kennen zu lernen bzw. regelmäßig zu
treffen; regelmäßige Telefonate).

Als eine weitere Strategie zum Abbau von Fehlzeiten und zum Aufbau eines
strukturiert(er)en Tages- und Wochenablaufs wurden Lernverträge eingeführt
(einige beispielartige Inhalte: „Das sind meine Ziele"/„So kann ich unterstützen"/„Das will ich tun"/„Dieser Vertrag wird am ... überprüft"). Diese
Lernverträge wurden für einen überschaubaren Zeitraum von 14 Tagen mit
fixierten Zielen und Handlungsschritten der Teilnehmer geschlossen.

6.   Neue „Kurs"-Bestimmung

Bis zu den Sommerferien 2003 häuften sich die Verspätungen, die zuneh-
menden Überziehungen der Pausenzeiten und auch – bei einigen wenigen
Schülern – die Fehltage. Das „Wiederbeleben" alter Verhaltens- und
Handlungsmuster stand auf der Tagesordnung: Fehlzeiten, Desinteresse,
Störungen und Nichtbeteiligung am Unterricht, „Null Bock" auf Lernen
oder Arbeiten: Die jugendlichen Schulverweigerer, die „Kleinen", „mischten"
BuntStift auf. Der Spagat zwischen der Arbeitswelt (und dort als ernstge-
nommenes Teammitglied des Arbeitsbereiches) einerseits und die „Bündelung"
und Behütung in der BQF-Gruppe und schließlich das Zurückversetzen in das

schulförmige Lernen im Klassenzimmer und in eine Klassenstruktur andererseits war misslungen, konnte vermutlich auch nicht gelingen.

Auf jeden Fall wurde deutlich, dass die Grundsätze und Vorteile einer Produktionsschule viel stärker genutzt werden müssten. Die Rückbesinnung auf den originären Kern des BuntStift-Konzeptes – die Arbeit bzw. die Produktion als didaktisches Zentrum – war dringend angeraten: Die Arbeitsbereiche der Produktionsschule mussten wieder stärker als konkrete Lernorte gesehen werden, Lernorte, an denen sich aus den Arbeits- und Alltagszusammenhängen für die Schüler konkrete Fragen ergeben, für die – gemeinsam mit den Mitarbeitern der Arbeitsbereiche – Antworten gefunden werden sollen.

Entsprechend wurde ein neuer Wochenplan (Start: September 2003) eingeführt, der diesen Forderungen stärker gerecht werden soll: Die Jugendlichen waren fortan in ihren Arbeitsbereichen besser eingebunden. Damit wurde eine Haltung aufgebrochen, deren Dynamik wir anfangs unterschätzt hatten: Die Jugendlichen hatten sich überraschend schnell bei BuntStift als eine eigene Gruppe, quasi als eine eigene Clique zusammengefunden und begannen, ein entsprechendes Gruppenverhalten auszubilden („Wir sind was Besonderes"). Die Aufmerksamkeit der Heranwachsenden sollte nun – weg von der eigenen Gruppe und hin zum Arbeitsbereichsteam – verlagert werden. Bezüglich der – wie berichtet – festgefahrenen Gruppenstrukturen sollte die interne Gruppendynamik aufgebrochen werden. Dem Bedürfnis der Teilnehmer, die sich als Gruppe gefunden hatten und sich auch so verstanden (mit positiven und negativen Effekten), sollte Rechnung getragen werden: Wochenbeginn und -ende mit entsprechenden Gruppenritualen wirkten als „Klammer" des Wochenablaufs. Die klare und deutlich auf den Arbeitsbereich bezogene Wochenplan-Struktur sollte den Jugendlichen die Orientierung durch die Woche erleichtern; der Schwerpunkt lag hierbei auf den einzelnen Arbeitsbereichen, die hier zugleich Arbeits- und Lernorte für die Schüler darstellten.

Besonders aber sollte eine festere Einbindung der Teilnehmer in die Arbeitsbereiche erreicht werden. Wie bereits verdeutlicht, ermöglichten und forcierten die Erfahrungen in den Arbeitsbereichen die Stärkung des Selbstbewusstseins und die Entwicklung einer stabileren Persönlichkeitsstruktur. Die produktive Tätigkeit sollte als „Kristallisationskern" für die persönliche Entwicklung genutzt werden, um Lernen als ganzheitliches Prinzip von kognitivem, emotionalem, sozialem und handlungsbezogenem Kompetenzerwerb in einer ernsthaften Alltagssituation zu fördern und theoretisches und praktisches Tun sinnvoll handlungsorientiert zu vereinen. In den Arbeitsbereichen konnte sich zudem das Sozialverhalten in alters- und entwicklungsgemischten Gruppen (Auszubildende, BQF-ler, Teilnehmer anderer Projekte) besser und schneller entwickeln, da hier im Arbeitsbereich ein klassischer Ansatz der Produktionsschule zum Tragen kommt: „Novizen" lernen von den „Experten". Die Zusammenarbeit mit älteren Jugendlichen, die ebenfalls als Produktionsschüler oder Auszubildende in den Arbeitsbereichen tätig waren, ermöglichte nun veränderte Sozialisationserfahrungen, losgelöst von den traditionellen Umgangsformen in den peer groups.

Der Wochenplan erlaubte es dem Jugendlichen zudem, verbindlich am Fachunterricht der Arbeitsbereiche teilzunehmen, der dann ebenfalls in einer bunten Mischung verschiedener junger Menschen mit verschiedenen Lernvoraussetzungen durchgeführt wurde. Sie waren nun hauptsächlich in ihren jeweiligen Arbeitsbereichen eingebunden (inklusive dem dort angebotenen Fachunterricht sowie der individuellen Einzelförderung) und konnten zudem von Montag- bis Donnerstagnachmittag die Angebote der „Aktivitätswerkstätten" wahrnehmen (fächerübergreifender projektorientierter Unterricht als freiwilliges, fakultatives Lernangebot; nach Anmeldung für eine Aktivitätswerkstatt war die Teilnahme dann jedoch verpflichtend).

Mit dieser Entwicklung – weg von dem selbstverständlichen Unterrichtsangebot (die eine entsprechende Erwartungshaltung – „ihr werdet schon dafür sorgen, dass wir unseren Abschluss kriegen" – seitens der Jugendlichen und auch der Eltern evozierte[6]) und hin zur freiwilligen Entscheidung und Gestaltung für/von Lernarrangements – wurde die ausschließliche Fixierung auf den Hauptschulabschluss aufgegeben (das Erreichen eines Hauptschulabschlusses gehörte bei Projektbeginn zu den Hauptzielen – ungeachtet der Lernunlust und Demotivation bei einem Großteil der Teilnehmer). Dies bedeutete jedoch nicht, dass dieses Ziel aus den Augen verloren wurde. Im Gegenteil: Die Möglichkeit, die Aktivitätswerkstätten freiwillig – dann aber verbindlich – zu wählen, entspannt darüber hinaus die Lernsituation erheblich. Die sich stellenden Aufgaben konnten so grundsätzlicher geklärt werden. Das „Wozu brauche ich das?" und „Muss ich das machen?" – typische Fragen bezüglich eines prüfungsrelevanten Abfragewissens, die der schulischen Sozialisation entstammten, – traten in den Hintergrund. Die Schüler konnten das Tempo ihrer Weiterentwicklung spür-

---

6 Prüfungsrelevantes Abfragewissen – trotz „prekärem Gebrauchswert" (Rauschenbach 2004, S. 7) und „latenter Künstlichkeit" (ebenda) – sowie Benotung und Zertifizierung besaßen einen enormen Stellenwert für das Gros der Eltern – auch, wenn sie bzw. ihre Kinder gerade hieran gescheitert waren.

barer mit beeinflussen und wurden sich der Bedeutung ihrer eigenen Bemühungen bewusster, was sie auch in Selbsteinschätzungsfragen deutlich zum Ausdruck bringen können. Bei der individuellen Förderung von Mathematik, Deutsch, Gesellschafts- und/oder Arbeitslehre am eigenen Werkstück bzw. an spezifischen Aufgabenstellungen im Arbeitsbereich zeigte sich – durch sinkenden Widerstand gegen diese neue Wochenstruktur – recht bald der Stolz auf das eigene Können und die Bereitschaft, sich mit fachlichem Wissen auseinanderzusetzen und es sich einzuverleiben, um es dann im Zuge praktischer Aufgaben tatsächlich zu nutzen.

Die Überprüfung und Verdeutlichung des Kenntniszuwachses anhand der praktischen Tätigkeit und Bewährung in realen, lebensnahen bzw. betrieblichen Zusammenhängen erscheint deutlich erfolgversprechender als Tests und Klassenarbeiten.

Die Erfahrungen mit der zweiten Kohorte (Juni 2004-Juli 2005) vertieften und bestätigten diese Beobachtungen und Erkenntnisse.

7. Die Produktionsschule als Angebot für Schulverweigerer: Fazit

Der Weg bei der Kasseler Produktionsschule ist sicherlich anders als der in der Regelschule – für die Zielgruppe, die sich dem schulförmigen Lernen entzogen und verfestigte Strategien der Misserfolgsvermeidung entwickelt hat, erscheint dieser Weg auf jeden Fall als der bessere.

Die Teilnehmer des Modellprojektes konnten „Auf Kurs" gehen: Sie haben – anders als ihre bisherigen Sozialisationserfahrungen und Versagens- und Misserfolgserlebnisse in ihren Schul- bzw. Bildungsbiographien und somit prekäre Berufs- und Lebensperspektiven – eine Stärkung des Selbstwertgefühls und Erfolgserlebnisse erfahren und neue Motivationen für Lernen und Arbeiten aufbauen können. Die produktionsorientierten Formen und Methoden des Lernens der Produktionsschule boten der besonderen Zielgruppe der Schulverweigerer eine gute Chance für das Nachholen persönlicher Entwicklungen und schulischer/allgemeinbildender Kenntnisse sowie das Kennenlernen von Arbeits- und Betriebsabläufen, eine berufliche Orientierung und erste praktische berufsqualifizierende Fähigkeiten und Fertigkeiten. Hinzukommt: Tatsächlich haben 15 der Schüler ihren Hauptschulabschluss erwerben können.

Die Chancen einer Produktionsschule sind aber nur bei denjenigen schulverweigernden Schülern handlungsweisend, die sich wirklich auf das Bildungs-, Qualifizierungs- und Tätigkeitsangebot von BuntStift einlassen wollen. Nicht für alle Teilnehmer des beschriebenen Modellprojekts erwies sich das Angebot einer Produktionsschule adäquat: So kam es, dass ein Schüler sich auch bei BuntStift komplett verweigerte. Wir mussten nach mehrfachen Gesprächen (auch mit der Mutter), modifizierten Lernverträgen und Abmahnungen mit dem Jugendlichen einen Auflösungsvertrag schließen.

Die Produktionsschule ist vor allem auf Grund der betrieblichen, produktionsorientierten Form und Methode des Lernens und der Persönlichkeitsentwicklung dazu geeignet, für Schulverweigerer ein Angebot bereitzustellen und stellt somit eine adäquate Alternative für Jugendliche dar, die mit der traditionellen Regelschule nicht zurechtkommen und sich ihr verweigern.

Grundsätzlich muss jedoch an dieser Stelle nochmals verstärkt werden, dass Schulverweigerer ihre Handlungs- und Vermeidungsstrategien im Laufe der Jahre derart tradiert und verfestigt haben, dass in einem einjährigen Schulverweigerer-Projekt die Strategien und (pädagogischen) Maßnahmen nicht bei allen Teilnehmern kurzfristig greifen können. Präventive und frühe Interventionsmaßnahmen[7] erscheinen daher dringend geboten, da Schulverweigerung oder die drohende Schulverweigerung nicht erst im 8. oder 9. Schulbesuchsjahr beginnen, sondern sich bereits bedeutend früher abzeichnen. Für die Prävention von Schulmüdigkeit und Schulverweigerung ist es ebenso notwendig, Komponenten der Arbeit im Schulverweigerer-Projekt bei BuntStift (Motivation durch praktisch-handwerkliche Tätigkeit, Verflechtung von Theorie und Praxis, Arbeit an fächerübergreifenden Projekten, aktive und aktivierende Elternarbeit) auch in den Schulalltag zu übernehmen.

---

7 Siehe hierzu den Beitrag von Andrea Michel in diesem Band.

Literatur

Bojanowski, A. (1996): Die Produktionsschule. In: Dedering, H. (Hg.): Handbuch zur arbeitsorientierten Bildung. München/Wien, S. 479-500.

Bullan, K. / Johannsen, Th. / Schmidt-Mildner, G. K. / Schwarzbach, D. (1991): Produktionsschule in Hamburg. Konzeption eines Modellversuchs. 3. Auflage. Verein Produktionsschule in Hamburg u.a.

Ehmann, Ch. / Rademacker, H. (2003): Schulversäumnisse und sozialer Ausschluss. Vom leichtfertigen Umgang mit der Schulpflicht in Deutschland. Bielefeld.

Hildeschmidt, A. (1979): Verbreitung und Bedingungen unregelmäßigen Schulbesuchs. In: Hildeschmidt, A. u.a.: Unregelmäßiger Schulbesuch. Verbreitung, Bedingungen, Interventionsmöglichkeiten. Weinheim/Basel, S. 84-110.

Kaiser, H. (1983): Schulversäumnisse und Schulangst. Eine empirische Analyse der Einflussfaktoren. Europäische Hochschulschriften, Reihe 6, Psychologie 108. Frankfurt/M.

Klauer, K. J. (1963): Das Schulbesuchsverhalten von Volks- und Hilfsschulkindern. Eine vergleichende Untersuchung. Ratingen.

Kul, D. / Mertens, M. (2003): „Auf Kurs" – Ein Bildungsangebot der Kasseler Produktionsschule. Förderung schulmüder Hauptschüler durch betriebliche, produktionsorientierte Formen und Methoden des Lernens. In: Wirtschafts- und sozialpolitisches Forschungs- und Beratungszentrum der Friedrich-Ebert-Stiftung (Hg.): „Alle mit ins Boot nehmen" – Berufliche Qualifizierung für Jugendliche mit besonderem Förderbedarf. Eine Fachkonferenz der Friedrich-Ebert-Stiftung, Gesprächskreis Arbeit und Soziales sowie des Bundesministeriums für Bildung und Forschung am 10. Juli 2003 in Berlin. Bonn, S. 62-67.

Kultusministerium Hessen (Hg.) (2001): Antwort auf die kleine Anfrage des Abg. Dörr (Umstadt; SPD) vom 12.09.2002 betreffend Verletzung der Schulpflicht. In: Kanzlei des Hessischen Landtages, 15. Wahlperiode, Drucksache 15/1585 vom 15.03.2001. Wiesbaden.

Müller, S. (1991): Schulschwänzen als Problemlösungsstrategie. Eine kritische Analyse der Problematik Schulschwänzen unter besonderer Berücksichtigung einer pädagogischen Zugänglichkeit. Dissertation. Freie Universität Berlin, III, 402; XXII.

Mutzeck, W. / Popp, K. / Franzke, M. / Oehme, A. (Hg.) (2004): Umgang mit Schulverweigerung. Grundlagen und Praxisberichte für Schule und Schulsozialarbeit. Weinheim/Basel.

Rademacker, H. (2004): Schulversäumnisse und sozialer Ausschluss – über den leichtfertigen Umgang mit der Schulpflicht in Deutschland. Vortrag auf der Auftaktsveranstaltung des Netzwerks „Prävention von Schulmüdigkeit und Schulverweigerung" des Deutschen Jugendinstituts am 21./22. November 2003 in Fulda. In: www.dji.de/schulmuedigkeit vom 24.01.2004.

Rauschenbach, T. (2004): Warum Jugendliche an Schule scheitern – Plädoyer für ein anderes Bildungsverständnis. Eröffnungsvortrag auf der Fachtagung „Förderung schulmüder und schulverweigernder Jugendlicher. Praxisprojekte des Netzwerks ‚Prävention von Schulmüdigkeit und Schulverweigerung'" des Deutschen Jugendinstituts am 24. September 2004 in Halle/S. In: www.dji.de/schulmuedigkeit vom 12.11.2004.

Reißig, B. (2000): Schulverweigerer in Deutschland. Ergebnisse einer empirischen Untersuchung. Das Forschungsjahr 2000. Deutsches Jugendinstitut München.

Ricking, H. (2003): Schulabsentismus als Forschungsgegenstand. Weinheim/Basel.

Ricking, H. (1997): Schulabsentismus. In: Sonderpädagogik, 27. Jg. 1997, Heft 4, S. 229-240.

Ricking, H. / Neukäter, H. (1997): Schulabsentismus als Forschungsgegenstand. In: heilpädagogische Forschung 23/1997, S. 50-70.

Sander, A. (1979): Das Problem der Schulversäumnisse. In: Hildeschmidt, A. u.a.: Unregelmäßiger Schulbesuch. Verbreitung, Bedingungen, Interventionsmöglichkeiten. Weinheim/Basel, S. 13-67.

Schorr, E. (1979): Ausgewählte Persönlichkeitsfaktoren und Schulbesuchsverhalten. In: Hildeschmidt, A. u.a.: Unregelmäßiger Schulbesuch. Verbreitung, Bedingungen, Interventionsmöglichkeiten. Weinheim/Basel, S. 111-178.

Schreiber-Kittl, M. (2001): Alles Versager? Schulverweigerung im Urteil von Experten. Deutsches Jugendinstitut München/Leipzig. Arbeitspapier Arbeitsweltbezogene Jugendsozialarbeit 1/2001.

Schreiber-Kittl, M. / Schröpfer, H. (2002): Abgeschrieben? Ergebnisse einer empirischen Untersuchung über Schulverweigerer. Übergänge in Arbeit. Bd. 2. Deutsches Jugendinstitut München/Leipzig.

Schulverwaltungsamt der Stadt Kassel (2004): Antwort auf die Anfrage der Fraktion der SPD vom 11.02.2004 zur direkten Überweisung in den Ausschuss für Schule und Bildung bezüglich des Umgangs mit Schulverweigerern. Kassel.

Schulze, G. / Wittrock, M. (2001): Abschlussbericht zum Landesforschungsprojekt „Schulaversives Verhalten". Rostock.

Simon, T. / Uhlig, S. (Hg.) (2002): Schulverweigerung. Muster – Hypothesen – Handlungsfelder. Opladen.

Theißen, K. (1997): Schulverweigerung von berufsschulpflichtigen Jugendlichen: Schulpflichtverletzungen als Reaktion auf gesellschaftliches Versagen. Eine empirische Untersuchung zum Problem von Schulversäumnissen bezogen auf West-Berlin.

Thimm, K. (2000): Schulverweigerung. Zur Begründung eines neuen Verhältnisses von Jugendhilfe und Schule. Münster.

Thimm, K. (1998): Schulverdrossenheit und Schulverweigerung. Phänomene – Hintergründe und Ursachen – Alternativen in der Kooperation von Schule und Jugendhilfe. Berlin.

Tillmann, K.-J. / Holler-Nowitzki, B. / Holtappels, H.G. / Meier, U. / Popp, U. (1999): Schülergewalt als Schulproblem. Verursachende Bedingungen, Erscheinungsformen und pädagogische Handlungsperspektiven. München.

Wachtel, P. / Wittrock, G. (1999): Schüler mit erheblichen Verhaltensauffälligkeiten und schulaversive Schüler als pädagogische Herausforderung. In: Rolus-Borgward, S. / Tänzer, U. (Hg.): Erziehungshilfe bei Verhaltensstörungen. Oldenburg, S. 171-182.

Warzecha, B. (2000): Institutionelle und soziale Desintegrationsprozesse bei schulpflichtigen Heranwachsenden: Eine Herausforderung an Netzwerke der Kooperation. Konflikte – Krisen – Sozialisation, Bd. 9. Hamburg.

Warzecha, B. (1997): Schulische und außerschulische Ausgrenzungsprozesse bei Kindern und Jugendlichen. In: Zeitschrift für Heilpädagogik 12/1997, S. 486-492.

Henner Stang

Supervision für Schulverweigerer?
Arbeitsberatung Soziales (AB:S): ein soziales Antiblockier-System – Element einer integrierten Sozialpädagogik an der Kasseler Produktionsschule BuntStift

„Haallooo?!! Erde an Arschloch: Es geht hier um unsere gottverdammte Existääänz!!! UUUWOOOW!!! Fette Slampoetry! Das war deep, Mann! Gib mir mehr davon!!!"
(Originalton „Hotze", dem Localhero aus der Techno-Disco „Stammheim", Kassel)

1.   Prolog

Meteorologen – säkulare/neuzeitliche Himmels- und *Wegbegleiter* – empfehlen für das wechselhafte Klima unserer Breiten gern die *Zwiebel* als Bekleidungsmodell für jedes Wetter beim Segeln auf offenem Meere. Die *Kasseler Produktionsschule BuntStift*, das pädagogische Modellschifflein im rauhen Sturm der bildungspolitischen Reformnotwendigkeiten über den Untiefen der Jugendarbeitslosigkeit, hat sich vor Zeiten diesem pragmatischen *Zwiebelmodell* anvertraut für alle pädagogischen Wechselfälle. „Come rain, come shine", ein Zwiebelschutz ist praktisch, weil flexibel, tragfähig und zuverlässig.

Im Kern der Zwiebel ist die berufsfeldbezogene fachliche Qualifizierung: die *Berufspädagogik*. Als nächster *Zwiebelring*, integriert in den Arbeitsprozess, die Vermittlung kultureller Basiskompetenzen: Lesen, Schreiben, Rechnen – *Schulpädagogik*. Und als *ganzheitlicher* Allwetterschutz der erzieherische Druckausgleich bei individuellen Hochdruckzonen wie bei gruppendynamischen Tiefdruckgebieten zur Förderung lebensweltorientierter Sozialkompetenz: die *Sozialpädagogik*. In Abstimmung und Kooperation mit diesen pädagogischen Ebenen findet AB:S (Arbeitsberatung: Soziales) als soziale Beziehungsbegleitung der Gruppendynamik in Arbeitsprozessen sowie als psychosoziale Beratung in Form einer Supervision für Jugendliche statt.

Kann Supervision, diese gemeinhin sehr privilegierte, soziale Meteorologie des Betriebsklimas für erwachsene, professionelle Berufshelfer hilfreich sein bei der Vorhersage und Aufklärung betrieblicher Schlechtwetterfronten auch in *Jugendhilfebetrieben* und bei der Verortung persönlicher Sturmtiefs *benachteiligter* Jugendlicher? Funktioniert dieses selbstaufklärerische Instrument subjektiver und objektiver Momente von Beziehungsstrukturen und Arbeitshemmnissen auch bei sozialtherapeutischer Begleitung von *Schulverweigerern?*

Zwar können sozialwissenschaftlich gesicherte Ergebnisse in diesem Bericht noch nicht dargestellt werden, aber doch erste Beobachtungen und Beschreibungen – Impressionen der Leidenschaft aller Subjekte und Objekte pädagogischer Begehrlichkeiten. Und immer mit dem hohen Ziel, allen die Chance zu eröffnen, sich selbst zum *Subjekt* ihrer Lern- und Arbeitsprozesse zu machen. Diese Beobachtungen sind vielleicht kein schlechter Ersatz für statistische Erfolgs- und aufklärende Fallanalysen von Übertragungs- und Gegenübertragungsmomenten in Lern- und Arbeitsprozessen (Die Beschreibung und Verallgemeinerung des psychosozial Besonderen in der Persönlichkeitsentwicklung von *Schulverweigerern,* ihre Traumatisierungen, Ängste, autoaggressiven Vernichtungs- und oft fantastischen Überlebensstrategien – ihre Entwicklungspsychologie – muss anderen Berichten in diesem Band vorbehalten bleiben). Darstellung und Methode dieses Berichts sind seinem Gegenstand entsprechend eher assoziativ, manchmal fragmentarisch.

2.   Arbeitsberatung Soziales (AB:S) für Schulverweigerer?[1] Start

Die Entscheidung, die dringliche Dynamik psychosozialer Notsituationen als Bedarf für ein supervisionsähnliches Setting ernst zu nehmen und dieses Setting in Form der AB:S zu gestalten, fiel bei BuntStift bereits 1994. Bei der konzeptionellen und praktischen Integration des Schulverweigerungsprojektes „Auf Kurs" (seit 2003) konnte BuntStift also bereits auf dies erprobte und bislang bewährte Supervisions-Setting zurück greifen. Eine am Arbeitsprozess orientierte Supervision gerade für Jugendliche im Besonderen für *Benachteiligte,* also für solche mit *besonderem Förderbedarf,* wie ist das zu gestalten? Wann macht das Sinn? Können bei diesen

---

1 Bei diesem Beitrag handelt es sich um die aktualisierte und erweiterte Fassung von Henner Stang, in: Gericke/Lex 2002.

Jugendlichen z.B. Selbsteinschätzung und Fremdeinschätzung als doch basale Fähigkeiten zur Reflexion gruppendynamischer Prozesse vorausgesetzt werden?

Schulpflichtige Schulverweigerer (14-17 Jahre alt) – zumeist doch ein wenig jünger als die herkömmlichen Produktionsschüler und Azubis mit einem Durchschnittsalter von 17 bis 21 Jahren. Wie sollten diese *Schulverweigerer* in das Konzept der AB:S integriert werden? Brauchten diese noch Schulpflichtigen und gerade Pubertierenden besondere Formen der emotionalen Zuwendung, besondere Werkzeuge und sozialpädagogische Strukturen, um gemeinsam mit ihnen kreative Auswege aus den Sackgassen und Einbahnstraßen der Regelschule zu finden? Musste für die *Schulverweigerer* eine eigene, besonders abgegrenzte AB:S-Gruppe eingerichtet werden? Wenn homogen, dann aber doch separiert, isoliert von den anderen Produktionsschülern?

Nach den Begrüßungsritualen und Einführungsveranstaltungen zum Kennenlernen für die Neuen, die „Kleinen", schien eine homogene „BQF[2]-AB:S" zunächst durchaus sinnvoll und wurde auch so im „Stundenplan" eingerichtet. Statt über Anstöße und Anstößiges in Werkstatt, Küche und Büro wie in den AB:S der anderen Arbeitsbereiche von BuntStift, wurde in der BQF-Gruppe eben über die „Klasse" und die „Lehrer" geredet. In der Thematisierung des „Biographisch-Sozialen" (Lebensorte und Lebensentwürfe) unterschied sich diese Gruppe dann allerdings kaum von den anderen AB:S-Gruppen. Möglicherweise aber nur deswegen, weil das Schul-„Überlebens"-Konzept *Verweigerung* vom Supervisor zunächst ausdrücklich nicht thematisiert wurde (Analog zu meinen guten Erfahrungen in der Gruppentherapie mit jungen Drogenabhängigen, nicht der gegenseitigen Verführung zu erliegen, ständig über Drogen und Sucht zu reden, sondern lieber über Tod und Teufel, Gott und die Welt.). Bei allem „Kindergarten-Spaß" verlangten sie selbst nachhaltig und ausdrücklich vom Supervisor (Arbeitsberater) Respekt vor den eigenen Ansprüchen erwachsen zu werden. Eine Episode mag das illustrieren: Wie in allen anderen AB:S aus ethnobiographischen Gründen als Angebot zur Identifikation mit der eigenen Herkunft üblich, wollte ich nach Ostern Gelegenheit geben, über *Osterbräuche* zu reden. Empörung! – „Wir glauben doch nicht mehr an den Osterhasen!" (Weder als Christen und als Muslime sowieso nicht). Aber

---

2 BQF ist ein vom Bundesministerium für Bildung und Forschung gefördertes Programm zur „Beruflichen Qualifizierung für Jugendliche mit besonderem Förderbedarf".

Schokolade unterm Tisch vernaschen. Die Paradoxien der Pubertät. Schließlich konstatierte eine Teilnehmerin in zartfühlender Selbsteinschätzung der Nöte anderer freudig: „Gemeinsam sind wir unausstehlich". Oder, wie es ein anderer Teilnehmer nach den ersten Konflikten mit heftigen, nicht nur verbalen Auseinandersetzungen formulierte: „Vielleicht sollten wir einzeln auf ganz BuntStift verteilt werden." Na also! Das war doch durchaus konsequent! Die homogene, aber eben separierte AB:S für die *Schulverweigerer* war dann auch nicht von langer Dauer. Hatten sich diese „Schulmüden" bereits schon in der Schule in den Paradoxien aus Unter- und Überforderung verfangen, so schienen auch bei BuntStift schon bald alle *Schulverweigerer* an der allgemeinen sozialen Überforderung durch individuelle, erneut pathologisierende, weil regressive Unterforderung in der schulmäßigen Fixierung auf den Hauptschulabschluss (HASA) zu scheitern.

Daher auch an dieser Stelle des Berichts erst einmal ein „Boxenstopp" zur emotionalen Selbstvergewisserung nach dem ersten Jahrgang „auf Kurs" und auch zur Hilfe bei der Wahrnehmung gegenseitiger „Erwartungsstörungen" (so U. Wolkowski, Ausbilder bei BuntStift).

Boxenstopp: BQF „Auf Kurs": Aber wo ist die Steuerfrau/ der Steuermann und wo ist das Ziel?
Impressionen aus dem Alltag: Ein Exkurs zur emotionalen Selbstvergewisserung

Die Unmittelbarkeit und Direktheit der folgenden ethnografischen Notizen spiegeln sicher auch sehr pointiert die sozialen und emotionalen Umgangsformen der AB:S-Sitzungen des ersten Kurses des Schulverweigererprojektes „Auf Kurs". Wie alle Impressionen sollten sie aber auch als sehr subjektiv aus der Sicht des Arbeitsberaters verstanden werden. Nach der Auflösung der „Verweigerer-Klasse" fanden sich die jungen Menschen schließlich auch in den Mustern und Themen der Arbeitsbereiche. Obszönes hört aus diesem Reden nur, wer diese Verbal-Attacken und Affekte des sozialen Alltags in die *banlieus* verbannen möchte.

Die folgenden Akut-Impressionen wurden von mir im August 2003 notiert, noch ganz im Bann der exzessiven Umgangsformen des Unterrichtsalltags, der bis dahin homogenen *Schulverweigerer-Klasse*. Der emotionalen Dichte dieser sozialen Umgangsformen, die in manchen „Fachkreisen" heute noch als „triebhaft und verwahrlost" empfunden werden, ist mit

Moral und Zeigefinger-Pädagogik, aber auch mit Betroffenheitsverständnis kaum zu begegnen. Eine Teilnehmerin sagte einmal: „Die wollen doch nur zeigen, dass sie noch leben". Themen der Auseinandersetzung und Formen des Umgangs änderten sich durchaus erheblich – aber erst nach der Umstrukturierung und Auflösung der „Klasse" und der Ankunft der Jugendlichen in den Arbeitsbereichen, dass heißt Werkstätten und Büros. (Was hier sozialwissenschaftlich noch nicht kommentiert werden kann.)

1.   Immerhin können 20-jährige öfter und meistens sogar unverschlüsselt sich mitteilen zu ihren „Bauchschmerzen", ihrem „Herzeleid", ihrem „Fracksausen" oder, warum sie die „Hosen gestrichen voll" haben. Oder anders – weniger *retro* gesprochen: warum sie gestresst sind, sich „gedisst fühlen"[3], ihnen „der Stift geht"; und auf die Frage: „Was geht'n?", wer der motherfucker oder wer der Picco[4] ist, noch wissen: „Mach Dich locker, Alter". Aber auch gegen emotionale Verführung die finale Verfügung zu setzen: „keine Ahnung"; Allmacht und Ohnmacht, eben *„Verweigerung"* „mir doch egal".

2.   Die Kleinen, der „Kindergarten" bei BuntStift, unsere 15- bis 17-jährigen *Schulmüden*. Sie rappen doch erst und für uns im Takt gereimt und in Rätseln! Sie „stören" fast alle gemeinsamen Verbalveranstaltungen (Tafel, Kreide, Schwamm: Unterricht) mit geheimnisvollen, anzüglich anmaßenden, oft sexistischen, manchmal kryptischen, unheimlich-rätselhaften Sprüchen und Gesten: „Was mache ich denn?"; „... ich schwöre, ich hab doch nichts gemacht!"; „... red keinen Scheiß, Alter." Bizarre, scheinbar subversive, verächtlich popkulturelle Konversation: „Was issen lose, Beate Uhse?" (Nachtrag: „Ich fick Dich in Dein dreckiges Arschloch!").

3.   Jenseits aller entwicklungspsychologischen, etwa psychoanalytischen Erklärungen und Deutungsansätze, die diese Psychodynamik vor dem Hintergrund biografischer Beeinträchtigungen oder als Symptom einer psycho-sozialen Störung vor der Matrix kultureller Benachteiligung beschreibt, haben wir es mit einer bunten „Posse" aus vielen verschiedenen Herkunftsländern, Ethnien und anderen gesellschaftlichen Systemen, Sprachfamilien, Abstammungs- und Familienmythen, Religionen, vor allem aber auch den *social patterns* verschiedener sozialer Schichten zu tun. Sie spielen uns ihre Komödien und Tragödien und deren performative Überlebens- und Selbsterhaltungsstrategie vor. Anscheinend können sie

---

3 dissen, engl.: to diss, sich abfällig äußern über.
4 Picco, vermutl. von Piccolo: der unterste in der (Hotel-)Diensthierarchie.

auch alle sehr gut deutsch! – Hört man jedoch genauer hin, ist es das perfekte „Pidgin" von Überlebenskünstlern und Hochstaplern, „Driftern" zwischen Familie und Straße, zwischen Tradition und *ground zero*. Und dient vermutlich auch zur Angstabwehr im Kulturkampf von unten zur Bewältigung von Orientierungslosigkeit und Unsicherheit.

4.   Die Gruppenumgangsregeln im Kulturkampf von oben, Vereinbarungen und Verträge als Regeln der zivilisierten Diskurse stehen zwar an der Tafel, deren Moral können sie jederzeit abrufen, aber tatsächlich interessiert das doch keinen: Das ist „weiße Ideologie" oder „schwarze Pädagogik" der Zivilgesellschaft. Nichts für Nigger, Piccos, Rapper und Gangsta, deren Tussen[5] und Sisters[6]. – Im Stoffplan Vorbereitung auf die externe Hauptschulabschlussprüfung: Umgang mit lyrischen Texten. Wer sagt denn, dass „Lyrisches Ich", „Metapher und Personifikation" nicht auch im Rap „Gestalten" (im Sinne von Figuren) der Poesie sind?

5.   Zu Hause, beim „Feiern" und „Opfern" (aber nicht beim Arbeiten und Lernen), da gelten wenigstens formal und nach außen – d.h. in der Moschee und bei Hochzeiten – noch die alten Regeln. Die Prügel, der Handkuss, der Respekt vor den Alten, die Zeremonien von Ehrfurcht, Stolz und Ehre und Unterwerfung: Allemal gebrochen durch die Freiheit und Gleichheit der Straße, des Nachmittages, der Musik und der Drogen, der Handy-Angst, „nichts zu sagen zu haben", und der Isolation durch kulturelle Differenz.

6.   Lebensbiografische und kulturelle Brüche „ohne Ende", ansonsten „... alles klar ...!" Cool verdeckte Orientierungslosigkeit, Hilflosigkeit und noch weit über mitteleuropäische Maßstäbe hinausreichende, noch nicht einmal formulierbare Sinnlosigkeit: Sprachlos und lautstark im Pidgin-Geplapper versteckte Erfahrungen und Gefühle, versetzt mit der kindlichen Altersweisheit von Parias im Exil: „Geht's denn noch ...!" „... auf jeden (Fall)!"

7.   Kinder? Mit Schamhaaren und schamlosen Sprüchen. „Fick Dich!" und „Fick Deine Mutter!" (Waren das nicht diese Sprüche, die wir auch als erstes in der fremden Sprache lernten?), Obszön- und Pornografieproof: mit den großen Augen von 7-Jährigen: „Wir haben eine Frau – im Wald pinkeln sehen, in echt!". Und Kinder (16 Jahre alt), die dir aufs Klo nachkommen: „Gehst Du jetzt pullern?", und dann voller Scham in der Einzelkabine verschwinden.

---

5 Tussi, gewöhnlich, eher abwertende Benennung für Frauen als Konkurrentinnen.
6 Sister, die Schwester in der Gruppe in positiv solidarischem Sinne.

8.   Mit diesen „Kurzen" Unterricht, Schule machen zu wollen, welch hilflos überhebliches Unterfangen (Verlangen). Ihr soziales und emotionales Alter, vor allem das kulturelle liegt doch vermutlich zwischen 5 und 10 Jahren. Das biologische Alter hingegen öffnet sich in der Pubertät dem coolen Triebdurchbruch zwischen moralischer Sprachlosigkeit (Entsetzen) und noch verbal-erotischer Sprüchepornografie ohne jedes hilfreiche Initiationsritual, außer der häufig „sehnsüchtigen" Verwechslung von Gewalt und Sexualität.

Dies ist das Alter von unfassbaren und eruptiven Emotionen und Affekten, ihrer Ängste, Schmerzen, Kränkungen, Verletzungen, Traumata – jeder undenkbaren Art. Darüber: das große Lachen der Clowns, Klassenkasper (wer weiß schon, was ein Kasper ist?), der Bastards, Piccos und Spastis[7]: Die ewigen Weisheiten und Wahrheiten der *Underdogs*.

9.   Eine explosive, deviante, stigmatisierte Mischung aus individuellen Wunden und kulturellen Verwerfungen: Depression oder Destruktion. Wer nicht mehr ins Bett macht, kann doch wenigstens auf alles scheißen. „Keine Ahnung", „k.o.", oder „mir doch egal."

10.   Wo schon die Schule, der „*Hauptabschluss*" (sic!) nicht als Schritt auf einem Weg geschweige denn zu einem Ziel begriffen ist und „rippen"[8] vielleicht noch besser ist als „rappen". Was soll der „Ernstcharakter der Arbeit" (produktives Lernen, schön, aber mit wem und an welchem Gegenstand?) erzeugen, außer bestenfalls vordergründige Anpassung als Schleimer?! Welchen Sinn soll das machen, außer der Inszenierung: „Ich habe viele Gesichter" (so ein „BQFler", angesprochen auf sein widersprüchliches Verhalten zwischen Werkstatt und Unterricht) noch bühnenreifer zu machen.

Hui, welche Dialektik von Unterwerfung, Strafe und Schmierenkomödie: „Vielleicht sollten wir jeder einzeln auf ganz BuntStift verteilt werden!" Jedoch: Der soziale Sinn, gesucht wie der Stein der Weisen, liegt allemal schon in der Theorie gesellschaftlicher Arbeit und der Praxis kooperativer Handlungen. Nur, wie sind die *Verhaltensstörungen* zu heilen?

11.   Nicht den zweiten Schritt vor dem ersten tun, da ansetzen, wo die Kinder in den Brunnen gefallen sind, ihrer Kindheit beraubt wurden: ansetzen

---

7 Spasti, vermutlich von Spastiker.
8 rippen, engl. to rip, stehlen, auf offener Straße weg nehmen (Nötigung).

bei den psychodynamischen und affektiven und sozialen Entwicklungsstufen der Kindheit, d.h. kleine Pflänzchen müssen in der *nursery* für Kinder gehegt und gepflegt werden. *City of God*[9] – ist das ihr Pflanzengarten?

12.   Ganz im Ernst: Die Schule war für die Jugendlichen des BQF-Modellprojektes möglicherweise oft eine unverstandene Fortsetzung der familiären Dressur in der neuen Kultur mit anderen Mitteln, wobei die Eltern wahrscheinlich der neuen Kultur und ihrer Schule genauso hilflos gegenüber stehen wie ihre Kinder, z.B.: Warum gibt es in Deutschland keine Prügelstrafe? So geraten alle Wertvorstellungen – Autorität und Gemeinschaft – aus den Fugen und die Kinder außer Rand und Band. Also lieber gemeinsam mit Fachpädagogen Zirkus spielen als dieses Theater einer vermeintlichen Schulklasse. Dabei kann die Aggression nur mühsam die Angst verdecken. Was hilft dann: aus Verachtung – Spucken!

13.   Mitteleuropäische Gruppenregeln mit Mittelschichtstandards etwa von der Qualität: „Wir lassen jeden aussprechen und fallen nicht schadenfroh übereinander her" sind natürlich superethische Maximen. Nur, wie soll man sie in der Realität einhalten? Im Arbeitsprozess hingegen können für das Zusammenleben Regeln der Kooperation entwickelt werden. Diese sozialen Normen und Standards der Arbeitswelt sind dann vielleicht die Grundlage für die Suche nach dem Sinn des Lebens und den Zielen der gemeinsamen Projekte. Sprache kann dann auch Sozialerfahrung repräsentieren und ist nicht einfach „Deutschunterricht", den man mit der eigenen Geheimsprache ständig unterlaufen muss.

Erkennbar sehr subjektive Eindrücke, – und bestimmt nicht immer in Übereinstimmung mit anderen Beteiligten – den Jugendlichen wie auch den Kollegen. Und schließen wir ganz diskursiv mit „Hotze", dem Localhero aus der Techno-Disco „Stammheim" in Kassel am Mikro:

„Haallooo?!! Erde an Arschloch: Es geht hier um unsere gottverdammte Existääänz!!! UUUWOOOW!!! Fette Slampoetry! Das war deep, Mann! Gib mir mehr davon!!!".[10]

---

9   City of God, 2003, Regie :K. Lund und F. Meirelles. Spielfilm (Doku) mit und über Straßenkinder in Drogenbanden in den Favelas von Rio.
10 Bringmann/Kopetzki.

„Auf Kurs": Umgang und Themen änderten sich

> „Auf der Schwelle zu einem Paradigmenwechsel gibt es immer Störungen" (Ptah in einem Gespräch zwischen altägyptischen Gottheiten zu seinem Kollegen Osiris)[11]…
>
> … ähnlich den Turbulenzen am Rande einer Wetterfront. Wir haben die allgemeine Erwartung, dass sie eintreten können, ohne sie jedoch im Einzelnen vorhersagen zu können.

Angesagt war also ein Paradigmenwechsel von der schulförmigen Fixierung auf den Hauptschulabschluss – mit der doch sehr einschränkenden Schwerpunktsetzung „Unterricht" und seinen schulförmigen Lern- und Unterrichtsmethoden. Notwendig war eine Rückbesinnung auf den originären Kern des BuntStiftkonzeptes: „Arbeit/Produktion als didaktisches Zentrum". Die Schulverweigerer wurden nun stärker in die Arbeitsbereiche integriert und folgerichtig auch in das AB:S-Setting der Arbeitsbereiche, wo sie sich, nicht ohne Staunen und Neugier, vielleicht sogar mit ein bisschen Stolz, einfühlten.

Zu fragen bleibt durchaus: Sind die Beteiligten, die „Großen", die anderen Produktionsschüler und Azubis ebenso wie die „Kleinen", die *„Schulverweigerer"* eigentlich partizipativ in diesen Veränderungsprozess[12] (d.h. die Verteilung auf die Arbeitsbereiche, September 2003) einbezogen worden? Aus meiner Sicht ist rückblickend nicht mehr ganz nachvollziehbar, ob in den Entscheidungsprozessen den „Kids" Gelegenheit zur Mitsprache gegeben wurde. Sicher ist nur, dass es gegen diese Entscheidung (in dieser Form nicht unbedingt auf der Erfolgsseite des Pädagogischen zu verbuchen) von den Teilnehmern keinen erlebbaren Protest gab. Schließlich war es ja auch ein „sozialer Aufstieg" für beide Gruppen, die „Kleinen" wurden zu „Kollegen" und die Azubis wurden zu „Paten" geadelt, die nun zeigen konnten, wo es langging. Das Betriebsklima jedenfalls wurde spürbar gemäßigter und erträglicher.

Die Schulbühne der Selbstinszenierung als „Verweigererklasse" mit all ihren so genannten *Verhaltensstörungen* und *Disziplinarauffälligkeiten* war ihnen abhanden gekommen. Die Erfahrungen und Formen der Schrecknisse und Ängste der individuellen, biographisch unterschiedlichen Verweigerung

---

11 Williams 2005.

12 Siehe hierzu auch den Beitrag in diesem Sammelband von Cortina Gentner.

konnten tatsächlich in dieser neuen AB:S-Struktur öfter zur Sprache kommen. Schließlich könnte die anscheinend durchaus gelungene Integration der _Verweigerer_ in den gewohnten Gruppenprozess der AB:S der Arbeitsbereiche zeigen, dass die Problemstellungen dieser Altersgruppe sich nicht grundsätzlich von den Inhalten und Ausdrucksformen der subjektiven Wünsche, Bedürfnisse und Ängste aller anderen Teilnehmenden bei BuntStift unterscheidet, die vermittelt sind über die objektiven Erwartungen, Erfordernisse und Interessen, den Alltag ihrer Arbeitsprozesse zu gestalten.

Die folgenden Erläuterungen zum nunmehr seit über zehn Jahren bei BuntStift erprobten AB:S-Konzept sind insofern auch ein Hinweis darauf, dass sich BuntStift schon immer mit vielen unterschiedlichen Formen der Verweigerung, des Trotzes als notwendiger Überlebensstrategie pädagogisch und sozial auseinandersetzen musste.

3.   Arbeitsberatung Soziales (AB:S) an der Kasseler Produktionsschule BuntStift

Das Konzept von Arbeitsberatung Soziales (AB:S)

> Arbeitsberatung Soziales (AB:S) ist eine Form arbeitsweltbezogener Supervision zur Reflexion und Gestaltung der sozialen Beziehungen im unmittelbaren Arbeitsprozess der Berufsausbildung, Beschäftigung und vorberuflichen Qualifizierung. Wesentliches Ziel der AB:S ist die Förderung und Entwicklung der _sozialen Kompetenz, der persönlichen, individuellen und gemeinschaftlichen Handlungsfähigkeit_ im und ausgehend vom Arbeitsprozess.

Diese Form der für Jugendliche und Ausbilder gemeinsamen _Supervision_ versucht die fach- und berufsbezogene Qualifizierung mit einer individuellen, klientenzentrierten als auch prozess- und gruppenorientierten, oft sozialtherapeutischen Förderung zu verbinden (vgl. Fürstenau 1992b). AB:S ist ausdrücklich weder eine _produkt- noch leistungsorientierte_, mithin auch keine _unterrichtsähnliche_ Veranstaltung. Gerade der Arbeitsalltag in der Unmittelbarkeit der Erfahrung von gemeinsamem Arbeiten, Lernen und Leben fordert von jungen Menschen, Gemeinschaftsfähigkeit, _Kooperation und Teamfähigkeit_ als wesentliche Elemente des Charakters moderner Arbeitsprozesse und des gesellschaftlichen Werts der Arbeit zu begreifen und zu erproben. Indem die „Produktionsschüler" (Auszubildende, Hauptschüler, Schulverweigerer und Teilnehmer in diversen „Maßnahmen") sich im Arbeitsprozess technisch und organisatorisch notwendig aufeinander beziehen, erfahren sie, dass persönliche Vorurteile, Fremdenfeindlichkeit und soziale Diskriminierung oft als Ausdruck von Ich-Schwäche infolge individuell „verworfener" Biographien, soziokultureller Rituale und sozialer Muster, kultureller „Verwerfungen und Brüche", Angst und sozialer Orientierungslosigkeit kontraproduktiv sind und gute Arbeitsergebnisse und Lernprozesse verhindern (Ist es nicht so, dass *Wiederholungszwänge* und *Schuldgefühle* ihre technisch-buchhalterische Entsprechung und Reproduktion in „Schraubgewinden" und „Hypotheken" finden?). In der AB:S kommen genau diese zumeist familiären „Weltanschauungen" zur Sprache und können in bezug auf die Erfahrungen im gemeinsamen Wertschöpfungsprozess (Produktionsprozess) bearbeitet werden. Diese „Weltanschauungen" als ideologische Werkzeuge gesellschaftlicher Arbeitsteilung und Eigentumsverhältnisse können in der Mikrowelt des Betriebs als „Planungsfaktoren" (Verwaltung), „Maßstabsungenauigkeit" (Metall und Holz), „Rezeptlosigkeit" (Hauswirtschaft), schlechte „Ablagesysteme" und „Kalkulationsunsicherheit" (Büro) durchschaubar werden und in ihrer Funktion als „Widerstand" (Elektronik) und Störfaktor, als „Redundanzen" und „soziales" Rauschen schließlich ansatzweise besser kommunizierbar sein.

So können die Jugendlichen erfahren, dass Teamfähigkeit und *Kooperation*[13] keine pädagogisch imperativen Forderungen sind, sondern eine dem Arbeitsprozess zugrunde liegende *technische und soziale Notwendigkeit*.

Einmal wöchentlich finden halbstündige Gruppensitzungen in den Abteilungen Holz, Metall, Büro, Hauswirtschaft, Mediengestaltung und Recycling mit jeweils zwischen sechs und zwölf Teilnehmern statt. Hier können die Jugendlichen, Ausbilder und Lernbegleiter gemeinsam – moderiert von einem *externen Arbeitsberater* – aktuelle, im jeweiligen Arbeits- und Lernfeld erkennbare und „anreissbare" Kooperationsmöglichkeiten und Konflikte, Krisen und persönliche Spannungen, Missverständnisse, Veränderungs- und Gestaltungsvorschläge reflektieren und Lösungsmöglichkeiten miteinander entwickeln. Sie können für die Regelung ihrer Arbeits- und Sozialbeziehungen einvernehmlich Konzepte, Vereinbarungen und Absprachen entwerfen, z.B. für die Werkzeugausgabe, bei Abteilungs-

---

13 Ausführliche Erläuterungen zum technisch-pädagogischen Konzept sind zu finden in Berkenhoff / Gehlen / Kröner / Stang in dem Text: „Erlebnispädagogische Kooperation am Beispiel eines Basisseminars für Azubis der Volkswagen AG, Werk Kassel im Auftrag und in Kooperation mit der Volkswagen Coaching GmbH Niederlassung Kassel" (2002).

versetzungen, für Pausenregelungen, für außerbetriebliche Einsatzorte und auch bei Krankmeldungen und Urlaubsregelungen.

Zusätzlich werden bei Bedarf auch Einzelgespräche geführt, die sich als Schnittstellen zu den unterschiedlichsten professionellen Beratungsstellen erweisen können (z.B. Arbeitsamt, Jugendamt, Jugendwohngruppen, Therapieeinrichtungen, Drogenberatung). Insbesondere für Jugendliche mit Migrationshintergrund können diese Beratungsgespräche die soziale Integration unterstützen. In dem Maße, wie *psycho-soziale* und vor allem *sozio-kulturelle* Komponenten in den alltäglichen Projektabläufen zu „entdecken" sind, können sie verstärkt berücksichtigt und bearbeitet werden.

Zum Beispiel Psycho-sozial
Benjamin: Er heißt nicht nur so, er ist in der Holzwerkstatt tatsächlich auch der Jüngste. Auch in der Familie war er von zwei Brüdern der Jüngere. Der ältere Bruder – er war auch bei BuntStift – ist verstorben. Es scheint so, als ob er dessen Familienaufträge wohl auf seinem eigenen Rücken weiter mitschleppen muss. Die Folge – er kann sich auf seine eigenen Arbeitsaufträge nie richtig konzentrieren. Er ist weder bei der Sache noch bei sich. In diesem Fall bietet die AB:S zwar Gelegenheit zur Diagnose, kann aber Therapie nicht ersetzen. Immerhin: Benjamin konnte seinen Hauptschulabschluss nachholen.

Zum Beispiel Sozio-kulturell
Adonai – ist der Jüngste von sieben Geschwistern einer eriträischen Familie. Sein Name bedeutet auf Tigrinia (Landessprache): der Herr, Gott, oder ein anderer Name Gottes. Adonai (15 Jahre) will weder in der Metallwerkstatt noch im Büro älter werden. Er will nicht „arbeiten", „das ist nichts für mich", sondern mehr „Unterricht", obwohl er von allen Schulen geflogen ist. „Chef zu sein", das wäre was, aber der Weg dahin interessiert ihn nicht. Dass ihn sein Vater schon im Alter von drei Jahren grün und blau geschlagen hat, findet er für eriträische Familiensitten „normal". Sich selber rumprügeln hat nur zu Schulverweisen und schließlich Strafanzeigen geführt. „Nützt also auch nichts." Meint er nun, mit „mehr" Unterricht, den arbeitslosen, hühnenhaften Vater endlich übertrumpfen zu können ...? Endlich „Chef" sein ...? Das ernst zu nehmen, könnte der Wegweiser sein, den Zusammenhang von Arbeiten und Lernen als realistischen Lebensplan zu begreifen. Chef seiner selbst, Adonai, der Name Gottes. – Der Trotz eines schwer misshandelten Kindes kann sich schließlich im Gespräch selbst in Frage stellen: „Was kann man da machen?" Jetzt haben wir einen gemeinsamen Ansatz.

Soziale Kompetenz und technisches Know-how

Basis des Ansatzes der AB:S ist die Hypothese von sich gegenseitig über-schneidenden Feldern und bedingenden Faktoren *technischer Fertigkeiten und Fähigkeiten, also* „Fräsen", „Fehlersuche", und „Zeichnung oder Bilanzen lesen", und *sozialer Kompetenzen und Kenntnisse,* z.B. Umrisse und Grenzen *ermessen,* Kritik und Kompromissfähigkeit *auszuloten,* präzise *Maßstabsgerechtigkeit* bei der Selbst- und Fremdwahrnehmung sowie Planungssicherheit bei *Arbeitsteilung* und *Kooperation* zu entwickeln. Sonst muss man „am Rad drehen", ein bei den Jugendlichen selbst belieb-ter „Terminus Technicus", der sowohl Manipulation von sozialen Beziehungen als auch Provokation und Verwirrung meint, so wie man han-delt und sich fühlt, wenn man nicht mehr durchblickt, aber doch cool blei-ben muss. Kooperation, Teamfähigkeit dagegen heißt, „gemeinsam am Rad zu drehen".

Allerdings gelingt es der AB:S häufig noch nicht, Arbeitsinhalte und Lernziele (diese technischen und sozialen Analogien), den „Charakter der Arbeit" zureichend in die Auseinandersetzung mit den sozialen Gruppen-prozessen in der Produktionsschule zu integrieren. Immer muss auch für die Gestaltung der AB:S erinnert werden, dass Arbeit das „didaktische Zentrum" der Produktionsschule ist und das primäre Ziel nicht *Sozial-therapie.*

Gerade in der Phase der adoleszenten Persönlichkeitsentwicklung und Identitätsbildung kommt der richtigen, d.h. „maßstabsgerechten Verbindung" von einerseits *technischer, d.h. auch bürotechnischer, hauswirtschaftlicher und gestalterischer* und andererseits *sozialer Handlungskompetenz* bei der Orientierung auf eine anerkannte Berufsausbildung eine herausragende Bedeutung zu. Nicht zufällig definieren z.B. die Begriffe *Flexibilität* und *Mobilität* ursprünglich „Eigenschaften von Stoffen und technischen Prozes-sen" und sind heute „Charakteristika" des erwünschten sozialen Berufs-verhaltens, Habitus. „Flexibel" muss ich sein im Umgang mit Kollegen und Chefs, „mobil" bei Bewerbung und Weiterbildung. Dies hoffentlich jedoch, ohne meinen persönlichen und sozialen „Charakter", meine Identität aufzu-geben!

Im zielgenauen Arbeitsprozess, d.h. im geplanten Umgang mit Werkstoffen und Werkzeugen bis hin zum Aufräumen von Werkstatt, Küche und Büro spiegeln sich soziale Umgangsformen und umgekehrt reflektieren diese sich in den technischen „Skills". In der AB:S kann dieser Zusammenhang jeweils bezogen auf den konkreten Arbeitsauftrag an Produkt und Prozess reflektiert werden. Ein Arbeitsauftrag war zu erledigen: Wer hat den Chef gespielt? Wer hat sich „verpisst"? In diesem Sozialverhalten spiegeln sich – oft auch wirklich seitenverkehrt und gar nicht symmetrisch – die Stärken und Schwächen der Jugendlichen, die sich dann in den AB:S-Gesprächen in der Gruppe gegenseitig den Spiegel vorhalten können, um am Sozialverhalten ihren fachlichen Kenntnissen oder Wissenslücken direkt ins Gesicht zu schauen. Erst muss man sich vielleicht schämen ..., aber die angemessene Fremdeinschätzung eröffnet auch einen Weg zur Stärkung des Selbstwertgefühls. Und schließlich: Stolz kann man sein auf die *Präsentation* der Ergebnisse eines Arbeitsauftrages in der Gruppe.

Beim „Feed-Back", in der supervisionsüblichen Rückmelderunde, kann aufgedeckt werden, wenn jemand probiert hat, „am Rad zu drehen" – und schließlich kann man trotz aller Kränkungen gemeinsam darüber lachen; aber auch Tränen sind hier nicht verboten. Und ... auf den Berater kann man auch mal sauer oder wütend sein und ihm das zeigen. Der Supervisor bietet Angriffsflächen und ist „gut" für die unterschiedlichsten Projektionen. Man braucht keine Angst zu haben, seine Aufmerksamkeit und Empathie zu verlieren. Seine Professionalität gestattet es ihm, sich nicht „getroffen", „enttäuscht" oder „ausgetrickst" zu fühlen. Dieses Rollenangebot darf ihn selbstverständlich nicht dazu verführen, nur den „guten Sheriff" zu spielen, etwa den verbindlichen Ausbildungsauftrag der Ausbilder/Chefs zu konterkarieren.

Der Industriemechaniker lernt an der Bohrmaschine, dass „mit Gewalt nichts geht". Kann er das auch für die sozialen „Fittings" begreifen? „Dicke Bretter zu bohren", fordert nicht nur technische Präzision und Kontinuität, sondern auch Stetigkeit, Regelmäßigkeit und Eindeutigkeit als Elemente sozialer Handlungskompetenz, wie z.B. Verbindlichkeit in Erfüllung des *Ausbildungsvertrages*. Diese Zusammenhänge erfahrbar zu machen z.B. über die gemeinsame Lektüre von Arbeits- und Ausbildungsverträgen – übersichtliche und transparente Vereinbarungen auf Gegenseitigkeit – ist eine der Aufgaben und Möglichkeiten von AB:S.

In der AB:S versuchen wir, die *Ungleichzeitigkeit und Ungleichgewichtigkeit* zwischen technischer und sozialer Kompetenz in den Arbeitsaufgaben und Alltagsanforderungen sichtbar zu machen und auf den Begriff zu bringen. Zum Beispiel an der subtilen Dialektik zwischen *Über-* und *Unterforderung* wie an folgendem *Fall* deutlich werden kann:

Ein 18-jähriger junger Mann türkischer Abstammung beginnt seine Ausbildung als Bürokaufmann. Er fällt auf wegen seiner kognitiven, auch sprachlich guten Fähigkeiten, unter anderem soziale und politische Zusammenhänge zu erkennen und zu beschreiben. – Eine soziale Stärke. In Bezug auf diese Fähigkeiten wirkt er manchmal bei seiner Bürotätigkeit unterfordert. Einerseits wären ihm durchaus Real- oder Gymnasialabschluss zuzutrauen. Dann aber wieder versagt er beim Durchblick büro-„technischer" Prozesse. Offenkundig eine eher praktische „technische" Schwäche. Für die Ausbilder stellt sich die Frage, ob er über- oder unterfordert in der Ausbildung als Bürokaufmann ist.

Aus Anlass von Fehlzeiten und Verspätungen kann er auch während der AB:S schließlich über seinen Drogenkonsum berichten. Er bricht die Ausbildung ab, beginnt aber eine Therapie. Der süchtige Drogenkonsum kann auf dieser Stufe auch als Selbstmedikation im Dienst einer „Überlebensstrategie" zur Integration seiner eigenen Kompetenzen und Widersprüche gedeutet werden. So paradox das auch klingen mag, in diesem Sinne durchaus positiv. Im süchtigen Substanzmissbrauch können sich Über- und Unterforderung subjektiv aufheben.

Nach der stationären Therapie kommt er wieder zu BuntStift und beginnt nun eine Schreinerlehre. Vielleicht hat er entschieden, sein Leben soll praktisch werden. Diesmal kann er etwas umsetzen, was er schon beim Heimaufenthalt – die alleinerziehende Mutter war mit seiner Erziehung und der der Schwester überfordert – seit frühester Kindheit gelernt hat: sich als Anführer durchboxen und an die Spitze setzen (Auf sein immer wieder durchbrechendes Aggressionspotenzial im Sinne einer „destruktiven" Überlebensstrategie kann hier nicht eingegangen werden, vgl. Rauchfleisch 2002). Er kandidiert als Jugendvertreter bei BuntStift und wird auch gewählt. „Nur" Schreiner zu werden, scheint ihm – jetzt wieder Unterforderung – nicht auszureichen.

Tatsächlich liegen aber selbst jetzt im dritten Lehrjahr seine praktischen Fähigkeiten noch unter denen anderer Azubis im ersten Lehrjahr. Großmäulig kann er seine eigenen technischen Fähigkeiten und handwerklichen Fertigkeiten nicht richtig einschätzen und muss deswegen kleinlaut in den AB:S-Sitzungen über misslungene Holzlangverbindungen berichten. Ihm fehlen ebenso wie im sozialen auch im technischen die Maßstäbe: „Dreimal gemessen und immer noch zu kurz." Die technische Planungskompetenz von Arbeitsaufträgen entspricht nicht seinem sozialen

> *Kompetenzanspruch, als Ausbildungsältester in der Werkstatt für Ordnung zu sorgen, z.B. beim Aufräumen. Wegen technischer Selbstüberschätzung kann er seinem sozialen Selbstauftrag als Ältester oft nicht gerecht werden. Dies führt in Wechselwirkung wieder zu technischem Versagen.*
>
> *Während der AB:S können diese Widersprüche immer wieder zur Sprache kommen. Behutsam können auch biographische und kulturelle „Brüche" angesprochen werden. Behutsam, weil diese „Kränkungen" nicht zur Stigmatisierung in der Gruppe führen dürfen. Dabei wird auch für die Ausbilder deutlich, dass sich hinter der Diskrepanz zwischen sozialer und technischer Kompetenz nicht persönliche Unfähigkeit, etwa Eigensinn und Trotz, als „Mangel" verbirgt, sondern ein seelischer Konflikt, der wegen Maßstabslosigkeit im Technischen wie im Sozialen immer wieder zu Selbstüberschätzung oder Depression auf Grund von Versagensängsten führt. Richtige Maßstäbe braucht man für Holzverbindungen ebenso wie für soziale Beziehungen.*
>
> *Allmählich kann der Azubi sich einer Konsequenz stellen, die handwerkliche Ausbildung muss durch eine therapeutische Beratung zur Klärung der sozialen und psychischen Beziehungsstörungen begleitet werden. So kann er zu einer maßstabsgerechten realitätsangemessenen Lebensplanung geführt werden.*
>
> *Maßstabskorrektheit und Passgenauigkeit (die An-Maßung von Über- und Unterforderung) in der Lebensplanung kann in der Holzwerkstatt ihre technische Entsprechung u.a. beim Herstellen von Holzverbindungen finden. Begleitend können Großmäuligkeit und sentimentaler Kleinmut in den AB:S immer wieder zur Sprache kommen, ohne dass der junge Mann im Prozess dieser Identitätsbildung das Gesicht verliert.*

Ethnische Verortung:
Sprache und sozialer Nachreifungsprozess

Ganz spezifische Problemlagen stellen sich in Bezug auf die ausländischen Arbeitnehmer. Für Zuwanderer, vor allem auch Kinder (Jugendliche) aus Aussiedlerfamilien, sind die *fachlichen* Qualifikationen nicht der alleinige Lerninhalt des komplizierten Berufsfindungs- oder Ausbildungsprozesses. Die in der Arbeitswelt moderner Industriegesellschaften heute erforderlichen Fachkenntnisse und „Arbeitstugenden", wie sehr sie sich auch im internationalen Maßstab einander angleichen, sind hervorgegangen aus der Tradition der Arbeitswelt, der Handwerksbräuche und Industrie-Normen des jeweiligen Herkunfts- bzw. Aufnahmelandes. Für die jungen Zuwanderer ist es deshalb erforderlich, sich mit für sie oft ungewohnten *Kulturtechniken* und fremden *Arbeitstugenden* auseinanderzusetzen. „Hammer und Amboss" bekommen neue Namen in einer oft noch fremden Sprache. Während der AB:S-Sitzung kann man ohne (sprachliche) Hemmungen von alten Sitten und familiären Feiern berichten, neue Worte und Kulturtechniken für alte Tugenden finden. In einer neuen Umgangs- und Fachsprache gewinnen sie auch eine neue soziale Bedeutung; der Umgang mit „Zirkel und Mikrochip" erfordert in der Fremde neue Sichtweisen und vielleicht auch andere „Steuer- und Regelungstechniken". Dafür bietet das zumeist nur familiär weitergegebene Brauchtum (Moral und Sitten) nicht genügend Sicherheit. Das gilt in besonderer Weise für jugendliche Zuwanderer und Spätaussiedler. Der Verlust der Werte und Güter des gewohnten sozio-kulturellen Milieus kann durch den Gewinn neuer produktiver persönlicher Fähigkeiten („Capacities and skills") perspektivisch aufgefangen werden. Umgekehrt kann es für die „Einheimischen" durchaus ein (ökonomischer) Gewinn sein, „den Wert der Arbeit" im modernen Arbeitsprozess in bezug auf das eigene soziokulturelle Milieu aus fremdem Blickwinkel zu betrachten. Integration kommt nicht voran auf der Einbahnstraße der einseitigen Anpassung. Risikoreicher Gegenverkehr ist aufregender als die Leitplanken einer so genannten *„Leitkultur"*.

Im Arbeitsalltag an der Werkbank, in Büro und Küche kann man dem Fremden ins Gesicht sehen und wie in einem Spiegel das eigene Fremde im anderen entdecken! Der Rentabilitätsbetrachtung „ökonomisch" bewusst geplanten Handelns eröffnet die AB:S-Sitzung nicht selten die Chance einer neuen Ich-Wahrnehmung und infolge dessen einer neuen Ich-Stärke, die als „rentable Investition" in die eigene Geschichte gesehen werden kann. Ein Prozess, der zunächst nicht immer bewusst verläuft und deswegen seine eigene Sprache durch viele *Muttersprachen* hindurch finden muss, wenn man z.B. während der AB:S-Gespräche auch seinen Heimatort erst auf der Landkarte finden muss. Oder wenn man die Differenz zwischen aktivem oder passivem Wortschatz mit der (russischen) Metapher „das ist so, wie zwischen Herr und Hund" zu verstehen sucht.

Kritisch bleibt jedoch gerade hier wie auch für fast alle anderen Themenfelder der AB:S anzumerken, dass es oft noch nicht gelingt, die häufig ängstliche, aber auch trotzige Sprachlosigkeit in ausdrucksfähige Handlungsalternativen überzuleiten.

Biographische Überlebensstrategien
und soziale Handlungsalternative

Das AB:S-Konzept orientiert sich zuvörderst nicht an subjektiv als Schwäche und Defizit erscheinenden Auffälligkeiten der Teilnehmer, sondern an den Stärken individueller *Eigenarten* als entwicklungsfähigem persönlichem Potenzial (vgl. Fürstenau1992b). In den AB:S-Sitzungen gilt es nach Überwindung erster *Fremdheiten* und *Widerstände* immer wieder, diese Eigenheiten – hervorgegangen aus den biographischen Elementen – von subjektiv als notwendig erlebtem Trotz und individualistischer „Eigensicht" wahrzunehmen. In diesen Eigenheiten verkörpern sich immer auch in Kindheit oder Adoleszenz mit Anderen erprobte soziale *Überlebensstrategien*, denen das als Schicksal oder Zwang erfahrene Leben in der Familie oder auf der Straße subjektiv scheinbar keine Alternative der Entscheidung zwischen „Gut und Böse", zwischen „so oder so" gelassen hat; zwischen „nur sozial inadäquatem oder auch kriminellem Verhalten". In der AB:S wird niemand denunziert, auch wenn er ein „Knasti" oder „Picco" ist. In der AB:S geht es darum, diese *Überlebensstrategien* bewusst zu machen, um selbst zwischen sozial positiven oder negativen Handlungsalternativen entscheiden zu können.

Den häufig geringen Erfahrungen mit demokratischen, entscheidungsoffenen und hinterfragbaren Verhaltensweisen bieten die AB:S-Sitzungen ein Übungsfeld. Die Forderungen des neuen Arbeitslebens subjektiv nicht mehr als Schicksal oder Zwang zu erleben, sondern über die Mitbestimmung bei den Gesprächsthemen, Form und Inhalt der AB:S und damit Elemente der Ausbildung mitzugestalten und so auch im sozialen und psychodynamischen Prozess von Veränderung durch eine neue Sicht auf die persönlichen Eigenheiten, sich selbst als Handelnder zu begreifen.

Dagegen stehen allerdings oft objektive, die Biographie massiv beeinträchtigende soziale, und ethnische und kulturelle Verwerfungen und Brüche wie „Übersiedlungen" („Verschleppung" – und der Teddy bleibt zurück!), Trennung, Flucht und Tod, Krankheiten (Sucht), familiäre Konflikte, Unterbrechung der Berufsausbildung und Schulkarriere etc., deren Bearbeitung in der AB:S-Moderation und eben auch Anleitung und Intervention erfordern. Ungewöhnliche, verworfene (mangelnde) Realitätseinschätzung ist häufig sowohl Ursache wie Folge solcher in ihrer Psychogenese und Psychodynamik zu diagnostizierender und zu bearbeitender sozialer Extremlagen. Psychische Störungen und Beeinträchtigungen, wie Sucht, Depression, Zwangshandlungen, Angstneurosen, Hyperaktivität, Borderline-

Symptome bis hin zu psychotischen Episoden (manchmal aber nur schlicht unentdeckter Analphabetismus oder sogar die fehlende Sehhilfe) mit den Effekten der bekannten Verdrängungs- und Verleugnungsdynamik, sind daher keine Seltenheit. Psychische Beeinträchtigungen (Kränkungen) machen sich oft unentdeckt Selbstmedikationen zu Diensten. „Ich muss am Abend kiffen, sonst habe ich Angst, kann nicht schlafen. Ich will doch bei der Arbeit normal sein, endlich so wie die anderen." – Ist das schon Sucht oder noch subjektiv erfolgreiche Selbstmedikation im Sinne der Überlebensstrategien? (Auf der Grundlage dieser Erfahrungen hat BuntStift z.B. als Bestandteil der Arbeits- und Ausbildungsverträge eine betriebsinterne „Vereinbarung zum Suchtmittelmissbrauch" formuliert.)

Die subjektiven und objektiven Stärken und Schwächen so genannter „Benachteiligung" repräsentieren mithin Widersprüche, die zu sozialen Stärken und paradoxen *Überlebensstrategien* individuell selbst bereits umformuliert sind. Insoweit kann die AB:S auch der *Diagnose* und *Exploration* der genannten psychischen Beeinträchtigungen dienen, die im Einzelfall zur Überweisung in eine externe psychotherapeutische Beratung und Begleitung führen kann. Die Würde dieser individuell entwickelten sozialen Paradoxa zwischen „Stärken" und „Kränkungen" ist nicht immer leicht durchschaubar, „schaut aber aus den Gesichtern heraus" und kann *Respekt und Akzeptanz* erwarten.

Hypertrophe, massive Fehleinschätzungen der eigenen Fähigkeiten als Ursache „verrückter", unrealistischer, oft überzogener Berufs- und Lebenserwartungen sind im Grunde nur einer allgemeinen Orientierungslosigkeit als Orts- und Geschichtslosigkeit (vgl. die Erfahrungen der Traumatherapie) geschuldet. Diese individuellen „Verwirrungen" aus persönlicher und sozialer *Geschichtslosigkeit* spiegeln sich aber gerade nicht in *Gesichtslosigkeit*. Wir erleben sehr lebendige, manchmal allzu lebendige, aber eben auch verschlossene, isolierte, weil traumatisierte (ohne Zeit- und Raumbezug; – das Problem der „Pünktlichkeit") starre depressive Persönlichkeiten. Junge Menschen mit besonderen, manchmal extremen Eigenheiten und auch Eigensinn, in deren Gesichtern und Geschichte es sorgfältig zu lesen gilt, um so mehr als sie von einer von ihnen noch selbst unentdeckten und unentwirrten Vergangenheit geprägt sind. Diese historische, soziale und persönliche Vergangenheit versuchen wir, in der AB:S in den Blick zu nehmen und zur Sprache kommen zu lassen.

Die Jugendlichen ernst zu nehmen, ihnen auf gleicher Augenhöhe in den AB:S-Sitzungen ins Gesicht zu schauen, bedeutet *Respekt* zu haben vor ihrer Vergangenheit, ihrem Schicksal und *Akzeptanz* ihrer Persönlichkeit entgegenzubringen. Die jungen Menschen müssen bei allen sozialen und therapeutischen Interventionen, Eingriffen in ihr Leben auch die Chance behalten, ihr Gesicht zu wahren.

> *Merve (20 Jahre) beschwert sich über den Schreibmaschinenunterricht in der Schule. „Das Klappern bedroht mich!“, so als ob: „Alle wollen was von mir.“ Eine akustische ins soziale transformierte Reizüberflutung. Während der AB:S ist sie an allen Themen überinteressiert, aber stark selektiv, ich-bezogen beteiligt. Nichts entgeht ihr. Sie kann nichts auslassen, findet keine Ordnung! Erst eine einfache Bürotätigkeit, eigentlich weit unter ihrem eigenen Anspruchsniveau (Abitur) – die Materialarchivierung und -verwaltung – gibt ihr endlich Ruhe. Einer ans schizoide reichenden Persönlichkeitsbeeinträchtigung (mehrere Krankenhausaufenthalte) konnte in der Ordnung einfacher Gegenständlichkeit auch für sie ein wenig Ordnung im Inneren schaffen.*

Und die Ausbilder und Lernbegleiter?

Für die in Ausbildung und Unterricht Beschäftigten, für alle Mitarbeiter von BuntStift fördern die AB:S-Sitzungen die Chance, vor dem beschriebenen Hintergrund manuelle, handwerkliche, technische und kognitive, soziale und emotionale Stärken und Schwächen *neu wahrzunehmen*, in Beziehung zur eigenen beruflichen Entwicklungen zu setzen und in Bezug auf die eigenen Affekte *neu zu bewerten*. Im vermeintlichen Fehlverhalten der Jugendlichen können manchmal auch die Projektionen eigener Wünsche und Ängste von Mitarbeitern ausgeleuchtet werden. Das Verhalten von Jugendlichen, die Dynamik aktueller Konfliktsituationen im Gesamtbetrieb spiegelt auch die aktuelle emotionale Situation von Mitarbeitern, die ja in der Regel an den AB:S-Sitzungen teilnehmen. In dieser „Spiegel-Dynamik“ sind Widerstand, Vermeidung und Abwehr (durchaus im Sinne eines sozialtherapeutischen Settings) auf beiden Seiten aufmerksam zu beobachten und behutsam zu beachten.

Mitunter eingefahrene Reaktionsmuster und rein technische Handlungsstrategien können so zu neuen „sozialen Lernfeldern“ in Hinsicht auf Kommunikation und Kooperation werden. Technisches Wissen, praktisches *Know-how* kann in die erfahrungsreiche pädagogische Qualifikation und soziale Kompetenz der „Meister“ integriert werden. Deren persönliche Interessen und Motivationslagen geraten aus der *black box* der subjektiven Einschätzungen, der Gefühle von Enttäuschung, Kränkung und der Angst,

„ausgetrickst" zu werden, auf die Ebene objektiver Wahrnehmung von Persönlichkeits*facts and -figures*. Eine gute und förderliche Arbeitsteilung zwischen „Meistern" und externer Beratung vor dem Hintergrund der AB:S stellt sich dabei als Aufgabe und Zielsetzung, birgt aber auch Konkurrenz- und Konfliktpotenzial. Vor- und Nachbesprechungen in Form von *Fallbesprechungen* erwiesen sich bei der Überwindung von Problemen „aller Art" und bei der individuellen Förder- und Hilfeplanung als förderlich.

Wir haben gerade im Schulverweigererprojekt *„Auf Kurs"* die positive Erfahrung gemacht, dass die gemeinsame Reflexion von Arbeitsprozessen, organisatorischen Strukturen, persönlichen Verhaltensweisen, wiedererlebten Familienstrukturen, Beziehungen, Konkurrenzen usw. in den Arbeitsalltag hineinwirken, dort ihre Spuren hinterlassen und Wahrnehmungs- und Handlungsweisen verändern. In der AB:S entwickeln sich intensive Beziehungen, die in anderen Bereichen als förderliche soziale Rituale (z.B. gemeinsame Feiern, wie Abschlussfeiern und andere Betriebsfeste) weitergeführt werden. Emotional stabil sind die Beziehungen, „angedockt", „eingeschrieben" hat man sich als „BuntStift", wenn – wenigstens in Umrissen – Klarheit über familiäre, ethnische, rechtliche und emotionale „Altlasten" besteht:

- wenn diese Altlasten aktuell und dauerhaft auf den verschiedenen Feldern und Sprachen, wie üblicherweise in jeder arbeitsplatzbezogenen Supervision kommuniziert werden konnten, und nicht über unklare, rätselhafte Affekte und Projektionen die Arbeit und den Alltag beeinträchtigen;

- wenn emotionale offene und sozial verbindliche Beziehungen zwischen Mitarbeitern und Jugendlichen entstehen können.

Anders als beim Arbeiten und Lernen kann AB:S einen Rahmen für Gespräche und Beziehungen bilden, wo kein objektives, gegenständliches Drittes dazwischen tritt, sondern Unmittelbarkeit im Sozialen und Emotionalen gegeben ist.

Dass Anspruch und Wirklichkeit des Sozialen „Werkzeugs" AB:S im Alltag durchaus nicht immer übereinstimmen, mussten wir gerade an den besonderen Herausforderungen, gestellt durch das Schulverweigererprojekt „Auf Kurs", erkennen.

Als offene Frage bleibt: Wie ist die Gradwanderung zwischen achtungsvoller Förderung der Individuen und sozial geforderter Intervention zu meistern? Wenn Arbeit das „Didaktische Zentrum" von Produktionsschule ist und *Didaktik*, so sagt man, die *Kunst der Vermittlung*, dann, so scheint mir paradoxer Weise aber dieser Kunst der Pädagogik, vielleicht durch Vermittlung der *List der Vernunft*, gerade jenes Paradoxon entwischt zu sein, das, so sagt man, das höchste der Kunst sei, die *Heiterkeit*.

Literatur

Berkenhoff, V. / Gehlen, O. / Kröner, F. / Stang, H. (2000): Erlebnispädagogische Kooperation am Beispiel eines Basisseminars für Azubis der Volkswagen AG, Werk Kassel, im Auftrag und in Kooperation mit der Volkswagen Coaching GmbH Niederlassung Kassel.

Bringmann / Kopetzki (2005): Hotze. Köln.

Fürstenau, P. (1992a): Psychoanalytisch-systemische Teamsupervision. In: Fürstenau, P.: Entwicklungsförderung durch Therapie. München, S. 175-188.

Fürstenau, P. (1992b): Entwicklungsförderung oder Orientierung an der Defizienz? Plädoyer für zielgerichtetes psychoanalytisch-therapeutisches Handeln. In: Fürstenau, P.: Entwicklungsförderung durch Therapie – Grundlagen psychoanalytisch-systemischer Psychotherapie. München, S. 64-75.

Rauchfleisch, U. (2002): Die ambulante Behandlung von Menschen in psychosozialen Notsituationen. In: Eggebrecht, F. / Pehl, T.: Chaos und Beziehung. Tübingen, S. 53-64.

Stang, H. (2002): Arbeitsberatung Soziales – ein Anti-Blockier-System. Die Produktionsschule BuntStift. In: Gericke, T. / Lex, T. (Hg.): Jugendliche fördern und fordern, Strategien und Methoden einer aktivierenden Jugendsozialarbeit, Abschlusstagung, November 2001. Deutsches Jugendinstitut. Leipzig/München, S. 160ff.

Stang, H. (2005): AB:S – Arbeitsberatung Soziales – ein Anti-Blockier-System. In: Thole, W. / Cloos, P ./ Strutwolf, V. (Hg.): Soziale Arbeit im öffentlichen Raum. Soziale Gerechtigkeit in der Gestaltung des Sozialen. Wiesbaden, Kap. 4.5 „Alltag in sozialpädagogischen Räumen: Probleme, Konzepte, Methoden", CD.

Williams, T. (2005): Otherland, Stadt der goldenen Schatten. München.

Kapitel III

Das Phänomen Schulmüdigkeit, Schulverweigerung und Schulabsentismus aus Sicht der Praxis

Margret Kaun

„Schulverweigerer werden nicht als solche geboren, sondern zu solchen gemacht!"

1.   Einleitung

Der natürliche Drang eines Kindes ist die Neugier, sich sein Umfeld zu eigen zu machen, zu begreifen, auf Entdeckung zu gehen, Leistung zu bringen und dafür geliebt und beachtet zu werden. Kinder wollen die Welt im Rahmen ihrer emotionalen und intellektuellen Möglichkeiten erfahren und benötigen dazu die positive Unterstützung, Förderung und Aufmerksamkeit der Bezugspersonen in ihrer Umgebung. Der Wunsch zu lernen und zu begreifen begleitet die Menschen ihr ganzes Leben lang, es sei denn, sie werden durch äußere Ereignisse daran gehindert.

Im Rahmen meines beruflichen Auftrages als Jugendgerichtshelferin berichteten in zunehmender Zahl delinquente Jugendliche, dass sie über einen längeren Zeitraum keine Schule mehr besuchen und weder bei den Eltern noch in der Schule dadurch aufgefallen seien. Auf Nachfragen stellte sich heraus, dass die meisten Schüler schon sehr früh mit Unterrichtsversäumnissen begonnen hatten und oftmals letztendlich wegen mangelnder adäquater Reaktion der Lehrer sowie der Eltern ganz der Schule ferngeblieben sind.

Nachforschungen meinerseits in den entsprechenden Schulen, bei Eltern und im sozialen Umfeld der Jugendlichen führten dann zu dem verblüffenden Ergebnis, dass es trotz einer gesetzlichen Schulpflicht auffällig viele Schüler gibt, die monatelang der Schule fernbleiben und dort nicht vermisst werden.

2.   Schulpflichtverletzungen und Ermessensspielsräume

Das Hessische Schulgesetz regelt die Schulpflicht der Schüler. Sie gibt der Schule die rechtliche Möglichkeit, den regelmäßigen Schulbesuch des Kindes bei den Eltern bzw. den Erziehungsberechtigten einzufordern. Laut §21 des Hessischen Schulgesetzes sind die Erziehungsberechtigten für die Überwachung der Schulpflicht verantwortlich. Bei wiederholten bzw.

schweren Verstößen gegen die Schulpflicht kann der Schulpflichtige der Schule auf Anordnung des Schulleiters zwangsweise zugeführt werden (§22, Absatz 1) und dann ein Bußgeld verhängt werden (§23). „Wer sich oder einen anderen der Schulpflicht dauernd oder hartnäckig wiederholt entzieht, wird mit Freiheitsstrafe bis zu 6 Monaten oder mit Geldstrafe belegt (§24)."

In allen Bundesländern ist über die Schulordnungen eindeutig geregelt, dass die abwesenden Schüler erfasst werden müssen: Jeder Lehrer hat zu Beginn jeder Stunde – und nicht nur zu Beginn der ersten Stunde am Morgen – zu überprüfen, welche Schüler abwesend sind, und dies ins Klassenbuch einzutragen. Ob Fehlzeiten – bei Zuspätkommen oder Fehlen einzelner Unterrichtsstunden – peinlich genau vermerkt werden; ob auf fehlende oder „fingierte" Entschuldigungszettel der Eltern oder Erziehungsberechtigten konsequent reagiert wird, dies hängt oft von der jeweiligen Lehrkraft ab. Der Ermessensspielraum, wann und von wem ein Fernbleiben des Schülers vom Unterricht als (einmaliges) Schwänzen oder Verweigerung definiert wird, wird von Lehrern und Schulleitern unterschiedlich ausgefüllt.

Die Schulgesetze der Bundesländer sehen vor, dass auf eine Schulpflichtverletzung – nach Ausschöpfung sämtlicher pädagogischer Maßnahmen – mit einer Geldbuße zu reagieren ist, die gegen den Schüler, die Erziehungsberechtigten oder die Auszubildenden verhängt werden kann. In der Praxis wird dies in sehr unterschiedlichem Maße durchgesetzt; meist kommt es in sehr geringem Umfang überhaupt zur Anzeige von Schulpflichtverletzungen bei den zuständigen Ordnungsbehörden. Die einzelnen Schulen können – außer im Saarland – diese Bußgeldverfahren nicht selbst einleiten, sondern müssen dies über die zuständigen Ordnungsbehörden durchsetzen. Dass Schulen nicht alle Fälle von Schulpflichtverletzungen – auch massive Fälle von Schulversäumnissen – melden, kann mit verschiedenen Faktoren zusammenhängen: Die formgerechte Meldung wird als unverhältnismäßig großer Aufwand empfunden – gerade vor dem Hintergrund der Erfahrungen, dass die letztlich verhängten Bußgelder sehr niedrig ausfallen; dass die Entscheidung darüber so lange dauert; dass weder eine generalpräventive Wirkung noch eine Verbesserung des Schulbesuchs im Einzelfall zu erwarten ist. In manchen Fällen mag die Angst, von den Erziehungsberechtigten oder den Schülern bedroht zu werden, oder die Sorge um den guten Ruf der Schule mispielen. Und: manchmal hat das Fehlen verhaltensauffälliger und störender Schüler auch entlastende Momente – für Lehrkräfte und Mitschüler gleichermaßen.

Dieses Regelwerk hat erhebliche Lücken, wird es doch nach dem Ermessen der Lehrkräfte, der Schulleitungen und schließlich der Ordnungsbehörden in Bewegung gesetzt. Nach meinen Erfahrungen dauert der Mahnprozess bei Unterrichtsversäumnissen durch das hiesige Schulamt und die spürbaren Konsequenzen für Eltern und Schülern ca. ½ Jahr, oftmals auch länger. Eine kostbare Zeit, in der die Schüler die einfache Rückkehr in den Unterricht allein nicht mehr schaffen.

3. Mögliche Handlungsoptionen bei Schulverweigerung

Einige mögliche Handlungsansätze gegen Schulversäumnisse seien hier kurz aufgezeigt:

- Überprüfungs- und Sanktionsmöglichkeiten der Schule, auf Schulverweigerer zu reagieren, müssen einheitlich geregelt, verbindlich und zeitnah durchgeführt werden.

- Die Schulkonzepte müssen überprüft werden.

- Jedes Kind sollte in seiner Eigenart als wichtig geschätzt und zur Kenntnis genommen werden.

- Ursachen für Schulverweigerung müssen zeitnah herausgefunden werden, um daraus zu lernen und adäquat reagieren zu können.

Im Wesentlichen gibt es zwei Indikatoren, die Schüler dazu bringen, sich vom Schulalltag zu verabschieden: a) Störungen im sozialen Umfeld und Familie sowie b) Störungen im Schulkonzept und Schulalltag. Von Seiten der Jugendlichen, mit denen ich im Rahmen meiner Tätigkeit als Jugendgerichtshelferin Gespräche geführt hatte, wurde eine Vielzahl von sozialen und familiären Gründen für eine Be- und Verhinderung des Schulbesuchs genannt:

- das Gefühl, innerhalb des Schulsystems nicht anerkannt zu sein,

- die Angst vor dem Lehrer und seinen Sprüchen,

- die Angst, vor der Klasse bloßgestellt zu werden,

- Leistungsangst und der wachsende Leistungsdruck,

- die Angst, dem Konkurrenzkampf im Schulalltag nicht gewachsen zu sein,

- das Desinteresse der Eltern an Schule und den Belangen ihres Kindes,

- massive familiäre Probleme.

Um dem zu begegnen, braucht es Bereitschaft zur Kooperation und konstruktiven Kommunikation zwischen Schülern, Eltern bzw. Erziehungsberechtigten, den Lehrkräften der Schule und anderen außerschulischen Beteiligten (z.B. dem Jugendamt).

Der Prozess der Schulverweigerung ist schleichend. Die Anfänge gehen oft im Alltag unter und manifestieren sich, je länger das Verhalten des Schülers unerkannt bleibt oder falsch eingeschätzt wird. Ein Arbeitsteam bzw. ein Spezialdienst als Ansprechpartner für Lehrer sowie für Eltern und Familienangehörige – mit dem Auftrag der Beratung, der Sensibilisierung für das Phänomen „Schulverweigerung", der Diagnose und Entwicklung von Handlungsoptionen und -strategien sowie die mögliche Reintegration – könnte sich speziell um Schulverweigerer kümmern. Dieses Team müsste im Schulamt angesiedelt sein und sollte aus Mitarbeiter des Jugendamtes sowie der Schulbehörde bestehen.

4.   Fallbeispiel Yassir

Mit der folgenden Schülerbiografie möchte ich verdeutlichen, wie durch falsche Entscheidungen und Versäumnisse wichtige Erkenntnisse und richtige Unterstützungen zur Förderung eines Schülers versäumt wurden:

Der Schüler Yassir wurde 1984 in Deutschland geboren. Seine Familie stammt aus Syrien und lebt inzwischen seit 25 Jahren in Deutschland. Yassir hat die deutsche Staatsangehörigkeit.

Stationen seines Lebens:

1991	Einschulung in die Grundschule; bereits in der Grundschule: starke Aggressionen und Verhaltensauffälligkeiten
1995-1997	Förderstufe, Schulschwänzereien ab der 6. Klasse, 7. Klasse wiederholt, aggressives Verhalten, Schulverweis
1997	Gesamtschule, Jugendamt wird einbezogen, ambulante Jugendhilfe
1999	Umschulung in eine Schule für Erziehungshilfe (auf Grund seiner Aggressionen und Leistungsschwächen) nach vier Monaten erfolgte der Beschluss der Schulkonferenz: Beurlaubung wegen Regelverstößen und Schlägereien, es folgten weitere Straftaten
Ende 1999	stationäre Heimunterbringung auf Antrag der Eltern, massive Straftaten, absolute Schulverweigerung, zurück zu den Eltern
Anfang 2000	Wiederaufnahme des Schulbesuches in einer Berufsschule, Betreuung durch die ambulante Jugendhilfe, Gerichtsverhandlung mit dem Ergebnis: Arrest absolute Schulverweigerung
Mitte 2000	Jugendberufshilfe für 6 Monate, Ausschluss wegen aggressiven Verhaltens und Gewaltdelikte
2001	Wiedereingliederung in eine Berufsschule/BVJ[1], zwei Monate regelmäßiger Schulbesuch, danach Schulverweigerung
2001	Anti-Aggressivitäts-Trainingskurs als gerichtliche Auflage
2002	Inhaftierung, Untersuchungshaft, Verurteilung wegen Raub und Körperverletzung, Strafvollzug bis 2006 im Vollzug wurde auf Grund eines gerichtlichen Hauptverhandlungstermins ein forensisches Gutachten angefordert. Ergebnis der Untersuchung: mangelnde Intelligenz des Schülers (Intelligenzquotient liegt bei einem IQ von 60 bis 65 = Grenze zur Debilität)

---

1 Das BVJ ist eine schulische Form der Berufsvorbereitung und wird überwiegend an Berufsschulen angeboten. Zielgruppen sind vor allem Schüler ohne Hauptschulabschluss oder Abgänger der Förderschulen/Schulen für Lernbehinderte. Das BVJ dauert ein Jahr. Es vermittelt fachpraktische und fachtheoretische Grundqualifikationen, schafft Einblicke in verschiedene Berufsfelder (z.B. Metall, Holz, Gestalten) und hilft, schulische Lücken zu schließen.

Der Schüler ist von Beginn an mit seinem auffallend aggressiven Verhalten falsch beurteilt worden. Niemand kam auf die Idee, dieses zu hinterfragen und die Ursachen zu ergründen. Seine „Schulverweigerer-Karriere" begann in der 6./7. Klasse. Während der ganzen Schuljahre gab es keine Meldungen wegen Schulpflichtverletzungen an das Schulamt; auch keine Anfragen beim Schulpsychologen.

Er wurde delinquent, verübte massive Straftaten und verbüßt aktuell eine langjährige Jugendstrafe mit dem Ziel der Rehabilitation. Dies geschieht jedoch ohne die entsprechende Förderung seiner persönlichen Entwicklung.

Dieses und ähnliche Beispiele zeigen, wie wichtig eine gute Zusammenarbeit zwischen Schule, Eltern und beteiligten Institutionen ist. Frühzeitig die Ursachen erkennen, wenn die Schüler sich der Schule entziehen und adäquat mit Sensibilität und Verständnis darauf zu reagieren, könnte unter anderem ein guter Weg sein, „verlorengegangene" Kinder und Jugendliche wieder in die Schule zu integrieren. Zusätzlich zu dem Verlust an Bildung und sozialen Strukturen kann Schulverweigerung delinquentes Verhalten fördern und den Lebensweg von Jugendlichen und Heranwachsenden erheblich beeinträchtigen.

Cordelia Fertsch-Röver-Berger

Handreichung zur Prävention von Schulverweigerung des Staatlichen Schulamtes Frankfurt/M.

1. Einleitung

Im Juni 2004 wurde an allen Frankfurter Schulen eine Handreichung zur „Prävention von Schulverweigerung"[1] verteilt. Diese Handreichung wurde von einer Projektgruppe des Staatlichen Schulamtes, bestehend aus Vertretern des Staatlichen Schulamtes (insbesondere der Fachberatung für Suchtprävention), der Schulen, des Jugend- und Sozialamtes sowie der Polizei entwickelt. Diese Handreichung sollte an den Schulen in Gesamtkonferenzen, Schulkonferenzen, im Schulelternbeirat und der Steuerungsgruppe Schulprogramm eingebracht und diskutiert und Erfahrungen und Maßnahmen dem Staatlichen Schulamt rückgemeldet werden.

Als Grundlage dieser Handreichung diente eine Befragung an Frankfurter Schulen zum Umfang von „Schulschwänzen" und zu Maßnahmen dagegen sowie Informationen zu Projekten, Modellversuchen, Erfahrungen und Literatur zum Thema Schulverweigerung, die von der Projektgruppe zusammengetragen wurden.

Im 2. Schulhalbjahr 1999/2000 sowie im 1. und 2. Halbjahr des Schuljahres 2000/2001 wurden alle Frankfurter Schulen durch das Staatliche Schulamt zur Anzahl der Schulschwänzer (definiert wurde Schulschwänzen hier als „3 Tage oder mehr unentschuldigt gefehlt") befragt, weiterhin zu ihrem Umgang mit Schulverweigerung. Die letzte Befragung wurde ergänzt durch die Frage nach vermuteten Ursachen für Schulverweigerung.

Der Rücklauf war hoch, so dass davon ausgegangen werden kann, dass die Ergebnisse repräsentativ für die Frankfurter Schulen sind.[2]

---

1 Die Handreichung ist über die Internet-Seite des Staatlichen Schulamtes in Frankfurt/M. unter www.schulamt-frankfurt.de, Schriftenreihe „Suchtproblem und Schule", Heft 26, zu erhalten.

2 Dass trotzdem eine solche Erhebung mit Fehlerquellen behaftet ist und nicht die „wahre" Situation in allen Schulen widerspiegelt, war uns bewusst.

In allen drei Erhebungen war die Verteilung über die Schulformen ähnlich: Die höchste Anzahl von Schulschwänzern meldeten Hauptschulen, Sonderschulen für Lernhilfe und Berufliche Vollzeitschulen mit besonderen Bildungsgängen. Dies entspricht auch Ergebnissen anderer Untersuchungen. Aber auch an Grundschulen gab es Schulschwänzer. Die geringste Quote hatten kleine Grundschulen in eher ländlich strukturierten Stadtteilen.

Bei der ersten Befragung waren es insgesamt **ca. 2%** der Frankfurter Schüler, die unter der oben angegebenen Definition als Schulschwänzer auffielen. Bei der zweiten Befragung stieg diese Zahl auf **4,6%**. Wir interpretierten dies nicht als einen tatsächlichen Anstieg der Schulschwänzer-Rate, sondern als eine erhöhte Aufmerksamkeit der Schulen gegenüber diesem Problem. Die dritte Erhebung pendelte sich auf eine Quote von **4,2%** ein.

Bezüglich des Umgangs mit Schulverweigerern scheint es an den meisten Schulen ein „Standardrepertoire" an Maßnahmen zu geben. Am häufigsten wurden der **Elternbrief, Telefonanrufe, Gespräche mit dem Schüler und Gespräche mit den Eltern** genannt. Vereinzelt wurden noch weitere Möglichkeiten erwähnt, wie z.B. Gespräche mit Mitschülern, Hausbesuche und Elternabende zum Thema. Die Ordnungswidrigkeitsanzeige (das Einleiten eines Bußgeldverfahrens) wurde gelegentlich genannt, allerdings immer mit den kritischen Bemerkungen, dass es zu umständlich und zu langwierig sei.

In der letzten Befragung schien sich die Palette von Umgangsmöglichkeiten mit der Schulverweigerung bei einzelnen Schulen erweitert zu haben, was eventuell ein Effekt der Rückmeldungen der vorhergehenden Befragungen war.

Zu erwähnen seien noch die zum Teil sehr differenzierten Antworten zu der Frage nach den **Ursachen** von Schulverweigerung. Diese steht nach Meinung der Schulen in Zusammenhang mit der **Familie** (Desinteresse an Bildung, keine Förderung von Leistungsbereitschaft), und mit **Leistungsproblemen** und mit **mangelnder Motivation**, u.a. auch wegen fehlender Perspektiven.

Unsere statistischen Erhebungen in den Schuljahren 1999/2000 und 2000/2001 und erste Interpretationen der Ergebnisse sowie die intensive Auseinandersetzung mit der Frage in der Arbeitsgemeinschaft Schulverweigerung des Staatlichen Schulamts zeigen aber, dass Schulverweigerung nicht auf eine Ursache zurückgeführt werden kann und nicht mit einem einfachen Erklärungsmodell zu beschreiben ist. Es hat sich vielmehr gezeigt, dass es einerseits vielfältige Erscheinungsformen zwischen einer inneren Verabschiedung vom Unterrichtsgeschehen bis hin zum Schulabsentismus gibt. Andererseits konnte die Projektgruppe viele positive Maßnahmen und Projekte kennen lernen, die von Schulen zur Prävention von Schulverweigerung bereits durchgeführt werden. Zahlreiche Experten auf diesem Gebiet haben den Verstehenshorizont für die Problematik und mögliche Lösungsansätze sowohl auf der Ebene des Individuums als auch der Institution Schule bei den Mitgliedern der Arbeitsgruppe erweitert.

2. Die wichtigsten Empfehlungen und Forderungen der „Handreichung zur Prävention von Schulverweigerung des Staatlichen Schulamtes Frankfurt/M."

Basierend auf den empirischen Befunden an den Frankfurter Schulen sowie den gesammelten Erfahrungen und Maßnahmen im Umgang mit Schulschwänzen/Schulverweigerung lassen sich drei Hauptforderungen zusammenfassen, die im Folgenden – einschließlich möglicher Umsetzungsformen – dargestellt werden.

A)   Lehrer müssen „Beziehungsarbeit" leisten.
Ein wesentliches Moment zur Prävention von Schulverweigerung ist eine tragfähige Beziehung zwischen Schülern und Lehrern. Folgende, in **Schulen** bestehende oder einzurichtende Kommunikationsformen können dazu beitragen, mit Schülern in Dialog zu treten und Beziehungen aufzubauen:

- es gibt fest etablierte Klassenlehrer-Stunden;

- Klassenlehrer unterrichten in möglichst vielen Unterrichtsfächern ihrer Klasse;

- es finden gemeinschaftsfördernde Klassenaktivitäten statt;

- die Unterrichtsinhalte stammen aus dem Erfahrungsbereich der Schüler;

- es werden pädagogische Klassenkonferenzen zum Austausch über Schüler einberufen;

- es werden Angebote im Ganztagsunterricht durchgeführt;

- es werden Supervisionsgruppen gegründet.

Für den Beziehungsaufbau mit Schülern ist es auch notwendig mit den **Erziehungspersonen** Kontakt aufzunehmen. Mögliche Dialogformen mit den Eltern sind:

- Elternabende,

- Elternstammtische,

- Projekte, in denen die Eltern mit einbezogen werden,

- Hausbesuche und

- Supervisionsgruppen, in denen Elterngespräche vorbereitet und reflektiert werden können.

Wichtig ist auch die **formale Kontrolle der Beziehung**. Fehlt ein Schüler im Unterricht oder in der Schule, muss dies zeitnah bemerkt und darauf reagiert werden. Jedem Schüler und allen Eltern muss klar sein, wie und wann ein Fehlen entschuldigt werden muss und wie die Schule auf unentschuldigtes Fehlen reagiert.

Ein weiterer Aspekt der „Beziehungsarbeit" ist der Zusammenhang von **Schulklima und der Zufriedenheit mit der eigenen Lehrerrolle**. Ein Lehrer, der selbst unzufrieden mit seiner Schule ist, der resigniert hat, oft krank ist, oft verspätet zum Unterricht kommt, wird kaum in der Lage sein, eine positive Beziehung zu seinen Schülern aufzubauen und diese für das, was er vermitteln soll, zu begeistern.

B)   Lehrer müssen kooperieren.

Schulverweigerung ist ein sehr komplexes Phänomen, bei dem vielfältige Bedingungszusammenhänge auftreten. Wird die Schulverweigerung von Lehrern jeweils alleine, als „Einzelkämpfer" angegangen, führt dies oft zu Ohnmacht und Resignation. Daher ist es hier besonders wichtig, sich Kooperationspartner und Unterstützung zu suchen. Dies kann zum einen im **Kollegium** geschehen durch:

- den Aufbau von Team-Strukturen (z.B. Jahrgangsteams),

- die Zusammenarbeit mit Drogenberatungslehrern,

- die Zusammenarbeit mit Muttersprachlern,

- die Kooperation mit der Schulsozialarbeit (sofern vorhanden) und

- die Kooperation mit Sonderschullehrern für Klein- oder Integrations-klassen (sofern vorhanden).

Zum anderen können Lehrer sich **außerschulische Kooperationspartner** suchen, wie:

- Vertreter der Jugendhilfe (Lernhelfer, Familienhelfer, Einzelfallbe-treuer),

- Jugendbeauftragte der zuständigen Polizeidienststelle,

- Mitarbeiter des Zentrums für Erziehungshilfe,

- Mitarbeiter der Beratungs- und Förderzentren an Sonderschulen,

- Mitarbeiter des Jugendärztlichen Dienstes.

C)   Der Unterricht muss sich ändern.

Die Modellprojekte, die sich mit Schulverweigerung beschäftigen, haben gezeigt, dass Unterricht anders aussehen muss als bisher, um Schulverwei-gerung von Schülern vorzubeugen. In vielen Untersuchungen wurde darü-ber hinaus auch der Zusammenhang zwischen Leistungsproblemen und Schulschwänzen beobachtet. Schulschwänzer meiden verständlicherweise die Stätte, an der immer wieder nur ihr Versagen festgestellt wird.

Von daher muss ein Unterricht, der einer Schulverweigerung von Schülern entgegenwirken oder diese auffangen soll, erst einmal **Förderunterricht** sein. Dass heißt, der Unterricht muss individualisiert werden, um die Stärken und Schwächen der Schüler zu erkennen, um dann auf diesem Leistungsstand aufzubauen und den Schülern Erfolgserlebnisse zu vermitteln. Dies kann erreicht werden durch innere Differenzierung, Doppel-Steckung, zusätzliche Förderkurse, Hausaufgabenbetreuung und sozialpädagogische Lernhilfe.

Auffallend bei fast allen Schulverweigerer-Projekten und Modellversuchen ist, dass der Unterricht sich sowohl vom Inhalt als auch von der Methode her vom üblichen Frontalunterricht unterscheidet. Dieser **andere Unterricht** lässt sich charakterisieren als:

- Unterricht mit mehr Bezug zur Lebensumwelt der Schüler,

- Einbeziehen außerschulischer Lernorte und -partner,

- Einsatz von Projekt- und fächerübergreifendem Unterricht,

- Unterrichtsmethoden, die mit Experimentieren und Kommunizieren zu tun haben und

- Unterrichtsmethoden, die das eigenverantwortliche Lernen fördern.

Zu einem veränderten Unterricht gehört auch mehr **Flexibilität in der Organisation des Schulbesuchs**. Damit meinen wir, dass es möglich sein sollte, schulverweigernden Schülern durch einen flexibleren Umgang mit dem Schulbesuch den Zugang zur Schule zu erleichtern.

Beispielsweise sollte eine zeitweilige Teilnahme in der Parallelklasse oder einer anderen Klassenstufe möglich sein, weil in der eigenen Klasse unüberwindbar erscheinende Hindernisse aufgetreten sind. Es wäre auch denkbar, dass ein älterer Schüler für eine gewisse Zeit als eine Art Praktikant in der Klasse seiner alten Grundschullehrerin teilnimmt, zu der er eine gute Beziehung hat, um so wieder den Anschluss an Schule überhaupt zu finden.

Kreative Lösungsansätze zur Bewältigung individueller Probleme sollten stärkere Berücksichtigung finden. Solche Ansätze dürfen aber nicht in der Weise missverstanden werden, dass sie die Schule (zeitweilig) von „schwierigen" Schülern entlasten, sie müssen Teil eines Gesamtkonzeptes zur Wiedereingliederung in den Schulalltag sein. In der Regel müssen sie von einer Helfer- oder „Bildungshilfe"-Konferenz getragen und von den Beteiligten laufend überprüft werden.

Ute Steinmetz-Brand

Schule und Jugendhilfe im Wandel?

Können sie nicht?
Wollen sie nicht?
Müssen sie wohl!?

1.   Einleitung

Es ist unbestritten: Die Kooperation von Schule und Jugendhilfe ist nicht immer einfach. Vorurteile auf beiden Seiten haben sich verfestigt und sind so leicht nicht zu verändern:

„Lehrer sind tendenziell faul, haben zu viele Ferien, verdienen zu viel Geld, sind arrogant, trinken viel Kaffee, aber waschen ihre Tassen nicht selbst ab ..."

„Sozialpädagogen reden und reden, sind unzuverlässig, nicht konsequent und leiden an einer Überidentifikation mit der Klientel ..."

Das Verharren in dieser Vorurteilslandschaft und das bloße Starren auf Probleme oder sich gegenseitig den „schwarzen Peter" zuzuschieben, das bringt niemanden weiter. Die Probleme, die „beide Parteien" – Schule und Jugendhilfe – schon seit geraumer Zeit mit ihrer Klientel haben, unterscheiden sich nicht wesentlich. Die so genannten „neuen Kinder" haben Probleme und bereiten Probleme, die Schule und Jugendhilfe die Grenzen ihrer pädagogischen Möglichkeiten immer stärker spüren lassen.

Wenn auch der je spezifische Auftrag von Schule und Jugendhilfe nicht in allen Punkten identisch ist, so haben beide doch ein gemeinsames Ziel: Die optimale Förderung von Erziehung und Bildung junger Menschen – auch in schwierigen Entwicklungsphasen und auch in Zeiten eines starken Wandels. Schul- und Sozialpädagogik gehen übereinstimmend davon aus, dass bestmögliche Förderung und Bildung in der Schule bzw. Jugendhilfe nur dann zu realisieren sind, wenn die Lebenswelten der Kinder und Jugendlichen als ganzheitliche Bedingungsgefüge betrachtet und so auch in die pädagogischen Überlegungen und Aktivitäten einbezogen werden. Weder Schule noch Jugendhilfe sind für sich alleine in der Lage, diese Ganzheitlichkeit ohne den jeweils anderen wirklich umzusetzen.

Aber wo ist denn dann das Problem?

Bevor auf eine gemeinsame Kooperation von Schule und Jugendhilfe eingegangen wird, soll an dieser Stelle ein kurzer Blick auf die Unterschiede dieser beiden Institutionen gegeben werden.

2.   Die Institutionen Schule und Jugendhilfe

Was kennzeichnet Schule?

Schule führt Schüler verschiedenen Alters und unterschiedlicher Herkunft für eine lange Zeit des Tages und in der Regel für mindestens neun Jahre zusammen. Sie hat eine klare primäre Zielsetzung: abschluss- und leistungsbezogene Bildung. Schule ist darüber hinaus ein Ort der Bildung und Erziehung (Lern- und Beziehungsort), der Rituale, der Auslese und ein Ort für Kontakte. Sie bietet Schutz vor Missbrauch und hat eine große gesellschaftliche Akzeptanz (Schule ist die Schule der Nation!). Die Schulpflicht verfügt über einen Repressionskatalog anhand von Gesetzen und Noten. Sie vermittelt kognitives Lernen in didaktischer Wirklichkeit und bietet eine Integration in Ausbildung.

Hurrelmann hat in seinen Forschungen deutlich herausgestellt, dass dem Einfluss von Lehrern in der Problembewältigung von Kindern und Jugendlichen eine große Bedeutung zukommt. Auf die Frage: „Wenn du Probleme hast, an wen wendest du dich?" wurde als erstes der beste Freund, die beste Freundin genannt. An zweiter Stelle folgte die Mutter und bereits an dritter Stelle die jeweilige Lehrkraft. Die Mitarbeiter der Jugendhilfe lagen weit hinten. Schule bietet Sicherheit und Kontinuität. Sie findet an jedem Wochentag zuverlässig statt.

Was kennzeichnet Jugendhilfe?

Die Jugendhilfe ist ein freiwilliges und nicht vorrangig leistungsorientiertes Angebot, das freizeit- und bedürfnisorientiert (Geruch der Unverbindlichkeit) arbeitet. Sie ermöglicht erzieherische Wirkung durch nicht-schulische Erfahrungen im Rahmen sehr verschiedener Werteorientierungen. Sie besitzt vielfältige Möglichkeiten der Selbstorganisation und Mitbestimmung.

3. Gründe für eine Kooperation von Schule und Jugendhilfe aus der Sicht der Schule

Lebensprobleme stehen für eine große Anzahl von Schülern vor Lernthemen!

Was Kinder und Jugendliche zu bewältigen haben, ist abhängig von Alter, Geschlecht, Wohnung und sozialer Herkunft, Belastungen und Ressourcen in ihren direkten Umwelten. Die Anforderungen beziehen sich auf inner- wie außerschulische Problembewältigungen. Kind bzw. Jugendlicher zu sein, ist nicht leicht! Junge Menschen sind der Spiegel ihrer Umwelt, ihnen fehlen heute häufig „soziale Planken" (Hurrelmann 1998) oder eine „Gehstruktur" (Streek-Fischer). Viele Eltern sind jedoch genug mit der Bewältigung ihrer eigenen Probleme beschäftigt und überfordert. Die Schule erwartet das Engagement der Eltern; Eltern wiederum setzen hohe Erziehungserwartungen in die Schule. Zukunftsungewissheit und Stress in der peer-group nehmen negativ Einfluss auf die Möglichkeit individuelle Potenziale ungehindert nutzen zu können.

Dies hat zum Ergebnis, dass Schule mit ihrem gegenwärtigen Auftrag objektiv an ihre Grenzen gerät. Schule signalisiert unter diesem Problemdruck zunehmend Unterstützungsbedarf. Die Anforderungen an die Lehrer liegen weit über dem, was in der Ausbildung gelehrt wurde und wird. Oft bleiben nur wenige Minuten einer Unterrichtsstunde zum Vermitteln von Lehrinhalten übrig.

Lehrer beklagen die Gleichgültigkeit, Trägheit und besonders die steigende Aggressionsbereitschaft ihrer Schüler. Psychische Störungen und vor allem Probleme mit dem ADHD (Aufmerksamkeitsdefizitstörung mit und ohne Hyperaktivität) bei Kindern kommen hinzu. Die Arbeit mit den Eltern gewinnt mehr und mehr an Bedeutung. Hier fehlt dem „gemeinen" Lehrer oft die Beratungskompetenz. In Gesprächen mit Eltern kann häufig nicht die nötige Basis für ein Miteinander geschaffen werden. Beide Parteien – Schule und Eltern – bleiben in unerfüllten Erwartungen und gegenseitiger Schuldzuweisung hängen.

Während des Unterrichts bricht oft aus nicht ersichtlichen Gründen ein Aktionismus in Form von Zwischenrufen, Ärgern untereinander etc. aus, der zu einer Auseinandersetzung und Wiederherstellung von positivem Sozialklima zwingt. Besonders an den Haupt- und Sonderschulen wird die Aufgabe der Lehrer ins sozialpädagogische Feld ausgeweitet, hier fehlt aber dementsprechendes Fachwissen und somit die Handlungskompetenz.

Schule ist alleine überfordert, wenn sie ihren Auftrag erfüllen soll. Hilfe und Unterstützung sind gefordert. Die aktuellen Initiativen zur Ausweitung von Ganztagsschulen und Ganztagsangeboten stellen eine neue Chance der Einleitung einer aktiven Kooperation von Schule und Jugendhilfe dar. Hier müssen die Ressourcen beider Bereiche mit dem Ziel der Entwicklung bedarfsgerechter Angebote miteinander verknüpft werden, alles andere wäre Ressourcenverschwendung! Durch die Hortarbeit hat die Jugendhilfe an dieser Stelle fachliche Standards gesetzt, die unbedingt in der Ganztagsschule mitbedacht werden müssen.

Was ist also zu tun?

Ansätze gemeinsamer Arbeit
Auf der Basis von Gleichberechtigung können Schule und Jugendhilfe etwas gemeinsam entwickeln, was alleine nicht zu schaffen wäre. Oder: „Lonesome Cowboys" haben keine Chance!

Unter Gleichberechtigung verstehe ich dabei:

- die Anerkennung der Differenzen und unterschiedlicher Profile,

- das Erkennen und Benennen gemeinsamer Schnittmengen und Themen,

- das Bewusstsein, dass gemeinsames Handeln stark macht und Erfolge für die persönliche Arbeit und die Arbeit mit der Klientel bringt,

- das Bereitstellen von Ressourcen: Know-how, Räume, Material und Geld.

Besonders in Zeiten schwindender finanzieller Mittel der öffentlichen Hand und steigender Aufgaben auf beiden Seiten, sind m.E. hier Synergieeffekte zu erwarten, auf die wir nicht mehr verzichten dürfen. Dafür lohnt es sich, über die anfangs genannten Vorurteile nachzudenken und sich mit Paul Valéry: „Enrichissé vous de vos différences" („bereichert euch an euren Unterschieden") auf einen gemeinsamen Weg zu begeben.

Kooperation bedeutet in diesem Sinne die Möglichkeiten eines effektiven und effizienten Umgangs mit finanziellen und personellen Mitteln. Das zur Verfügung stehende Geld darf nicht länger ausschließlich institutionsabhängig verbraucht werden, sondern sollte so verteilt werden, dass den Kindern und Jugendlichen das Angebot zur Verfügung gestellt werden kann, das sie brauchen, um ihre Entwicklungsmöglichkeiten ausschöpfen zu können.

In diesem Zusammenhang stellt sich mir oft die Frage, warum Schulamt und Jugendamt bereits räumlich so weit voneinander entfernt ihre Arbeit tun? Ich wünsche mir, dass Schule und Jugendhilfe darüber nachdenken, wie sie personelle, fachliche, räumliche und finanzielle Ressourcen zusammenbringen – nach dem Motto: „Gemeinsam sind wir besser, stärker und auch billiger!"

Vorschläge für die Annäherung beider Bereiche
Für eine Kooperation von Schule und Jugendhilfe müssen folgende Aspekte berücksichtigt werden:

- Zusammenarbeiten kann nur, wer sich kennt!

- Die Kontakte sollten nicht nur personenabhängig sein; es sollte institutionalisierte zuverlässige Formen der Kooperation geben.

- Wer für sich keinen Nutzen sieht, hat auch keine Veranlassung zur Kooperation!

- Gemeinsame Ziele müssen formuliert werden.

- Lebensweltorientierte, kleinräumige (sozialräumliche) Kontakte, die als Basis für eine realistische Bedarfsfeststellung dienen, müssen hergestellt werden. (Kooperation nicht der Kooperation wegen, sondern nur da, wo sie wirklich sinnvoll ist).

- Ein Kooperationsnetz sollte aufgebaut werden, das auch von Seiten der Amtsleitungen getragen wird.

- Gemeinsame Fortbildungen müssen stattfinden.

- Es muss ein gemeinsames Konzept erarbeitet werden.

Für die Entwicklung und für die Umsetzung entsprechender Konzepte bedarf es übergeordneter Stützstrukturen. Hier müssten Schulamt, Jugendamt, Schulträger und nicht zuletzt die zuständigen Ministerien Interesse an einer Kooperation signalisieren und Ressourcen zur Verfügung stellen.

4.   Gemeinsame Themen von Schule und Jugendhilfe

Schule und Jugendhilfe haben eine Vielzahl an gemeinsamen Schwerpunkten und Themen, die hier nur kurz exemplarisch benannt werden sollen:

- Ausgrenzung von Schülern verhindern,

- Chancengleichheit für Kinder und Jugendliche mit Migrationshintergrund,

- Zusammenarbeit mit Eltern und Stärkung der Erziehungskompetenz von Eltern,

- Umgang mit verhaltensauffälligen Schülern,

- Gewalt an Schulen,

- Hilfe in akuten Krisen,

- Öffnung von Schule und Vernetzung des Ortes Schule im Sozialraum,

- Entwicklung von Basis- und Schlüsselqualifikationen, die berufsrelevant sind.

Exkurs: PISA-Studie

Kurz soll hier noch einmal auf die vielzitierte PISA-Studie eingegangen werden, die unserem Schulsystem bescheinigt, dass es soziale Ungleichheit verstärkt. Schulerfolg und Bildungsperspektiven sind nach wie vor in erster Linie durch die soziale Herkunft bestimmt. Um die Teilhabechancen aller Kinder und Jugendlichen zu sichern, müssen Bildungs- und Sozialpolitik aufeinander bezogen werden – mit dem Ziel, verstärkt dem Ausgleich von Benachteiligungen entgegenzuwirken. Das Scheitern von nahezu einem Viertel aller Schüler an einem erfolgreichen Schulabschluss ist ein Beleg für diese Notwendigkeit.

Das Bundesjugendkuratorium, das zusammen mit der Kommission für den Elften Jugendbericht und der Arbeitsgemeinschaft für Jugendhilfe Thesen in die bildungspolitische PISA-Folgedebatte eingebracht hat, hat diese Chance erkannt. Gefordert wird ein Gesamtkonzept von Bildung, Erziehung und Betreuung, das die Leistungen der Familien, der Schule und der Jugendhilfe einbezieht (Leipziger Thesen, Bundesministerium für Familie,

Senioren, Frauen und Jugend). Darunter verstehe ich auch eine Aufforderung der Akteure aus Schule und Jugendhilfe, sich in diese Entwicklung – über die Planung bis zur Umsetzung – aktiv einzubringen.

Kooperationsrelevante Schnittmengen

Aus den gemeinsamen Themen von Jugendhilfe und Schulen ergeben sich eine Fülle an Schnittstellen für eine produktive Zusammenarbeit, wie:

- die Übergänge Kindergarten/Kindertagesstätte – Grundschule – weiterführende Schule gestalten und begleiten,

- eine Zusammenarbeit von Grundschule und Hort etablieren,

- eine gemeinsame, übergreifende Hilfe- und Förderplanung,

- das Thema Schulverweigerung und Unbeschulbarkeit,

- Schulsozialarbeit,

- Schule und Streetwork,

- Schule und Erziehungs- und Elternberatung,

- Schule und Kinder- und Jugendschutz,

- Schule und externe Jugendsozialarbeit an der Schnittstelle zum Beruf,

- Verhinderung von sexuellem Missbrauch und Gewalt in der Familie,

- Schulentwicklungsplanung und Jugendhilfeplanung und

- freizeitpädagogische Angebote.

5. Fazit

Schule und Jugendhilfe wollen gemeinsam Kinder und Jugendliche stark machen. Stark genug, um in einer Welt, die immer mehr Anforderungen an sie stellt, zurecht zu kommen. Stark genug, um sich aktiv in sozialen

Kontexten zu beteiligen und einzubringen. Stark genug, um unseren zivili-
satorischen und kulturellen Standard zu halten und dieses wünschenswerter
Weise zu verbessern.

Hier stehen alle Erwachsenen in der Verantwortung, besonders natürlich die
professionellen Pädagogen in Schule und Jugendhilfe. Dass Investitionen,
die hier geleistet werden, langfristig Gewinn bringen, davon bin ich überzeugt. In der Managersprache nennt man dies: „**Synergy at Cooperation!**"

Jürgen Ruopp

Das Praxisforschungsprojekt „Coole Schule: Lust statt Frust am Lernen"

1. Rahmenbedingungen des Projektes „Coole Schule"

Das Praxisforschungsprojekt „Coole Schule: Lust statt Frust am Lernen", das zwischen 2002 und 2004 bundesweit an fünf Standorten in Deutschland durchgeführt wurde, nahm die Verweigerungshaltung von Schülern als gesellschaftliches Phänomen in den Blick. Die Initiative war eine Kooperation zwischen dem Deutschen Verein für öffentliche und private Fürsorge und der Deutschen Bank Stiftung. Vor dem Hintergrund gesellschaftlicher Veränderungsprozesse richtete sich die Aufmerksamkeit auf die soziale Welt von Schule und bezog die lebensweltlichen und sozio-biographischen Erfahrungen und Bedeutungszusammenhänge der Schüler mit ein. Dieses Modellprojekt beabsichtigte, durch die Zusammenarbeit von Schule und Jugendhilfe, Wirtschaft, den Eltern und den Schülern Ansätze zur Verminderung schulverweigernder Verhaltens- und Handlungsstrategien aufzuzeigen.

Ziele des Projektes „Coole Schule" waren:

- Entwicklung von bildungspädagogischen Konzepten zur Förderung von Lernmotivation und Leistungsfähigkeit der Schüler,

- Implementation innovativer Bildungs- und Förderkonzepte an den fünf Modellstandorten,

- Gestaltung von sozialpädagogischen Unterstützungsangeboten mit dem Ziel, gemeinsam mit den Jugendlichen und deren sozialem Umfeld individuelle und soziale Risikofaktoren zu bearbeiten,

- Reintegration von Schülern mit schulverweigernder Haltung in die Regelschule,

- Erhöhung der Bildungseffekte durch eine enge Verschränkung der Angebote von Schule und Jugendhilfe,

- Aufbau eines regionalen bzw. lokalen Netzwerkes „Jugend und Bildung" zur Verzahnung kommunaler Ressourcen (Synergieeffekte) der an der Bildung junger Menschen beteiligten Institutionen (Arbeitsverwaltung, IHK, Wirtschaft, Schule, Jugendhilfe etc.).

Zielgruppe

In erster Linie wurden Kinder und Jugendliche dort, wo der Unterstützungsbedarf am größten war – vorrangig an der Haupt- bzw. Realschule – bezüglich ihrer Mitarbeit im Projekt „Coole Schule" angesprochen. An den fünf Projektstandorten wurden jeweils eigene Lerngruppen am Lernort Schule gebildet. Diese Lerngruppe war durch eine heterogene Zusammensetzung gekennzeichnet: unterschiedliche Jahrgangs- und Altersstufen, verschiedene kulturelle und soziale Herkunft, Jungen und Mädchen mit individuell unterschiedlichen Lernvoraussetzungen und Problemkonstellationen. Den Lerngruppen standen jeweils eigene Räumlichkeiten (Unterrichts- und Sozialraum, Büro) in den jeweiligen Schulgebäuden sowie die übrigen Serviceangebote der Schulen zur Verfügung.

Projektstandorte

Projektideen und Handlungskonzepte wurden an den Standorten Frankfurt/M., Osnabrück-Belm, Sömmerda, Berlin-Hellersdorf (der einzige Standort, der nach Ablauf der Modellphase eine Regelfinanzierung akquirieren und das Konzept fortsetzen konnte) und Freiburg im Breisgau umgesetzt.

Der Modellstandort Freiburg im Breisgau soll im Folgenden exemplarisch vorgestellt werden.

## 2.	Das Projekt „Coole Schule: Lust statt Frust am Lernen" am Standort Freiburg im Breisgau

Rahmenbedingungen

Das Praxisforschungsprojekt Coole Schule war am Standort Freiburg/Br. an einer Haupt- und Förderschule angesiedelt. Projektleiter des Gesamtprojektes an allen Standorten war Herr Dr. Faltermeier vom Deutschen Verein für öffentliche und private Fürsorge. Die örtlichen Projektträger in Freiburg/Br. waren das Staatliche Schulamt auf Schulseite und die Evangelische Jugendhilfe Freiburg-Zähringen auf Jugendhilfeseite.

Anhand von Erhebungsbögen, die von den Projektfachkräften in den Klassenstufen 5 bis 7 der Haupt- und Förderschule verteilt wurden, wurden ca. zwanzig Schüler von ihren Klassenlehrern als potenzielle Projektteilnehmer benannt. Entscheidendes Kriterium dabei war eine Tendenz zur Schulverweigerung, die sich durch eine aktive oder passive Verweigerungshaltung bemerkbar machte. Einzelne Schüler hatten bis zu 60 Fehltage pro Schulhalbjahr; andere waren zwar anwesend, störten aber fortwährend den Unterricht oder beteiligten sich nicht mehr sinnvoll am Unterricht. Bewusst wurden allerdings Mädchen und Jungen ausgewählt, die noch einen Bezug zum System Schule hatten und bei denen eine reelle Chance bestand, sie nach zwei Jahren wieder reintegrieren zu können.

In Einzelgesprächen mit den Schülern wurde das Projekt vorgestellt und die Bereitschaft zur aktiven Mitarbeit abgeklärt. Als weitere Zugangsvoraussetzung galt die Bereitschaft der Eltern, intensiv mit den Projektfachkräften zusammen zu arbeiten. Schließlich wurden fünf Mädchen und fünf Jungen von den Projektfachkräften ausgewählt, die ab November 2002 die Lerngruppe der „Coole Schule" bildeten.

Die Räumlichkeiten (ein Unterrichts- sowie ein Koch- und Aufenthaltsraum) befanden sich auf dem Schulgelände, waren aber nicht direkt im Schulgebäude sondern in einem Nebengebäude untergebracht. So war es für die Schüler im Projekt möglich, in den Pausen ihre bisherigen Klassenkameraden zu treffen und informellen Kontakt zur Regelschule zu halten. Die Pausen und Ferienzeiten des Projektes orientierten sich an der Regelschule, inhaltlich war aber ein unabhängiges Arbeiten möglich.

Ziel des Projektes war, die zehn Schüler innerhalb von zwei Schuljahren in der Lerngruppe soweit persönlich und schulisch zu fördern und zu stabilisieren, dass sie sich im September 2004 wieder in das institutionalisierte Schulsystem integrieren und ihre Schullaufbahn in absehbarer Zeit erfolgreich beenden könnten. Das bei den Schülern vorhandene Leistungspotenzial sollte durch eine individuelle Bildungsplanung und Entwicklungsförderung sowie veränderte Lerncurricula im Projekt wieder aktiviert werden.

(Sozial-)Pädagogische Elemente und Gestaltungsprinzipien
Das Schaubild auf der folgenden Seite (Abbildung 1) zeigt die Verzahnung von Bildungscurriculum, Sozialpädagogik und Netzwerke des Projektes „Coole Schule: Lust statt Frust am Lernen". Es folgt Abbildung 2: Individuelle Bildungsplanung und Entwicklungsförderung. Danach folgt Abbildung 3: „Coole Schule": exemplarischer Stundenplan.

Abbildung 1: Konzeption „Coole Schule: Lust statt Frust am Lernen"

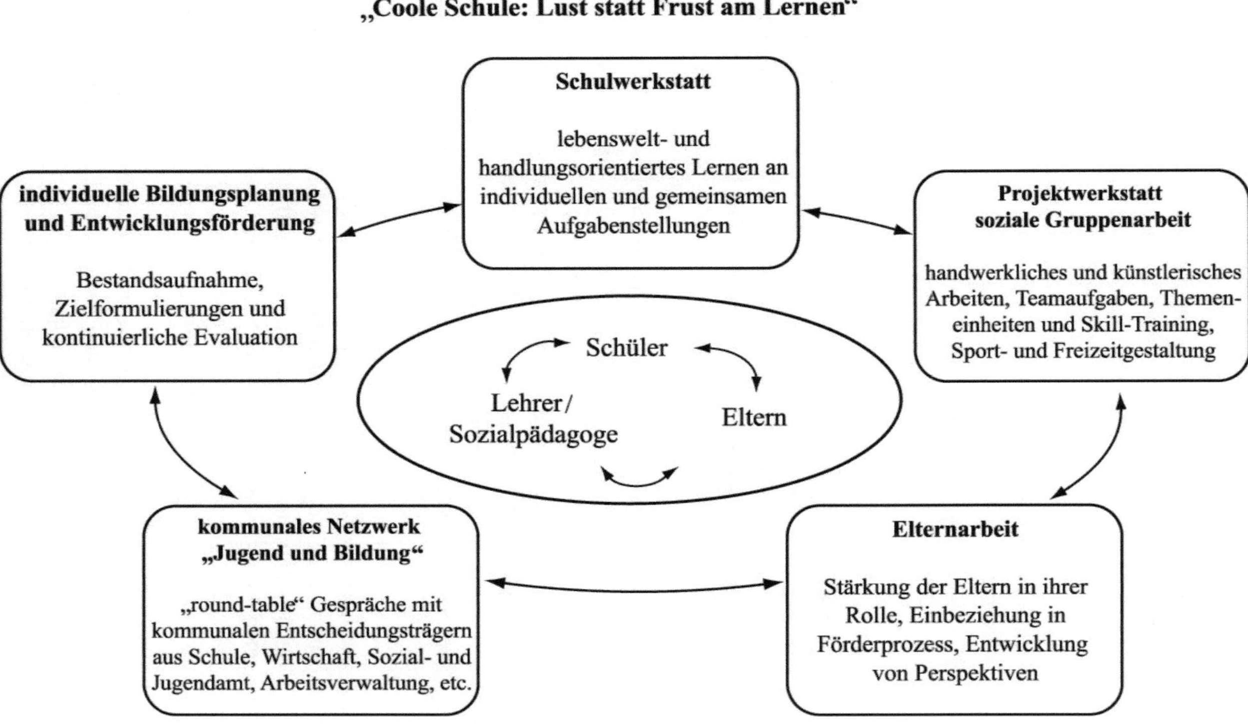

Das entwickelte Bildungscurriculum wird am Lernort Schule umgesetzt. Es gestaltet sich als Ganztagsangebot (8 bis 16 Uhr) und stellt den Schülern (zehn Kinder und Jugendliche pro Lerngruppe) neben einem Lernraum auch einen (Er-)Lebensraum zur Verfügung.

Das Curriculum sah folgende Elemente und Gestaltungsprinzipien vor: Eine Schulwerkstatt für den allgemeinbildenden, fächerübergreifenden Unterricht in den Kernfächern Deutsch, Mathematik, Arbeitslehre, Fremdsprachen, eine Projektwerkstatt für arbeits- bzw. werkpädagogisch ausgerichtete Projektarbeit, das (Schnupper-)Praktikum in örtlichen Betrieben zur Unterstützung der Berufswahlentscheidungsprozesse, Sport- und Freizeitangebote als Aktivitäten in der Lerngruppe sowie Kleingruppen- und Einzelaktivitäten.

Neben einer im Bildungscurriculum integrierten Sozialpädagogik und einer Zusammenarbeit mit den Lehrkräften (Team-teaching, individuelle Bildungsplanungsgepräche) gab es eigenständige sozialpädagogische Angebote, wie soziale Einzelfallhilfe, Case-Management, Elternarbeit, soziale Gruppenarbeit, Ferienfreizeiten und skill-Trainings.

Das integrative Element von Schul- und Sozialpädagogik stellte die individuelle Bildungsplanung und Entwicklungsförderung dar. Eine Verschränkung der beiden Bereiche Schule und Sozialpädagogik verfolgte das Ziel einer ganzheitlichen Förderung, die sich am individuellen Lern- und Entwicklungsstand der einzelnen Schülerin und des einzelnen Schülers orientierte, davon ausgehend Förderbedarfe entwickelte und gemeinsam mit den Schülern Ziele verfolgte. Der kontinuierlichen, individuellen Bildungsplanung und Entwicklungsförderung ging ein ausführliches Anamnese- bzw. Diagnoseverfahren voraus, um den (Leistungs-)Stand des Einzelnen, seine Kompetenzen und Problembereiche zu erfassen. Während des gesamten Projektes wurde in einem individuellen Bildungsplan der Verlauf dokumentiert, so dass der Lernprozess selbst und die erreichten Entwicklungsfortschritte jedes Einzelnen nachvollzogen werden konnte.

In der Lerngruppe waren – bis auf wenige Ausnahmen – immer ein Sozialpädagoge und ein Lehrer gemeinsam anwesend. Dies erforderte ein Stellendeputat von 1,2 Lehrer- und 1,5 Sozialpädagogenstellen.

3.   Zusammenarbeit der Fachkräfte im Projekt

Wo Sozialpädagogen und Lehrer zusammenarbeiten, begegnen sich immer zwei unterschiedliche Mentalitätskulturen, die in der Arbeit mit Kindern und Jugendlichen aus unterschiedlichen Blickwinkeln agieren. Deshalb ist es unabdingbar, sich auf der persönlichen Ebene mit diesen unterschiedlichen Arbeitsweisen, Schwerpunkten und Zielvorstellungen auseinander zu setzen. Sowohl in der Lerngruppe als auch in Besprechungen kann ein interdisziplinäres Team sein Potenzial nur dann entfalten, wenn einerseits die notwendige Offenheit und Kompromissbereitschaft vorhanden ist, um ein gemeinsames Konzept fachlich auszuhandeln und umzusetzen. Andererseits tragen aber gerade unterschiedliche Standpunkte und jeweils eigene Schwerpunktsetzungen, die nebeneinander stehen bleiben, zum Erfolg eines Kooperationsprojektes bei. Diese unterschiedlichen fachlichen Prioritäten müssen auch gegenüber den Schülern transparent gemacht werden, dann sind diese durchaus in der Lage, im Schulalltag damit umzugehen.

Am Freiburger Projektstandort hat sich besonders positiv bemerkbar gemacht, dass das Projekt in einer gewissen räumlichen Distanz zur Regelschule in einem Nebengebäude angesiedelt war und dass die Lehrer mit einem Großteil ihres Deputats im Projekt beschäftigt waren. Dies gewährleistete den notwendigen strukturellen und inhaltlichen Spielraum, um jeweils situativ auf die Entwicklung in der Lerngruppe reagieren zu können.

Der Tagesablauf war zwar klar strukturiert vorgegeben, von der inhaltlichen Planung konnte aber flexibel abgewichen werden. Morgens begann der „Unterricht" mit einer Stunde Wochenplanarbeit, in der die Schüler jeweils individuell an einem Thema arbeiteten. Nach dem gemeinsamen Frühstück standen dann unterschiedliche Fächer oder Fächerverbünde auf dem Stundenplan, die projekt- und lebensweltorientiert erarbeitet wurden. Wenn im Laufe des Vormittags Konflikte oder Themen in der Lerngruppe auftauchten, so wurden diese aufgegriffen und gemeinsam bearbeitet.

Durch die kontinuierliche Doppelbesetzung mit einem Sozialpädagogen und einem Lehrer waren beide Professionen sowohl im sozialen als auch im kognitiven Lernprozess der gesamten Lerngruppe involviert. Wichtig war, den Schülern von Anfang an eine Gleichrangigkeit von kognitivem und sozialem Lernen zu vermitteln. Es entstand nicht das sonst für die Schule noch typische Bild der Dominanz und Prämisse von kognitivem Lernen, bei der Sozialpädagogik zur Krisenintervention und in „Hohlstunden" geduldet ist.

Abbildung 2: Individuelle Bildungsplanung und Entwicklungsförderung

Individuelle Bildungsplanung und Entwicklungsförderung

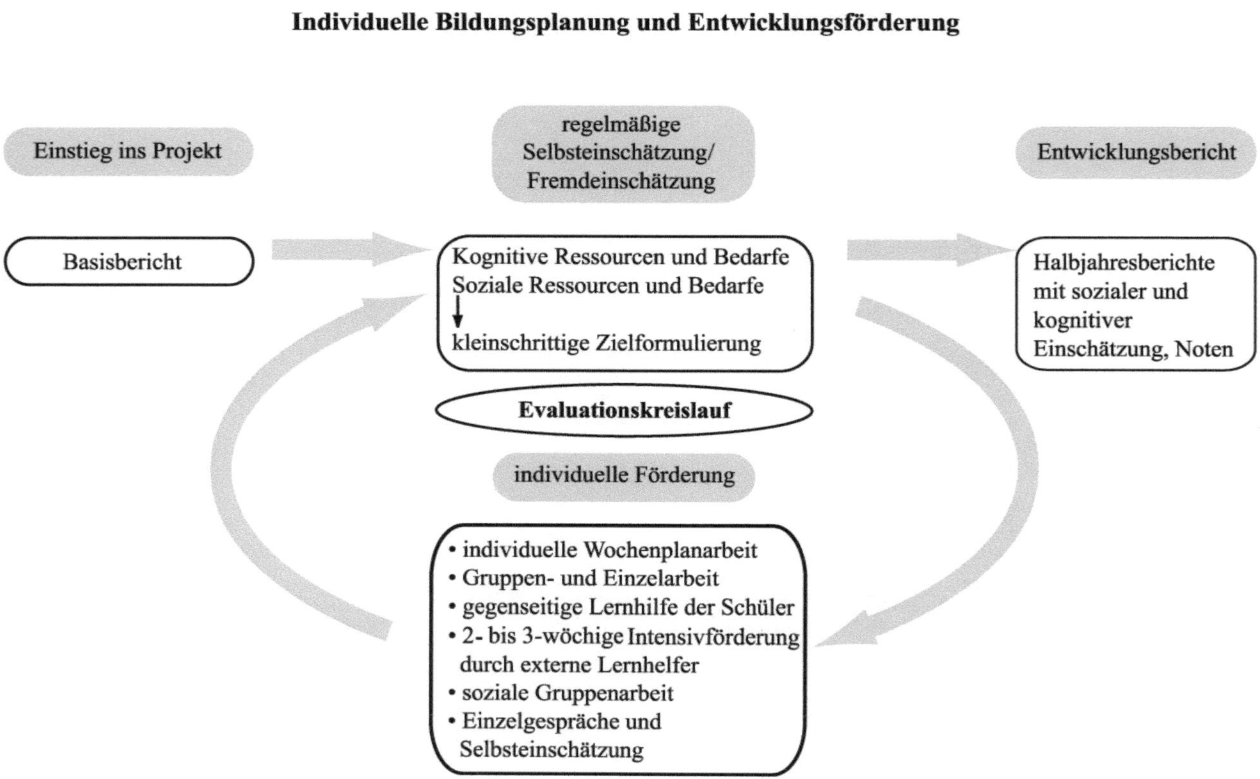

Die kognitiven und sozialen Themen der Schüler wurden aufgegriffen. So erlebten sie sich als Subjekt ihres Lern- und Entwicklungsprozesses und waren bereit, sich eigenverantwortlich den Herausforderungen zu stellen. Die Fähigkeit zur Selbstreflexion und die Motivation zur Auseinandersetzung mit den eigenen Stärken und Schwächen entwickelte sich schrittweise aus dieser Position.

Gerade die Beziehungsqualität aus informellen Situationen innerhalb des Tagesablaufs (gemeinsam kochen oder spülen, gemeinsame Busfahrt, Vorbereitung für ein Projekt, Sport etc.) schaffte für Fachkräfte und Projektteilnehmer die Möglichkeit, intensiv ins Gespräch zu kommen und in der Folge an persönlichen Themen arbeiten zu können. Diese Möglichkeit musste den Lehrkräften und Sozialpädagogen im gleichen Maße offen stehen.

Abbildung 3: „Coole Schule": exemplarischer Stundenplan

„Coole Schule": exemplarischer Stundenplan

	Montag	Dienstag	Mittwoch	Donnerstag	Freitag
08:15 – 09:00	Einführung in Wochenplanarbeit	Wochenplanarbeit (jeweils eine Woche ein Fach)			Besprechung der Wochenplanarbeit
09:00 – 09:20	Frühstück				
Pause					
09:40 – 10:25	Projekt Naturwissenschaft	Lernwerkstatt	Sport/ Schwimmen	Lernwerkstatt	Bedarfsstunde
10:25 – 11:10					Wochenauswertung
Pause					
11:30 – 12:15	Aktuelle Stunde	Lernwerkstatt	Lernwerkstatt	Lernwerkstatt	Nacharbeit
12:15 – 12:30	Tagesauswertung				13:00 Uhr Schulschluss
12:30 – 13:00	Mittagessen				
13:00 – 13:30	Nacharbeit	Pause	Pause	Pause	
13:30 – 14:00		HTW/Technik	soziale Gruppenarbeit	Arbeitsgruppe	
14:00 – 15:00					
15:00 – 15:45					

1x im Monat: Projekttag

Marianne Heiser

Das Modellprojekt „Schulvermeider" im Lahn-Dill-Kreis

1.　Entstehung

Die Entstehung des Modellprojektes „Schulvermeider" im Lahn-Dill-Kreis geht auf eine Initiative des Präventionsrates der Stadt Wetzlar zurück. Angeregt durch die Erfahrungen der Schulschwänzerinitiative der Stadt Nürnberg und die langjährigen Erfahrungen der polizeilichen Arbeitsgruppe gegen Gewalt an Schulen (AGGAS) entstand die Idee, auch im hiesigen Raum ein entsprechendes Projekt anzusiedeln.

Die ersten Überlegungen beinhalteten die Vorstellung, dass viele Jugendliche, die der Schule fernbleiben, in der so entstehenden freien Zeit straffällig werden und dass durch eine stärkere Kontrolle einer solchen Entwicklung präventiv entgegengewirkt werden könnte.

Daraufhin wurde in Abstimmung mit dem Hessischen Ministerium des Inneren und für Sport sowie dem Hessischen Kultusministerium eine Projektskizze erstellt, in der eine Projektgruppe die tatsächliche Schulschwänzersituation vor Ort erheben und Schulen für eine Teilnahme gewinnen sollte. Ein ressortübergreifender Interventionsplan sollte entwickelt werden, der nach Umsetzung in die Praxis und abschließender Evaluation landesweit Anwendung finden soll.

2.　Beteiligte

Im Herbst des Jahres 2003 konstituierte sich die Projektgruppe aus Vertretern der Polizei – namentlich der Arbeitsgruppe gegen Gewalt an Schulen (AGGAS) –, Vertretern des Staatlichen Schulamtes und der örtlichen Jugendhilfe, des schulärztlichen Dienstes des Gesundheitsamtes und aus Pädagogen von insgesamt acht Schulen unterschiedlicher Schulformen (Grundschule, unterschiedliche Schulzweige der Mittelstufe – Hauptschule, Realschule, Gymnasium und integrierte Gesamtschule – und der Förderschule für Lernhilfe). Die Auswahl der Schulen ist nicht repräsentativ für die Gegebenheiten im Lahn-Dill-Kreis.

Innerhalb der Projektgruppe einigte man sich auf die Bezeichnung „Schulvermeider", um negative Konnotationen, wie sie den Begriffen „Schwänzer" oder „Verweigerer" anhaften, möglichst gering zu halten.

3.   Projektstart, Ziele und Nutzen

Nach einer mehrwöchigen Planungs- und Vorbereitungsphase ging das Modellprojekt „Schulvermeider" im Lahn-Dill-Kreis am 1. März 2004 offiziell an den Start. Mit einer Gesamtlaufzeit von ca. zweieinhalb Jahren wird es am 31. Dezember 2006 beendet sein.

Die Sicherung und Gewährleistung des regelmäßigen Schulbesuchs und somit auch die Prävention stellen das wichtigste Ziel des Projekts dar.

Es besteht ein gesetzlich verankertes Recht auf Bildung und Erziehung, das im Interesse der Gesellschaft umgesetzt werden sollte. Ein Schulplatz kostet Geld und sollte nicht ungenutzt bleiben. Die Schule bietet, wie kein anderer Ort, den Kindern und Jugendlichen die Möglichkeit, sich einen Platz in der Gesellschaft zu verschaffen und ist als Voraussetzung für Ausbildung und Beruf die Grundlage, um sich als Erwachsener das Leben zu sichern. Die Schule bietet Kindern und Jugendlichen außerdem die Möglichkeit, ihre sozialen, kreativen und kognitiven Fähigkeiten in einem größeren Umfeld als dem der eigenen Familie zu erproben und weiter zu entwickeln.

Für Schulvermeider besteht die Gefahr, dass sie ihre sozialen Kontakte verlieren und vereinsamen. Sie erhalten möglicherweise eine nur unzureichende Ausbildung. Schulschwänzer können ins soziale Abseits geraten und eine massive Selbstwertproblematik entwickeln. Solcherart negative Entwicklungen beinhalten ein großes Risiko – sowohl für den Einzelnen als auch für die gesamte Gesellschaft – und machen in der Folge langwierige kostenintensive und aufwändige Maßnahmen erforderlich. Aus all diesen Gründen sollte es im gemeinsamen Interesse liegen, es gar nicht erst zu Schulvermeidung kommen zu lassen bzw. Schulvermeider wieder in die Schule zurückzuholen

Daraus ergeben sich bei auftretender Schulvermeidung als Ziele der Projektarbeit: die Sicherung der Kommunikation und die Verbesserung der Kooperation zwischen Schule und Elternhaus sowie die Institutionalisierung von Beratungsangeboten – sowohl für Schüler als auch für Eltern und Lehrer. Zwischen den beteiligten Institutionen sollen Kooperationsformen entwickelt werden, die der Vernetzung der Unterstützung dienen. Durch die

Erarbeitung von Kriterien und Handlungsmöglichkeiten im Umgang mit Schulvermeidern sowie die Verbesserung der Diagnosefähigkeit und der Beratungskompetenz sollen die in Schulen tätigen Personen sensibilisiert und (weiter-)qualifiziert werden.

4. Ausgangslage im Lahn-Dill-Kreis

Zur ersten Sichtung der aktuellen Problemlage wurden bereits existierende Daten verschiedenster Quellen zusammengetragen. Es zeigte sich, dass alle beteiligten Institutionen bereits mehrfach mit Schulvermeidern Kontakt hatten. Jede der Institutionen handelte nach ihren jeweiligen Vorgaben und trat untereinander häufig gar nicht oder nur unsystematisch in Kommunikation oder Kooperation. Daraus ergab sich die Notwendigkeit, im Rahmen einer Schnittstellenanalyse interinstitutionelle Kooperationsformen und -wünsche zu erfassen, und in den Schulen ein einheitliches Verfahren zur Erhebung von Fehlzeiten einzuführen.

Schnittstellenanalyse
Zur Erhebung schulinterner Maßnahmen im Falle von Schulvermeidung und zur Erfassung interinstitutioneller Kooperationsformen wurde ein Fragebogen erstellt, in dem die Art schulinterner Maßnahmen bei Schulverweigerung und die Beteiligung anderer Institutionen erfragt wurden.

Es sollte angegeben werden, nach wie vielen Fehltagen oder -stunden welche Maßnahmen eingeleitet, welche Institutionen wie oft im laufenden Schuljahr eingeschaltet, und welche Methoden als hilfreich erlebt wurden. Die Anliegen, mit denen an die außerschulischen Institutionen herangetreten wurde, wurden in freier Form erfasst und ließen ebenso Freiräume für die Nennung weiterer Wünsche für die außerschulische Kooperation und sonstige Kommentare. Insgesamt 175 Lehrer der beteiligten acht Modellschulen beantworteten den Fragebogen zur Schnittstellenanalyse.

Es entstand ein guter Überblick über die eingeleiteten Maßnahmen der einzelnen Schulen (siehe Tabelle 1). Am häufigsten wurden schulinterne pädagogische Maßnahmen, wie ein Schüler- und/oder Elterngespräch oder eine Mitteilung an die Eltern gewählt, gefolgt von einem Kontrollanruf bei Fehlen im Unterricht. Nur gelegentlich wird ein Bußgeldantrag gestellt oder die verwaltungs- oder schulfachliche Aufsicht eingeschaltet. Leider wurden in einer Vielzahl der aufgetretenen Fälle von Schulvermeidung keine Angaben zu den eingesetzten Maßnahmen gemacht.

Tabelle 1: Schulische Maßnahmen bei Schulverweigerung

	eingesetzt	nicht eingesetzt	keine Angabe
Schülergespräch	144	7	24
Elterngespräch	141	9	25
Elternmitteilung	136	8	31
Kontrollanruf	123	19	33
Klassenkonferenz	119	23	33
Nacharbeit	112	21	42
Schulpsychologischer Dienst	59	54	62
Bußgeldantrag	55	45	75
Schulfachliche Aufsicht	24	64	87
Verwaltungsfachliche Aufsicht	12	72	91

Bei der Frage nach den eingeschalteten Personen und Institutionen steht die Schulleitung an oberster Stelle. Die Schulleitung, die Pädagogische Leitung, die Stufenleitung usw. werden oft informiert, aber ab wann welche schulinterne Maßnahme eingeleitet wird, ist relativ unsystematisch und wird individuell entschieden. Schulintern werden die Schulleitung und die Erziehungshilfelehrkräfte, außerschulisch das Jugendamt und der Schulpsychologische Dienst am häufigsten eingeschaltet (siehe Tabelle 2).

Tabelle 2: Beteiligte Institutionen und Personen

	beteiligt	nicht beteiligt	keine Angabe
Schulleiter	116	12	47
Erziehungshilfelehrer	86	23	66
Jugendamt	57	35	83
Schulpsychologischer Dienst	38	52	85
Kinder- und Jugendpsychiatrie	28	51	96
Zentrum für Beratungs- und Erziehungshilfe	22	55	98
Polizei	20	53	102
Ärzte	19	57	99
Schulfachliche Aufsicht	16	59	100
Gesundheitsamt	8	65	102
Verwaltungsfachliche Aufsicht	7	65	103

Als hilfreich werden die Gespräche mit den unterschiedlichen Beteiligten erlebt. Bei Kontakten mit außerschulischen Institutionen suchen Lehrer am häufigsten Beratung und Unterstützung; die Anfragen werden jedoch unsystematisch gestellt. Hier sollte mehr Verbindlichkeit entstehen.

Die offenen Fragen zur Kooperation der Institutionen wurden mit dem Wunsch nach einer klareren Struktur beantwortet. Feste Ansprechpartner, wie sie z.B. als Erziehungshilfelehrer in Wetzlar[1] eingesetzt werden, finden großen Zuspruch. Eine schnelle und unbürokratische Vorgehensweise könnte die Kooperation erleichtern. Dabei sollte ein vertrauensvoller und zuverlässiger Informationsaustausch aller Beteiligten gewährleistet werden. Auf der Basis von klaren Strukturen und Verbindlichkeiten könnte die Hilfe und Unterstützung der Institutionen effizienter erfolgen.

Es sollten die passenden Rahmenbedingungen geschaffen werden, die es den Beteiligten ermöglicht, für einen schulvermeidenden Schüler schnell die richtige Interventionsmethode zu finden. Mit dieser Zielsetzung wurden die beiden Teilprojekte „Innerschulische Maßnahmen" und „Kooperationsstrukturen" gebildet, welche später genauer beschrieben werden.

5. Systematische Erfassung von Fehlzeiten im Modellprojekt „Schulvermeider"

Um eine Vereinheitlichung der Fehlzeitenerfassung in den Schulen und damit eine Vergleichbarkeit zu erreichen, erarbeitete die Projektgruppe eine Vorlage zur digitalen als auch zur manuellen Bearbeitung, die es den Klassenlehrern ermöglicht, die Fehlzeiten ihrer Schüler – konkret nach Tagen und Stunden und differenziert nach entschuldigt/unentschuldigt – zu erheben. Damit kann kontrolliert werden, wann und wie oft ein Schüler fehlt und ob es bestimmte auffällige Fehlzeitenmuster gibt. Am Ende eines Schulhalbjahres können die summierten Daten in der digitalen Form abgelesen werden.

Bei konsequenter Anwendung ergeben sich daraus vielfältige Informationen, die sich die Schulen im Hinblick auf Organisation und Entwicklung nutzbar machen können. Darüber hinaus können die Schüler gezielt auf ihr schulvermeidendes Verhalten angesprochen werden.

---

1 Im Lahn-Dill-Kreis ist die Erziehungshilfe dezentral organisiert, d.h. die Sonderschullehrer arbeiten innerhalb der allgemeinbildenden Schulen im Rahmen ihres Förderauftrages. Darüber hinaus nehmen sie koordinierende Aufgaben im systemischen Rahmen wahr.

Zum Ende des Schuljahres 2003/2004 wurde das Verfahren in den Gesamtkonferenzen der einzelnen Schulen vorgestellt. Die Kollegien hatten Gelegenheit, den Umgang damit zu erproben und auftretende Fragen zu stellen.
Die Akzeptanz dieses Verfahrens gestaltete sich uneinheitlich, Schwierigkeiten wurden in der zusätzlichen Arbeitsbelastung, in datenschutzrechtlichen
Fragen und im Umgang mit den neuen Medien gesehen. Diese Probleme
konnten leider nicht vollständig ausgeräumt werden, so dass auch in den
Projektschulen die Fehlzeitenerhebung weiterhin an manchen Stellen
uneinheitlich erfolgt, und die Daten der einzelnen Schulen teilweise unvoll-
ständig sind.

Im Rahmen des Modellprojektes wurden bisher die Fehlzeiten über die
Jahrgänge bzw. über die Schulzweige ausgewertet. Dabei werden als
Schulvermeider diejenigen Schüler gezählt, die mehr als neun Fehltage im
Halbjahr aufweisen (das entspricht etwa zehn Prozent der Unterrichtszeit).

Da die Stichprobe relativ klein und nicht repräsentativ ist, sind die
Ergebnisse nur exemplarisch zu werten. Eine weitere Differenzierung nach
entschuldigt/unentschuldigt ist nicht aussagekräftig. Die prozentuale
Anzahl der Schulvermeider über die Jahrgangsstufen zeigen die Abbildungen 3 und 4. Die Anzahl der Schulvermeider in den einzelnen Schulzweigen
ist in den Abbildungen 5 und 6 dargestellt.

Als bisheriger positiver Effekt des Projektes kann die Sensibilisierung für
das Thema „Schulvermeidung" und dementsprechendes pädagogisches Handeln bewertet werden.

Abbildung 3: Prozentualer Anteil an Schulvermeidern in den verschiedenen
Klassenstufen im 1. Halbjahr 2004/2005

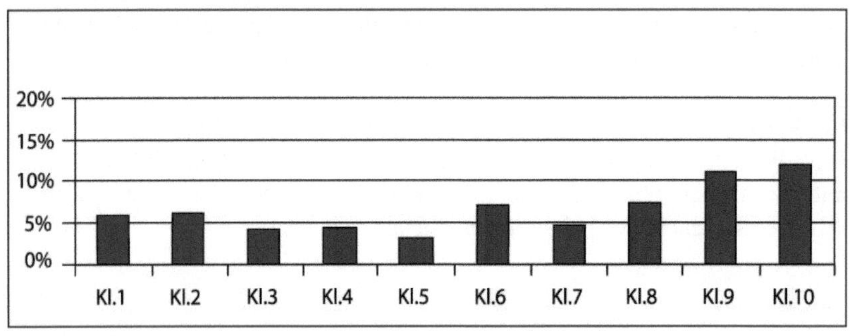

Abbildung 4: Prozentualer Anteil an Schulvermeidern in den verschiedenen Klassenstufen im 2. Halbjahr 2004/2005

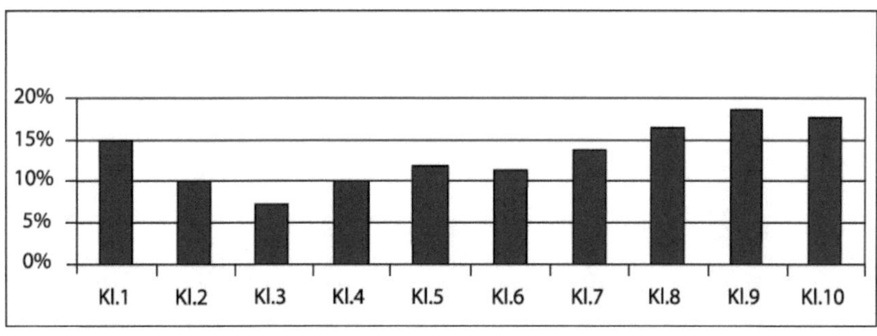

Für die deutliche Zunahme der Schulvermeider im zweiten Schulhalbjahr gibt es mehrere mögliche Erklärungen:

1.   Durch die Teilnahme an dem Projekt wurde die Aufmerksamkeit der Lehrkräfte in Bezug auf das Phänomen „Schulvermeidung" erhöht.

2.   Durch die konsequente Fehlzeitenerfassung wird dieses Phänomen genauer und vollständiger erfasst.

3.   Die Fehltage von Schülern überschreiten häufiger das Kriterium von „mehr als neun Tage" auf Grund der längeren Dauer des zweiten Schulhalbjahres (= insgesamt mehr Schultage als im ersten Halbjahr).

Abbildung 5: Prozentualer Anteil an Schulvermeidern in den unterschiedlichen Schulzweigen im 1. Halbjahr 2004/2005

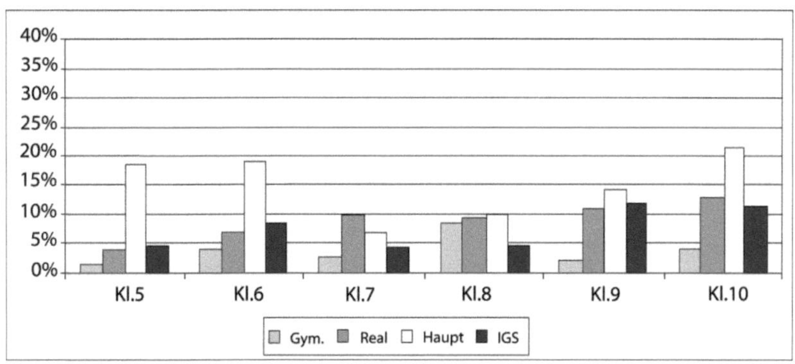

Abbildung 6: Prozentualer Anteil an Schulvermeidern in den unterschiedlichen Schulzweigen im 2. Halbjahr 2004/2005

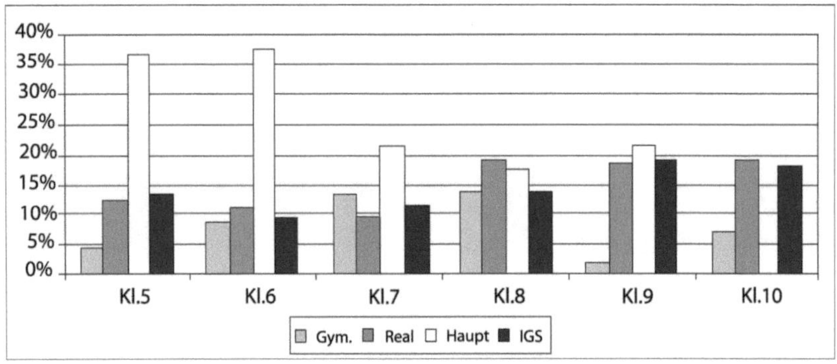

Deutlich wird auch im zweiten Halbjahr eine Erhöhung in der Verteilung des Anteils der Schulvermeider über die Schulzweige. Hier gelten die vorgenannten Erklärungen in gleicher Weise.

Darüber hinaus zeigt sich das Muster der Verteilung in beiden Halbjahren relativ konstant. Ob sich dies im weiteren Verlauf bestätigt und welche Erklärungen und Konsequenzen daraus zu ziehen sind, muss noch erarbeitet werden.

6. Teilprojekte des Modellprojektes „Schulvermeider" im Lahn-Dill-Kreis

Um eine effiziente Weiterarbeit zu ermöglichen, wurden die wichtigsten Aufgaben des Modellprojektes in vier Teilprojekte gegliedert.

Auf einer Fachtagung im Dezember 2004 teilten sich die Projektmitarbeiter den Teilprojekten zu und entwickelten erste Ideen. Die geplanten vier Teilprojekte ließen sich auf Grund der wenigen Teilnehmer zunächst nicht komplett besetzen, sodass die Biografieanalyse auf einen späteren Zeitpunkt verschoben wurde.

Teilprojekt 1: Innerschulische Maßnahmen
In dieser Projektgruppe wurde ein Ablaufplan erstellt, der die innerschulischen Maßnahmen bei Schulvermeidung festlegt und strukturiert. Dieser Plan wurde in den Gesamtkonferenzen vorgestellt und gilt im neuen Schul-

jahr 2005/2006 als verbindliche Handlungsgrundlage für alle Kollegien. Alle Maßnahmen, die im Zusammenhang mit schulvermeidenden Kindern und Jugendlichen eingeleitet werden, sollen dokumentiert werden.

Ziel des Teilprojektes ist es, eine gewisse Verbindlichkeit in Bezug auf die Fehlzeitenerfassung und die innerschulische Vorgehensweise bei schulvermeidendem Verhalten zu schaffen und dies im Schulprogramm zu verankern. So können sowohl neue Kollegen als auch Eltern über die Bedingungen des Schulbesuchs und die Vereinbarungen und Konsequenzen bei Abwesenheit vom Unterricht informiert werden.

Teilprojekt 2: Kooperationsstrukturen
Führen die innerschulischen Maßnahmen nicht zum Erfolg oder reichen diese nicht aus, können außerschulische Institutionen weitere Unterstützungen und Hilfen anbieten. Schulverbundene Institutionen, wie das Staatliche Schulamt und der Schularzt, bieten den Schulen auf der Grundlage gesetzlicher Regelungen ihre Unterstützung an. Die Polizei erhebt seit einigen Jahren die Personalien von Kindern und Jugendlichen, wenn sie an bekannten Treffpunkten zu üblichen Schulzeiten angetroffen werden. Diese Informationen werden an die Schulleitung der zuständigen Schule weitergeleitet und sollen in der Schule dazu führen, dass der schulinterne Maßnahmenplan umgesetzt wird.

Das Jugendamt ist vor allem Ansprechpartner für die betroffenen Familien. Hier können außerschulische Faktoren der Schulvermeidung zur Sprache kommen. Eine Zusammenarbeit von Schule und Jugendhilfe erscheint wichtig, da Schule und Familie die beiden wichtigsten Lebensbereiche von Kindern und Jugendlichen darstellen, und eine Abstimmung und ein Ineinanderwirken dieser Bereiche unumgänglich ist. Weitere Institutionen (z.B. Drogenberatung) kommen im individuellen Fall als Kooperationspartner in Betracht.

Die interinstitutionellen Kooperationen erscheinen zur Zeit eher zufällig und abhängig von den jeweils beteiligten Personen. Vereinbarungen im Hinblick darauf, wer sich wann mit welchen Anliegen an wen wenden kann, wer welche Unterstützungen unter welchen Umständen anbieten kann, und wie sich Kontaktaufnahme und Rückmeldungen gestalten sollen, wurden bereits in der Schnittstellenanalyse von allen Institutionen gewünscht.

In diesem Teilprojekt sollen diese Strukturen und Vereinbarungen erarbeitet werden. Kontrovers gestaltet sich bisher noch die Diskussion über die

Rollen und Verantwortlichkeiten der einzelnen Partner. Während ein Teil der Projektmitarbeiter individuelle Vorgehensweisen befürwortet, die auch in vielen Fällen durchaus erfolgreich sein können, wünscht sich ein anderer Teil der Gruppe mehr Verbindlichkeiten.

Die Kooperation der verschiedenen Institutionen benötigt Zeit, bis ein vertrauensvolles Zusammenarbeiten möglich wird. Eine behutsame Vorgehensweise zur Errichtung verbindlicher Strukturen ist nötig. Die Kooperationspartner müssen sich kennen lernen und die jeweiligen Zuständigkeiten klären. Angebotsprofile der Institutionen, persönliche Gespräche und Projektgruppentreffen werden hierfür genutzt. Wenn das Kooperationsnetz entwickelt ist, kann es nicht nur bei dem Phänomen „Schulvermeidung", sondern auch bei anderen Schwierigkeiten und Problemen tragfähig sein.

Die Idealvorstellung eines solchen effizient funktionierenden Kooperationsmodells muss sich allerdings kritischen Fragen zur Realisierung stellen, wie z.B.: Ist so eine Vernetzung überhaupt leistbar? Gibt es genügend zeitliche und personelle Ressourcen?

Teilprojekt 3: Beratungskompetenzen
Im Umgang mit schulvermeidenden Kindern und Jugendlichen kommt es häufig zu unangemessenen Bemerkungen, die eher dazu führen, dass Ansätze zur Rückkehr bereits im Keim erstickt werden. In den meisten Fällen geht dem schulvermeidenden Verhalten eine lange Geschichte voraus, die allen Betroffenen irgendwann ein Gefühl von Hilflosigkeit beschert. Damit umzugehen, die Situation richtig einzuschätzen und rechtzeitig zu intervenieren, ist eine Aufgabe, die es zu erlernen gilt. Dazu wird in Zusammenarbeit mit den Kollegien der Projektschulen eine Fortbildung erarbeitet, die nach Fertigstellung der Konzeption in die regionale Fortbildung aufgenommen werden und für alle Schulen zur Verfügung gestellt werden soll.

Teilprojekt 4: Biografieanalyse
In diesem Teilprojekt werden einzelne ausgewählte Schulvermeider-Biografien gesichtet und analysiert. Hier zeichnet sich bereits jetzt ab, dass sich hinter hohen Fehlzeiten in der Schule vielfältige und sehr unterschiedliche Problemlagen verbergen, die häufig schon über eine lange Zeit bestehen und sich in der Folge – manchmal auch unter dem Einfluss falscher oder nicht erfolgter Maßnahmen – verfestigt oder gar verschlechtert haben.

Weniger relevant scheint die Unterscheidung nach entschuldigten bzw. unentschuldigten Fehlzeiten zu sein, da in manchen Fällen „pro-forma" Entschuldigungen vorgelegt werden, die unplausibel erscheinen, aber in der Realität nicht in Frage gestellt werden.

7.   Abschließende Bemerkungen

In dem noch laufenden Projekt geht es zum einen um eine beispielhafte Erhebung der Situation vor Ort; zum anderen um die Erarbeitung von konstruktiven und effizienten Handlungsmöglichkeiten, die geeignet sind, Schulvermeidung zu verhindern bzw. betroffenen Schülern eine Rückkehr in die Schule zu ermöglichen oder zu erleichtern.

Es zeichnet sich ab, dass Schulvermeidung ein Symptom für eine tiefer liegende und differenziert zu betrachtende Problematik ist, deren Ursachen sowohl im individuellen als auch im systemischen Bereich zu suchen sind. Im systemischen Bereich scheint es vor allem um verbindliche und für alle Beteiligten – Lehrkräfte, Eltern und Schüler – transparente Vereinbarungen im Umgang mit Schulvermeidung zu gehen. Im individuellen Bereich können unterschiedliche Ursachen zu Grunde liegen, die jeweils differenzierte Verhaltens- und Handlungsmöglichkeiten erfordern.

Nur ein kleiner Teil der Schulvermeidenden Kinder und Jugendlichen wird in der Öffentlichkeit angetroffen. Der größere Teil verbringt die Zeit zu Hause oder versteckt. Erst wenn sich Gleichgültigkeit in Bezug auf die illegitime Situation und das „Erwischt-werden" eingestellt hat, suchen die Betroffenen öffentliche Freizeitbeschäftigungen auf. Dann allerdings sind sie meistens mit herkömmlichen Maßnahmen nicht mehr zu erreichen. Deshalb erscheint es wichtig, bereits im Frühstadium der Entwicklung angemessen und konsequent zu reagieren, entsprechende Angebote zu machen und damit einer schleichenden Verfestigung Schulvermeidenden Verhaltens entgegen zu wirken.

Literatur

Ehmann, C. / Rademacker, H. (2003). Schulversäumnisse und sozialer Ausschluss – Vom leichtfertigen Umgang mit der Schulpflicht in Deutschland. Bielefeld.

Niedersächsisches Kultusministerium (2004). Projekt gegen das Schulschwänzen. Unter: http://www.mk.niedersachsen.de/master/C1635963_N1538763_L20_D0_I57 9.html vom 17.10.05.

Plasse, G. (2004): „Schwänzen": Eingreifen, nicht wegsehen! In: Kowalczyk, W. / Ottlich, K. (Hg.): Erziehen: Handlungsrezepte für den Schulalltag in der Sekundarstufe. Berlin.

Ricking, H. (2003). Schulabsentismus als Forschungsgegenstand. Weinheim/Basel.

Schreiber-Kittl, M. / Schröpfer, H. (2002). Abgeschrieben? Ergebnisse einer empirischen Untersuchung über Schulverweigerer. Übergänge in Arbeit, Band 2. Deutsches Jugendinstitut, München.

Schreiner, M. (2004): Tagungsvortrag zum „Nürnberger Modell" am 23.11.04 in Wetzlar.

Staatliches Schulamt für die Stadt Frankfurt/M., Fachberatung für Suchtprävention (Hg.) (2004). Handreichung zur Prävention von Schulverweigerung. Frankfurter Schriftenreihe (Heft 26).

Stadt Nürnberg/Polizeidirektion Nürnberg (2001). Das Nürnberger Schulschwänzerprojekt. Unter: http://sicherheitspakt.nuernberg.de/download/schulschwaenzer_kurz.pdf vom 23.11.04.

Stadt Nürnberg/Polizeidirektion Nürnberg (2001). Das Nürnberger Schulschwänzerverfahren. Unter: http://sicherheitspakt.nuernberg.de/download/schulschwaenzer_lang.pdf vom 23.11.04.

Warzecha, B. (2001). Schulschwänzen und Schulverweigerung: Eine Herausforderung an das Bildungssystem. Münster/Hamburg/London.

Gerhard Schaub / Stephan Warlich

Produktives Lernen
– ein Projekt an der Gesamtschule Felsberg

1.   Einleitung

Im Schulversuch **Produktives Lernen Plus** werden seit dem Schuljahr 2004/2005 besondere Elemente des „Produktiven Lernens" in acht Schulen erprobt. Hier geht es insbesondere um einen eindeutigen Praxisanteil von drei Tagen je Woche. Der Unterricht bezieht sich vollständig auf diese Praxistage.

Einer dieser acht Modellstandorte ist die Drei-Burgen-Schule in Felsberg. Die Schule ist eine schulformbezogene Gesamtschule mit einem freiwilligen Ganztagsangebot.

Produktives Lernen, das praktisches und theoretisches Lernen sowie Allgemeinbildung und Berufsorientierung verbindet, hat zum Ziel, die schulmüden und schulverweigernden Schüler über Praxislernorte wieder zurück zur Regelschule zu führen und dort zu reintegrieren.

2.   Produktives Lernen

Ursprünge und Verbreitung[1]
Produktives Lernen ist eine Bildungsform, die das traditionelle schulische Lernen in den letzten Schuljahren der allgemeinbildenden Schule ersetzt. Diese Bildungsform wird seit zwanzig Jahren in Berlin entwickelt, um zunehmenden Gegensätzen und Konflikten zwischen dem Schulunterricht in der Sekundarstufe und den Bildungsbedürfnissen und -interessen von Schülern zu begegnen.

Die Idee basiert auf der **„City-As-School"** (New York, USA), und ihr Geheimnis ist, dass sie den Jugendlichen Verantwortung, Selbstständigkeit und Leistungsfähigkeit zutraut und sie an einem Ort ihrer Wahl, wo auch

---

1 Nachfolgende Informationen wurden der Eigendarstellung des Instituts für Produktives Lernen in Europa e.V. (IPLE) entnommen (vgl. www.iple.de).

immer in der Stadt New York, tätig werden lässt. Ihre Aktivität an Praxislernplätzen jeglicher Art ist Basis ihres Bildungsprozesses.

Gemeinsam mit anderen Pädagogen haben die Diplom-Pädagogin Ingrid Böhm sowie der Erziehungswissenschaftler Professor Dr. Jens Schneider von 1987 bis 1991 im Pilotprojekt Die **Stadt-als-Schule Berlin** die Grundlagen des Produktiven Lernens geschaffen und erprobt. Die engagierten Pädagogen des Pilotprojektes machten die gleichen Erfahrungen wie ihre New Yorker Kollegen: Die Jugendlichen, oft jahrelang aus der Schule und einem regelmäßigen Leben heraus, oft aus belasteten sozialen und persönlichen Lebensverhältnissen, fanden ganz überwiegend einen neuen, eigenen Bildungsweg und entwickelten eine stabile Anschlussperspektive im traditionellen Bildungssystem oder im Beruf – genauso wie die New Yorker Kids von City-As-School, die zu viel größeren Anteilen den High-School-Abschluss machen und das College besuchen als ihre Altersgefährten in den regulären Schulen.

Die Erfahrungen in diesem Projekt ermutigten, so dass im Jahre 1991 an der Alice-Salomon-Fachhochschule für Sozialarbeit und Sozialpädagogik Berlin, das **Institut für Produktives Lernen in Europa e.V. (IPLE)** gegründet und das Internationale Netz Produktiver Schulen (INEPS) von gegenwärtig etwa fünfzig Bildungsprojekten in zwanzig Ländern initiiert wurde, die sich der Bildungsform des Produktiven Lernens verschrieben haben. Von 1991 bis 1996 wurde im Rahmen eines internationalen Projekts des IPLE das Konzept der Entwicklung von Projekten des Produktiven Lernens einschließlich eines projektbegleitenden Weiterbildungsstudiums erarbeitet und erprobt.

Seit 1996 ersetzt Produktives Lernen in Berlin in Schulversuchen an sieben Hauptschulen und fünf Sonderpädagogischen Förderzentren das reguläre Bildungsangebot im 9. und 10. Schuljahr. Die Berliner Schulversuche an Hauptschulen werden auf Grund des neuen Berliner Schulgesetzes zum Schuljahr 2004/05 in reguläre Bildungsangebote übergeleitet, das Produktive Lernen wird auf zusätzliche Schulen ausgeweitet. Seit dem Schuljahr 2002/03 haben auch sieben Gesamtschulen in Brandenburg und sieben Sekundarschulen in Sachsen-Anhalt Produktives Lernen eingeführt. Zum Schuljahr 2004/05 führte Hessen Produktives Lernen ein.

3. Produktives Lernen an Schulen in Hessen[2]

Merkmale und Zielsetzung

Produktives Lernen an Schulen in Hessen ist ein Bildungsangebot, das die reguläre Allgemeinbildung im 9. und 10. Schuljahr ersetzt. Diesem Bildungsangebot liegt der Allgemeinbildungsbegriff zugrunde, wie er im Hessischen Schulgesetz (vgl. Hessisches Schulgesetz in der Fassung vom 30.06.1999, §2) verankert ist.

Innerhalb dieser Allgemeinbildung bietet Produktives Lernen eine individuelle Berufsorientierung, die den Jugendlichen eine Antizipation berufsbiographischer Entscheidungssituationen ermöglicht. Produktives Lernen trägt wesentlich zu einer reflektierten Berufswahl bei und damit zur Stabilisierung des Übergangs von der Schule in eine Berufsausbildung oder Berufstätigkeit.

Die Schüler erhalten durch das Produktive Lernen einen neuen methodischen Zugang zur Bildung. Ausgehend von selbstgewählter produktiver Tätigkeit an Praxisplätzen in „gesellschaftlichen Ernstsituationen" sollen sie zu eigenverantwortlicher Gestaltung ihres Bildungsprozesses motiviert und in die Lage versetzt werden, Tätigkeitserfahrungen zu reflektieren, zu verstehen, zu vertiefen und neue produktive Tätigkeiten vorzubereiten. Die produktive Tätigkeit des einzelnen Schülers wird somit zum Ausgangspunkt und zum Ziel von Bildung. Der Tätigkeits- und Bildungsprozess folgt dabei in hohem Maße den individuellen Bildungsbedürfnissen der Jugendlichen.

Mit dem **Tätigkeitsbezug des Produktiven Lernens** wird auf ursprüngliche Formen des Lernens – das Lernen des Kindes, das historische berufliche Lernen, das Alltagslernen – zurückgegriffen und deren unmittelbare Motivationskraft wiedergewonnen. Im Gegensatz zum Projektunterricht wird aber nicht künstlich, nur zum Zwecke des Lernens, eine Handlungssituation hergestellt, sondern die Lernenden begeben sich in reguläre oder auch innovative (meist berufliche) Tätigkeiten. Dies können Betriebe sein, aber auch die Schule selbst kann Betrieb werden, etwa nach dem Modell der Schülerfirmen, die in den Berliner Sonderschulstandorten des Produktiven Lernens etabliert wurden.

---

2 Nachfolgende Informationen basieren auf der Rahmenkonzeption für Produktives Lernen an Schulen in Hessen, die vom Institut für Produktives Lernen in Europa e.V. (IPLE) erarbeitet wurde.

Der Tätigkeitsbezug des Produktiven Lernens meint, dass das Lernen aus der Erfahrung von produktiver Tätigkeit in gesellschaftlichen Ernstsituationen entsteht und zu dieser zurückführt. Veranstaltetes Lernen mit solchem Tätigkeitsbezug gibt es kaum, es muss erst gegen gesellschaftliche Widerstände durchgesetzt werden. Die Lernenden sind durch die Tradition der Schule vom Handeln abgeschnitten, so dass für sie ihr Handeln häufig mit Lernen nichts zu tun zu haben scheint. Für die meisten Jugendlichen bewirken diese Lerngewohnheiten große Schwierigkeiten, aus dem „Können zu lernen", aus der Erfahrung des Produktivseins, statt um (irgendwann einmal) etwas „zu können". Im Produktiven Lernen fragen sie: Welche fachlichen (z.B. sprachlichen, mathematischen, soziologischen, usw.) Kenntnisse und Fähigkeiten kann ich nutzen, um meine Aufgaben in meiner selbstgewählten Praxis zu bestimmen und zu bewältigen?

Der Tätigkeitsbezug des Produktiven Lernens stellt die Verbindung zwischen praktischer und theoretischer Bildung sowie zwischen Allgemeinbildung und Berufsorientierung her. Wissen und Können werden als notwendiges Werkzeug bei der Planung, Durchführung und Auswertung von produktiver Arbeit verstanden. Die Schüler werden gefordert, das zur Gestaltung ihrer Tätigkeit notwendige fachliche Wissen und Können aus den konkreten Anforderungen des Tätigkeitsprozesses abzuleiten, zu erarbeiten und umzusetzen. Im einzelnen können sich aus der Tätigkeit Themen ergeben, die über die traditionellen Schulfächer hinausgehen und/oder fächerübergreifend/interdisziplinär bearbeitet werden müssen. Die Bildungsinhalte werden somit individuell durch die aus der Praxiserfahrung generierten Themen definiert; dadurch erhalten Wissen und Können einen unmittelbaren Bezug – und somit Sinn – für den Lernenden. Dieser Zusammenhang zwischen Lernen und Handeln ist eine wesentliche Voraussetzung und Motivation, den Bildungsprozess in Gang zu setzen und zu gestalten.

Von zentraler Bedeutung ist hierbei die Aneignung von Methodenkompetenz („Lernen des Lernens"). Aus der Tätigkeit heraus und entsprechend der Erfordernisse, die Tätigkeit zu reflektieren, Themen zu bearbeiten und Theorien zu hinterfragen und zu verwenden, entwickeln die Schüler u.a. die Fähigkeit unterschiedliche Informations- und Kommunikationsmedien zu nutzen – unterstützt durch die regelmäßige Beratung von Pädagogen und Praktikern („Praxismentoren"), individuell und in der Gruppe.

Die Anforderung an die Schüler, ihren Bildungsprozess soweit wie möglich selbständig zu gestalten, erfordert neben Methodenkompetenz weitere Fähigkeiten, wie Eigeninitiative, Flexibilität und Mobilität, insbesondere aber auch die Entwicklung von Entscheidungskompetenzen. Die Jugendlichen müssen den Bildungsprozess auf der Grundlage individueller Interessenlagen planen und durchführen, Entscheidungen (z.B. bei der Wahl von Praxisplätzen) auf der Grundlage von zuvor erarbeiteten Kriterien anbahnen, treffen und hinterfragen. Bildungsinteressen müssen benannt und kommuniziert, begründet und weiterentwickelt, konkrete Lebens- und Berufsperspektiven entworfen werden.

Zielgruppe

Produktives Lernen ist ein Bildungsangebot an hessischen Schulen für Schüler, die die 8. Klassenstufe durchlaufen haben und tätigkeits- und erfahrungsbezogen lernen wollen. Schüler, die durch das traditionelle Bildungsangebot nicht oder nicht ausreichend gefördert wurden, können in besonderem Maße berücksichtigt werden. Hierzu gehören Schüler, bei denen zu erwarten ist, dass sie beim Verbleib in dem bisher besuchten Unterrichtsangebot der Sekundarstufe I keinen oder einen niedrigeren als den angestrebten Schulabschluss erhalten werden.

Die Interessenten durchlaufen nach einem mehrschrittigen Auswahlverfahren eine Orientierungsphase; die endgültige Aufnahme erfolgt in der Regel spätestens sechs Wochen nach Schuljahresbeginn.

Pädagogische Elemente und Gestaltungsprinzipien

Das Schuljahr im Produktiven Lernen ist in Trimester aufgeteilt. An drei Tagen der Woche (insgesamt 17 Stunden pro Woche) sind die Schüler entsprechend ihrer Interessen und Fähigkeiten an selbstgewählten Praxisplätzen tätig; an zwei Tagen (13 Stunden pro Woche) wird in Lerngruppen gearbeitet.

Im umfangreichsten Curriculumelement, dem Lernen in der Praxis, wählen die Schüler dreimal im Schuljahr einen Praxisplatz, an dem sie wöchentlich 17 Stunden tätig sind und zugleich ihre Tätigkeit erkunden, hinterfragen und reflektieren.

In der **Kommunikationsgruppe** erfolgt in fünf Stunden pro Woche ein Austausch der gewonnenen Erfahrungen und die Vorbereitung von weiterer Tätigkeit, von Beobachtungen und Recherchen sowie von individueller Reflexion und Verarbeitung der gewonnenen Erfahrungen. Dies geschieht in der Lernwerkstatt, die den traditionellen Klassenraum ersetzt.

Nur acht Wochenstunden sind fachbezogen, sollen aber gleichfalls mit den praktischen Erfahrungen in Verbindung stehen: Englisch und Mathematik im Produktiven Lernen sowie die epochal behandelten Lernbereiche Mensch und Kultur, Gesellschaft und Wirtschaft sowie Natur und Technik, ferner Deutsch oder auch ein Wahlpflichtfach im Produktiven Lernen. Neben dem Curriculum wurde eine ausdifferenzierte Methodik des Produktiven Lernens entwickelt, zu der Methoden des individuellen Lernens, der individuellen Bildungsberatung, der Gruppenarbeit und des internationalen Lernens gehören.

Der Tätigkeits- und Bildungsprozess im Produktiven Lernen folgt in hohem Maße den individuellen Bildungsbedürfnissen der Schüler. Dementsprechend ist individuelles Lernen – einschließlich der Bearbeitung selbstgewählter Aufgaben – die wichtigste Form Produktiven Lernens. Diese Lern- und Bildungsprozesse werden durch individuelle Curricula gesteuert. Ein wichtiger Baustein ist hierbei die **individuelle Bildungs- beratung** (inkl. Erschließung produktiver Situationen, Lernplanung und Lernbegleitung, Evaluation von Bildungsprozessen). Die Schüler werden im Umfang von einer Stunde pro Woche einzeln oder in kleinen Gruppen von den Pädagogen methodisch beraten.

Lernen in „gesellschaftlichen Ernstsituationen": Die Schüler entscheiden sich jedes Trimester für die Tätigkeit an einem Praxisplatz ihrer Wahl in Betrieben oder kulturellen, sozialen und politischen Einrichtungen. Sie haben dort Gelegenheit, entsprechend ihrer Tätigkeitsinteressen in „gesellschaftlichen Ernstsituationen" aktiv zu werden. Verschiedenartige Tätigkeiten unterschiedlicher Komplexität ermöglichen den Schülern, ihr Handlungsniveau zu treffen und hinreichend wichtige Problemstellungen aufkommen zu lassen. Die Lernplanung und -begleitung erfordert eine regelmäßige Kommunikation zwischen den Schülern, dem Pädagogen und dem Praxismentor. Kulturelle Traditionen und fachliche Kompetenzen, insbesondere aus Deutsch, Englisch und Mathematik, werden im Zusammenhang mit der Vorbereitung und Verarbeitung der Tätigkeitserfahrungen vermittelt.

Die Tätigkeitserfahrungen werden auch mit Blick auf die beruflichen Wünsche und Möglichkeiten der Schüler kontinuierlich ausgewertet. Diese **berufliche Orientierung** soll zu einer tragfähigen, realistischen Berufsentscheidung und einer Anschlussperspektive für die Ausbildung oder eine Berufstätigkeit führen.

Da das individuelle Lernen einen hohen Stellenwert besitzt, kommt der **Lernwerkstatt** eine wichtige Rolle zu. Als Ort bietet sie den Schülern Raum und Ausstattung für die Vor- und Nachbereitung der produktiven Tätigkeit, für die Bearbeitung individueller Themen und Aufgaben sowie für Beratung und Erfahrungsaustausch. Als Methode soll die Lernwerkstatt den individuellen Bildungsbedürfnissen gerecht werden, d.h. sie bietet die notwendigen Arbeits- und Kommunikationsmittel (audiovisuelle Medien, Werkzeuge, Material für kreative Tätigkeiten, moderne Informations- und Kommunikationsmedien), die selbständiges Lernen ermöglichen.

Sozialarbeit ist ein integraler Bestandteil der Bildungsarbeit im Produktiven Lernen. Persönliche Problemlagen können zum Gegenstand der Beratung und individueller Projekte werden, wenn dies von dem Schüler gewünscht wird. Die Bildungsangebote arbeiten mit außerschulischen Bildungsprojekten des Produktiven Lernens und mit anderen Einrichtungen und freien Trägern. Die Gesamtschule Felsberg arbeitet mit der Jugendwerkstatt Felsberg seit Jahren erfolgreich zusammen.

Ulrike Henze / Roland Geier

Schülerfirmen als Möglichkeit des Lernens und Arbeitens an der Schule

1.   Schülerfirmen – Was ist das?

Die Idee der Schülerfirmen stammt aus dem angelsächsischen Raum. In Irland und England hat sie unter dem Titel „Education for Enterprise" bereits eine jahrzehntelange Tradition.

Wusste vor etwa zehn Jahren in Deutschland noch kaum jemand etwas mit Schülerfirmen anzufangen, sind sie mehr und mehr zum Thema in Schulen und gute Schulpraxis geworden. Dazu haben ein Modellversuch in Sachsen,[1] neue Förder- und Unterstützungsmöglichkeiten in den Ländern und nicht zuletzt das große Engagement von vielen Lehrkräften und Schülern beigetragen.

Der Begriff Schülerfirma wird in der Praxis weit gefasst, es gibt erhebliche Unterschiede in der organisatorischen Umsetzung und in der pädagogischen Qualität der Projekte. Deshalb ist grundsätzlich die Orientierung an einem Konzept und die Kontaktaufnahme zu einem erfolgreichen Praxisprojekt zu empfehlen.

Im Kern geht es immer um ganzheitliches praxisnahes Lernen und um die Förderung von Schlüsselkompetenzen, die für den erfolgreichen Übergang von der Schule in Ausbildung und Beruf von zentraler Bedeutung sind. Ihren besonderen pädagogischen Wert stellen die Schülerfirmen besonders hinsichtlich der Förderung von Schlüsselkompetenzen und der Verbesserung der arbeitsweltbezogenen Allgemeinbildung unter Beweis.

Grundsätzlich sind Schülerfirmen keine Wirtschaftsunternehmen, sondern Schulprojekte mit pädagogischen Zielsetzungen. Die Schule bietet den recht-

---

1   Im Rahmen des Modellversuchs „Erziehung zu Eigeninitiative und Unternehmensgeist" unter der Leitung der Sächsischen Arbeitsstelle für Schule und Jugendhilfe wurde gemeinsam mit fünf Mittelschulen ein Konzept für Schülerfirmen entwickelt. Dieses Konzept hat sich nicht nur in den 1995 gegründeten fünf Pilotprojekten bewährt. Mittlerweile orientieren sich ca. achtzig sächsische Projekte und viele weitere Schülerfirmen bundesweit an diesem Handlungsrahmen. Dabei wird eine große Palette von Geschäftsideen umgesetzt – vom Pausenimbiss über Stadtführungen für Kinder bis hin zum Schülerreisebüro (Vgl. Deutsche Kinder- und Jugendstiftung 1999; Sächsische Arbeitsstelle für Schule und Jugendhilfe 2003).

lichen Schutzraum, wenn das Projekt als Schulveranstaltung anerkannt wird und Geringfügigkeitsgrenzen bezüglich Umsatz und Gewinn eingehalten werden.

Eine Schülerfirma ist ähnlich einer „richtigen" Firma strukturiert, das heißt:

- die Schüler orientieren sich an einer realen Rechtsform (z.B. GmbH, Aktiengesellschaft),

- sie übernehmen selbst die Hauptverantwortung; die Lehrer beraten und unterstützen sie dabei,

- sie erarbeiten eine Satzung, die alle Angelegenheiten der Schülerfirma regelt,

- sie organisieren ihre Arbeit in Abteilungen,

- sie erstellen regelmäßig einen Geschäftsbericht,

- es arbeiten von Anfang an jüngere und ältere Schüler mit, damit das Projekt langfristig bestehen kann.

Schülerfirmen gibt es nicht nur an allgemeinbildenden Schulen und als außerunterrichtliches Projekt. Auch berufliche Schulen setzen das Konzept um, und die Praxis zeigt, dass es mit gewissen Modifizierungen für jede Schulart und nur auf eine Klasse bezogen realisierbar ist.

Schülerfirmen sind eine pädagogische Veranstaltung, bei der Schüler echte Waren oder Dienstleistungen mit echtem Geld handeln. Das heißt, nicht nur das Geld ist echt, sondern auch die Kunden, Lieferanten, mögliche Sponsoren und Ratgeber. Dabei ist der Kontakt mit außerschulischen Partnern besonders wichtig (Echtheitsbezug).

2.   Allgemeinrechtliche Aspekte einer Schülerfirma

Eine Schülerfirma braucht zuerst einmal einen Namen und muss in einer Unternehmensform (z.B. AG, GmbH etc.) geführt werden. Sämtliche betrieblichen Vorgänge müssen buchhalterisch aufgezeichnet werden. Wichtig bei der Einrichtung einer Schülerfirma ist die Klärung von versicherungsrechtlichen Fragen.

Rechtsgeschäfte im Rahmen der Schülerfirma sollten vom Lehrer bzw. vom Lehrerteam getätigt werden, natürlich unter Einbeziehung der Schüler in die Planung, Organisation und Kaufgeschäfte.

Der Jahresumsatz darf 30.678 € (2005) nicht überschreiten und der Gewinn nicht höher als 3.835 € (2005) liegen. In ihrer Vertretung nach außen gilt die Schülerfirma als Wirtschaftsunternehmen, jedoch ohne eigenen Rechtsstatus. Sie läuft unter dem „Dach" des Fördervereins in Partnerschaft mit einer Firma oder Institution.

3.   Einbindung in den schulischen Unterricht

Die Arbeit an und in der Schülerfirma kann in den Schulunterricht in vielfältiger Weise eingebaut werden: zum einen im Regelunterricht als Wahlpflichtkurs (in der Berufsfachschule) oder AWT (in der Hauptschule), in Arbeitsgemeinschaften oder an Projekttagen und in verschiedenen Unterrichtsfächern (z.B. in Kombination mit anderen Fächern). An Ganztagesschulen kann ein Nachmittagskurs eingerichtet werden, und in Ausnahmefällen kann dieser außerschulische Unterricht auch in der Freizeit der Schüler stattfinden.

Schülerfirmen haben sich vor allem bewährt, um:

1. das Thema Nachhaltigkeit in den Unterricht einzuführen und

2. wenig motivierte Schüler wieder für die Schule zu interessieren.

Schülerfirmen gelten als eine moderne Unterrichtsmethode, die vor allem folgende Ziele verfolgen:

- Praxisbezug und damit Erhöhung der Chancen auf einen Ausbildungsplatz,

- sie dienen der beruflichen Orientierung,

- Vermittlung von grundlegendem kaufmännischem Wissen,

- Förderung eigenverantwortlichen und selbstständigen Handelns – verbunden mit einem höheren Selbstwertgefühl;

- Stärkung des sozialen, ökologischen und unternehmerischen Verantwortungsgefühls,

- Unterstützung des Denkens in Zusammenhängen,

- Erlernen von Arbeitstechniken und Umgang mit neuen Medien sowie

- Vermittlung und Förderung von Kooperations-, Team- und Kritikfähigkeit.

4.   Die Schülerfirma an der Betriebsberufsschule I Northeim

Die BBS I in Northeim ist eine der führenden Schulen im Bereich „Schülerfirmen an Berufsschulen".

Bereits 2001 wurde ein erster Berufsschultag (Veranstalter war die Gewerkschaft für Erziehung und Wissenschaft, GEW) zum Thema Schülerfirma in der BBS I durchgeführt. Ein Jahr später 2002 fand ein zweiter Berufsschultag (Veranstalter war diesmal der Verband der Lehrerinnen und Lehrer an Wirtschaftsschulen Landesverband Niedersachsen, VLWN) und im Jahr 2004 die erste Northeimer Schülerfirmenmesse statt. Viele niedersächsische Kollegen aller Schulformen haben ihre ersten Schritte in Richtung Schülerfirma gemacht, ermuntert durch die Ergebnisse, die sie in Northeim gesehen haben. Pädagogen der BBS Northeim bilden inzwischen nicht nur niedersächsische Lehrer fort, sie werden aus Berlin, Brandenburg, Hessen, Nordrhein-Westfalen und dem Saarland angefordert.

5.   Fazit

Abschließend lassen sich fünf Thesen bezüglich der erfolgreichen Arbeit mit Schülerfirmen benennen:

1.   Schülerfirmen sind eine neue Möglichkeit des Lernens und Arbeitens: Hier wird nicht abstrakt, sondern in authentischen, echten Problemzusammenhängen gelernt und gehandelt.

2.   Schülerfirmen machen Lehrer und Schüler zu gleichberechtigten Partnern. Die Schüler arbeiten in großer Eigenverantwortung, die Lehrenden übernehmen beratende und moderierende Aufgaben.

3. Dies macht Spaß und bringt Entdeckungsfreude und Erlebnislust mit sich. Schülerfirmen motivieren Schüler in hohem Maße und tragen zu einer deutlichen Steigerung des Selbstwertgefühls bei.

4. Schülerfirmen vermitteln Schlüsselqualifikationen, wie die Fähigkeit zu vernetztem Denken und verlässlichem Arbeiten im Team sowie Kommunikations- und Kooperationskompetenzen.

5. Schülerfirmen gehören zu einer Schule, die ihre Schüler mit jenen Kompetenzen ausstatten möchte, die es ihnen ermöglichen, aktiv und eigenverantwortlich an der Gestaltung der Zukunft mitzuwirken.

Literatur

Geyer, R. (2005): Schulunternehmen – eine andere Form des Unterrichts. Rinteln.

Henze, U. / Geyer, R. (2001): FAHR AB – Ein Schul-Reiseunternehmen. Schüler-arbeitsheft. Rinteln.

Sächsische Arbeitsstelle für Schule und Jugendhilfe e.V. (Hg.) (2003): Wir gründen eine Schülerfirma. Grundlagen und Anregungen für Schüler und ihre Projektbegleiter. Neuauflage. Dresden.

Rolf Daniel

Die Marburger Produktionsschule
– ein Praxisangebot für Schulverweigerer

1.   Produktionsschulen in Deutschland

Produktionsschulen sind Einrichtungen der arbeitsorientierten und (vor-) beruflichen Bildung, in denen Arbeiten und Lernen kombiniert werden. Die Teilnehmer einer Produktionsschule erwerben – auf unterschiedlichem Niveau – berufliche Qualifikation sowie personelle und soziale Kompetenzen (Stabilisierung und Entwicklung der Persönlichkeit, Teamfähigkeit, Schlüsselqualifikationen) mit dem Ziel der beruflichen und sozialen Integration.

Die bestehende Produktionsschullandschaft in Deutschland ist relativ unübersichtlich und gekennzeichnet von einer Verschiedenartigkeit der Konzepte, einer Vielfalt der Bezeichnungen und Umsetzungskonzepte. Neben Produktionsschulen, wie in Altona, Marburg, Kassel oder Neumühle (die beiden letztgenannten wurden bereits 1992 gegründet) arbeiten berufsvorbereitende Schulen und Jugendinitiativen mit einem Produktionsschulansatz wie auch staatlich anerkannte Gesamtschulen mit integrierter „Produktions-Modellschule".

Die existierenden Produktionsschulen und Einrichtungen mit produktionsschulorientiertem Ansatz arbeiten in unterschiedlichsten Trägerschaften, Organisations- und Kooperationsstrukturen bzw. Rechtsformen. Es gibt beispielsweise Kooperationen zwischen berufsbildenden Einrichtungen und Vereinen, die als Träger der Produktionsschule fungieren, aber auch Träger der freien Jugendberufshilfe oder Kommunen und Landkreise als Betreiber.

Merkmale, wie die Verknüpfung von theoretischem und praktischem Lernen, Produktive Tätigkeit bzw. Arbeit in den Werkstätten; Orientierung an der Realität der Arbeitswelt (Marktbezug der Produktion; Simulation von Produktionsprozessen) und Ganzheitlichkeit; Prinzip der Verbindung von kognitiven, emotionalen, sozialen und handlungsbezogenen/praktischen Lernprozessen [Einbettung der Arbeit in (allgemein-)bildende Bezüge; Bildung durch gesellschaftlich nützliche Arbeit] sind der gemeinsame Nenner.

2.   Die Marburger Produktionsschule[1]

Die Anfänge

Die Marburger Produktionsschule (MPS) ist ein **Kooperationsprojekt** zwischen dem Träger Arbeit und Bildung e.V. und der Adolf-Reichwein-Schule und hilft Jugendlichen, sich über ein praxisorientiertes Unterrichtsangebot mit hohen Werkstattanteilen beruflich zu orientieren.

Aus der seit **Anfang 2000** bestehenden Zusammenarbeit zwischen Berufsschullehrern der Adolf-Reichwein-Schule und pädagogischen Mitarbeitern von Arbeit und Bildung e.V. ist dieses Projekt entstanden.

Grundlage der Idee war, ein praxisorientiertes Unterrichtsangebot an einem Lernort außerhalb der großen Berufsschule einzurichten, um die pädagogischen Handlungsspielräume zu erweitern sowie eine individuelle und leistungsgerechte Förderung in diesem Rahmen zu erproben. Das Projekt orientierte sich an den Strukturen dänischer Produktionsschulen und organisierte eine an regionale Bedürfnisse angepasste Berufsvorbereitung.

In der ersten Phase wurde das angemietete Werkstattgebäude mit einem sehr hohen persönlichen und zeitlichen Engagement der Kollegen sowie der Schüler umgebaut und eingerichtet. Später wurde dann z.B. eine solare Warmwasseraufbereitung installiert, eine Küche eingebaut, ein Unterrichtsraum, zwei kleine Büroräume, ein Materiallager und vier Werksatträume geschaffen. Die Gestaltung des Außengeländes ist weitgehend abgeschlossen; ein Gartenpavillon, eine Trockenmauer mit Kräuterbeet sowie ein angebauter Lagerschuppen und Pflanzungen wurden erst im letzten und aktuellen Schuljahr fertiggestellt.

Zielgruppe

Die Zielgruppe sind 16- bis 25-jährige junge Leute mit besonderen Schwierigkeiten, den Übergang von der Schule in die Berufsausbildung/Arbeitswelt ohne Hilfen zu bewältigen. Sie kommen ohne Hauptschulabschluss; kommen aus den Regelschulen mit Leistungsschwächen, Lernbeeinträchtigungen, Verhaltensauffälligkeiten und Sprachproblemen.

---

1 Zu weiterführenden Informationen siehe auch: www.marburger-produktionsschule.de

Zurzeit werden zwei unterschiedliche Gruppen betreut: eine EIBE[2]-Gruppe (12 Schüler) der Adolf-Reichwein-Schule und eine EQJ[3] Gruppe (12 Teilnehmer) des Vereins Arbeit und Bildung.

Didaktische Leitlinien und Konzept

Didaktische Leitlinie ist es, möglichst **fächerübergreifende Projektarbeiten** mit den Jugendlichen durchzuführen. Es geht hierbei darum, Lehr- und Lernsituationen mit einem Höchstmaß an **„Ernstcharakter"** zu gestalten und Jugendliche in die Lage zu versetzen, für Andere wertvolle Gebrauchsgegenstände herzustellen und dieses mit Lernerfahrungen zu verknüpfen. Sie sollen innerhalb eines Theorie/Praxis-Verbundes soviel wie möglich lernen und dafür soviel, wie nötig ist, produzieren.

Die Jugendlichen werden in der Marburger Produktionsschule in die Bedingungen des realen Arbeitstages einbezogen, erlernen Fertigkeiten und Kenntnisse in handwerklichen und teilrationalisierten Prozessen, werden mit eigenem und fremdbestimmtem Sozialverhalten und Verantwortungsbewusstsein und ihrem Leistungsverhalten bei konkreten Arbeitsaufgaben konfrontiert, um den Anforderungen des Ausbildungs- und Beschäftigungssystems näher zu kommen.

Ziel ist es, Produkte herzustellen, die Andere benötigen und wertschätzen. Durch die Kalkulation, die Planung, die differenzierten Prozesse bei der Fertigung und Endmontage wächst die Motivation der Jugendlichen, sich mit den Inhalten auf einer sehr unmittelbaren Ebene auseinander zu setzen, sich zu qualifizieren und damit wieder neu zu lernen. Solche Prozesse stärken das Selbstwertgefühl. Dadurch können defizitäre Erfahrungen in den Regelschulen zwar nicht kompensiert, aber eine Auseinandersetzung mit dieser Problematik in Gang gesetzt werden und motivierende Perspektiven entstehen, aus denen echte Chancen wachsen. Berufliche Orientierung und Persönlichkeitsentwicklung sind die Basis für die Entdeckung des eigenen Willens und damit Grundlage für selbst bestimmtes Handeln.

---

2 EIBE = Eingliederung in die Berufs- und Arbeitswelt. Junge Erwachsene werden beim Einstieg in die Berufswelt durch sozialpädagogische Betreuung, einen hohen Praxisanteil und die Möglichkeit, den Hauptschulabschluss zu erwerben, unterstützt.

3 EQJ = Einstiegsqualifizierung für Jugendliche. Durch ausbildungsvorbereitende Praktika werden Jugendliche und junge Erwachsene in Ausbildung (nach-)vermittelt.

Möglichkeiten zum Erwerb des Hauptschulabschlusses sowie Hospitationen in verschiedenen Berufsfeldern und vollschulischen Ausbildungsgängen an der Adolf-Reichwein-Schule und anderen beruflichen Schulen der Region runden das Qualifizierungsangebot ab.

Die **Produkte** werden i.d.R. nach Auftragslage gefertigt, im Angebot sind Gartenklappmöbel, Sitzbänke mit Stahl- und Betonuntergestell, Pavillons in Holzständerbauweise, Briefkästen, Nistkästen, Vogelfutterstellen und viele Produkte, die nach Kundenwunsch angefertigt werden können. Damit unterstützen die Kunden die Einrichtung, die Anschaffung von Material, Kleinmaschinen und Werkzeugen.

Die Miet- und Unterhaltungskosten werden vom Träger Arbeit und Bildung getragen, der seinerseits vom Einsatz des Fachpersonals der Berufsschule profitiert. Eine maschinelle Grundausstattung wurde aus dem Maschinenpark der Adolf-Reichwein-Schule und durch Neuanschaffungen zusammengestellt und nach Möglichkeiten laufend ergänzt und modernisiert. Fördermittel der Stadt Marburg tragen ebenfalls zum Unterhalt der Einrichtung bei. So können Synergien beider Einrichtungen mit regionalen Stützstrukturen sinnvoll wirksam werden. Dennoch sind die Mietkosten immer wieder ein grundsätzliches Problem, denn die erwirtschafteten Mittel decken nur zu einem sehr geringen Anteil die Kosten für die Unterhaltung des Gebäudes.

Die Jugendlichen aus der BVJ-EIBE-Klasse und der EQJ-Maßnahme von Arbeit und Bildung e.V. arbeiten in der Marburger Produktionsschule unter der praktischen Anleitung eines Schreinermeisters und von fünf Berufsschullehrern der Adolf-Reichwein-Schule aus den Fachrichtungen Metall- und Holztechnik. Zwei Pädagoginnen von Arbeit und Bildung e.V. unterstützen und begleiten die Förderung der Kompetenzen insbesondere im sozialen Umfeld und auch im Kontakt zu den Betrieben, beispielsweise durch die Vorbereitung von Bewerbungen und Lehrstellensuche.

Zusätzlich besteht ein breit gefächertes **allgemeinbildendes Angebot**. Der theoretische Unterricht – auch in Lehrgangsform oder als Intensivkurs (z.B. Hauptschulkurs Mathematik) – ist eng verzahnt mit der praktischen Projektarbeit und erhält einen größeren zeitlichen Umfang vor der anstehenden Abschlussprüfung zum Erwerb des Hauptschulabschlusses (Intensivphase). Durch Einsatz unterschiedlicher Methoden im Rahmen eines **Theorie-Praxis-Verbund**es entsteht ein neues Lehr- und Lernverständnis und auch „schulmüde" Jugendliche erzielen erstaunliche Erfolge.

Intensiv begleitete mehrwöchige **Praktika**, die auch flexibel nach individuellen Möglichkeiten und Förderbedarf organisierbar sind, runden das Angebot ab. Der überwiegende Teil der Jugendlichen ohne Schulabschluss nimmt die Möglichkeit wahr, den Hauptschulabschluss zum Ende eines Schuljahres/eines Berufsorientierungslehrgangs zu erwerben.

Regelmäßige „Tage der offenen Tür" präsentieren die Produktionsschule in der Öffentlichkeit, gute Kontakte zu den abgebenden Schulen sind Grundlage für hohe Anerkennung und Akzeptanz in der Region. Die Mitwirkung an Fachveranstaltungen und der Austausch von Erkenntnissen mit anderen Produktionsschulen beispielsweise über die „Bundesarbeitsgemeinschaft Produktionsschulen" sowie Kontakte zu Universitäten und Fachhochschulen sichern nachhaltig die Entwicklung des Konzeptes in überregionalen Bezügen. So konnte die Implementierung methodisch-didaktischer Kategorien in andere Fördermaßnahmen wie z.B. das BQF-Programm[4] des Bundesministeriums für Bildung und Forschung erfolgreich gelingen und damit weitere innovative Ansätze im „Marburger Modell" an der Adolf-Reichwein-Schule erprobt werden (siehe Schaubild).

3.　　Fazit

Die Herausforderungen derartig komplexer Prozesse, die theoretisches und praktisches Lernen verbinden, – so die beteiligten Kollegen – sind mit einem deutlich höheren organisatorischen Aufwand verbunden als die übliche schulische Lehrtätigkeit. Teamsitzungen finden möglichst alle 14 Tage statt, zur organisatorischen und inhaltlichen Abstimmung findet jährlich ein schulinterner „Pädagogischer Tag" des MPS-Teams statt. Unmittelbare Reaktionen auf besondere Situationen in den Lerngruppen erfordern intensive Absprachen und gute Kontakte untereinander.

Auf der anderen Seite professionalisiert sich das Personal zunehmend. Konfliktpotenziale durch unterschiedliche Rollenverständnisse und Rollenwahrnehmungen werden auch nach Bedarf im Rahmen einer angeleiteten Mediation aufbereitet und damit bestehende Vereinbarungen und Verbindlichkeiten konstruktiv reflektiert, ausdifferenziert und jeweils in neue Kontexte gebracht.

4　BQF = Berufliche Qualifizierung für Zielgruppen mit besonderem Förderbedarf.

Rolf Daniel

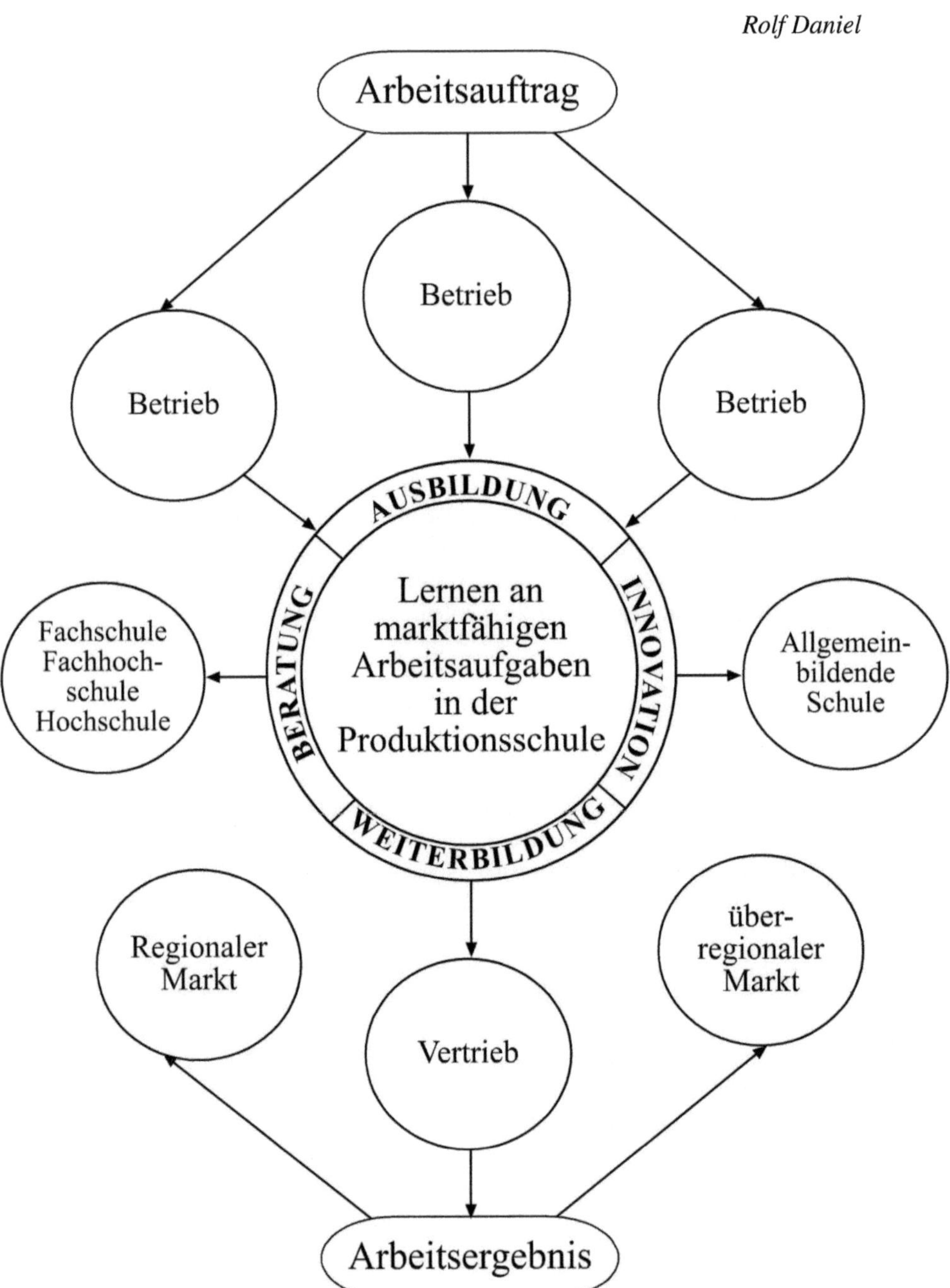

Schaubild: Integrales Lernen an realen Arbeitsaufgaben für den Markt

Teilnahmen an überregionalen Fortbildungen z.B. im Rahmen des EIBE-Programms sind obligatorisch. Eine regelmäßige Supervisionsveranstaltung ist vorgesehen, derzeit fehlt jedoch eine finanzielle Basis hierfür.

Zu Beginn der Arbeit in der MPS waren Fehlzeiten und Mahnverfahren bei der EIBE-Gruppe noch auffällig niedrig gegenüber den BVJ[5]-Klassen an der Berufsschule. Mit der zunehmenden Orientierung an den methodisch-didaktischen Strukturen der Produktionsschule auch in den Lerngruppen an der Berufsschule sind diese Unterschiede kaum noch signifikant.

Die organisatorische Verbindung zwischen dem ökonomischen System Produktion, dem didaktischen System Berufsschule und individueller sozial-pädagogischer Förderung kennzeichnet die Arbeit im Lernort Produktionsschule und in den besonderen Bildungsgängen der Adolf-Reichwein-Schule. Das System erscheint den Kollegen, die innerhalb der dargestellten Strukturen arbeiten, als sinnvolle Alternative zum Bestehenden. Der höhere Einsatz durch das intensive Kommunikationsniveau wird als wirkungsvoll für die besondere Zielgruppe verstanden und auch als ein kontinuierlicher Prozess der Professionalisierung wahrgenommen.

Durch die Zuarbeiten in den Werkstätten der Adolf-Reichwein-Schule für den außerschulischen Lernort und die Professionalisierung der Kollegen wird nach den positiven Erfahrungen auch in den BVJ[5]- und BGJ[6]-Klassen der Berufsschule nach den methodisch-didaktischen Strukturen der Produktionsschule gearbeitet. Der Ansatz von Lernen und Arbeiten im sozialen Zusammenhang hat sich damit als Grundlage für die **berufliche Identitätsfindung**, die Persönlichkeitsentwicklung und -stabilisierung bewährt und wirkt dynamisch in den Prozessen des pädagogischen Alltags.

---

5 Das BVJ (Berufsvorbereitungsjahr) ist eine schulische Form der Berufsvorbereitung und wird überwiegend an Berufsschulen angeboten. Zielgruppen sind vor allem Schüler ohne Hauptschulabschluss oder Abgänger der Förderschulen/Schulen für Lernbehinderte. Das BVJ dauert ein Jahr. Es vermittelt fachpraktische und fachtheoretische Grundqualifikation, schafft Einblicke in verschiedene Berufsfelder (z.B. Metall, Holz, Gestalten) und hilft, schulische Lücken zu schließen.
6 Das BGJ (Berufsgrundbildungsjahr) hat ähnliche Inhalte wie das BVJ, richtet sich jedoch an Schüler, die bereits den Hauptschulabschluss erworben haben.

Bernd Reschke

Die Werk-statt-Schule Hannover als alternatives Bildungsangebot

1.   Der Werk-statt-Schule e.V. Hannover

Der Werk-statt-Schule e.V. ist ein gemeinnütziger, selbstverwalteter Bildungsträger, der 1982 gegründet wurde. Die Werk-statt-Schule hat zur Zeit ca. sechzig Mitarbeiter und betreut an vier Lernorten in Hannover ca. 230 Kinder und Jugendliche in unterschiedlichen Erziehungs-, Bildungs- und Beschäftigungsmaßnahmen.

Anspruch und Ziele

Die Werk-statt-Schule (WsS) verfolgt das Ziel, die betreuten Kinder, die Jugendlichen und Erwachsenen mit ihren Problemen ernst zu nehmen und in ihren Fähigkeiten und Neigungen zu fördern. Sie sollen lernen, Verantwortung für sich selbst und ihre Umwelt zu übernehmen und dabei kritisch und gleichberechtigt zu leben. Durch die Arbeit der WsS soll die Lebensqualität der Kinder und Jugendlichen nachhaltig verbessert werden.

Die Werk-statt-Schule hat den Anspruch, benachteiligten jungen Menschen eine (zweite) Chance zu geben, um ihrer drohenden Ausgliederung aus Arbeit und Gesellschaft entgegen zu wirken. In einer Atmosphäre von Toleranz und Gleichberechtigung werden Orientierungshilfen angeboten, um:

- das Selbst- und Verantwortungsbewusstsein zu stärken,

- eigene Grenzen zu erfahren und zu schützen,

- geschlechtsspezifisches Verhalten zu erkennen und zu reflektieren,

- die eigene Kreativität zu fördern.

Der Name Werk-statt-Schule ist Programm: In Unterrichts- und Arbeitsprojekten, in Produktionsbereichen und auf Lehrbaustellen wird mit der prakti-

schen Arbeit zugleich auch die nötige Theorie für Zertifikate, Schul- und
Berufsabschlüsse vermittelt.

Jugendliche können sich in der Werk-statt-Schule auf die Arbeitswelt mit all
ihren Facetten vorbereiten. Sie haben die Möglichkeit, für sich eine berufliche Perspektive zu entwickeln und damit ihre eigenen Wege zu gehen.

Besonderer Wert wird im Schul- und Arbeitsalltag auf soziale Zusammenhänge und eine nachhaltige Entwicklung gelegt. Dabei gewährleisten Klein-
gruppen eine individuelle Förderung und die gemeinsame Entwicklung.
Zudem stärken sie die Verantwortung des Einzelnen für die Gruppe: Lernen
findet nicht isoliert statt, sondern berücksichtigt alle Aspekte des Füreinan-
ders und Miteinanders.

2.   Die Bildungsbereiche der Werk-statt-Schule im Überblick

Die wesentlichen Aktivitäten der Werk-statt-Schule werden an vier
Lernorten in Hannover durchgeführt und können in sechs Bildungsbereiche
zusammengefasst werden (siehe Schaubild):

Vorschulische Bildung

Die Werk-statt-Schule ist in Hannover-Bothfeld seit 1998 Träger einer
Kindertagesstätte. Insgesamt 25 Jungen und Mädchen im Alter von drei
bis sechs Jahren werden von drei Erzieherinnen ganztägig betreut. Die
Kindertagesstätte arbeitet eng mit dem produktionsorientierten Berufsvor-
bereitungsbereich der WsS zusammen. Das Mittagessen für die Kinder wird
jeden Tag von Jugendlichen dieses Bildungsbereiches gekocht.

Allgemeinbildung

Im Lernort Bothfeld befindet sich der **allgemeinbildende Bereich** der
Werk-statt-Schule. Er besteht aus drei Schulformen:

- Die Hauptschule für die Klassen sieben bis zehn ist seit 1994 als
  Ersatzschule anerkannt und wird durch das Niedersächsische Kultus-

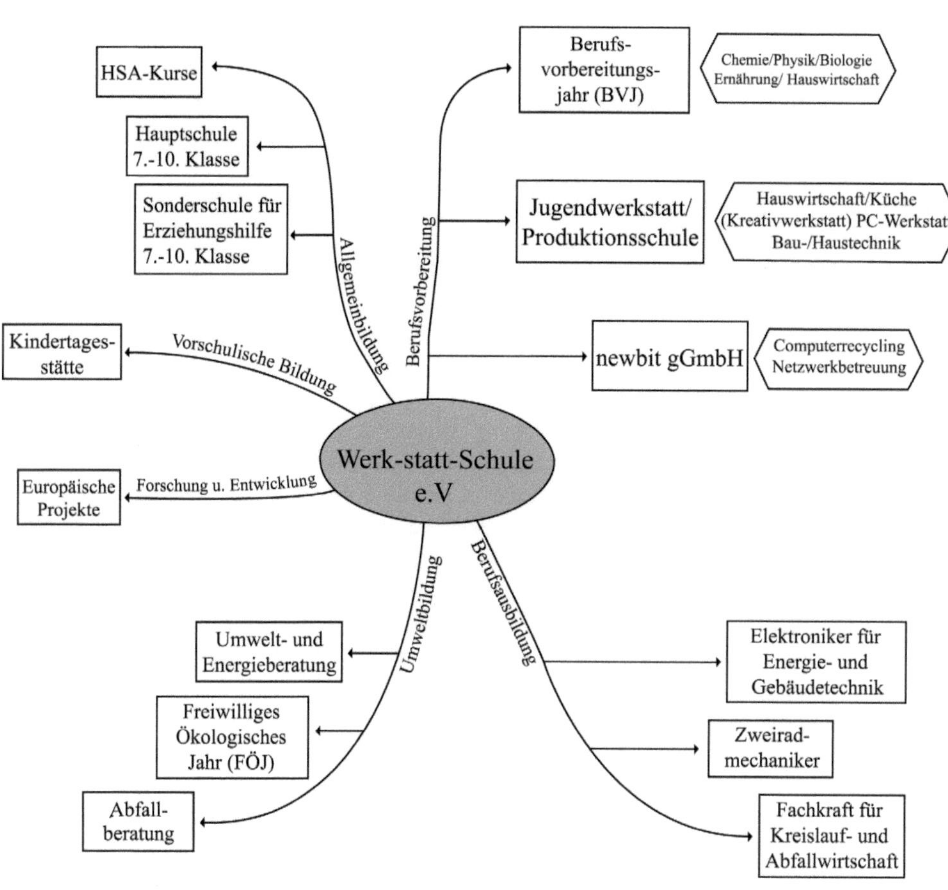

Schaubild: Die sechs Bildungsbereiche der Werk-statt-Schule Hannover e.V.

ministerium gefördert. Die Jugendlichen können die WsS mit einem Hauptschul- oder Realschulabschluss verlassen.

- Die Förderschule mit dem Schwerpunkt soziale und emotionale Entwicklung der Werk-statt-Schule wird seit Sommer 2003 aus Landesmitteln als Schule in privater Trägerschaft gefördert. Die Kinder und Jugendlichen, die die Klassen sieben bis zehn besuchen, können wie bei der Hauptschule alle Abschlüsse der Sekundarstufe I erwerben.

- Neben diesen beiden Ersatzschulen unterhält die WsS seit 1986 eine Ergänzungsschule, in der sich Jugendliche, die ihre Schulpflicht i.d.R. erfüllt haben, in einjährigen sog. „HSA-Kursen" auf die externe Hauptschulabschlussprüfung vorbereiten.

Berufsvorbereitung

Die Berufsvorbereitung in der Werk-statt-Schule findet angepasst an die Situation der Jugendlichen in unterschiedlichen Formen und Maßnahmen statt:

Im berufsbildenden Bereich verfügt die WsS seit Ende 2004 ebenfalls über eine anerkannte Ersatzschule im Lernort Bothfeld. Jugendliche, die eine allgemeinbildende Schule ohne Abschluss verlassen und ihre Schulpflicht noch nicht erfüllt haben, können in der Werk-statt-Schule seit August 2003 das einjährige Berufsvorbereitungsjahr (BVJ) absolvieren. Die praktischen Tätigkeiten finden in den Berufsfeldern Ernährung/Hauswirtschaft[1] und Chemie/Physik/Biologie statt. Zum letztgenannten Feld gehört auch die Ausbildung zur Fachkraft für Kreislauf- und Abfallwirtschaft. Dieser Beruf wird in der WsS in außerbetrieblicher Form ausgebildet und eröffnet den BVJ-Jugendlichen neben der Option auf einen nachträglich erworbenen Hauptschulabschluss auch noch die Perspektive einer sich möglicherweise anschließenden Berufsausbildung.

Seit Ende der 1980er Jahre ist die Werk-statt-Schule anerkannter Träger der Jugendhilfe. Die Jugendwerkstatt arbeitet seit Sommer 2003 in Form einer Produktionsschule. Die Produktionsbereiche im Lernort Hannover-Limmer sind: Gastronomie und Hauswirtschaft, PC-Werkstatt sowie Bau- und

---

1 In diesem Praxisfeld bekochen die BVJ-Jugendlichen die Kinder der Kindertagesstätte sowie Jugendliche und pädagogische Mitarbeiter des Lernortes Roschersburg der Werk-statt-Schule.

Haustechnik (Gebäudeunterhaltung). Das Ziel ist, Waren und Dienstleistungen zu produzieren bzw. anzubieten, die einerseits einen materiellen Gegenwert und andererseits einen pädagogischen Wert haben. In der Produktionsschule arbeiten sowohl Jugendliche, die ihre Schulpflicht bereits erfüllt haben und über Jugend-ABM, Arbeitsgelegenheiten oder Sofortmaßnahmen der regionalen Arbeitsverwaltung in die WsS kommen, als auch Jugendliche, die ihre Schulpflicht noch nicht erfüllt haben. Diese Jugendlichen, sog. „Schulverweigerer", kommen in die WsS durch die Vermittlung der zuständigen berufsbildenden Schulen, in denen sie eigentlich das Berufsvorbereitungsjahr ableisten müssten. Im Anschluss an die Jugendwerkstatt haben sie die Möglichkeit, in der WsS einen HSA-Kurs zu besuchen und sich auf die Externenprüfung für den Hauptschulabschluss vorzubereiten.

Ebenfalls im Sommer 2003 wurde die newbit gGmbH (die Werk-statt-Schule ist alleinige Gesellschafterin) gegründet. Newbit ist ebenfalls im Lernort Limmer im Bereich Computerrecycling, Netzwerkeinrichtung und PC-Service tätig. Kunden sind u.a. die Stadtverwaltung von Hannover sowie Schulen und gemeinnützige Einrichtungen. Die nicht mehr schulpflichtigen Jugendlichen kommen über die Agentur für Arbeit bzw. die ARGE in das einjährige IT-Qualifizierungsprojekt. Neben zwei betrieblichen Ausbildungsplätzen zum Fachinformatiker soll perspektivisch auch eine außerbetriebliche Berufsausbildung zum IT-Systemelektroniker angeboten werden.

Berufsausbildung

Die Berufsausbildung in der Werk-statt-Schule findet in außerbetrieblicher Form statt. Angeboten werden drei Ausbildungsgänge:

Seit 1986 werden Jugendliche zur Fachkraft für Kreislauf- und Abfallwirtschaft (ehemals Ver- und Entsorger) ausgebildet. Die Ausbildung findet im Recyclingprojekt Nordstadt der WsS statt und dauert drei Jahre. Zur Zeit stehen vier Ausbildungsplätze pro Jahr zur Verfügung.

Die Ausbildung zum Elektroniker für Energie- und Gebäudetechnik (ehemals Elektroinstallateur) führt die Werk-statt-Schule seit 1987 durch. Die Ausbildungsstätte befindet sich auf dem Ökologischen Gewerbehof in Hannover-Linden (ÖGL). Für die dreieinhalbjährige Ausbildung stehen pro Ausbildungsjahr acht Plätze zur Verfügung.

Seit 1995 können Jugendliche in der WsS auch den Beruf Zweiradmechaniker erlernen. Die dreieinhalbjährige Ausbildung mit den Schwerpunkten Fahrrad- oder Motorradtechnik findet im Lernort Nordstadt statt. Pro Ausbildungsjahr stehen sechs Plätze zur Verfügung.

Umweltbildung

Die Umweltbildung in der Werk-statt-Schule besteht im Wesentlichen aus den folgenden drei Tätigkeitsbereichen, die eng mit dem Recyclingprojekt Nordstadt der Werk-statt-Schule verknüpft sind:

Das Team der **Umwelt- und Energieberatung** führt in Zusammenarbeit mit dem Umweltamt der Stadt Hannover u.a. Weiterbildungsprojekte für Mitarbeiter von Kindertagesstätten und städtischen Ämtern durch. Ziel ist hier, sowohl durch technische Modifikationen als auch Verhaltensänderungen Einsparungen im Energie- und Wasserverbrauch zu erreichen.

Das Recyclingprojekt ist von der Schulbehörde als außerschulischer Lernort anerkannt. Die dort stattfindende **Abfallberatung** versteht sich als eine sinnvolle und notwendige Ergänzung zum schulischen Umweltlernen. Kinder-, Schul- und Erwachsenengruppen werden hier unterschiedliche handlungs- und problemorientierte Lernfelder angeboten, die in den Bereichen der ökologischen Abfallwirtschaft, der Abfallvermeidung und Wiederverwertung sowie dem bewussten Umgang mit begrenzten Ressourcen liegen.

Das Recyclingprojekt Nordstadt gehört als Praxisfeld für die Ausbildung zur Fachkraft für Kreislauf- und Abfallwirtschaft schon seit 1986 zur Werk-statt-Schule. Neben der Ausbildung besteht dort auch die Möglichkeit, das **Freiwillige Ökologische Jahr (FÖJ)** zu absolvieren.

Forschung und Entwicklung

Den Bereich Forschung und Entwicklung (F&E) gibt es in der Werk-statt-Schule seit 2002. Arbeitsfelder sind zur Zeit:

Die Entwicklung, Umsetzung und Evaluation Europäischer Projekte, vor allem im EU-Programm Leonardo da Vinci. Es werden sowohl Mobilitätsprojekte für Jugendliche und Multiplikatoren in Kooperation mit Partnereinrichtungen in Spanien durchgeführt als auch im Rahmen von Pilotprojekten

konkrete Entwicklungsarbeiten mit anderen Einrichtungen aus unterschiedlichen europäischen Ländern geleistet. Schwerpunkte sind aktuell Themen
wie kooperatives Arbeiten und Lernen, Gründung von Jugendkooperativen
und Produktivgenossenschaften.

3.　Merkmale der Produktionsschule der Werk-statt-Schule Hannover e.V.

Wie bereits erwähnt, arbeitet die Jugendwerkstatt der Werk-statt-Schule seit
dem Sommer 2003 in Form einer Produktionsschule. Anhand der Merkmale:
Zielgruppe, Ziele, pädagogisches Konzept, individuelle Förderung, Lernort,
Personal, Aufnahme und Verweildauer, Finanzierung sowie lokale Einbindung soll die Produktionsschule der Werk-statt-Schule Hannover e.V. abschließend kurz dargestellt werden:

Merkmale	Allgemeine Merkmale an einer Produktionsschule (nach Arnulf Bojanowski, 1996)	Ausprägung an der Produktionsschule der Werk-statt-Schule Hannover e.V.
Zielgruppe	• Benachteiligte Jugendliche	• 16 schulpflichtige Jugendliche (16 bis 17 Jahre) • 16 nicht-schulpflichtige Jugendliche (18 bis 25 Jahre); i.d.R. ohne Hauptschulabschluss • Jugendliche in der Berufsvorbereitung (weder in Beschäftigung noch in Ausbildung)
Ziel	• Orientierung und Stabilisierung • Motivierung und Qualifizierung • Nachholen eines (Haupt)Schulabschlusses • berufliche Orientierung	• Orientierung und Stabilisierung • Motivierung und Qualifizierung • Hauptschulabschluss in zwei Schritten: Ankommen in Produktionsschule (ohne Frontal-/Theorieunterricht); dann ggf. Empfehlung für den Hauptschulbereich der WsS • berufliche Orientierung
Pädagogisches Konzept	• enge Verbindung von Arbeiten und Lernen • Ergänzung durch Allgemeinbildung • Realprojekte, Marktbezug, Produkte und Dienstleistungen • Kompetenzorientierung	• Vermittlung fachlicher und methodischer Kompetenzen • kein (Theorie-)Unterricht, keine Unterrichtsräume • Aufträge von Kunden (extern und intern) • Erstellen von Produkten und Dienstleistungen • Kompetenzansatz (an den Stärken ansetzen)
Individuelle Förderung	• individueller Förderplan und Entwicklungsmappe	• regelmäßige Förderplangespräche mit Zielvereinbarungen • Dokumentation des Entwicklungs- und Förderprozesses • Beratung und Hilfe bei Problemen • Elterngespräche

Merkmale	Allgemeine Merkmale an einer Produktionsschule (nach Arnulf Bojanowski, 1996)	Ausprägung an der Produktionsschule der Werk-statt-Schule Hannover e.V.
Personal	• erfahrene Anleiter/Lehrer • Engagement und Zuneigung	• 8 pädagogische Mitarbeiter • praktisches Know-how (sozial-)pädagogische Kompetenz • Doppel- und Mehrfachqualifikationen • offene, entwicklungsorientierte Haltung, Empathie • individuelle Anleiter (Praxis + Herz + Härte)
Finanzie-rung	• öffentliche und private Geldgeber • erwirtschaftete Eigenmittel	• Mittel des Landes Niedersachsen und der Kommune • Mittel der Bundesagentur für Arbeit/ARGE • Mittel aus Stiftungen und WsS-Eigenmitteln • Einnahmen aus den Produktionsbereichen
Aufnahme + Verweil-dauer	• Eintritt in die PS ist jederzeit möglich • Austritt aus der PS ist jederzeit möglich	• schulpflichtige Jugendliche im Rahmen des Niedersächsischen Landesprogrammes „Schulpflichterfüllung in Jugendwerkstätten": Beginn mit Schuljahr; Dauer: max. 1 Jahr • Jugendliche der „Arbeit- und-Leben-Maßnahme" sowie der 1-Euro-Maßnahme durch die Bundesagentur für Arbeit: Beginn jederzeit möglich; Dauer: i.d.R. 6 Monate • Praktika in anderen Bereichen der WsS bzw. in regionalen Betrieben möglich

Merkmale	Allgemeine Merkmale an einer Produktionsschule (nach Arnulf Bojanowski, 1996)	Ausprägung an der Produktionsschule der Werk-statt-Schule Hannover e.V.
Lernort	• überschaubares Gebiet • kleine Werkstätten • „Heimat" für die Jugendlichen	• 2 Werkstätten auf 500 qm sowie Sozial- und Verwaltungsgebäude (ehem. Verwaltungsgebäude der Continental AG in Hannover-Limmer) • Gastronomie/Bistro; PC-Werkstatt; Gebäudeunterhaltung – alles „unter einem Dach" • durch Jugendliche selbst gestaltete Einrichtung und Räume • jeden Tag: gemeinsames Frühstück • familiäre Atmosphäre • Wohlfühlfaktor: 70% • hohe Akzeptanz: mehr als 60% der Schüler (ehem. Schulverweigerer) kommen regelmäßig
Lokale Einbindung	• Kommunalpolitik, Arbeitgeber • Verbände, Gewerkschaften	• Niedersächsisches Landesjugendamt • ARGE • Kommune • Berufsschulen, Hauptschulen, Förderschulen der Stadt Hannover • Jugendwerkstätten, freie Bildungsträger, Beratungseinrichtungen • Auftraggeber/Kunden: z.B. Stadtverwaltung

Werner Dörbaum / Gabriele Polzin

Konzepte der Berufsorientierung im Übergang von Schule in die Berufs- und Arbeitswelt – Hessische Modelle

1. Jugendlichen den schwierigen Übergang von der Schule in die Arbeitswelt erleichtern

Die Zeiten, in denen die meisten Jungen Lokomotivführer und viele Mädchen Krankenschwester werden wollten, sind längst vorbei. Heutzutage träumen viele Jugendliche davon, als Profi-Fußballer, Erfolgsanwälte oder Pop-Stars das schnelle Geld zu machen. Die beruflichen Wünsche vieler junger Menschen werden immer stärker durch die Traumwelten beherrscht, die uns in den modernen Medien tagtäglich vor Augen geführt werden. Sie sind daher oft nicht weniger realitätsfern als der Stoff, aus dem die Vorabendserien gemacht sind.

Auf den Boden der Tatsachen werden die Jungen und Mädchen spätestens bei der Ausbildungs- und Arbeitsplatzsuche zurückgeholt werden. Und je jünger die Schulabgänger sind, je stärker ihre bisherigen Schul- und Bildungswege durch Brüche und Instabilitäten gekennzeichnet sind, je weniger Eltern oder die Schule auf die reale Arbeitswelt vorbereiten und bei den Übergängen von der Schule in die Berufswelt unterstützen, desto größer fällt der Realitätsschock erfahrungsgemäß aus und desto geringer sind auch die Chancen, diese Übergänge zu meistern.

Angesichts von knapp einer halben Million jugendlicher Arbeitsloser haben vor allem junge Menschen mit persönlichen Defiziten und/oder Defiziten in der Bildung kaum eine Chance auf erfolgreiche und dauerhafte Integration in die Arbeits- und Berufswelt. Zu dieser Gruppe müssen besonders Hauptschüler gezählt werden, da viele Betriebe bei der Auswahl von Auszubildenden mittlerweile die Meßlatte für einen Ausbildungsplatz – auch für nicht an besondere Bildung gebundene Berufsfelder – in die Höhe des Realschulabschlusses legen. Absolventen von Hauptschulen werden so im Wettbewerb um Ausbildungsplätze von Jugendlichen mit höherwertigen Bildungsabschlüssen – nicht unbedingt mit besserem Notendurchschnitt – verdrängt.

Für Absolventen von Hauptschulen haben sich die Zugangschancen zu Ausbildungs- und Arbeitsmarkt deutlich verschlechtert; für die Abgänger von allgemeinbildenden Schulen ohne Abschluss (Schulverweigerer, Schulabbrecher) sind die Aussichten auf berufliche und soziale Integration ausgesprochen düster.

Das Land Hessen hat eine Vielzahl von Projekten und Maßnahmen der Berufsorientierung bzw. -vorbereitung mit flexiblen Übergängen in die (vor-)betriebliche Ausbildung ins Leben gerufen.

Wir – Gabriele Polzin vom Hessischen Kultusministerium, Projektbüro Berufliche Bildung, und Werner Dörbaum vom Staatlichen Schulamt für den Landkreis und die Stadt Kassel – werden im Folgenden eine Reihe von Projekten und Vorhaben zur Berufsorientierung im Land Hessen (LaborA, SchuB, RegNets sowie Berufswahlpass des Nordverbundes) sowie ein Entwicklungspartnerschaftsmodell aus Nordrhein-Westfalen (Kurs 21) vorstellen.

2.   Neue Wege in der Berufsorientierung – Projekte und Maßnahmen im Land Hessen

LaborA : Laboratorium für Arbeit[1]

Etwa 1200 hessische Jugendliche (Haupt-, Sonder- und Berufsschüler) lernen in der Entwicklungspartnerschaft LaborA seit Beginn des Jahres 2002 vierzehn verschiedene Berufsfelder in Ernstsituationen kennen.

Die Entwicklungspartnerschaft LaborA erprobt seit 2002 an 27 ausgewählten hessischen Schulen **diagnostische Instrumente und Förderkonzepte**, die geeignet sind, Haupt- und Sonderschülern sowie Schülern beruflicher Schulen den Übergang in den Beruf zu erleichtern. Mit Hilfe von Diagnoseverfahren **(Assessment Center, Potenzialdiagnosen)** werden die Stärken und Talente der Jugendlichen im 14. Lebensjahr erfasst, um einen **individuellen Förder- bzw. Berufsintegrationsplan** (BIP)[2] zu erstellen. Auch Erkenntnisse über schulische Defizite, Verhaltensweisen, Pünktlichkeit etc. können hier gewonnen werden. Die Ergebnisse dieser diagnostischen Maßnahmen (Kompetenzfeststellungsverfahren) werden in Berufsintegrationsplänen festgehalten, um den beruflichen Orientierungsprozess zu dokumentieren und systematisieren.

---

1 Für weitere Informationen siehe: www.labora-online.de sowie www.equal.de

2 Dieser Berufsintegrationsplan (BIP) ist eine modifizierte, an die spezifischen Bedürfnisse der LaborA-Schüler angepasste Version des Berufswahlpasses, der vom Hamburg/SWA-Nordverbund entwickelt wurde.

Auf Grundlage der skizzierten Analysen und Maßnahmen wurden maßgeschneiderte **Fördermodule** (beispielsweise Module zur beruflichen Orientierung, zur Unterstützung bei Bewerbungen, zur Vermittlung von Basiskompetenzen, zur Bewältigung alltäglicher Situationen und Probleme, zur Entwicklung kreativer Potenziale) entwickelt, die für alle LaborA-Schüler bereitgestellt und an den sog. „LaborA-Tagen" durchgeführt werden. Alle Schulen, die in der Entwicklungspartnerschaft LaborA mitwirken, haben für die Umsetzung dieser Fördermodule einen Schultag pro Woche anberaumt.

Zu dem Berufsintegrationsprozess gehören gelenkte, kontinuierliche Praktika. Die Gesamtdauer dieses Prozesses beträgt 2,5 Jahre, um auch nach dem Übergang in eine Ausbildung oder in eine weiterführende Schule zu erkennen, ob der Einsatz der Kompetenzfeststellungsinstrumente erfolgreich war.

In Hessen unterstützen Arbeitsämter, Klein- und Mittelunternehmen, Städte, Gemeinden und Landkreise, örtliche Kammern sowie andere Behörden das Landesprogramm LaborA. Die Unterstützung der Entwicklungspartner ist sowohl operativ, d.h. mit originären und ko-finanzierenden Mitteln als auch strategisch.

Die Ziele der Entwicklungspartnerschaft LaborA sind:

- den Jugendlichen eine differenzierte und qualifizierte Unterstützung bei ihrer beruflichen Orientierung entsprechend ihren Stärken anzubieten,

- individuell angepasste, selbstgesteuerte und praxisbezogene Lernprozesse zu fördern,

- schulformübergreifende Kooperationen von Haupt-, Sonder- und Berufsschulen zu fördern,

- die Zusammenarbeit von Schulen, Einrichtungen der Jugendberufshilfe und KMUs (kleine und mittelständische Unternehmen) zu forcieren (regionale Netzwerke),

- neue Verfahren zur Diagnostizierung von Begabungen und Fähigkeiten zu erproben,

- durch Fort- und Weiterbildung der Pädagogen zur Entwicklung einer zeitgemäßen Lernkultur an Schulen beizutragen.

Mitarbeiter von freien Trägern der Jugendberufshilfe sowie Lehrer der beteiligten Schulen setzen die Ziele der Entwicklungspartnerschaft um. Sie sind in einem regionalen Verbund zusammengeschlossen. Das Netzwerk ist organisiert in sog. „LaborA Competence Centern" (LCC); in diesen regionalen Bildungsnetzwerken werden die Aktivitäten zur Durchführung der Integrationsprozesse abgestimmt und verbindlich vereinbart. Schriftliche Kooperationsabkommen halten die Verantwortlichkeiten aller Partner fest. Die Unterzeichnung sollte während einer Veranstaltung stattfinden, die die zukünftige Basis für Übergabe- oder Verteilungskonferenzen zwischen den Schulformen bietet. Der Übergang von der Schule in den Beruf wird durch die Zusammenarbeit in dieser LCC-Partnerschaft optimiert. Die Entwicklungspartnerschaft unter der Federführung des Hessischen Landesinstituts für Pädagogik entwickelt Standards für den Berufsintegrationsplan, für die Assessment Center, für die Potenzialanalysen sowie für die Fördermodule und schult die Pädagogen.

Diese Standards werden im Folgeprogramm EQUAL II[3] (2005-2007) im Bundesland Hessen verifiziert und transferiert. Es werden dabei eintägige Potenzialanalysen und dreitägige Assessment Center aus allen Berufsfeldern beschrieben und Handreichungen für die Anleiter, Pädagogen erstellt.

SchuB: Leben und Arbeiten in Schule und Beruf
Die Ergebnisse der Entwicklungspartnerschaft LaborA sind in die Konzeption der landesweiten **SchuB-Klassen** (mittlerweile an fast 100 hessischen Hauptschulen eingeführt) eingeflossen – eine Regelmaßnahme des Hessischen Kultusministeriums zur Unterstützung von benachteiligten Jugendlichen.

Hier werden Schüler auf freiwilliger Basis aufgenommen und nach einem pädagogisch-didaktischen Konzept unterrichtet, in welchem betriebliche Praxis (2 Tage pro Woche) und „normaler" Schulunterricht sehr eng miteinander verzahnt sind. Die Schüler der SchuB-Klassen sollen Betriebspraktika in drei Berufsfeldern absolvieren. Zur Vorbereitung der Arbeit am Praxislernort Betrieb werden die Kompetenzfeststellungsverfahren aus der Entwicklungspartnerschaft LaborA eingesetzt. Die Lehrkräfte in diesen Klassen werden mit Hilfe eines blended-learning Konzeptes fortgebildet. Die SchuB-Klassen laufen zweijährig.

---

3 In EQUAL II werden die regionalen Netzwerke zum Übergang Schule-Beruf auf eine stabile Basis gestellt, Übergangsmanager geschult, Verteilungs- und Feedbackkonferenzen standardisiert und die Verbindung zu den Kammern und Klein- und Mittelunternehmen intensiviert.

SchuB (Leben und Arbeiten in **Sch**ule **u**nd **B**eruf) ist ein Programm für Schüler der 8. oder 9. Klasse, die ohne Schulerfolg, ohne Motivation und der Schule überdrüssig sind und voraussichtlich in der Regelschule keinen Hauptschulabschluss erreichen werden. Ziel der SchuB-Klassen ist es, Schüler mit großen Lern- und Leistungsrückständen (aber mit einem Mindestmaß an Ausbildungs- und Beschäftigungsfähigkeit) Förderung und Lebenshilfe zu bieten und Chancen für einen gelungenen Start ins Berufsleben zu geben. Dies geschieht in erster Linie durch eine gezielte und strukturierte Berufsorientierung, bei der den Teilnehmern die Möglichkeit zu Praxiserfahrungen geboten wird und somit eine Erhöhung der Beschäftigungs- und Ausbildungsfähigkeit erzielt wird. Schul- und Ausbildungsabbrüche sollen dadurch verhindert werden und die Schüler in Ausbildung und/oder Arbeit vermittelt werden. Auch der Erwerb des Hauptschulabschlusses ist im Rahmen der SchuB-Klassen möglich.

Durch die **enge Verzahnung von betrieblicher Praxis und Schule** sollen die Schüler gestärkt und stabilisiert, ihnen Erfolgserlebnisse verschafft und somit die Lern- und Leistungsmotivation gesteigert werden. Den Schülern sollen weiterhin Schlüsselqualifikationen vermittelt werden, ihre persönlichen Stärken und Fähigkeiten gefördert sowie ihre Lern- und Arbeitshaltung verbessert werden.

SchuB-Klassen haben eine Klassenstärke von maximal 12-15 Schülern. Es werden individuelle Lernpläne erstellt, mit zwei Praxistagen in der Woche und einer sozialpädagogischen Begleitung der Schüler. Es werden die Kernfächer Deutsch (4 Stunden) und Mathematik (4 Stunden) unterrichtet sowie Englisch (2 bis 3 Stunden), Reflexion der betrieblichen Pratika (2 Stunden) und in den Fächerverbünden Wirtschaft/Arbeit/Gesundheit, Musik/Sport/Gestalten, Welt/Zeit/Gesellschaft und Religion/Ethik (insgesamt 8 Stunden).

Die Schüler entscheiden sich freiwillig für eine Teilnahme an diesem Programm, bewerben sich darum und werden auf Empfehlung der Klassenkonferenz (unter Zustimmung der Erziehungsberechtigten) in eine SchuB-Klasse aufgenommen.

Die Entwicklungspartnerschaft RegNets – ein Bildungsnetzwerk zur Förderung der beruflichen Orientierung Jugendlicher
Bei dem Programm RegNets – regionale Bildungsnetzwerke – handelt es sich um ein „**Verzahnungsmanagement**" von Schulen und Wirtschaftsverbänden zum Aufbau von Regionalen Bildungsnetzwerken (standortbezogene Weiterentwicklung des Produktiven Lernens in Hessen). Unter

Einsatz von Diagnoseinstrumenten erhalten benachteiligte Jugendliche eine gezielte Förderung.

Folgende Aspekte umfasst RegNets:

- Konzeptentwicklung zur Modularisierung und Zertifizierung von Teilqualifikationen,

- Erprobung von theoriegeminderten und zeitverkürzten Ausbildungsformen,

- Förderung der Mobilität durch transnationale modulare Ausbildungsabschnitte unter Einbeziehung der neuen EU-Partnerländer und Beitrittskandidaten,

- Entwicklung und Erprobung von Konzepten zur ganzheitlichen Förderung der Sprach- und Kommunikationskompetenz.

Von August 2005 bis Ende 2007 werden an dreißig ausgewählten Schulen in acht Regionalen Bildungsnetzwerken (RegNets) – in den Städten bzw. Regionen Kassel, Schwalm-Eder/Waldeck-Frankenberg, Marburg, Butzbach/ Friedberg, Frankfurt, Fulda, Hanau, Wetterau und Wiesbaden – etwa 840 Acht- und Neuntklässler an Fördermaßnahmen teilnehmen, die der beruflichen Orientierung und/oder der Kompensierung individueller Schwächen dienen sollen.

Diese Jugendlichen werden mit Hilfe von Instrumenten und Methoden gefördert, die von 2002 bis Juni 2005 in der ersten EQUAL-Förderperiode von der Entwicklungspartnerschaft LaborA (weiter-)entwickelt, erprobt, verifiziert und standardisiert wurden.

Die Schüler werden an Potenzialanalysen teilnehmen, die ihre sozialen, kognitiven und motorischen Fähigkeiten verdeutlichen. Ferner werden sie berufsbezogene Förderassessments durchlaufen, in denen sie ihre beruflichen Potenziale und Kompetenzen erproben und (erste) berufliche Erfahrungen sammeln können. Die Ergebnisse dieser förderdiagnostischen Maßnahmen werden in Berufsintegrationspläne fortgeschrieben, die die Jugendlichen gemeinsam mit den Pädagogen erarbeiten und auswerten. Mit Hilfe dieser Berufsintegrationspläne können die Jugendlichen nach dem Verlassen der Hauptschule klarer für sich entscheiden, wie und wo sie sich beruflich oder schulisch weiterentwickeln und weiterqualifizieren wollen.

Darüber hinaus soll den Schülern dieser Fördermaßnahmen in stärkerem Maße als bisher transparent gemacht werden, welche Beschäftigungsmöglichkeiten sie mit ihrem Schulabschluss in ihrer Region wahrnehmen können.

Die RegNets entwickeln außerdem ein gemeinsames Konzept zur Aus- und Fortbildung sog. **„Übergangsmanager"**. Die „Verzahnungsexperten" sollen beratende Funktion ausüben und die unterschiedlichen Maßnahmen, die von Schulen, Unternehmen und den freien Trägern zur Förderung der beruflichen Orientierung von Jugendlichen durchgeführt werden, koordinieren. Die insgesamt ca. 180 Lehrkräfte und pädagogischen Fachkräfte, die in der Entwicklungspartnerschaft RegNets mitarbeiten, werden an Fortbildungen zum Themenbereich „Management des Übergangs zwischen Schule und Beruf" teilnehmen und als Multiplikator wirken.

Der Berufswahlpass des Nordverbundes
Der Berufswahlpass unterstützt die Schüler bei der eigenverantwortlichen Gestaltung und Strukturierung des Orientierungsprozesses zur Berufswahl. Es gibt ihn in drei verschiedenen **Varianten:**

- Variante A: für Schüler mit besonderem Förderbedarf,

- Variante B: für Schüler, die das allgemeinbildende Schulsystem nach der Sekundarstufe I verlassen und

- Variante C: für Schüler, die ihren Ausbildungsgang in der Sekundarstufe II fortsetzen.

Der Berufswahlpass beinhaltet zwei Schwerpunkte. Zum einen sollen durch Selbst- und Fremdeinschätzung der Schüler sowie durch ein Kompetenzprofil ihre individuellen **Stärken bestimmt und persönliche Ziele** geklärt werden. Zum anderen werden als **Lernplanung bzw. Lernvereinbarung** diese Kompetenzen und Ziele mit den tatsächlichen Anforderungen der Berufs- und Arbeitswelt verglichen. Hier spielen Betriebspraktika und -erkundungen, Expertengespräche und Forschungsaufträge eine wichtige Rolle.

Bei der Arbeit mit dem Berufswahlpass planen und realisieren die Schüler selbst den Lernprozess und werten selber die Ergebnisse aus. Sie übernehmen damit zunehmend mehr Verantwortung für ihren Lernweg und ihr Orientierungssystem.

Der Berufswahlpass fördert also die Eigeninitiative und Selbstverantwortung der Schüler, unterstützt ihre berufliche Orientierung und somit die Entscheidung für einen Beruf. Er stärkt die individuelle Lernplanung, fördert lebenslanges Lernen, dokumentiert den individuellen Berufsorientierungsprozess des jeweiligen Schülers und der jeweiligen Schülerin und präsentiert das Berufsorientierungsprogramm der Schule in einer übersichtlichen Form.[4]

KURS 21

Was bedeutet KURS? KURS ist ein **K**ooperationsnetz von **U**nternehmen der **R**egion und **S**chulen, wobei eine Schule mit einem Wirtschaftsunternehmen/einem Betrieb eine Lernpartnerschaft eingeht, die als langfristige Kooperation in räumlicher Nähe mit individuellen Kooperationsvereinbarungen ablaufen soll. Projektpartner in KURS sind das Institut „Unternehmen und Schule" (UnS), das Wuppertaler Institut für Klima, Umwelt, Energie, verschiedene Austauschforen und Datenbanken und 120 weitere Lernpartnerschaften im Großraum Köln.

Bei diesen Lernpartnerschaften stimmen Kooperationsmanager auf beiden Seiten gemeinsam Inhalt, Ziele, Umfang, Zeitrahmen und die feierliche Ratifizierung der Teilnehmer ab.

Im schulischen Unterricht lässt sich diese Kooperation in verschiedenen Unterrichtsfächern einbauen:

Politik/Wirtschaft (PoWi)	Der Betrieb als soziales und ökonomisches System: Struktur/Organigramm Arbeitsplätze/Mitbestimmung Marketing
Deutsch	Texte/Werbematerialien Industriereportagen Bewerbungsschreiben und -training
Englisch	Businessenglisch Englisch im Berufsalltag
Kunst	Logos/Werbedesign Produktdesign

---

4 Für weitere Informationen siehe: www.berufswahlpass.de

KURS 21 bietet demnach sowohl Vorteile für die Schule als auch für die Unternehmen. Die Schulen erhalten Einblicke in das Unternehmen und können ihre Schüler besser auf das Arbeitsleben vorbereiten. Der Unterricht wird praxisnaher und realistischer, was zu einer Bereicherung des Schulprofils und einem Kompetenztransfer führt. Für die Unternehmen ist es von Vorteil einen frühzeitigen Kontakt zu potenziellen Bewerbern zu erhalten, einen Einfluss auf deren Qualifikation auszuüben, um letztlich qualifizierte Schulabgänger in eine Ausbildung übernehmen zu können. Darüber hinaus erzielt das Unternehmen einen Imagegewinn durch die Zusammenarbeit mit Schulen und damit zu einer Akzeptanzverbesserung im Umfeld.[5]

---

5 Für weiterführende Informationen siehe: www.unternehmen-schule.de sowie www.KURS-21.de

York Ehrlich / Horst Böhme

Besondere Bildungsgänge der Berufsorientierung mit flexiblen Übergängen in die (vor-)betriebliche Ausbildung an zwei hessischen Berufsbildenden Schulen

1.   Programme zur Berufsvorbereitung

Die Werner-Heisenberg-Schule in Rüsselsheim und die Willy-Brandt-Schule in Kassel bieten jeweils als besondere Bildungsgänge zur Berufsvorbereitung in Vollzeitform die Programme EIBE (Eingliederung in die Berufs- und Arbeitswelt), KONEKT (Kompetenzen in Netzwerken aktivieren) und das Berufsvorbereitungsjahr (BVJ) an.

Diese Bildungsgänge werden mit bestimmten Schwerpunkten (Wirtschaft und Verwaltung, Elektro- und Metalltechnik, Gartenbau, Pflege und Soziales, Holz, Textil etc.) angeboten.

Alle drei Programme haben folgende Ziele gemeinsam:

- die Vermittlung von Jugendlichen in Ausbildung oder Arbeit,

- die Stärkung der sozialen Kompetenzen von Schülern,

- die Förderung individueller Fähigkeiten,

- die Durchführung von Qualifizierungsbausteinen und

- die Vermittlung von Schulabschlüssen.

Im weiteren Verlauf dieses Beitrages werden die Programme EIBE und KONEKT vorgestellt, die besondere Programme des Hessischen Kultusministeriums zur Eingliederung von Jugendlichen mit besonderem Förderbedarf sind. Diese Programme werden durch den Europäischen Sozialfonds (ESF) und das Bundesministerium für Bildung und Forschung (BMBF) gefördert.

2.   Das hessische Landesprogramm KONEKT
(Kompetenzen in Netzwerken aktivieren)

Das Programm KONEKT dient der Berufsvorbereitung und -vermittlung von Jugendlichen in eine betriebliche Ausbildung sowie Qualifizierung dieser Jugendlichen in Modulen diverser Berufsfelder (mit Zertifizierung).

Als Voraussetzung der Teilnahme am Programm müssen die Schüler neun Schulbesuchsjahre absolviert haben, das heißt, sie sind in der Regel zwischen 16 und 19 Jahre alt. Die überwiegende Mehrheit der Teilnehmer besitzt keinen Schulabschluss; sie sind häufig „Schulverweigerer" oder „Schulschwänzer".

Das Programm KONEKT dient der Entwicklung eines in sich schlüssigen und durchgängigen Konzeptes der Berufsvorbereitung mit flexiblen Übergängen in die betriebliche Ausbildung.

Dieses Ziel soll durch folgende (innovative) Instrumente erreicht werden: Bildung von regionalen Netzwerken; Vermittlung durch neue curriculare Ansätze (Lernfeldorientierung), Einsatz von Qualifizierungsbausteinen, Coaching, Laufbahnberatung sowie verbindliche Betriebspraktika.

Der Unterrichtsumfang beträgt 38 Wochenstunden, im 2. Halbjahr sind drei Tage Betriebspraktikum und zwei Tage Schule vorgesehen.

Inhalte des Programms KONEKT sind:

- es kann der Hauptschulabschluss nachgeholt werden,

- ein mittlerer Bildungsabschluss kann extern nachgeholt werden,

- Förderunterricht in Deutsch, Mathematik (und Englisch) wird angeboten,

- Lernfeldorientierung und projektorientierter Unterricht,

- der Erwerb von zwei Qualifizierungsbausteinen im Umfang von je 140 Stunden ist möglich; ebenso der Erwerb von Teilqualifizierungen sowie

- Verpflichtung zu (sozialem) Engagement bei außerschulischen Partnern (Vereinen etc.).

Die Laufzeit des Programms liegt in der Zeitspanne vom 01.02.2004 bis zum 31.12.2006, schließt also die Schuljahre 2004/2005 und 2005/2006 ein. Die vorgesehene Gesamtteilnehmerzahl beträgt neunzig Schüler je Schuljahr. Die Gruppenstärke sollte bei 15 pro Gruppe liegen.

Beteiligte Schulen sind die Willy-Brandt-Schule (Kassel), die Werner-von-Siemens-Schule (Wetzlar), die Berufliche Schule des Wetteraukreises (Büdingen), die Berufliche Schule Berta Jourdan (Frankfurt), die Werner-Heisenberg-Schule (Rüsselsheim) und die Berufliche Schule des Kreises Bergstraße (Bensheim).

Für das Programm KONEKT werden zusätzliche Arbeitsmittel in Höhe von 380,00 € pro Schüler und im Jahr vom Land Hessen zur Verfügung gestellt.

KONEKT an der Werner-Heisenberg-Schule
Das Programm KONEKT an der Werner-Heisenberg-Schule ist jeweils für die Dauer eines Schuljahres vorgesehen:

Im ersten Halbjahr wird Vollzeitunterricht mit intensiver schulischer Förderung angeboten (39 Stunden pro Woche): in den Kernfächern Mathematik und Deutsch zur Vertiefung von Kenntnissen und Aufarbeitung von Lücken sowie in Englisch zur Erleichterung des Übergangs z.B. in die Berufsschule. Zudem besteht die Möglichkeit, extern den Mittleren Schulabschluss zu erwerben. Der Unterricht findet in kleinen Gruppen von max. 16 Schülern statt.

Im zweiten Halbjahr wird an zwei Tagen in der Woche (hier: Donnerstags und Freitags, insgesamt 15 Stunden pro Woche) ein kompletter Tag unterrichtet; an den drei anderen Tagen findet ein Praktikum im ausgewählten Berufsfeld (Pflege, Gastronomie und Textil/Kreatives Gestalten) statt.

Während der Teilnahme an KONEKT erhalten die Jugendlichen Unterstützung durch einen Laufbahnbetreuer (Coach), sozialpädagogische Betreuung (Gruppen- und Einzelbetreuung im Umfang von 520 Jahresstunden pro Gruppe) sowie Unterstützungs- und Betreuungsangebote durch außerschulische Partner in der Freizeit (z.B. durch Vereine, Kooperationsbetriebe, Rotes Kreuz, Technisches Hilfswerk/Feuerwehr etc.).

Als zusätzliche Angebote finden Soziale Trainingswochen statt. Es besteht weiterhin die Möglichkeit zum Erwerb eines PC- und Internetführerscheins.

3.   Das hessische Landesprogramm EIBE
(Eingliederung in die Berufs- und Arbeitswelt)

Für das Programm EIBE sind ebenfalls neun absolvierte Schulbesuchsjahre
Zugangsvoraussetzung. Den Teilnehmern sollen berufliche Fertigkeiten und
Kenntnisse vermittelt werden. Die Verweildauer im Programm beträgt ein
Jahr; die Förderung ist für ein zweites Jahr möglich.

Für das Programm EIBE werden zusätzliche Arbeitsmittel in Höhe von
215,00 € pro Schüler und im Jahr vom Land Hessen zur Verfügung gestellt.

Der Unterricht findet in kleinen Lerngruppen statt (maximal 15-16 Teilnehmer)
und beinhaltet neben der Vermittlung von Grundlagen in den Kernfächern
Mathematik und Deutsch ebenso die Möglichkeit, extern den Realschulabschluss zu erwerben.

Im Programm ist außerdem ein Praktikumszeitraum von sechs Wochen
(zwei Praktika à drei Wochen) vorgesehen.

Während ihrer Teilnahme am Projekt erhalten die Schüler sozialpädagogische
Betreuung (Gruppen- und Einzelbetreuung im Umfang von 310 Jahresstunden). Die Teilnehmer dieses Programms können einen PC- und Internetfüh-
rerschein erwerben und ebenfalls an Sozialen Trainingswochen teilnehmen.

4.   Besonderheiten dieser Konzepte und erste Ergebnisse

Die Programme EIBE und KONEKT basieren auf drei Säulen: der Schule,
der Schulsozialarbeit und der Wirtschaft (Kontakte fürs Betriebspraktikum).

Für die Teilnehmer existiert ein enges Betreuungsverhältnis durch ein multi-
professionelles Team von Berufsschullehrern, Soziallehrern, Sozialpädagogen
und Praktikern.

Beide hessische Landesprogramme legen Wert auf projektbezogenes Lernen
und Handlungsorientierung der Teilnehmer. EIBE und KONEKT sind
gekennzeichnet durch die Verbindung von Arbeiten und Lernen an außerschulischen Lernorten sowie am Lernort Schule. Durch die produktive
Tätigkeit in realen Arbeits- und Lebenssituationen sowie das sich Bewähren
in Auftragsarbeiten werden personale, soziale und berufliche Kompetenzen

entwickelt, die das Selbstbewusstsein der Schüler stärken und ausbauen – hiermit werden Verhaltensänderungen bezüglich der Lern- und Arbeitsmotivation bewirkt.

Die Ergebnisse (Stand: Juni 2005) der ersten KONEKT-Kohorte an der Werner-Heisenberg-Schule Rüsselsheim unterstreichen die Chancen, aber auch die Grenzen dieser besonderen Bildungsgänge der Berufsvorbereitung in Vollzeitform. Von den fünfzehn Schülern des Schuljahres 2004/2005 (davon: sieben Sonderschüler):

- sind fünf Schüler ausgeschieden (zwei Schülerinnen sind schwanger, eine Schülerin ist vermisst, eine Schülerin befindet sich in der Psychiatrie, eine Schülerin ist in eine Maßnahme der Volkshochschule gewechselt),

- werden zehn Schüler die Maßnahme beenden,

- werden acht Schüler den Hauptschulabschluss schaffen und

- haben bereits sieben Schüler haben bereits einen Ausbildungsplatz.

Die Autorinnen und Autoren

Böhme, Horst, StDirektor, Dipl.-Ing. und Lehramt Sek. II (Berufliche Schulen) in Elektronik und Mathematik, Zusatzstudium Lern- und Geistigbehindertenpädagogik, Abteilungsleiter an der Beruflichen Schule Willy-Brandt-Schule in Kassel – mit einer besonderen Abteilung „Besondere Bildungsgänge" (BVJ, EIBE, FAuB, KONEKT, BGJ und Teilzeitformen, BvB-Maßnahmen).

Braun, Frank, Dr., Leiter des Forschungsschwerpunktes „Übergänge in Arbeit" am Deutschen Jugendinstitut; Arbeitsgebiete: Jugendforschung, Jugendhilfeforschung, Arbeitsmarktpolitikforschung, Bildungsforschung.

Daniel, Rolf, Berufspädagoge, Lehrer an der Adolf-Reichwein-Schule Marburg.

Ehrlich, York, StDirektor, Abteilungsleiter Berufsfachschule, Lehrer an der Werner-Heisenberg-Schule Rüsselsheim (Berufliche Schulen des Kreises Groß-Gerau in Rüsselsheim).

Fertsch-Röver-Berger, Cordelia, Dr. phil., Schulpsychologin, Staatliches Schulamt für die Stadt Frankfurt am Main; Arbeitsschwerpunkte: Schulverweigerung, Gewaltprävention.

Freyberg, Thomas von, Prof., Studium der Theologie, Pädagogik und Soziologie, Dissertation (1977) und Habilitation (1982) in Frankfurt/M., seit 1968 wissenschaftlicher Mitarbeiter am Institut für Sozialforschung an der Universität Frankfurt/M.

Geyer, Ronald, Diplom-Volkswirt und Oberstudienrat, Regionalkoordinator für „Nachhaltige Schülerfirmen" des Landes Niedersachsen, Buchautor (Schulunternehmen – eine andere Form des Unterrichts), betreut zwei Schülerfirmen an der BBS I Northeim, Honorardozent für Schülerfirmen an der Universität Lüneburg, verschiedene Auszeichnungen mit einzelnen Schülerfirmen, u.a. als UN-Dekade-Projekt 2005/2006.

Gümpel, Marion, Sozial- und Berufspädagogin, für BuntStift e.V. von 2002 bis 2005 tätig und seither mit den BuntStiften verbunden. Schwerpunkte: Aufbau der ersten BuntStift-Außenstelle im Stadtteil Oberzwehren im Rahmen des Freiwilligen Sozialen Trainingsjahres, Leitung des Nachfolgeprojektes in der Stadtteiletage, Interkulturelle Bildung.

Heiser, Marianne, PsychORin, Schulamt Lahn-Dill/Limburg-Weilburg, Leiterin des Modellprojektes „Schulvermeider" im Lahn-Dill-Kreis, Mitglied im Verband Hessische Schulpsychologinnen und Schulpsychologen e.V. und dort zuständig für die Region Mitte.

Henze, Ulrike, Lehrerin für Fachpraxis, Regionalkoordinatorin für „Nachhaltige Schülerfirmen" des Landes Niedersachsen, Buchautorin, betreut drei Schülerfirmen an der BBS I Northeim, Honorardozentin für Schülerfirmen an der Universität Lüneburg, verschiedene Auszeichnungen mit einzelnen Schülerfirmen, u.a. als UN-Dekade-Projekt 2005/2006.

Jennessen, Sven, Dr., als Heil- und Sonderpädagoge (Studium an der Universität Köln) in verschiedenen pädagogischen Praxisfeldern tätig, Zusatzausbildung zur Leitung und Beratung sozialer Institutionen, gründete 1998 das Institut für Schulberatung und Schulentwicklung in Köln, seitdem Beratung von Bildungseinrichtungen (in Prozessen der Organisationsentwicklung, des Konflikt- und Stressmanagements, der Teamentwicklung, zu pädagogischen und strukturellen Fragen des Qualitätsmanagements) sowie Qualifikationsmaßnahmen und Supervisionsgruppen für Lehrkräfte, Bildungseinrichtungen und Unternehmen, seit 2003 wissenschaftlicher Mitarbeiter an der Universität Oldenburg (Institut für Sonderpädagogik).

Kaun, Margret, Diplom-Sozialpädagogin (Universität), Ausbildung in Psychodrama und Systemische Familienberatung, seit 15 Jahren Jugendgerichtshilfe Kassel.

Kastirke, Nicole, Dr., Heil- und Sonderpädagogin (Studium an der Universität Köln), tätig in verschiedenen pädagogischen Praxisfeldern, Zusatzausbildung zur Leitung und Beratung sozialer Institutionen (am Institut für angewandte Sozialpsychologie), gründete 1998 das Institut für Schulberatung und Schulentwicklung in Köln, seitdem Beratung von Bildungseinrichtungen (in Prozessen der Organisationsentwicklung, des Konflikt- und Stressmanagements, der Teamentwicklung, zu pädagogischen und strukturellen Fragen des Qualitätsmanagements) sowie Qualifikationsmaßnahmen und Supervisionsgruppen für Lehrkräfte, Bildungseinrichtungen und Unternehmen), seit 2000 wissenschaftliche Mitarbeiterin an der Universität Oldenburg (Institut für Sonderpädagogik).

Michel, Andrea, Diplom-Soziologin, seit 2003 wissenschaftliche Referentin am Deutschen Jugendinstitut in München, bis 2005 im Forschungsschwerpunkt „Übergänge in Arbeit"; Arbeitsschwerpunkte: Aufbau eines bundesweiten Netzwerks von Praxisprojekten zur „Prävention von Schulmüdigkeit und Schulverweigerung": Dokumentation und Fortentwicklung von Handlungsstrategien, insbesondere im Feld der frühen Prävention.

Müller, Andrea G., M.A./USA, MA (Erziehungswissenschaften/Soziologie), 2001-2003: wissenschaftliche Mitarbeiterin im Forschungsprojekt „Schulabsentismus" (Wissenschaftliche Begleitung pädagogischer und psychologischer Maßnahmen zur schulischen und beruflichen Integration/Fachbereich Erziehungswissenschaften, Martin-Luther-Universität Halle-Wittenberg), seit 2003 Promotionsstipendiatin am Forschungsbereich Erziehungswissenschaft und Bildungssysteme und der „International Max Planck Research School. The Life Course: Evolutionary and Ontogenetic Dynamics (LIFE)" Max-Planck-Institut für Bildungsforschung Berlin; Forschungs- und Arbeitsfelder: Bedingungen des Schulerfolgs bei Schülern aus Immigrantenfamilien, Sprachliche Kompetenzen im alltags- und schulischbezogenen Kontext, Disparitäten im Bildungssystem.

Polzin, Gabriele, Studienrätin, Diplom-Handelslehrerin, Leiterin des Projektbüros Berufliche Bildung im Hessischen Kultusministerium, Luisenplatz 10, 65185 Wiesbaden.

Popp, Kerstin, Dr. phil. habil., Wissenschaftliche Mitarbeiterin an der Universität Leipzig, Erziehungswissenschaftliche Fakultät, Institut für Förderpädagogik, Lehrbereich Verhaltensgestörtenpädagogik.

Puhr, Kirsten, Dr., Studium der Erziehungswissenschaften (Schwerpunkt Sozialpädagogik), Wissenschaftliche Mitarbeiterin an der Martin-Luther-Universität Halle-Wittenberg, FB Erziehungswissenschaften, Institut für Rehabilitationspädagogik/Arbeitsbereich Lernbehindertenpädagogik; Arbeitsschwerpunkte: Theoretische Grundlagen und Infragestellungen sonderpädagogischer Selbstverständigungen, Soziale Benachteiligungen als Problemstellung der Sonder- und Sozialpädagogik, Außer- und nachschulische sonder- und sozialpädagogische Arbeitsformen und Handlungsfelder, Lern- und Schulverweigerungen unter der Perspektive von Schulpflicht und Bildungsrecht.

Rademacker, Hermann, Sozialwissenschaftler, Studium der Mathematik, Physik, Philosophie und Pädagogik, bis Februar 2002 wissenschaftlicher Referent am Deutschen Jugendinstitut, seit 2002 freiberufliche Betätigung in den Arbeitsfeldern: Beziehungen Jugendhilfe – Schule/Schulsozialarbeit; Übergänge von der Schule in Ausbildung und Arbeit; Schulversäumnisse.

Reschke, Bernd, Diplom-Berufspädagoge, Diplom-Ingenieur (FH); Mitglied der Geschäftsleitung in der Werk-statt-Schule e.V. Hannover, u.a. zuständig für Projektentwicklung und Innovation, Lehrbeauftragter an der Universität Hannover (Institut für Politische Wissenschaften); Arbeitsgebiete: Berufsbildung für eine nachhaltige Entwicklung, Produktionsschule, Jugendkooperative.

Ricking, Heinrich, Dr., Vertretungsprofessor an der Universität zu Köln, Seminar für sozial-emotionale Entwicklungsförderung und Erziehungshilfe; Forschungsschwerpunkte: schulische Prävention und Intervention bei Schulabsentismus, Wechselwirkungen und Zusammenhänge von Lern- und Verhaltensstörungen, pädagogische und didaktische Förderung in der schulischen Erziehungshilfe.

Ruopp, Jürgen, Diplom-Sozialpädagoge (FH), Zusatzausbildung: Erfahrungsorientierte Pädagogik und Beratung, Fachberater für die Kooperation Jugendhilfe – Schule, z.Zt. freiberufliche Planung und Durchführung von erfahrungsorientierten Kooperationsprojekten (Schule-Jugendhilfe) und angestellt als Schulsozialarbeiter in der Hebelschule (Grund- und Hauptschule mit Werkrealschule) in Freiburg im Breisgau (Anstellungsträger Deutsches Rotes Kreuz).

Stang, Henner, Sozialwissenschaftler/Supervisor, Wissenschaftlicher Mitarbeiter im „Marburger Grundschulprojekt" (Leitung: Professor Dr. W. Klafki), Gruppentherapeut in einer Fachklinik für stationäre Drogenlangzeittherapie, Mitglied im Arbeitskreis Suchtkrankenbehandlung auf psychoanalytischer Grundlage e.V. Gießen, Seminartätigkeit u.a. im Auftrag der VW Coaching GmbH, freier Supervisor u.a. bei der Jugendgerichtshilfe der Stadt Kassel, seit 1994 Supervisor und Arbeitsberater in der Kasseler Produktionsschule bei BuntStift e.V.; Forschungsinteressen: Pattern recognition und jugendliche Subkulturen, Kooperation: Theorie und Praxis der lebendigen Arbeit.

Steinmetz-Brand, Ute, Lehrerin/Diplom-Pädagogin, Förderschulrektorin der Georg Büchner Schule (Schule für Erziehungshilfe und Kranke) Kassel (Träger: AKGG, Arbeitskreis Gemeindenahe Gesundheitsversorgung); zuständig im AKGG für die Fachberatung von Hilfen nach §35 KJHG und das Fortbildungsinstitut.

Thimm, Karlheinz, Professor Dr., Evangelische Fachhochschule Berlin (seit 10/2005); Arbeits-/Forschungsgebiete: Bildung, schulbezogene Jugendhilfe, abweichendes Verhalten, Schulverweigerung/-distanzierung.

Wolff, Angelika, Studium der Soziologie und Erziehungswissenschaften, Lehrerin, seit 1987 niedergelassene analytische Kinder- und Jugendlichen-Psychotherapeutin. Leiterin des Instituts für analytische Kinder- und Jugendlichen-Psychotherapie in Frankfurt/M. (1991-2003), dort Dozentin und Supervisorin.